譯註 屯菴詩話·蟾泉漫筆·別本東人詩話

譯註 屯菴詩話·蟾泉漫筆·別本東人詩話

車溶柱 譯註

景仁文化社

간행에 즈음하여

　우리나라는 임병양란 후 급격한 사회적인 변천에 따라 평민계층의 참여의식이 높아지면서 교육 수준이 향상되었고, 이에 따라 한문학漢文學도 저변에 이르기까지 보급이 더욱 확대되었다. 이와 같이 한문학이 넓게 보급되면서 한시漢詩는 선비들의 필수교양으로 여기게 되었고, 또 시도 점차 발전하여 시화류詩話類와 같은 저작이 적지 않게 나와 한시의 발전에 많은 영향을 끼쳤다.

　이러한 시화류詩話類가 저작되면서 분량에 따라 많지 않은 것은 저자의 문집에 실려 간행이 되기도 했고, 본고의 『동인시화東人詩話』와 같이 분량이 많은 것은 필사본으로 전하는 과정에 저자를 알 수 없게 된 것이 대부분이다. 이와 같이 저자를 알 수 없게 된 것은 여러 가지 이유가 있었을 것으로 짐작되는데, 그 가운데 시화류가 내용에 역대의 많은 작품을 논평하면서 후손들에 부담이 되지 않을까 하는 염려에서 저자의 이름이 알려지는 것을 바라지 않았을 수도 있었기 때문에 그것이 뒷날 실명이 많았던 이유 중의 하나가 아니었을까 한다.

　한시漢詩에는 여러 가지 다른 형식이 있다. 그 가운데 우리나라 선비들이 가장 선호했던 형식의 시는 오언五言 또는 칠언七言 절구絶句와 율시律詩였다. 이러한 형식의 시들은 단형短型의 정형시定型詩로서 평측平仄의 안배按排와 각운脚韻을 철저하게 지켜야 한다.

그런데 평측平仄의 안배에는 틀리지 않았으면서도 전후前後에 있는 글자의 음가音價에 따라 성조聲調의 호부好否가 달라지는 경우도 적지 않게 있을 수 있다. 이러한 평측平仄의 안배는 성조聲調를 조성하는 것으로 음악에서 가락과 같은 것이다. 그러므로 한시漢詩에서 이 성조를 중요시하는 것이며, 이에 따라 여러 시화집詩話集에서 작품에 대한 논평에 성조가 적지 않은 비중을 차지하고 있음을 볼 수 있다.

그리고 율시律詩인 경우에는 함련頷聯과 경련頸聯은 반드시 대우對偶가 되어야 한다. 한자漢字는 수천 년의 역사를 가진 문자로서 기록한 내용에 고사故事 성어成語가 많다. 한시漢詩에서 대우對偶를 맞추기 위해 꼭 전고典故에 근거를 두어야 하는 것은 아니지만 전고에서 인용한 것을 많이 볼 수 있는데, 여기에는 난해한 말이 많다. 시화詩話는 이러한 어려움을 이해시키는 데도 적지 않은 도움이 될 뿐만 아니라 전고에서 인용한 것이 얼마나 적절했는가, 아니면 형식적인 것에 불과했는지 하는 것에 대해서도 지적한 것을 적지 않게 볼 수 있다. 이와 같이 시화詩話가 한시 연구에 중요함에도 불구하고 지금까지 크게 주목을 받지 못하고 있었는데, 앞으로 자료를 찾아 정리하면서 폭넓은 연구가 되어야 할 것이다.

한시漢詩에 대해 특수한 목적으로 내용에 반영된 사상만을 연구한다면 모르겠지만 일반적인 연구였을 경우에 이 성조聲調가 무시되면서 내용에 반영된 사상만을 거론하는 것은 사상 연구이지 한시漢詩 연구라고 말할 수 없을 것이다.

필자는 2010년 전후에 아세아문화사 김은진 사장으로부터 『시화총림詩話叢林』의 번역을 제의받고 그것이 계기가 되어 오늘날까지 시화집詩話集만 육칠 권을 번역 하게 되었다. 사실 번역은 하기

힘들고 어려운 작업이다. 서로 다른 두 개의 문자에서 그 사상 감정을 다치지 않고 상하지 않게 바꾼다는 것이 얼마나 어려운 일인가. 더구나 필자와 같이 한문학에 얕은 지식으로 처음에 거절하지 못하고 지금까지 계속했으니 무슨 말로써 변명하랴. 내년이면 미수米壽를 맞이하게 되었다. 앞으로는 정신적으로 육체적으로 이 같은 글을 초하는 기회가 없을 것으로 생각하니 이필난형以筆難形이 이러한 경우의 감정을 표현할 때 하는 말이 아닌가 한다. 필자는 여기에 남다른 감회가 있다. 어렸을 때 선친先親으로부터 한문漢文을 배우다가 학교에 들어간 후 배우기 싫었던 한문漢文은 관심 밖이었는데, 중년이 지나면서부터 다시 보게 되었고 뒤에는 번역까지 하게 되었으니 호천망극昊天罔極의 감정이 깊게 도사리고 있다. 지금까지 졸저拙著를 십여 권이나 출판해준 경인문화사 한상하韓相夏 회장會長과 한정희韓政熙 사장社長에 깊은 사의를 표하며, 입력과 교정을 나누어 해준 제자 문원철文元鐵 군君과 오인환吳仁煥 군君에 고맙게 생각한다.

2020년 1월 초순
월천재月泉齋에서
차용주車溶柱 지識

목 차 _ 譯註 屯菴詩話·蟾泉漫筆·別本東人詩話

屯菴詩話

　　둔암시화屯菴詩話의 저자著者 신방申昉(1685~1736)은 호가 둔암屯菴이며 생원시
生員試에 장원했고 숙종 때 문과에 급제했으며, 이조참판吏曹參判을 역임했다.
　　필자는 전해오는 시화집詩話集을 중심으로 번역의 대상을 선택할 때 처음에는 신
방申昉의 시화詩話를 주목하지 않았다. 그것은 전해오는 시화에서 저자와 아울러 이
시화가 많이 알려져 있지 않았기 때문이었다. 그러나 내용에 얼마나 주목할 만한 것
이 있느냐 하는 것에 따라 선택하게 되었다.
　　신방申昉의 이 시화詩話는 목판본인 그의 문집 권卷 팔八에 실려 있는데, 그의 문
집에는 시화詩話라 하고 첨가된 말이 없었으나 다른 시화집과 쉽게 구분하기 위해
조종업趙鍾業 교수의 의견에 따라 그의 호를 첨가하기로 했다. 그리고 내용에서 주목
되는 것은 시작詩作에서 시요詩妖와 용사用事의 사용에 대한 주장이다. 그리고 정두
경鄭斗卿의 시에 대한 논평을 들 수 있다. 정두경鄭斗卿은 시로써 우리 한문학사에서
비중이 큰 인물인데, 가혹할 정도로 혹평을 하지 않았는가 한다. 이에 대해서는 쉽게
말하기 어려우므로 여기서는 이러한 견해가 있다는 것을 지적만 해두고자 한다.

둔암시화屯菴詩話

도연명陶淵明의 사시사四時詞에,

　夏雲多奇峯　　　여름 구름에 기봉奇峯이 많다.

라 한 일구一句에 대해 이르기를 하늘이 여름을 맞이했을 때 반드시 구름 기운(운기雲氣)이 많고, 또 기이하고 빼어난 봉이 있다고 했다. 이 구를 해석한 자가 모두 말하기를 여름 구름의 형상이 기이한 봉우리의 모양과 같다고 했는데, 후대의 사람들은 전배前輩의 이 말에 따르면서 고쳐서 평을 할 의사가 없으니 진실로 이상한 일이다. 지금 이 구句의 위아래 삼구三句를 중심으로 논하면 모두 극히 평이平易하고 직설적으로 말했는데, 어찌 홀로 이 구句에만 교묘하고 어려운 말을 하는가.

　대개 이르기를 봄이 되면 구름이 사방 못에 가득하고 여름이면 구름에 기이한 봉이 많아 보고 스스로 좋아할 뿐인데, 문득 이치에도 맞지 않은 억지스러운 말의 영향을 받아 이러한 곡해曲解를 만들고자 하니 한스럽다고 하겠다.

　우리나라 문인들이 산문에서는 대도大道를 엿보았다고 할 만한 자가 많지 않았으나, 시에서는 수주隋珠1)를 가지고 신령스러운 뱀

----

1) 수후隋侯가 뱀을 살려준 뒤에 그 뱀으로부터 받은 보은의 구슬을 말함. 여기에 그 구슬과 상관되는 이야기가 있는 듯한데 알아보지 못했다.

을 잡은 자가 적지 않았다. 그런데 단지 지연地緣과 내외內外가 한계를 이루어 중국에 보이지 못하게 된 것이 한스럽다. 전목재錢牧齋의 황명렬조시집록皇明列朝詩集錄에 우리나라 시가 많이 실렸으나 본조本朝(朝鮮朝) 대가大家들은 반이나 빠졌음을 볼 수 있다. 읍취헌挹翠軒 박은朴誾과 소재穌齋 노수신盧守愼 등이 들어가지 않았고, 실린 시에는 허씨許氏가 가장 많았다. 이렇게 된 것은 난우蘭嵎 주지번朱之蕃이 우리나라에 사신으로 왔을 때 우리의 시를 요구하자 허균許筠이 선발하여 기록해 준 것이 그대로 실리게 되었기 때문이다.

그때 허균許筠은 주지번朱之蕃으로부터 가장 인정받았다(최견지最見知). 주지번朱之蕃이 우리나라 시를 허균許筠에게 구해주기를 부탁했는데 이것이 진실로 우리나라 시가 중국에 알려질 기회였으나, 허균許筠이 전해준 시는 자신과 서로 사이가 좋은 자의 시와 비단같고 부드럽고 연한 시를 주었고, 여러 작가의 청준淸俊하고 웅방雄放한 작품이 중국에 전달되지 못했으니 그 책임을 면하지 못할 것이다.

중국 사대부들은 우리나라 시문詩文을 매우 무시했다. 그 한 예로 삼십삼인三十三人[2]이 소동파체蘇東坡体로 돌아갔다고 한 것인데, 참으로 원통하다 할 것이다. 또 전목재錢牧齋의 황화집발문皇華集跋文에 이르기를 중국에서 우리나라에 보내는 사신들의 문장이 낮고 모자라는(폄조貶調강격降格한) 자를 보낸 것은 그곳 수준과 맞추어 화합을 잘되게 하려는 의도가 있었다고 했는데, 더욱 가소

---

2) 여기에 삼십삼인三十三人은 고려 때 한 번 과거에 급제한 자의 정원이다. 고려 때는 소동파 문체가 많이 유행했는데 급제하기 전에는 시험 준비로 문체에 관심을 두지 못하다가 합격이 되자 모두 좋아하는 소동파 문체를 선호하기 때문에 삼십삼인의 소동파가 나왔다는 것이다.

로운 말이다. 전후로 우리나라에 온 중국 사신에서 문장에 능한 자가 많지 않았는데, 어찌 사람마다 모두 문장의 선비일 수 있겠는가. 우리 조정의 인사들이 그들 사신과 주고받고 한 시를 지금 다 볼 수 있다. 그중에는 진을 허물고 깃발을 빼앗아 용감하게 말을 타고 나오는 자를 적지 않게 볼 수 있다. 그런데 자국自國을 가리켜 과좌戈坐[3]에 앉은 사람이 한 사람도 없다고 증명하고자 하는 것도 또한 공정하지 못하다.

차천로車天輅 『오산설림五山說林』에 그의 아우 운로雲輅의 만김장군시輓金將軍詩 한 연이 당시에 회자되었는데 그 연에 말하기를,

死節將軍忠貫日　절의에 죽은 장군은 충성이 해를 뚫었고
投降元帥罪通天.　투항한 원수의 죄는 하늘까지 통했다.

라 했는데, 이에 대해 나는 홀로 의심한다. 대개 옛 사람의 시에서도 사실을 바로 쓴 것이(직서直書) 있다. 그런데 그 가운데는 운韻이 스스로 꺾이게 되었다. 그러나 이 구句는 한 번 입을 벌리면 바로 내려가 조리條理를 할 수 없는데 어디에 좋은 곳이 있는가. 비록 고시古詩라 할지라도 또한 가법佳法이 아닌데 하물며 율시律詩에서 말할 것이 있는가.

이여송李如松 제독提督이 돌아가게 되자 우리나라 공경公卿과 명사名士들에 송별시送別詩를 요구해 지은 시가 매우 많았다. 차천로車天輅가 백운百韻으로 배율排律을 지었는데 말이 극히 활기가 있어 다른 분들의 시를 누를 것으로 생각했다. 최후에 최간이崔簡

---

3) 과좌戈坐는 창끝에 앉았다는 말로써 위태로운 처지에 있다는 말인데, 여기서는 어떤 의미로 한 것인지.

易의 시가 이루어졌는데 조용하며 몇 개의 운일 뿐이다. 오산五山
이 가서 읽어보고 자신도 모르게 놀란 표정으로 멍하게 있다가 자
신의 백운百韻 시도 잊어버리게 되자 스스로 가서 그 시를 가지고
나와 찢어버리고 나오지 않았다. 간이簡易의 시에 이르기를,

推轂端須蓋世雄	천거는 바로 세상에서 제일의 영웅을 했으며
鯨鯢出海帝憂東	고래가 바다에서 나오자 임금이 동쪽을 근심했다.
將軍黑矟元無敵	장군의 검은 창은 원래 적수가 없고
長子彤弓最有風	장자의 활 다루는 솜씨는 가장 아버지 풍모가 있다.
威起夏州遼自重	하주에서 위엄이 일어나자 요동이 스스로 조심하며
捷飛平壤漢仍空	평양에서 이기니 한양도 인해 비었다.
輕裘緩帶飜閑暇	가벼운 차림으로 갈아입고 한가하게 되었으나
己入邦人繪素中.	이미 나라사람들의 그림 속 인물이 되었다.

라 하여 참착하고 굳세며 두텁고 웅건하다. 그리고 오산五山의 좋
은 것에 승복하는 성의도 존중해야 할 것이다.

  시詩는 출처出處가 있는 것을 귀하게 여기지 않는다. 주자朱子도
말하기를 관관저구關關雎鳩[4]가 어디 출처가 있는가. 오직 그 성조
聲調와 취지趣旨 및 조예造詣가 어떠한가 하는 것을 구해 감별鑑別
할 것이며, 어찌 그 출처出處가 있다고 해서 감히 논하지 못하랴.

  동명東溟 정두경鄭斗卿의 마천령시磨天嶺詩의 절구絶句는 작자
도 스스로 좋은 작품으로(득의得意) 생각하고 있다고 한다. 어떤 사
람이 좋다는 것에 의심을 하자 동명東溟이 사마천司馬遷『사기史記』
에 있는 본문을 들어 윽박질러 말했기 때문에 드디어 다른 말이 없
었다. 이 말이『동인시화東人詩話』[5]에 나타나 있는데, 나는 생각히

---

  4)『시경詩經』 卷一, 國風一, 周南一之一.

기를 그 말이 출처가 있기 때문에 더욱 아름답지 못하다. 사마천司馬遷『사기史記』에 말하기를 앞에 하나의 큰 못이 있는데 바로 북명北溟이라 이른다 했는데 뒷사람들이 시를 지으면서 그 말을 모두 인용해 말하기를,

前臨一泓水   앞에 하나의 깊은 물이 다다랐는데
蓋乃北溟云.   바로 북명北溟이라 이른다.

라 했다. 여기에 어떤 의미가 있어 좋다고 말하는가. 바로 그 둔함을 보겠다.

　정동명鄭東溟은 그의 시에서 실경實景을 묘사하는 데는 잘하지 못했다. 그의 문집에 고악부古樂府와 종군從軍 출새出塞에 대한 작품이 많으며, 한가하고 깊숙하며 맑은 것에서 경물景物을 묘사하고 형상화하는 것에 잘한 것이 드물다.

　대저 시에서 귀하게 여기는 것은 성정性情을 잘 묘사하고 흥회興會를 기탁寄託해 바로 사물에서 스스로 즐거움을 느끼는 것이다. 옛날 사람은 악부樂府[6] 형식으로 시를 지을 때 진실로 그 일이 있었던 것에서 출발하고, 뒤에 작자들은 모두 모방한 것이다. 약간이라도 이을 바가 있으면 그 형체라도 갖추어 고의古意가 있다는 것을 알리는 것이 가할 것이다. 호아胡兒와 백마白馬는 비상시에 있는 일이다.

---

5) 이『동인시화東人詩話』는 서거정徐居正의『동인시화東人詩話』와는 상관이 없고,『별본 동인시화別本東人詩話』는『둔암시화屯庵詩話』의 내용을 적지 않게 인용하기도 했다. 그러므로 여기에서 말한『동인시화』는 어느 것인지 알 수 없다.

6) 생활 주변에 있는 일들을 소재로 하여 지었던 시의 한 형식.

日出東南隅　　해는 동남모퉁이에서 뜨고
靑靑河畔草.　　강변의 풀은 푸르고 푸르다.

라 했는데, 자수字數는 한정되어 있으나 어찌 작자가 이것을 종신
終身토록 계산한다 해도 셀 수 있겠는가. 옛날에 있었던 참된 것은
(진고眞古) 안에 있고 밖에 있지 않으며, 내용(의경意境)에 있는 것
이고 제목에 있는 것이 아니다.7) 지금 가정집에서 사용하는 일상용
어에서 비천한 말로 변하지 않은 말을 사용하므로 그 옛 것을 볼
수 있으며, 그렇지 않으면 중동重瞳8)이 열심히 일을 한다고 해서
어찌 모두 순舜임금과 우禹임금과 같은 공적을 이룰 수 있겠는가.
팔진미八珍味를 그릇에 담아놓고 많이 먹게 권한다 할지라도 입에
맞는 것은 적으니 이것도 또한 문인의 병이다.

　　만사輓詞에 용사用事9)를 사용하는 것이 가장 어렵다. 대개 가깝
지 않은 것을 인용하게 되면 도리어 혹을 붙이는 꼴이 되므로 가
까운 것을 인용해야 할 것이다. 그런데 주전자에 끓이는 물처럼 묘
하게 하지 않으면 정신(精神)이 없게 된다. 정동명鄭東溟이 구릉성
具綾城 만시輓詩에서,

門前舊揖客　　문 앞에 옛날 읍했던 손이
來哭大將軍.　　와서 대장군에게 곡을 한다.

---

7) 여기 표현한 글이 어려운 말도 없이 평이平易하나 음미해 볼만한 의미가
　　있지 않을까 한다.
8) 한 쪽 눈에 동자가 두 개인 사람. 전해오는 말로는 순舜임금과 항우項羽
　　가 중동重瞳이라 함.
9) 시에서 전고典故에 있는 말과 역사에서 사실에 있는 말을 원용援用하는
　　것을 말함.

라 했는데, 들쑥날쑥함이 있어 고르지 않다. 청성淸城 조태상趙泰相 상공相公 내승內乘의 만시에,

不隨鄠杜鳴鞭客　호두鄠杜에서 울게 채찍하는 손은 따라가지 않으며
先覺甘泉觸瑟人.　감천甘泉에서 거문고 타는 사람이 선각자라오.10)

라 했는데, 교묘하고 치밀하며 정교함이 뛰어나 모두 용사법用事法에 마땅하다.

옛날 시인은 요사스러운 눈이(시요詩妖) 있어 지나치게 날카롭고 매우 세밀하며 교묘하여 같이 더불어 대도大道를 가는데는 불가하며 시에서도 적賊이 된다. 그러나 그 조예造詣가 매우 깊은데 있어 그곳에까지 도달하게 되었을 때 비유하면 구멍을 뚫은 해파리가 귀혈鬼穴에 빨리 들어갈 수 있었던 것은 능력을 가졌기 때문이며, 실질적으로 그 사귀蛇鬼의 본디 참된 형상을 보았다는 것은 사실대로 말한 것이고 외면으로 비슷한 모양과 견주어 말한 것이 아니다. 지금 그러한 눈을 찾아보면 그러한 눈과 같은 것을 볼 수 없다. 이러한 것은 우리나라 사람들의 시학詩學이 정정당당한 문이 아니기 때문에 그런 것이다. 오직 그 병은 정도正道에 깊은 조예가 없이 가볍고 속된 것에 젖었기 때문이다. 바르지 않은 길에서 또 깊은 조예도 없이 단지 평측平仄, 대우對偶, 안배安排를 알고, 사운四韻과 팔구八句를 자신의 뜻에 따라 칠을 한다는 것이다. 대저 선악善惡과 고하高下를 논할 것 없이 얕은(천淺) 한 자가 공통적인 병이 되기 때문이다.

---

10) 어떤 용사用事가 어떻게 원용援用되었는지 난해하다. 호두鄠杜와 감천甘泉은 중국 지명地名이다.

우리나라에 시요詩妖가 없는 것은 바로 우리나라에 이단異端이 없다는 것과 같은 것이다. 그 폐단이 모두 깊지 않은 것으로부터 구하고자 한 것에서 나왔고, 단지 현재 이루어진 것에서 잘 받들고자 하는 것만 알고 다시 깊은 곳에 들어가서 스스로 밭과 논을 찾고자 하지 않았기 때문이다. 내가 항상 말하기를 "참된 것이 있어야 이단異端을 하게 되고, 그렇게 한 후에 참됨이 있어 이학자理學者가 된다고 했으며, 시인에게 요기妖氣가 있은 후에 시에 이르는 자가 있을 것이라" 했다.

김군산金君山(숭겸자崇謙字)의 시는 노련하고 굳세며 재능이 뛰어나 좋은 시가 있었다. 비록 일찍 죽었으나 바로 주위를 굴복시킬 정도였다. 이른바 나이는 비록 젊었으나 어른들의 스승이 될 만했다. 바야흐로 그가 더욱 젊어 유명하지 않았을 때 지은 시에 말하기를,

時危百慮聽江聲.　세상이 위태로워 많은 생각이 강물 소리를 듣는 듯하다.

라 했다. 어떤 사람이 홍세태洪世泰에게 이 시를 외워 전했더니 그때 세태世泰가 밥을 먹고 있다가 자신도 모르게 숟가락을 떨어뜨리며 크게 칭찬했다고 한다. 지금 그의 문집에 이 구句를 볼 수 없으니 전하지 않는 것이 가석하다.

성완成琬이 동명東溟 정두경鄭斗卿에게 글을 배우면서 큰(추麤) 것을 얻었다. 진사시進士試에 높은 등수로 합격했기 때문에 자못 이름이 있었다. 말년에 일을 할 수는 없고 재주도 떨어졌다. 그러나 평소에 입을 우물우물하며 약간 움직이는 것이 싯구를 찾는 형상 같았다. 그에게 시를 지어 주기를 부탁하면 문득 짓는 것에 사양하

지 않았으며 지은 시에 특별히 칭찬할 만한 것도 없었다. 그는 밖으로 나타내어 자랑하고자 함이 없으니 좋아할 만하며, 그의 시에서 좋은 것으로는,

月出扶桑大樹間. 달은 동쪽 큰 나무 사이에서 뜬다.

라 하고, 그 아래 구句로는,

垂脚咸池海若盆. 다리를 함지咸池[11]에 드리우니 바다가 쟁반 같다.

라 한 것이다.

그는 어려운 운韻에도 압押을 잘한다고 했다. 그가 일찍 수신사隨信使의 서기書記로 일본日本에 갔더니 왜인倭人들이 자주 험한 운으로 어렵게 했다.

어느 날 밖에 나갔더니 왜인倭人들이 운韻을 정해놓고 빨리 짓게 독촉했다. 성완成琬이 바로 그 압押인 창瘡 자字에 대해 말하기를,

戞曲遙山答 알알하는 곡조에 먼 산이 답을 하고
銘詩老石瘡. 시를 늙은 돌에 새기니 종기가 난다.

라 하니 왜인들이 모두 놀랬다. 또 어느 날 모여 술을 마시며 운을 부르는데 그 운에 홍세태洪世泰가 먼저 지은 시에,

靑天繞百蠻. 푸른 하늘이 많은 오랑캐를 둘렀다.

---

11) 서쪽에 있는 못으로 해가 지는 곳.

라 하니, 왜인倭人들이 모두 화를 내며 말하기를 "어찌 만蠻 자字로써 대접하고자 하느냐." 하고 칼을 뽑아 찌르고자 하므로 성완成琬이 이어 만蠻 자字에 압押해 말하기를,

　　黃鳥絕綿蠻.　　꾀꼬리가 우니 못새들이 소리를 그쳤다.

라 했는데, 일본日本에는 꾀꼬리가 없다. 많은 왜인들이 칼을 던지고 절을 하며 말하기를 "귀신같은 재주"라 했다. 그 후 내가 홍세태洪世泰에게 물었더니 세태世泰가 화를 내며 "내가 일본日本에 가기 전에 지은 것인데 왜인倭人이 어디에서 보고 칼을 뽑아들 일이 있었겠는가" 하는데 누구의 말이 진실인지 알 수 없다.12)

　　차기부車起夫의 이름은 양징亮徵인데, 그의 아버지 동은옹東隱翁은 우리 집과 더불어 사세四世로 인연이 있었다. 술을 좋아하고 글씨 쓰는 것을 즐기었으며 점을 잘했다. 시를 지으면 그렇게 생각할 만한 말들이 많았다. 젊었을 때는 지기志氣가 있어 항상 공명으로 자신을 보이고자 했는데 늙었을 때까지 하는 일이 없었으니 슬프다고 하겠다. 여기에 그의 시 몇 수 기록해 보고자 한다. 그의 영회작詠懷作13)에 말하기를,

　　自許經綸爲世笑　　스스로 경륜經綸을 허락했다가 웃음거리가 되었으며
　　枉披心腹被人欺.　　마음을 잘못 열어 사람들에 속임을 당했다.

라 했고, 향거시鄕居詩에 말하기를,

---

12) 홍세태洪世泰가 사신 일행으로 일본에 간 적이 있는데 이때 동행이 되었는지는 알 수 없다.
13) 이 시제詩題에 작作은 어떤 의미인지?

石溪夜雨秋魚上　시내 밤비에 가을 고기가 오르고
庭樹西風社燕歸.　뜰의 나무에 서풍이 불자 모였던 제비가 돌아간다.

라 했으며, 나와 같이 신륵사神勒寺에 놀러 가서 지은 시에,

階上亂飛銀杏葉　뜰에는 은행나무 잎이 어지럽게 떨어지고
門前獨立懶翁碑.　문 앞에 나옹비懶翁碑가 홀로 섰다.

라 했으며, 자영自詠에 말하기를,

有劒論心豪士窟　칼을 가지고 호사굴豪士窟에서 마음을 논하고
無錢多債酒人家.　돈이 없어 술집에 빚이 많다오.

라 했는데, 이러한 시는 오늘날 홍지紅紙[14) 가운데 쉬운 것이 아니다.

　부인으로서 시에 재능이 있는 자는 하늘에서 준 것으로 기다리
지 않아도 그런 것이다. 그런데 여인들의 시가 많지 않은 것은 여
러 가지 사정에 몸이 얽히었기 때문이다. 이러한 것은 중국의 『임
하사선林下詞選』을 상고해 보면 알 것이다. 우리나라에서 난설헌蘭
雪軒 허씨許氏 또한 시로서 당시 비방을 얻게 된 것도 적지 않았다.
근간에 청淸나라 우동尤侗의 문집 가운데 이른바 장주악부長州樂府
의 책 끝에 외국外國의 일을 시로서 말한 것에 난설헌蘭雪軒을 여
도사女道士라 했고, 또 바로 허경번許景樊이라 일컬었다. 대개 여도
사女道士라고 일컬은 것은 반드시 그녀가 지은 옥루상량문玉樓上樑

---

14) 큰 사전에도 붉은 종이라는 말 밖에 다른 의미가 없는데 여기서는 어떤
　　의미로 말한 것인지 모르겠다.

文에 상청上清 보허步虛와 같은 요謠에 여관女冠이 되었다고 인정
했기 때문일 것이며, 경번景樊이라는 이름은 바로 당시 경박한 자
들이 욕보이고자 한 것인데, 그것이 드디어 구실이 되어 중국에까
지 들어갔으니 진실로 하나의 기이하게 만들어진 억울한 것이다.

　우리나라 여인들로서 시에 능한 자가 매우 적은데 난설헌蘭雪軒
허씨許氏와 조원趙瑗 승지承旨 첩妾 이씨李氏(옥봉玉峰) 외에 알려
진 자가 없다. 근세에 와서 김고성金高城 성달盛達의 첩妾인 이씨李
氏는 무관武官의 집 딸인데 또한 시에 능했다. 그의 시에 아름다운
말이 많은데 그의 과김별업過金別業에,

　　淸宵月色滿空庭　맑은 밤 달빛이 빈 뜰에 가득한데
　　臥聽高梧露滴聲　누워 높은 오동나무에 이슬 떨어지는 소리 듣는다.
　　臺榭依依人事變　집들은 그대로 남았으나 인사는 변했으며
　　白雲流水古今情.　백운과 유수는 고금으로 같은 정이라오.

라 했으며, 영수시詠愁詩에,

　　愁與愁相接　근심과 근심이 서로 만났으나
　　襟懷苦未開　가슴에 품은 것을 괴롭게도 열지 못한다.
　　黯黯無時盡　모르는 사이에 때는 다 가고 없는데
　　不知何處來.　어느 곳에서 올지 알 수 없다오

라 했으며, 석조夕照에,

　　漁人欵乃帶潮歸　어부는 노래하며 조수 띠고 돌아오며
　　山影倒江掩夕扉　산 그림자 강에 넘어졌고 저녁 사립문은 닫혔다.
　　知是來時逢海雨　올 때 바다에서 비를 만난 것을 알 수 있음은

船頭斜掛綠簑衣. 뱃머리에 푸른 도롱이를 빗겨 걸었다.

라 했으며 강촌江村에,

睡起茅簷下   띠집 처마 밑에 자다가 일어나니
前山過雨清   비가 지난 앞산이 맑다.
江深晚潮色   깊은 강 늦은 조수 빛이 좋으며
村遠午鷄聲.   먼 마을에서 한낮 닭 우는 소리 들린다.

라 했으며, 우중雨中에,

山雨蕭蕭下   산에 소소히 내리는 비가
庭梧夜滴清   밤 뜰의 오동잎에 맑게 떨어진다.
遙添滄海水   멀리서 서늘한 바닷물을 더해
渾作雨中聲.   모두 비 오는 소리가 되었다.

라 했는데, 모두 청초해 없어지지 않을 것이다.

- 끝 -

蟾泉漫筆

『섬천만필蟾泉漫筆』의 저자 임렴任廉(1779~1848)은 호가 섬천蟾泉이며, 시화집詩話集인『수촌만록水村漫錄』의 저자 임방任埅의 고손高孫이라 한다. 임렴任廉이 일생 동안 시화집詩話集에 많은 관심을 가지고 노력한 것은 그가 가정에서 조선으로부터 영향을 많이 받았기 때문이 아니었던가 한다.

임렴任廉은『섬천만필蟾泉漫筆』뿐만 아니라 역대의 시화집詩話集을 수집한『양파담원暘葩談苑』을 편찬했는데, 이『양파담원暘葩談苑』의 편찬 목적은 특징 있는 시화집詩話集을 만들고자 한 것이 아니고, 좋은 시와 논평이 많은 시화집詩話集을 모아 널리 알리고자 한 것이라 했다. 임렴任廉의『양파담원暘葩談苑』의 편찬 목적이 이와 같았기 때문인지 섬천만필蟾泉漫筆에도 다른 시화집詩話集에 있는 내용을 많이 인용한 것을 볼 수 있다.

그리고 임렴任廉의 가문家門이 사족士族이었기 때문인지 이 시기에 나온 다른 시화집에 비해 평민계층의 작품이 적게 실렸고, 또 영호남 지역 인사의 작품도 적게 실려 있는 듯하다. 그러나 그는 우수한 작품을 많이 싣고자 노력했다. 그리고 그의『양파담원暘葩談苑』이 시화총림詩話叢林 이후의 시화집詩話集을 적지 않게 수집하여 편찬한 공로는 인정해야 할 것이다.

섬천만필蟾泉漫筆

　최자崔滋의 『보한집補閑集』에 이르기를 왕륜사王輪寺의 삼리자 三里子가 소매 속에 하나의 좀 먹은 종이를 가지고 와서 나에게 보 이는데 바로 문정文貞 최승로崔承老가 궁중에서 지은 시고詩藁였 다. 국초의 문자가 인몰되지 않고 지금까지 전해오게 되었으니 다 행이다. 그곳에 있는 절구絶句 세 수를 취해 기록했는데, 장생전長 生殿의 백엽두견화百葉杜鵑花에 대한 응제시應製詩에 이르기를,

去年曾是滿朱欄　지난해 일찍 붉은 난간에 가득했는데
今日芳姿又一般　오늘도 또 전과 같이 아름다운 자태라오.
但願此花開萬轉　다만 원하는 것은 이 꽃이 만 번이나 계속 피어
微臣長奉聖人懽.　미신이 길이 임금님의 기쁨을 받들게 하오

라 했고, 동쪽 못의 신죽新竹에 이르기를.

錦籜初開粉節明　죽순이 처음 열어 계절을 분명히 장식하며
低臨輦路綠陰成　수레 길에 다다라 푸른 그늘을 이루었다.
宸遊何處將天樂　어느 곳이든 임금님 노는데 천악天樂이 있어
自有金風撼玉聲.　스스로 바람이 불면 옥소리가 들린다.

라 했으며, 또 백제진백작찬百濟進白鵲讚에 이르기를,

曖曖雪色好飛鳴　애애한 눈빛이 잘 날고 울어
來自江南近十程　십정이 가까운 강남에서 왔다오
看爾羽毛偏潔朗　너의 털이 깨끗하고 밝음을 볼 수 있는 것은
只應來瑞我時淸.　우리 시대가 맑음을 상서롭게 여겨 왔을 것이다.

라 했다.

　　문충文忠 최충崔冲은 성종成宗 을사년에 과거에 급제했고 춘관春
官1)으로 갑과甲科 제일이 되었으며 벼슬은 내사령內史令에 이르렀
다. 그의 아들 유선惟善도 현종顯宗 경오년 어시御試 을과乙科에 장
원하여 부자가 모두 中書令을 했다. 그리고 차자次子 유길惟吉은 음
사蔭仕로 여러 번 승진하여 수사공좌복야상서령守司空左僕射尙書令
을 했다. 정미년에 임금이 국로國老에 사연賜宴을 하게 되어 유선
惟善 형제가 문헌공文憲公을 붙들어 모시고 입궐을 하자 당시에 장
한 일이라 했다. 한림학사 김행경金行瓊은 시를 지어 축하해 말하
기를,

紫綬金章子又孫　아들과 손자까지 붉은 끈과 금장을 받았으며
共陪鳩杖醉皇恩　함께 편안히 모시고 임금의 은혜에 취했다.
尙書令侍中書令　상서령尙書令이 중서령中書令을 모셨고
乙壯元扶甲壯元　을과乙科 장원壯元이 갑과甲科 장원을 부축했다.
曠代唯聞四人到　역대에 오직 네 사람에 이르렀다고 들었으며
一門今有兩公存　한 집에 지금 양공이 살아있다.
家傳宰相猶爲罕　집에는 재상宰相을 전해 맡아 드물게 되었으며
世襲魁科家爲尊　대를 이어 과거에 장원해 가문이 높았다.
幾日縉紳相藉藉　며칠 동안 진신縉紳2)들이 서로 자자하며

---

1) 예관禮官이라 한다.
2) 벼슬하면서 행동이 점잖은 유생을 말함.

今朝街路又喧喧　오늘 아침 거리에서 또 크게 지껄인다.
聯翩功業流靑史　계속되는 공업이 청사靑史3)에 전해져
雖禿千毫不足言.　비록 천 개의 털을 뽑아도 다 쓸 수 없을 것이오.4)

라 했다. 공명과 부귀가 극히 깨끗하고 아름다워 티끌세상을 벗어났고 시어詩語도 맑고 고왔다. 어느날 저녁에 바람은 맑고 달은 밝으며 솔과 대밭에서 스스로 운치 있는 소리가 들려 문헌공文憲公이 자신도 모르게 한 수의 절구絶句를 지었는데 그 시에 이르기를,

滿庭月色無烟燭　달빛이 뜰에 가득해 촛불이 없으며
入座山光不覺賓　자리에 들어온 산 그림자를 손으로 알지 못했다.
更有松絃彈譜外　타는 곡 외에 소나무에서 나는 소리 있어
只堪珍重未傳人.　단지 중하게 여길 뿐 사람들에 전하지 못했다.

라 했다. 공公이 가조리加祚里의 집에 있으면서 밤에 앉아 임林, 조曺, 이李의 제자諸子들이 화로를 안고 이야기하고 있는 것을 보고 시를 써 보였는데, 그 시에 이르기를,

龍騰虎踞列穹豊　용은 날고 범은 걸터 앉아 높고 넓게 벌여
壯氣能消鳳炭紅　장한 기운이 붉은 숯불을 꺼지게 한다.
莫向晨昏爭燕蝠　신혼을 향해 제비와 박쥐처럼 다투지 말고
好將行止付天公.　행지行止를 잘 단속하여 하늘에 맡기라.

---

3) 역대의 중요한 사실을 기록한 것.
4) 이 시는 형식에 대해 언급이 없고 연달아 계속 써놓았기 때문에 절구絶句의 세 수 또는 절구絶句 한 수와 율시 한 수로 보고자 했으나 내용과 고저高低의 안배에 맞지 않은 듯하므로 칠언고시七言古詩가 아닌가 하며, 운운韻은 끝까지 원元 자字 운운韻이다.

라 했는데, 말의 내용이 신기하고 위대해 예사롭지 않은 의미가 있어 공공이 하늘의 명령을 순하게 받아들인 것과 연결이 되고 있음을 알 수 있다.

최인전崔仁全도 또한 공공의 손자였다. 과거에 장원한 것과 국가에 공훈이 많았던 것을 찬미한 시가 있는데 이르기를,

前後龍頭三相國　전후로 장원壯元이고 재상이 셋이며
翩翩獜閣四功臣　연달아 기린각麒獜閣에 네 공신의 화상이 있다.5)
一門成事傾千古　한 가문에서 이룬 일이 천고에 드물 것이며
更有何人繼後塵.　다시 어떤 사람이 있어 뒤를 계속하랴.

라 했다.

인헌공仁憲公 강감찬姜邯贊은 태평太平6) 칠 년에 갑과甲科에 일등으로 선발되었으며, 현종顯宗 통화統和7) 27년에 한림학사翰林學士에 임명 되었다. 이 해 십일 월에 거란契丹의 성종聖宗이 직접 군사를 거느리고 들어오므로 현종顯宗이 금성錦城으로 가며 하공진河拱辰을 보내 청항請降을 하자 거란은 바로 돌아갔다. 무릇 이러한 계획이 모두 강감찬姜邯贊으로부터 나왔기 때문에 임금이 시로써 위로해 말하기를,

庚戌年中有虜塵　경술년에 되놈이 우리나라를 침범하여

---

5) 전한前漢 초에 국가에 공훈이 많은 사람을 선발해 화상을 그려 궁중의 기린각麒麟閣에 걸어 두었다고 한다.
6) 거란契丹 성종聖宗의 연호이다.
7) 통화統和 역시 거란契丹 성종聖宗의 연호인데, 거란 성종의 연호는 통화 統和로 시작하여 29년에 끝나고, 다음 연호는 개태開泰로 9년에 끝나며, 그 다음이 太平인데 10년으로 끝난다.

干戈深入漢江濱　거란군이 한강 가에까지 깊게 들어왔다.
當時不用姜君策　그때 강군姜君의 계획을 쓰지 않았다면
擧國皆爲左袵人.　전국 백성이 모두 좌임인左袵人[8]이 되었을 것이오.

라 했다.

　민간에 전해오는 말에 어느 사신使臣이 밤에 시흥군始興郡에 갔다가 큰 별이 민가에 떨어지는 것을 보고 사람을 시켜 살펴보았더니 그 집 부인이 출산을 했는데 아들이었다. 속으로 이상히 여겨 그 아들을 데리고 와서 양육을 했더니 그가 강공姜公이었다고 한다. 강공이 정승을 하고 있을 때 송宋나라에서 온 사신에 감식안監識眼이 있는 자가 있었는데 공公을 보고 말하기를 문곡성文曲星이 보이지 않았던 것이 오래되어 어디 있는지 몰랐는데, 지금 공公이 바로 그라 하고 뜰에 내려가서 절을 했다고 한다.

　이령간李靈幹이 나주羅州 법륜사法輪寺에 놀러가서 시를 지었는데 말하기를,

秋涼晩景最相宜　서늘한 가을 늦은 경치가 가장 알맞아
一宿蓮房一展眉　하룻밤 연방蓮房[9]에 잤더니 눈썹이 펴졌다.
星斗夜深光燦爛　깊은 밤에 북두칠성은 더욱 빛나고
樓臺月轉影參差　누대에 달은 돌아 그림자가 고르지 않다.
六時永曜懸燈明　여섯 시에 달려있는 밝은 등불로 영원히 비치게 하며.
萬古長存聖蹟奇　만고에 기이한 성인의 자취는 길이 남을 것이다.
結得良緣何事也　좋은 인연 맺은 것이 무슨 일인가
蒸心香拱佛爲師.　마음을 다해 불전에 향을 드려 스승이 되게 하리라.

---

8) 중국 사람들이 주변 다른 민족을 무시하여 좌임인左袵人이라 했음.
9) 선방禪房과 같은 말이 아닌가 한다.

라 했는데, 혹은 이 시의 낙구落句의 말이 공교하지 못하다고 한다.

　박인량朴寅亮 참정參政이 사신으로 중국에 들어가서 머무는 곳
마다 시를 남겼는데 금산사시金山寺詩에 이르기를,

　　巉巖怪石疊成山　높은 바위와 괴석이 쌓여 산을 이루었고
　　上有蓮房水四環　위에는 연방蓮房 사방은 물이 둘렸다.
　　塔影倒江飜浪成　탑 그림자는 강에 거꾸로 있으며 뒤쳐 물결을 이루고
　　磬聲繞月落雲間　달을 둘러싼 경쇠 소리 구름 사이에서 떨어진다.
　　門前客棹洪波急　문 앞의 돛단배는 높은 파도로 급하고
　　竹下僧碁白日閑　대나무 아래 스님은 대낮에 한가롭게 바둑을 둔다.
　　一奉皇華想惜別　중국과의 접근에 이별이 아까울 듯해
　　更留詩句約重還.　다시 싯구를 남기고 거듭 찾고자 약속한다오

라 했는데, 월주越州를 지나다가 음악 곡조 가운데 새로운 곡을 연
주하는 소리를 듣고 옆에 사람이 말하기를 이 곡은 공公의 시라 했
다. 절강浙江에 이르렀더니 바람에 파도가 매우 높으며 오자서伍子
胥[10]의 사당이 강변에 있는 것을 보고 시를 지어 조문해 말하기를,

　　掛眼東門恨未消　동문을 바라보자 한이 풀리지 않았는데
　　碧江千古起波濤　긴 세월로 푸른 강에는 파도가 인다.
　　今人不識前賢志　지금 사람들은 전현의 뜻을 알지 못하고
　　但問潮頭幾尺高.　단지 조수 앞에서 파도가 얼마나 높은가 묻는다.

라 하니 잠깐 사이에 바람이 뱃머리에서 고요해 쉽게 건너게 되었
다. 송宋나라 사람들이 그의 시를 모아 책을 만들었는데, 지금 세상

---

10) 춘추시대 초나라 사람, 아버지와 형의 원수를 갚기 위해 오吳나라로 달아
　　나 뒤에 철저하게 원수를 갚았다고 함.

에 전하며 이름을 『소화집小華集』이라 했다.

김부식金富軾이 일찍 사신으로 중국에 갔더니 송宋의 진종眞宗이 그의 재주를 사랑하여 예로써 대우하고 잔치를 베풀어 바야흐로 취했는데 진종眞宗이 장구長句 육운六韻을 보이면서 화시和詩를 짓게 재촉했다 공公이 조금도 생각하지 않고 바로 붓을 잡고 지었는데 이르기를,

沈香亭畔聞歌曲　침향정 가에 노래 소리 들리고
立禮門前賀太平　입례문 앞에 태평을 하례한다.
無路小酬天地德　천지 같은 덕을 조금도 갚을 길이 없어
唯將醉筆謝生成.　오직 취한 붓을 가지고 살게 해준 은혜 사례한다오.

라 하니 진종眞宗이 칭찬을 그치지 아니하며 더욱 후하게 주었다.

김부식金富軾의 등석시燈夕詩에 이르기를,

華蓋正高天北極　화개華蓋11)가 하늘의 북극처럼 높으며
玉鑪相對殿中央　궁전 중앙에서 서로 술을 마신다.
君王恭默疎聲色　군왕께서 조심하며 성색을 멀리하니
弟子休誇百寶粧.　제자는 백보장百寶粧을 자랑하지 마오.

라 했다.

고려 악지樂志에 포곡조布穀鳥는 잘 우는 새였다. 예종睿宗이 자신의 허물과 당시 정치의 득실을 듣고자 언로言路를 넓게 열었음에도 신하들이 말을 하지 않을까 염려하여 포곡가布穀歌를 지어 비유

---

11) 천자天子가 타는 수레에 햇빛을 가리는 양산. 결구의 백보장은 여러 가지 종류의 보배로 장식한 것.

한 후에 김부식金富軾이 교방敎坊의 기생이 이 노래를 부르는 것을
듣고 감동하여 시를 지었는데 이르기를,

佳人猶唱舊歌詞	가인이 오히려 옛 노래 부르니
布穀飛來櫪樹稀	뻐꾸기가 가죽나무에 드물게 날아왔다.
還似霓裳羽衣曲	그 노래 예상우의곡霓裳羽衣曲12)과 같아
開元遺老淚沾衣.	개원開元13)의 남은 늙은이 눈물로 옷을 적신다.

라 했다.

정지상鄭知常이 장원정長源亭에서 지은 시가 있는데 이르기를,

岧嶤雙闕枕江濱	우뚝 솟은 쌍궐雙闕이 강변을 베게 했고
淸夜都無一點塵	맑은 밤에 한 점의 티끌도 없다.
風送客帆雲片片	바람에 날려가는 돛은 구름같이 펄럭이며
露凝官瓦玉鱗鱗	이슬에 엉긴 기와는 비늘처럼 번쩍인다.
綠楊開戶八九屋	푸른 버들 속 팔 구 채의 집
明月捲簾三四人	밝은 달빛 아래 발 걷고 서너 네 사람
縹紗蓬萊在何處	아득한 봉래산이 어느 곳에 있다던가
夢闌黃鳥報靑春.	꿈을 깨니 꾀꼬리가 봄을 알린다.

라 했다. 공公이 시험장에 들어가서 지은 시에 말하기를,

三丁燭盡天將曉	삼정의 초가 다타고 하늘은 새벽이 되려는데
八角章成桂已香	팔각八角의 시는 이루어지고 계수나무는 이미 향기롭다.
落月滿庭人擾擾	지는 달빛은 뜰에 가득하고 사람 소리 시끄러워
不知誰是壯元郎.	누가 장원이 되었는지 알지 못하겠다오.

---

12) 악곡樂曲의 이름, 당唐 현종玄宗이 지었다고 함.
13) 당唐 현종玄宗의 연호.

라 했는데, 삼정三丁은 삼조三條를 말한 것이고 팔각八角은 바로 율시律詩인데 폴운八韻으로써 압押을 하여 팔각八角을 짓는다는 것이다. 당唐나라 과거제도에 시험보는 날 저물면 새벽까지 필요한 초 삼조三條를 준비하기 때문에 위승이韋承貽의 시에 말하기를,

三條燭盡鍾初動　　삼조의 초는 다타고 종소리 처음 들리며
九轉丹成鼎未開　　아홉 번 굴러 이룬 단약에 솟을 열지 못했다.
殘月漸低人擾擾　　남은 달은 점점 기울고 사람 소리 시끄러운데
不知誰是謫仙才.　　누가 이적선李謫仙[14]의 재주인지 알지 못했다.

라 했는데 정지상鄭知常의 시는 이 시를 이용한 것이다.

김황원金黃元은 이중약李仲若 좌사左司와 곽여郭輿 처사處士와 더불어 모두 기사奇士였다. 젊었을 때부터 문장으로 서로 사귄 신교神交라 했다. 김황원金黃元과 곽여郭輿가 이좌사李左司의 집을 방문하여 이야기를 하다가 날이 저무는데 잠깐 사이에 구름속에 달이 보이고 푸른 하늘이 물 같았다. 서로 더불어 남루南樓에 올라 조금 술을 마시고 운韻을 정해 한 연을 짓기로 했는데 이좌사李左司가 갑자기 말하기를,

壯氣暗生天外劍　　장한 기운은 하늘 밖의 칼에서 모르게 나오고
雄謀暫轉幄中籌　　큰 꾀는 장막 가운데 생각에서 잠깐 사이에 바꾼다.

라 했으며, 곽여郭輿는 이르기를,

座中氷雪三山客　　좌중의 빙설은 삼산에서 온 손이오

---

14) 당唐나라 이백李白을 말함.

枰上錙銖萬戶侯   바둑판 위의 정밀한 계산은 만호후라오.15)

라 했다. 차례가 황원黃元에 이르자 황원이 말하기를 두 분의 지은 것과는 다르다 하며 드디어 술을 한 잔 마시고 크게 읊어 말하기를,

日暮鳥聲藏碧樹   날이 저물자 새 소리는 푸른 나무숲에 감추었고
月明人語上高樓.   밝은 달빛에 사람들은 높은 누에 올라 말한다.

라 하니, 이二 공公이 자신들도 모르게 무릎을 굽히며 말하기를 "비록 옛 사람의 시와 비교해도 무슨 차이가 있겠는가" 하고 자리를 파했다. 김황원金黃元이 대간大諫에 임명되어 여러 번 약석藥石이 될 만한 말을 진술했으나 임금의 마음을 돌리는데 힘이 되지 못했다. 성산수星山守에 임명되어 나가면서 길이 분행역分行驛으로 지나게 되었는데, 마침 남쪽에서 조정으로 돌아오는 천원天院 이재李再를 우연히 만나 그에게 시를 주어 말하기를,

分行樓上豈無詩   분행루 위에서 어찌 시가 없으랴
留與皇華寄所思   두었다가 황화에 주고자 생각한 바를 부친다.
蘆葦蕭蕭秋水國   수국水國의 가을에 갈대는 소소하며
江山杳杳夕陽時   석양 때가 되니 강산이 고요하다.
古人不見今空歎   옛 사람 보지 못해 지금 공연히 탄식하고
往事難追只自悲   지난일 따르기 어렵자 단지 스스로 슬퍼한다.
誰信長沙左遷客   장사로 좌천되는 사람을16)

---

15) 위의 이좌사李左司가 지었다는 시와 아울러 이해하기 어려우며 따라서 번역도 어렵다.
16) 전한前漢 때 가의賈誼가 잘못한 것도 없었는데 젊은 나이에 장사長沙로 유배된 것을 반영한 것임.

職畢年老鬢毛衰.　벼슬도 끝나고 나이 많아 살쩍머리 쇠했다고 누가
　　　　　　　믿으랴.

라 했는데, 진신搢紳이 많이 화시和詩를 지어 기백幾百 수首가 되었
으며 분행집分行集이라 이름했다.

　곽여郭輿 처사處士는 예종睿宗이 동궁에 있을 때 돕는 벼슬을 했
다. 동궁이 왕위에 오르자 곽여는 관직을 사양하고 멀리 떠나고자
하니 예종이 조서로 성동城東 약두산若頭山 한 봉을 하사했다. 곽
여는 그곳에 별실別室을 지어 동산재東山齋라 이름했다. 항상 오건
烏巾과 학창鶴氅을 하고 궁중을 출입하기 때문에 당시 사람들이 그
를 금문우객金門羽客이라 일렀다. 일찍 궁내宮內에서 잔치를 할 때
임금이 머리에 꽂을 수 있는 꽃을 한 가지 주며 바로 시를 지어내
게 하니 곽여가 지은 시에 이르기를,

誰剪紅箋作牧丹　누가 붉은 쪽지 베어 목단을 만들었나뇨
芳心來展怯春寒　방심芳心이 봄추위를 겁내 와서 피었다.
六宮粉黛皆相道　육궁六宮의 궁녀들이 모두 서로 말하기를
何事宮花上道冠.　무슨 일로 궁중의 꽃이 도관道冠 위에 있나뇨.

라 했다. 또 임금을 모시고 장원정長源亭에 가서 누에 올라 바라보
니 들에서 농부가 소를 타고 냇가에서 돌아오는 자가 있어 시를 짓
게 명령하자 바로 입으로 불렀는데, 그 시에 말하기를,

太平容貌恣騎牛　태평한 모습을 방자하게 소를 타고
半濕殘霏過隴頭　안개비에 반쯤 젖어 언덕 머리를 지난다.
知有水邊家近在　물가에 집이 가깝게 있는 것을 알 수 있음은
從他落日傍溪流.　낙일에 흐르는 냇물 옆으로 가기 때문이오.

라 했다. 곽처사郭處士는 김부경金富弇 홍관洪灌과 더불어 문회文會를 하며 사귀었다. 그때 예종睿宗이 서도西都를 갈 때 세 사람이 모두 호가扈駕를 했는데, 그의 친구 산인山人 담수曇秀는 행재소行在所에 나아가지 못하고 시를 부쳐 말하기를,

青雲三學士	청운의 삼학사는
白日一仙翁	한낮에 하나같이 선옹이라오
並筆遊巡下	순행하는 아래에 붓을 아울러 잡았고
連裾扈從中	호종하는 가운데서 옷자락을 연했다.
大同楊柳雨	대동강 버들에 비가 내리고
長樂牧丹風	장낙정長樂亭의 목단에 바람이 분다.
應制多佳句	응제應制에 아름다운 시구가 많을 테니
聯篇寄驛筒.	모두 모아 역통으로 부쳐주오

라 했다.

정습명鄭襲明이 남양南陽을 맡게 되었는데 그곳 악적樂籍에 있는 창녀娼女가 얼굴과 재주가 모두 뛰어났다. 그 고을 군수가(이름을 잊었다 함) 매우 좋아하여 임기가 끝나 돌아가고자 할 즈음 갑자기 술에 취해 옆에 있는 사람에게 말하기를 "만약 내가 군을 떠나게 되면 바로 다른 사람의 소유가 될 것이라" 하고 즉시 촛불로 양쪽 뺨을 태워 성한 곳이 없었다. 정공이 임명장을 가지고 그곳에 왔다가 그 기생을 보고 불쌍하게 여겨 비단 한 폭과 절구 한 수를 주었는데 그 시에 말하기를,

百花叢裡淡丰容	많은 꽃떨기 속에 맑고 아름다운 얼굴이
忽被狂風減却紅	갑자기 미친바람을 만나 붉음이 감해졌다.
獺髓未能醫玉頰	달수獺髓[17]로 뺨을 치료하지 못하게 되었으니
五陵公子恨無窮.	오릉공자五陵公子[18]의 한이 다함이 없겠다.

라 하고 인해 부탁해 이르기를 "만약 사화使華가 왔다가 지나가면 꼭 이 시를 보여라" 했다. 기생이 조심스럽게 가르치는 대로 했더니 보는 사람들이 불쌍히 여겨 구제하므로 많은 이익을 얻어 재물이 처음보다 배는 되었다고 한다.

진양晉陽은 옛날 왕도王都였다. 시내와 산이 아름다워 영남에서 제일이다. 어떤 사람이 그림을 그려 이지저李之氐 상국相國에게 드렸더니 벽에 붙여두고 보았다. 군부참모軍府參謀 영양榮陽 정여령鄭與齡이 뵈오려 오자 상국相國이 그 그림을 가리키며 말하기를 "이 그림은 자네 고향을 그린 것이니 마땅히 한 수 짓지 아니하겠는가" 하자 붓을 잡고 바로 지었는데 이르기를,

數點靑山枕碧湖	몇 점 청산이 푸른 호수를 베고 있는데
公言此是晋陽圖	공이 이르기를 이것이 진양도晉陽圖라 한다.
水邊草屋知多少	물가 초가집이 몇 채인지 알고 있는데
中有吾廬畵也無.	가운데 내 집을 그렸느냐 없느냐.

라 하니, 자리에 있는 사람들이 그 정밀하고 민첩한 것에 승복했다.

최유선崔惟善이 남양유수南陽留守였을 때 두 아들이 가까이 있었다. 공公이 시로써 가르쳐 말하기를,

家傳淸白無餘物	집에 청백만 전하고 다른 물건이 없고
只有經書萬卷存	단지 경서와 만 권의 책이 있을 뿐이다.
咨汝分將勤讀閱	너희에 묻노니 나누어 가져 부지런히 읽고 보아
立身行道使君尊.	출세하고 도를 행해 사군처럼 높아라.

---

17) 수달 뼈에서 나오는 기름으로 상처에 약으로 사용한다고 함.
18) 번화한 지역에 있는 귀족의 자제.

라 하고, 인해 주註가 있는데 말하기를 임금을 높이 여기면 나라가 다스려지고 나라가 다스려지면 집이 편안하고 가정이 편안하면 몸이 편안하고 몸이 편안하면 나머지는 구할 것이 없을 것이라 했다.

진락공眞樂公 이자현李資玄의 동년同年인 곽모郭某가 관동關東으로 임명을 받고 부임하면서 찾아와서 시를 지어 주었는데 그 시에 말하기를,

淸平山水似湘濱	청평의 산수는 상수湘水의 물가와 같고
邂逅相逢見故人	뜻밖에 서로 만나 고인을 보았다.
三十年前同得第	삼십년 전에 같이 급제했고
一千里外各棲身	천 리 밖에서 각자 살고 있는 몸이오
浮雲入洞曾無事	뜬 구름이 동구로 들어오지만 일찍 일이 없었고
明月當溪不染塵	밝은 달이 내를 비쳐 티끌이 물들이지 못한다.
目擊無言良久處	보고 말없이 오래 있는 곳에
淡然相照舊精神.	맑게 옛 정신을 서로 비쳐본다.

라 하니, 공公이 차운하여 말하기를,

暖逼溪山晴榎春	시내와 산이 따뜻하자 맑은 싸리가 봄이 되었고
忽遇仙仗訪幽人	갑자기 선장19)을 만나 유인幽人을 방문했다.
夷齊遁世唯全性	백이숙제20)는 세상을 도망쳐 성을 온전히 했고
稷契勤邦不爲身	직설21)은 나라에 부지런했고 몸을 위하지 않았다.
奉詔此時鏘玉珮	이때 임금 명령 받들자 차고 있는 옥에서 소리가 났으니

---

19) 임금의 의장儀仗.
20) 백이伯夷 숙제叔齊는 은殷나라가 망하자 수양산首陽山에 들어가서 고사리를 먹다가 굶어죽었다고 함.
21) 직稷과 계契로 두 사람으로, 요堯와 순舜임금의 신하.

掛冠何日拂衣塵 어느 날 갓을 걸고 옷에 먼지를 털 수 있겠는가.
那當此地同棲隱 어쩌면 이 땅에 같이 숨어 살면서
養得從來不死身. 종래의 죽지 않는 몸으로 할 수 있으랴.

라 했다.

본조本朝의 이퇴계선생李退溪先生이 청평산淸平山을 지나다가 지은 시에 말하기를,

峽東江盤棧道傾 산골 동쪽에 강이 서리었고 사다리 길은 기울었으며
忽逢雲外出溪淸 갑자기 구름 밖에서 맑은 냇물이 흐름을 만났다.
至今人說廬山社 지금 사람들은 여산사라 일컬으며
是○君爲谷口耕 그대가 골짜기 입구에 밭 갈게 되었다.
白月滿空餘素抱 밝은 달빛이 공중에 가득한 남은 흰 빛을 안았고
靑嵐無跡遠浮榮 푸른 남기가 흔적 없이 영광을 멀리 뜨게 했다.
東韓隱逸誰修傳 우리나라는 숨은 선비의 전을 뉘가 쓰랴
莫指微疵棄玉珩. 작은 흠집을 지적하여 옥구슬을 버리지 마오

라 했다. 대개 이자현李資玄은 청평산淸平山에 삼십칠 년 동안 숨어 살았으니 또한 일시의 고사高士였는데, 역사를 기록하는 자가 탐하고 인색한 것으로 꾸짖었으니 작은 것을 드러냈다는 비난을 면하지 못할 것이며, 퇴계의 이 시가 정론定論으로 족하다고 할 것이다.

고려의 문인들은 온전히 소동파蘇東坡의 글만을 숭상하여 과거의 합격자를 발표하게 되면 삼십삼 인의 동파가 나왔다고 한다. 고원高元이 송宋의 사신에게 시를 구하고자 물으니 권적權適 학사學士가 시를 주며 말하기를,

蘇子文章海外聞 소자蘇子의 문장은 해외까지 알려졌는데

宋朝天子火其文　송조宋朝의 천자가 그의 글을 불태웠다.
文章可使爲灰燼　문장은 재가 되게 할 수 있지만
千古芳名不可焚.　천고에 아름다운 이름은 태우지 못할 것이오

라 하니 송宋나라 사신이 탄복했다고 한다.

　이자량李資諒이 송宋나라에 사신으로 갔더니 송의 휘종徽宗이 예모전睿謀殿에서 잔치를 베풀고 시를 지어 보이면서 잇따라 화시和詩를 짓게 명령했다. 자량資諒이 운韻에 이어 말하기를,

鹿鳴嘉宴會賢良　녹명鹿鳴[22)]의 아름다운 잔치에 현량들이 모여
仙樂洋洋出洞房　선악이 넓게 동방에서 나온다.
天上賜花頭上艶　천상에서 주신 꽃은 두상에서 아름답고
盤中宣橘袖中香　소반에 담은 귤은 소매 속에서 향기롭다.
黃河再報千年瑞　황하黃河가 천년 상서를 두 번째 알리며[23)]
綠醑輕浮萬壽觴　좋은 술이 만수의 술잔에 가볍게 뜬다.
今日陪臣參盛際　오늘 배신陪臣이 성대한 잔치에 참석했으니
願欹天保永無忘.　원컨대 길이 잊지 않게 하늘이 보호해 주시오

　라 하니 휘종徽宗이 크게 칭찬했다. 이 시에 쓰인 말이 쉽고 전개된 내용이 자세하게 표현했기 때문인지 다음 날 여러 점포店鋪에 유전되어 족자를 만들어 벽에 걸어놓았다고 한다.
　인빈印份이 일찍 시가 있었는데 말하기를,

草堂秋七月　　　초당의 가을 칠월에

---

22) 『시경詩經』 소아小雅의 편篇이름. 외국 사신이나 큰 손님이 왔을 때 연주하는 시.
23) 중국에서 전해오는 말에 황하黃河가 천년 만에 한 번씩 맑아지며 그렇게 되면 성인이 난다고하기 때문에 상서가 된다고 한다.

桐雨夜三更	오동잎에 비 내리고 밤은 삼경이라오.
欹枕客無夢	자고자 하나 잠이 오지 않으며
隔窓虫有聲	창 너머 벌레 우는 소리 난다.
淺莎翻亂滴	얕은 잔디를 뒤치며 어지럽게 물방울이 떨어져
寒葉灑餘淸	차가운 잎에 물을 뿌려 나머지 잎을 맑게 한다.
自我有幽趣	나부터 깊숙한 의취가 있어
知君今夜情.	그대의 오늘밤 감정을 짐작한다오.

라 했는데, 학사學士의 이름이 우리나라에서 크게 알려지게 된 것은 이 시 때문이다.

미수眉叟 이인로李仁老는 일찍 계양부桂陽府를 맡아 있었는데 어느 날 배를 타고 공암현孔巖縣에서 행주幸州 남호南湖에 이르러 끊어진 은덕에 교미와 같은 소나무와 삼나무 팔구 주가 옆에 총총 서 있고 허물어진 담장이 아직 있는데 지나가는 사람들이 가리키며 이곳은 인공印公 초당의 옛 터라 했다. 내가 배를 대고 갈 수 없어 배회하면서 휘파람을 불며 그 사람을 상상해 보다가 작은 길을 발견하여 소화사小華寺의 남루南樓에 올라 벽에 시가 있는 것을 보았는데 이끼가 끼어 먹물 흔적을 겨우 알아볼 정도였다. 가까이 가서 보니 인공印公이 쓴 시였다. 그 시에 말하기를,

| 蕉鳴箔外知山雨 | 발 밖에 파초 잎이 울어 산에 비가 내림을 알겠고 |
| 帆出峰頭見海風. | 봉우리에 돛이 나오자 바다 바람을 볼 수 있었다. |

라 했으니 가히 이름 밑에 빈 선비가 없다고 이를 만하다.

임춘林椿이 잠깐 밀주密州를 여행했더니 그 고을 원이 명기名妓를 보내 천침을 하게 했는데, 그 기녀가 밤 늦게 도망을 갔다가 다

음 날 아침에 돌아와서 자리에 앉아있으므로 임춘林椿이 시를 지어
말하기를,

紅粧待晚帖金鈿	홍장이 늦기를 기다려 비녀를 찌르고
爲被催呼上綺筵	좋은 자리로 재촉해 부르기를 바란다.
不怕長官嚴號令	장관의 엄한 호령이 겁나는 것이 아니고
謾嗔行客惡因緣	행객과의 악한 인연을 꾸짖는데 속았다.
乘樓未作吹簫伴	누에 올라 같이 퉁소를 불지 못했고
奔月還爲竊藥仙	달나라로 도망간 것은 도리어 선약을 훔쳤다.
寄語靑雲賢學士	높은 꿈을 가진 어진 학사에 말하노니
仁心不用示蒲鞭.	인심은 쓰지 않고 부들 채찍을 보인다.

라 했다.

이공수李公遂 시중侍中의 하제시下第詩에 말하기를,

白日臨金殿	대낮에 궁중에 다다랐드니
靑雲起草廬	높은 꿈이 초가에서 일어났다.
那知廣寒桂	어찌 廣寒殿[24]의 계수나무를 알겠느냐
尙有一枝餘.	아직 한 가지가 남아있다오.

라 했으며, 하서河西 임춘林椿의 하제시下第詩에,

科第未收羅隱恨	과거에 나은羅隱[25]의 한을 거두지 못했고
離騷空寄屈原哀.	이소부離騷賦[26]는 공연히 굴원屈原에 슬픔을 붙인다.

---

24) 달나라에 있다는 궁전의 이름.
25) 만당晚唐의 문인으로 능력은 있었지만 평생 동안 과거에 여러 번 응했으
나 합격하지 못했다고 한다.
26) 굴원屈原이 자신의 감정을 진솔하게 부賦의 형식으로 표현한 작품의 이름.

라 하고, 또 말하기를,

　科第由來收俊傑　　과거는 준걸한 인재를 거두고자 하는 것인데
　公卿誰肯薦非才.　　공경에 누가 재주 없는 사람을 추천하는가.

라 했는데, 마침내 이공수李公遂는 대괴大科를 했으나 임춘林椿은
과거에도 합격하지 못했고, 한 번도 벼슬에 임명을 받지 못했다.
　안치민安置民이 일찍 취수선생醉睡先生의 초상을 스스로 그리고
그 뒤에 시를 한 수 지어 말하기를,

　有道不行不如醉　　도가 있는데 행하지 못하면 취하는 것만 같지 못하고
　有口不言不如睡　　입이 있으나 말을 아니 하면 자는 것만 못하다.
　先生醉睡杏花陰　　선생이 살구꽃 그늘에 취하고 자는 것은
　世上無人知此意.　　세상에서 그 뜻을 아는 사람이 없다오.

라 했다. 거사居士가 글씨와 그림을 잘 그려 매양 대를 베어 시와
글씨를 쓰고 했다. 그 뒤에 이세장李世長 복야댁僕射宅을 지났더니
긴 대나무 몇 떨기가 있는데 새로운 난간으로 나왔다. 공공이 병풍
을 내어놓고 그림을 그리게 하자 바로 그리고 시를 써 말하기를,

　樓下篁林百尺脩　　누 밑에 대숲이 높았으나
　樓高只見數梢頭　　누가 높아 단지 몇 가지 머리만 보인다.
　要看拔地千竿玉　　땅에서 솟은 많은 대나무를 보려면
　須踏層梯下此樓.　　잠깐 누에서 내려 사다리를 밟아야 할 것이오

라 했는데, 이문원李文院이 이것으로 말미암아 시로써 칭찬해 말하
기를,

此君眞態畫難工   대나무 참 모습 그리기는 어려워
膠粉纔施氣已空   아교가루가 겨우 끝나자 기가 이미 비었다.
居士手痕淸似月   거사의 솜씨 달처럼 맑아
幻移疎影上屛風.   병풍 위에 성긴 그림자까지 옮겼다.

라 했는데, 안치민安置民의 시는 호걸스럽고, 이문원李文院의 시는 맑아 사람들의 입에 전파되었다.

　　정서鄭敍는 공예태후恭睿太后의 매서妹婿로서 인종仁宗의 사랑을 받았는데, 의종毅宗 때 참소를 입어 시골로 유배를 가게 되었다. 정서가 유배를 갈 때 왕이 말하기를 "가면 바로 부르겠다" 했는데, 오랫동안 부르지 않았다. 이에 정자를 짓고 참외를 심으며 거문고를 타고 노래를 지어 임금을 사랑하는 뜻을 나타냈다. 그 말이 극히 슬펐으며 스스로 호를 과정瓜亭이라 하여 지금의 악부樂府 정과정鄭瓜亭이 바로 그 곡이다. 이제현李齊賢이 시를 지어 풀어 말하기를,

憶君無日不沾衣   임금을 생각해 눈물 흘리지 않는 날이 없어
正似春山憶子規   봄 산에 자규를 생각하게 하는 것과 같다오.
爲是爲非人莫問   옳고 그른 것은 사람들아 묻지 마오
祇應殘月曉星知.   남은 달과 새벽 별이 응당 알 것이오

라 했으며, 정추鄭樞의 시에 말하기를,

雲盡長亭月在天   구름 걷힌 장정에 달은 하늘에 있는데
橫琴相對夜如年   거문고 빗겨 안고 바라보니 밤이 길다.
鵑啼曲盡思無盡   뻐국새 울고 곡은 다했으나 생각은 끝이 없어
誰把鸞膠續斷絃.   누가 방울 잡고 끊어진 줄을 굳게 이어 주랴

라 했으며, 한수韓脩의 시에 말하기를,

半輪江月上瑤琴　반달이 강물에 비치자 거문고를 타니
一曲新聲古意深　한 곡의 새로운 소리에 옛 뜻이 깊다오.
豈謂如今有鍾子　어찌 지금에 종자기鍾子期가 있겠느냐 하겠으나
只應彈盡伯牙心.　단지 백아伯牙의 마음을 응해 탈 뿐이오.[27]

라 했으며, 유숙柳淑의 시에,

他鄕作客頭渾白　타향에서 나그네 되어 머리가 온통 희었는데
到處逢人眼不靑　가는 곳마다 사람을 만났으나 믿을 사람이 없다.[28]
淸夜沈沈滿窓月　침침한 맑은 밤 창에 달빛이 가득한데
琵琶一曲鄭瓜亭.　비파로 정과정鄭瓜亭 한 곡을 탄다.

라 했으며, 이숭인李崇仁의 시에 말하기를,

琵琶一曲鄭瓜亭　비파로 정과정 한 곡을 타니
遺響凄然不忍聽　그 소리 처연해 차마 듣지 못하겠다.
俯仰古今多少恨　고금을 회상하며 다소의 한을 하다가
滿簾踈雨讀騷經.　주렴에 가득 내리는 성긴 비에 이소경離騷經을 읽
　　　　　　　　　는다.

라 했다.

　의종毅宗이 관리들을 나누어 보내 모든 원우院宇에 있는 시들을
기록해 바치게 하여 풍요風謠와 백성들에 이롭고 해가 되는 것을
살피고 인해 명장名章과 준어俊語를 선발하여 편집해 이름을 시선

---

27) 위의 종자기鍾子期는 춘추시대 초楚나라의 음악가. 그는 백아伯牙의 거문
　　고 타는 소리를 듣고 그의 마음을 알았다고 함.
28) 청靑은 청안靑眼을 말함인데, 진晉나라 완적阮籍이 자신과 마음이 맞는
　　사람을 보면 청안靑眼을 하고 맞지 않는 사람은 백안白眼을 한다고 했다.

詩選이라 했다.

　김신윤金莘尹 상서尚書가 용만龍灣을 진압하기 위해 나가면서
지은 시에 이르기를,

割民媚上成風久　백성을 긁고 위에 아첨함이 오랜 풍속이 되어
舉國滔滔盡詭隨　온 나라가 도도히 속임을 다 따라간다.
厚祿高官雖可戀　후한 녹과 높은 벼슬이 비록 좋으나
靑天白日固難欺.　푸른 하늘 밝은 해는 진실로 속이기 어렵다오

라 운운 했는데, 의종毅宗이 열람하면서 읽다가 이 시에 이르러 말
없이 오랫동안 있으므로 좌우에서 측량할 수 없는 형벌이 내리지
않을까 두려워했다. 가을이 되자 동번東藩을 진압하게 명령했고,
또 다음 해 다시 용만막龍灣幕으로 돌아가게 하고 털이불 덮개를
세 번이나 주게 명령을 내렸으니 조정朝廷의 진신縉紳들에서도 비
교하기 드물었다.

　의종毅宗이 음악을 가까이 하고 여색을 좋아하여 돌아가면서 즐
기었다. 충숙공忠肅公 문극겸文克謙이 그때 정언正言이었다. 글을
올려 간절하게 간했으나 의종은 좋아하지 않았다. 충숙공忠肅公이
조복朝服을 벗어 집에 보내고 시를 지어 말하기를,

朱雲折檻非干譽　주운이 난간을 끊은 것은 명예를 구하려는 것이 아
　　　　　　　　　니고29)
袁盎當車豈爲身　원앙이 수레를 막은 것이 어찌 자신을 위한 것이겠
　　　　　　　　　는가.30)

---

29) 전한前漢 무제武帝 때의 곧은 신하, 임금께 직언하다 노여움을 받아 끌려
　　나가다 난간을 잡자 그 난간이 찢어졌다 함.

一片丹誠天未照　　한 조각 붉은 정성 하늘에 비치지 못했으니
強鞭羸馬退逡巡.　　여윈 말 강하게 재촉하여 물러나고자 한다.

라 했다. 경인庚寅년 가을이 되어 무신武臣들이 난을 일으키자 임금은 남쪽으로 옮겼고, 계사癸巳년 겨울에는 정산현定山縣 유구역維鳩驛에 새로 공관公館을 지어 낙성이 되자 벽에 채색으로 그림을 그리기로 했는데, 화공은 당시에 유명했던 사람이었다. 화공이 서쪽 벽 사이에 흰옷 입고 삿갓을 쓰고 말을 탄 사람을 그렸는데 산길이기 때문인지 말을 믿고 천천히 가고 있는 모양이 슬퍼 보였으며, 어린 종이 잡고 있어 보는 사람들이 누구인지 알지 못하고 있었다. 그 뒤에 송강松江이 무의자無衣子를 지워버렸다. 임오년 가을에 서경西京으로 가면서 이 역에 들러 그림을 보고 탄식하며 오랫동안 있다가 말하기를 "이것은 임금에게 간했던 신하가 나라를 떠나는 그림이라" 하고 바로 벽에 글을 써 말하기를 어떤 사람이 이 그림을 그렸는가. 간諫한 신하가 나라를 떠나는 것이 얼마나 되겠는가. 산에 있는 스님도 한 번 보고 슬프게 여기는데, 하물며 현재 벼슬하고 있는 사대부들의 심정은 말할 것이 있겠는가. 희噫라 화공이 지난날 있었던 일에 감동하여 이 그림을 그렸고, 선사禪師는 알고 있는 것이 오래되어 그림과 이 시를 남겼으니 옛날 깨끗한 군자와 다름이 없다고 했다.[31] 뒷날 두 사람의 과객이 지나가며 벽에 쓰여 있는 시에 차운하여 말하기를,

---

30) 전한前漢 문제文帝 때 인물, 문제가 신부인愼夫人을 황후와 같이 대하고자 하므로 원앙袁盎이 못하게 막았다고 함.
31) 위의 글에 낙오자落誤字가 있음인지, 아니면 이해를 하지 못했기 때문인지 문장에 애매함이 있지 않는가 한다.

曲突前言不早圖　준비하면 앞의 말을 일찍 도모할 것 없고
焦頭後悔曷追乎　머리를 데우고 후회한들 어찌 좇으랴.
何人畵出諫臣去　어떤 사람이 간신諫臣[32)이 가는 것을 그려
滿座淸風激懦夫.　자리에 가득한 청풍으로 약한 지아비를 격려했을까.

라 했으며, 또 한 사람은 말하기를,

白衣黃帶諫臣圖　흰옷과 누런 띠의 간신諫臣 그림은
是屈原乎微子乎　굴원屈原인가 미자微子[33)인가.
未正君非空去國　임금의 잘못을 바로하지 못하고 부질없이 떠나니
不須毫底費工夫.　꼭 종이를 소비하며 공부하지 않을 것이다.

라 했다.

오세재吳世才가 북악北岳의 극암부戟岩賦에 이르기를,

北嶺巉巉石　북령北嶺에 바위가 높고 높아
傍人號戟巖　방인傍人은 창바위라 이름한다.
逈撞乘鶴晉　학을 탄 진晉[34)을 멀리 가게 다지고
高刺上天咸　천상의 함咸[35)을 높게 찌른다.
揮柄電爲火　자루를 휘둘러 번개가 불이 되고
洗鋒霜是鹽　칼날을 씻는 데는 서리가 소금이 되었다.
何當作兵器　어떤 병기를 만들 것인가
敗楚亦亡凡.　초楚에 패하고 또 평범하게 망했다오

라 했는데, 송宋나라 사람이 이 시를 보고 감탄하며 물어 말하기를

---

32) 임금에게 직언直言한 신하.
33) 은殷의 충신忠臣, 기자箕子와 비간比干과 같이 은殷의 삼인三仁이라 함.
34) 주周 영왕靈王의 아들 이름인데, 그는 직간하다가 폐출되었다.
35) 함지咸池를 말함. 해가 지는 곳 서쪽 바다.

살아 있느냐, 지금 어떤 벼슬을 하고 있느냐, 우리 송나라에 있었다면 이러한 작자는 반드시 벼슬을 했을 것이라 했다.

　오학령吳學狑 한림학사翰林學士는 공公의 할아버지였다. 중유흥복사시重遊興福寺詩에 이르기를,

日改物色改	날이 가니 물색도 바뀌었고
事移人已移	일이 옮기니 사람은 이미 옮겼다.
鶴添新歲子	학은 새해에 새끼를 더했고
松老去年枝	소나무는 늙는데 가지는 거년 것이다.
院院古非古	절들은 오래된 듯하나 옛 절이 아니고
僧僧知不知	스님들은 알 듯한데 모르겠다.
悠悠登水閣	유유히 수각水閣에 올라
重檢早題詩.	아침에 지은 시를 다시 살펴본다.

라 했는데, 공의 문장이 일반적으로 가정에서 얻었다고 한다. 공이 여러 번 과거에 응시했으나 합격하지 못했다. 갑자기 눈이 아파 시를 지어 이르기를.

老與病相隨	늙음과 병은 서로 따라다니며
窮年一布衣	다한 나이에 벼슬도 하지 못했다.
玄花多掩映	눈에 비치는 것을 많이 가리었고
紫石少光輝	자석 같은 눈빛은 광채가 적어졌다.
怯照燈前字	등불 앞에 글자 보기 겁나고
羞看雪後暉	눈 내린 뒤에 햇빛 보기 부끄럽다.
待觀金榜罷	금방의 발표 보기를 기다리며
閉目坐忘機	눈을 감고 앉아 기미를 잊었다.

라 했다. 공公은 세 번 장가를 갔으나 버리고 갔기 때문에 자식도

44 譯註 屯菴詩話・蟾泉漫筆・別本東人詩話

좁은 땅도 없어 아침 저녁 식사도 계속하기 어려웠다. 나이 오십일 세에 이르러 과거에 합격했고(得一第) 동도東都로 여행을 갔다가 세상을 떠났다. 그의 문장에 대해서는 어찌 궁해 쓰러졌다고 해서 버릴 수 있겠는가.

태순공太順公[36]은 오공吳公보다 삼십 세가 젊었으나 망년忘年의 벗이 되었다. 또한 시로써 오공吳公에 부쳐 말하기를,

海內東去路悠悠　해내海內에서 동으로 가려니 길이 멀고 멀며
一落天涯久倦遊　한 번 천애에 떨어지자 오랫동안 노는 것도 게을러졌다.
黃稻日肥鷄鶩喜　누렇게 벼가 익어가자 닭과 집오리는 기뻐하고
碧梧枝老鳳凰愁　푸른 오동나무 가지가 늙자 봉황이 근심한다.
烟波不返遊吳棹　안개 긴 파도에 오도吳棹로 놀며 돌아오지 않고
雪月期浮放刻舟　설월雪月에 각주刻舟를 놓아 떠있다.[37]
聖代未應終見棄　좋은 시대에 벼슬하지 못하고 버림을 보게 되었으니
莫思垂白釣清流.　늙은 나이에 낚시한다고 생각하지 마오.

라 했는데, 그를 일대의 영웅으로 일컬으며 사모함이 이와 같았다.
김구金坵는 문장으로서 최충헌崔忠獻의 무겁게 여기는 바가 되었다. 그가 진양晋陽에게 올린 시에 말하기를,

兩世波瀾定海東　부자 양 대가 이 나라의 파란을 평정했으니
泰山功後泰山功　태산 같은 공 뒤에 태산 같은 공이라오
茅分萬戶猶毫末　띠를 만호에 나누어도 오히려 털끝이며
河潤三韓亦掌中.　삼한을 하수처럼 불리는 것도 손바닥 속에 있다오.

36) 어떤 인물인지 알아보지 못했다.
37) 이 경련은 난해하여 무슨 뜻인지 모르겠다.

라 하여 극구 칭송했고 죄를 얻게 되자 또 시를 지어 드렸는데 그 시에 말하기를,

玉上無端沾作痕　옥에 무단히 흔적을 만들어
已將名利負乾坤　명예와 이익 때문에 건곤 같은 은혜를 등졌다.
可憐百世升沈事　가련하게도 한평생 뜨고 잠기는 것은
決在明朝一片言.　분명히 내일 아침 짧은 말에 있다오.

라 했는데, 모두 아첨하고 애걸하는 태도이다.

이규보李奎報가 유윤제兪諭와 더불어 동년同年의 자리에 같이 앉아 임경겸任景謙 부추剖樞의 침상 병풍에 열자어풍列子御風의 화시和詩에 말하기를,

從來道境尙遺身　지금까지 도경道境을 그의 몸에 끼쳤는데
何必乘虛始自神　어찌 꼭 허를 타야 신기롭다 하나뇨
若向風頭尋禦寇　만약 바람머리를 열어구列禦寇38)를 향해 찾았다면
滿堂飛鳥亦眞人.　집에 가득히 날으는 새도 또한 진인眞人일 것이오39)

라 했고, 도잠陶潛의 녹건漉巾에 이르기를,

漉則爲蒭載則巾　거르면 꼴이 되고 쓰면 수건이 되어40)
箇中分別任他人　그 가운데 구분은 다른 사람에 맡긴다.
不妨頭上餘痕在　두상에 흔적이 남아있지 않을 것 같으면

---

38) 춘추전국시대의 사상가 열자列子의 성명.
39) 시제의 어풍御風을 알아보지 못했기 때문인지 내용이 난해하다.
40) 도연명陶淵明이 술이 먹고 싶어 머리에 쓰고 있는 망건을 벗어 술을 걸러 먹었다는 이야기를 반영한 것이다.

已是平生着酒身.　평생 동안 주신酒身에 붙었을 것이오

라 했고, 자유방대子猷訪戴에 이르기를,

訪人情味雪溪中　눈 내리는 시내에서 사람 찾는 운치는
若便相看一笑空　서로 바라보며 한 번 웃는 것이 편할 듯하다.
莫道興闌回棹去　흥이 다했다며 돛을 돌려 간다고 말하지 마오
造門直返意無窮.　문에까지 갔다가 바로 돌아오는 멋도 뜻이 무궁하다.

라 했고, 반한潘閬의 기려騎驢에 이르기를,

閬仙若也愛三華　낭선閬仙이 삼화三華[41]를 사랑할 것 같으면
一望嵯峨已足多　한 번 차아산을 바라보는 것으로 만족했을 것이다.
倒跨蹇驢眞好事　절뚝거리는 나귀 거꾸로 타는 것도 좋은 일이니
將身欲入畫中跨.　몸은 그림 속에 들어가 타고 있다오.

라 했다. 또 눈이 내리는데 친구를 찾았다가 만나지 못하고 눈 위에 썼다는 시에 이르기를,

雪色如白紙　눈빛이 흰 종이 같아
擧鞭書姓字　채찍을 들고 성姓 자를 쓴다.
莫敎風掃地　바람이 땅을 쓸게 가르치지 마오
好待主人至.　주인이 오기까지 잘 기다릴 것이다.

라 했다.

---

41) 삼화三花와 같은 말로 일 년에 꽃이 세 번 핀다 하고 도가道家에서 수양하는 방법으로 이 꽃을 사용함.

　　명종明宗 때 김인경金仁鏡이 사부詞賦로써 스스로 믿고 장원을
헤아리고 있었는데 김군유金君綏 간의諫議가 장원이 되고 정숙貞肅
이 아원亞元이 되었기 때문에 벼슬이 경상卿相에 이르기까지 항상
불만을 하고 있었다. 그의 생질 황보권皇甫權이 장원을 해 집에서
용두회龍頭會를 열게 되자 시를 지어 부쳤는데, 말하기를,

　　聞道君家要貴賓　　들으니 그대 집에 귀한 손을 맞이한다는데
　　桂林渾是一枝春　　계림桂林[42]의 한 가지가 온통 봄이라네.
　　欲參高會慚非分　　고회高會에 참석하고 싶으나 분수가 아닌 것 부끄러워
　　却恨當年第二人.　　문득 당년의 이 등 한 것이 한 된다오.

라 하니 김군유金君綏가 차운次韻하여,

　　莫將金榜較嘉賓　　금방을 가지고 아름다운 손을 비교하지 말라
　　入律花枝次第春　　합격하면 꽃가지가 차례로 봄이 된다오.
　　正月尙寒三月暖　　정월은 아직 춥고 삼월은 따뜻해
　　芳菲二月最宜人.　　꽃의 향기로움은 이월이 가장 적당하다네.

라 했는데, 대개 정월正月로서 장원壯元에, 이월二月로서 아원亞元
에, 삼월三月로서 탐화探花에 견주었다.
　　대관전大觀殿의 보좌黼座 뒤에 막은 것이 없어져 그림이 무너졌
다. 임금이 김인경金仁鏡에게 명령하여 먼저 필적에 따라 쓰게 했
다. 공公이 글을 쓴 두 족자를 올리며 말하기를,

　　輅重○馳短　　　　수레가 무거우면 달리는 것이 짧고[43]

---

42) 진사시進士試에 합격한 것을 겸손하게 말하는 것.

天高鶴戀長　　하늘이 높아 학은 긴 것을 좋아한다.
舊衣幾經濯　　예부터 입은 옷은 몇 번이나 씻었을까
猶帶御爐香.　　아직 어전御前 향로의 향기를 띠었다.

라 하고 또,

園花紅錦繡　　동산의 꽃은 비단같이 붉고
宮柳碧絲綸　　궁중의 버들은 실처럼 푸르다.
喉舌千般巧　　하는 말마다 매우 교묘하지만
春鶯却勝人.　　봄 꾀꼬리 소리가 사람 말보다 좋다.

라 했는데, 혹은 이르기를 공公이 아직 요직에 대한 생각을 잊지
못했기 때문이라고 했다.

　고려 때의 제도는 당직한 승지承旨가 오경五更이 되면 자문紫門
에 나가 중궁中宮이 오면 바로 임금의 안부를 묻고 인해 열쇠를 청
하는데 인경仁鏡이 시를 지어 말하기를,

銀臺承制五更來　　은대의 명령 받고 오경에 오니
月在西南玉漏催　　달은 서남쪽에 있고 누수는 재촉한다.
再拜請將金鑰出　　두 번 절하고 열쇠를 받아 가지고 나와
千門萬戶一時開.　　천 문 만 호가 일시에 열린다.

라 했다.

　최자崔滋 시하詩話에 이르기를 내 평생에 많이 들은 임상국任相
國의 제황려현객루시題黃驪縣客樓詩에,

---

43) ○ 표 한 곳은 글자가 없음.

月黑鷹飛渚　　달빛이 어둡자 기러기는 물가에 날며
烟沈江自波　　연기는 침침하고 강에는 파도가 일다.
漁夫何處宿　　어부는 어느 곳에서 자는지
漠漠一聲歌.　　아득한데 한 가닥 노래가 들린다.

라 했는데, 단지 그 운만 기이하고 그 맛을 알지 못했다. 내가 안렴按廉하는 도중에 이 누樓에 도착하여 자게 되었는데 그때 강에 낀 연기가 어둡고 넓으며 시내에 비친 달빛이 몽롱했다. 물새는 날면서 울고 어부는 서로 노래해 눈과 귀에 감동을 느끼게 했으니 임공任公의 읊은 그 시의 값이 그러한 경치를 대하게 되자 더욱 높다.

진화陳澕가 치악산雉岳山 소나무 숲이 짙었고 수석이 기이한 곳을 지나면서 마음으로 사랑스러워 깊은 골짜기로 들어가니 초가집 두서너 채가 숲 사이에 있고 그 가운데 나이 많은 스님이 냇가의 돌 위에 앉아 있었다. 공公이 말에서 내려 말을 해보니 기운이 범상치 않았다. 앞에 종이에 그린 소나무가 서린 것을 보고 그 부채를 취해 그 등에 써 이르기를,

老僧長伴蒼髥叟　　노승이 길게 푸른 수염의 첨지를 짝했는데
何更移眞入扇團　　언제 진영眞影을 옮겨 둥근 부채 속에 넣었나뇨.

라 하니 스님이 바로 화시和詩를 지어 말하기를,

春風不到峨嵋嶺　　봄바람이 아미령에 이르지 않아
撲地蛟龍翠作團.　　땅에 교룡을 쳐 둥글게 만들어 푸르게 했다.

라 했다.

최자崔滋가 밤에 입직入直을 하다가 채진봉採眞峯에서 학이 우는
소리를 듣고 시를 지었는데 말하기를,

> 雲掃長空月正明   긴 하늘에 구름을 쓸자 달이 바로 밝은데.
> 松巢宿鶴不勝淸   소나무에 자던 학은 맑음을 이기지 못한다.
> 滿山猿鳥知音少   산에 가득한 원숭이와 새는 아는 노래가 적은지
> 獨刷疎翎半夜鳴.   홀로 성긴 날개 문지르고 학만 밤중에 운다.

라 했는데, 이 시는 불우한 것에 대해 감상적인 작품이다.
　　김극기金克己의 어옹漁翁 시에 이르기를,

> 天翁尙不貰漁翁   천옹天翁[44]은 아직도 어옹에게 너그럽지 않아
> 故遣江湖少順風   짐짓 강호에 순풍을 적게 보낸다.
> 人世險戱君莫笑   사람 사는 세상 험한 것을 그대는 웃지 마오
> 自家還在急流中.   자신도 도리어 급류에 있다네.

라 했는데, 다른 사람들은 모두 어옹漁翁의 한가함을 읊으나 이 시
는 위험하고 비바람에 집이 떠내려가고자 하는데 전 가족이 취해
알지 못하고 있다는 뜻을 번안한 것이다. 또 가을날 배꽃을 보고
지은 시에 말하기를,

> 凄風冷雨濕枯根   처량한 바람과 찬 비에 마른 뿌리를 적시고
> 一樹狂花獨放春   한 그루 미친 꽃이 홀로 봄을 보인다.
> 無乃異香來聚窟   이상한 향기 취굴聚窟에서 오지 않았다면[45]

---

44) 하늘을 의인화하여 부르는 말.
45) 취굴주聚窟洲로 신선이 사는 곳이라 하며, 거기에서 나는 반혼향返魂香은
　　죽은 사람을 살린다고 한다.

漢宮重見李夫人. 한나라 궁중에서 다시 이부인李夫人을 보겠다.[46]

라 했는데, 배꽃이 필 시기가 아닌데 피었기 때문에 광화狂花라 한다
했다. 그는 일찍 용만龍灣에 있으면서 지은 시가 있는데 이르기를,

文章向老可相娛 문장은 늙을 즈음 서로 즐길 수 있어
一釖遊邊尙五車 한 자루 칼로 변방에 있으면서 다섯 수레 책을 모았다.
衙罷不知爲塞吏 관청 일 파하고 변방 관리인 줄 알지 못하게
紙窓明處臥看書. 밝은 창 밑에 누워 책을 본다오

라 했는데, 그의 태도가 분명함을 볼 수 있다.

낙헌樂軒 이장용李藏用이 통진通津 산재山齋에 있었는데 이백일
李百鎰과 이공보李公譜는 모두 한 때의 뛰어난 인물로서 제자였다.
같이 강도에 스승 이장용을 뵈옵고자 했는데 스승은 글씨도 또한
당시의 으뜸이었다. 길을 지나는 사람들이 보고 이르기를 강도江都
의 지세가 하루에 동쪽으로 조금씩 기운다고 했다. 이장용李藏用이
시를 지어 말하기를,

兩點文章會德星 두 점 문장이 덕성德星[47]과 모인 것으로
三韓望重泰山輕 삼한에서 명망은 태산보다 무겁다.
座中更看天遊子 좌중에서 다시 천유자天遊子[48]를 볼 수 있으니
莫怪江都地勢傾. 강도의 지세가 기운다고 괴이하게 여기지 마오

---

46) 이부인李夫人은 한漢 무제武帝가 사랑하는 궁녀였는데 그가 죽자 방술方
術로써 한무제가 잠깐 다시 보았다고 한다. 여기서는 때가 아닌데 핀 배
꽃을 말한 것이다.
47) 상서로운 표시로 나타나는 별. 덕행德行이 있는 사람.
48) 작자 자신을 지칭한 말로 특별한 의미는 없는 듯하다.

라 했다.

이순목李淳牧이 옥당玉堂에 입직入直을 기다리고 일을 때 한림翰林의 여러 친구들과 운각芸閣에 모여 술을 마시게 되었는데, 술에 취하자 여러 친구들이 이순목에게 린鱗 자字를 운韻으로 정해 빨리 시를 짓게 하자 흰 병풍에 바로 써 이르기를,

　　鳳池波影碧鱗鱗　봉지鳳池49)의 파문이 푸른 비늘 같으며
　　松麓千年第幾春　소나무 기슭에 천 년 동안 봄이 몇 번째일까.
　　玉輦不巡三十載　옥연玉輦50)이 순행하지 않은 것이 삼십 년인데
　　隔花年月屬何人.　담장 건너 꽃은 지금 어떤 사람이 관리할까.

라 했는데, 한 자리에 앉았던 사람들이 그 뜻을 알지 못했고 이순목李淳牧도 술은 깨었으나 말한 바의 뜻을 몰랐다가 육 년 후에 화산花山으로 도읍을 옮긴 뒤에 이 시를 증험했다고 한다.

조충趙沖은 그릇과 식견이 있고 덕행德行을 갖추었으며 문무文武를 겸비했기 때문에 국가에서 기대가 매우 높았다. 병자년丙子年에 거란契丹을 토벌할 때 공公이 부장副將이 되어 병권을 온전히 하지 못했기 때문에 싸움에서 불리하게 되자 시를 지어 말하기를,

　　千里霜蹄容一蹶　멀리 서리 내린 길을 한 번 뛰게 용납하면
　　悲鳴壯氣何逸越　울부짖는 장한 기운이 얼마나 뛰어났을까.
　　若敎造父更加鞭　만약 조부造父51)에게 채찍을 더하게 시킨다면
　　蹢躅沙場推古月.　사장沙場을 짓밟아 고월古月을 밀어내리라.52)

---

49) 봉황지鳳凰池의 준말. 궁중에 있는 못의 이름.
50) 임금이 타는 수레.
51) 주周나라 사람으로 말을 잘 몰았다고 한다.
52) 이때 북방 민족이 강성했기 때문에 호胡라 하지 못하고 파자破字를 한 것

라 했다. 기묘년己卯年에 이르러 조정의 논의로 공공을 부원수副元
帥로 하여 병권을 가지게 추천했다. 그때 몽고병蒙古兵이 거란을
추격하고자 와서 그들의 장수가 공공을 보고 절을 하며 형으로 여
기면서 거란契丹까지 데리고 갔다가 돌아왔다.

금의琴儀가 임영령任永齡 학사學士와 같이 글을 배워 과거를 보
았는데 임영령任永齡이 먼저 을과乙科에 합격했다. 공공이 시를 지
어 말하기를,

進士出身非所望	진사進士로 출세함은 바라는 바가 아니며
壯元及第不才何	장원급제는 재주가 없으니 어찌하랴.
善他吾友任公子	내 친구 임공자任公子를 부러워함은
紫陌風塵作探花.	화려한 거리의 세계에서 탐화探花53)를 했다오

라 했는데, 다음해에 과연 장원으로 합격했다.

신장辛蕆이 관동關東 지방에 안찰로 가서 강릉 기생 소연향小蓮
香을 좋아했는데 장차 돌아오고자 하면서 시를 주어 이르기를,

到老方知離別難	늙어가며 바야흐로 이별의 어려움을 알았으니
忍看雙淚濕紅顏	양쪽 눈물이 홍안을 적시는 것을 차마 볼 수 있으랴
白沙汀畔斜陽路	흰 사장 물가의 사양길에서
琴與人歸我獨還.	거문고와 사람은 가고 나만 홀로 돌아온다오

라 했으며, 영독목교시詠獨木橋詩에 이르기를,

| 斫斷長條跨一灘 | 긴 나뭇가지 끊어 여울에 걸어두고 |

이다.

53) 과거에서 장원壯元은 용두龍頭, 삼등三等은 탐화探花라 함.

濺霜飛雪帶驚湍 뿌리는 서리 날으는 눈이 놀란 물결과 띠를 했다.
須臾步步臨深意 걷고 걸어 잠깐사이에 다다른 깊은 뜻은
移向功名宦路看. 공명과 벼슬길로 향해 옮겨 비교해 보는 것이오.

라 했는데, 스스로 경계하고자 하는 뜻이 많이 있다.

이제현李齊賢이 영범려시詠范蠡詩에 말하기를,

論功豈啻破强吳 공을 논하면 어찌 강한 오吳나라를 쳐부순 것뿐이랴
最在扁舟泛吳湖 가장 큰 공은 편주로 오호에 뜬 것에 있다오
不解載將西施去 서시西施를 싣고 가는 것을 알지 못했다면
越宮還有一姑蘇. 월越나라 궁중에 하나의 고소姑蘇54)가 있었을 것이다.

라 했다. 咏漂母墳詩에 말하기를,

婦人猶解識英雄 부인婦人55)이 오히려 영웅을 알아
一見殷勤慰困窮 한 번 보고 은근히 곤궁함을 위로했다.
自棄瓜牙資敵國 스스로 과아瓜牙56)를 버려 적국에 주었으니
項王無賴目重瞳. 항왕項王이 쓸데없는 중동重瞳57)을 가졌다오.

라 했다.

연우연간延祐(원 인종 연호元 仁宗 年號)年間에 익재공益齋公이

---

54) 춘추전국시대에 오吳나라의 도읍지. 지금 강소성江蘇省 소주蘇州.
55) 표모漂母는 빨래하는 어머니다. 굶고 낚시하는 한신韓信에게 빨래하러 나와서 밥을 주었다.
56) 맹수의 날카로운 어금니와 발톱을 말함. 한신韓信이 처음 항우項羽에게 갔다가 인정을 받지 못해 유방劉邦에게 갔음.
57) 항우項羽의 한 쪽 눈에 동자가 두 개였다고 하는데 특수한 인물에 있는 것이라 하며 순舜임금도 중동重瞳이라 함.

일제一齋 권한공權漢功과 더불어 같이 남문南門의 다경루多慶樓에 올랐는데 익재공이 말하기를 "왕형공王荊公과 곽공부郭功父가 같이 봉황대鳳凰臺에 올라 차이백시次李白詩 운운云云하여 시로써 이름이 크게 알려졌다. 지금 우리 두 사람이 재주는 비록 왕곽王郭보다 못하나 좋은 곳에 같이 놀러 왔으니 시를 짓지 않을 수 없다"고 하자 일제一齋도 흔쾌하게 여겨 각자 옛 시의 운에 따라 지었는데 익재益齋의 시에,

楊子津南古潤州	양자강 진 남쪽 옛 윤주潤州에
幾番歡笑幾番愁	기쁨은 몇 번이며 근심은 얼마였던가.
佞臣謀國魚貪餌	영신佞臣이 고기가 미끼를 탐하듯 나라를 계획했고
黠吏擾民鳥養羞	할리黠吏는 새가 먹이를 기르듯 백성들을 어지럽혔다
風鐸夜喧潮入浦	바람에 요령이 시끄럽고 조수는 포구에 들어오며
烟蓑暝入雨侵樓	연기에 도롱이는 보이지 않고 비는 누에 뿌린다.
中流擊楫非吾事	중류에서 돛대를 치는 것은[58] 내 일이 아니나
閑望天涯范蠡舟.	하늘가에 범려范蠡의 배[59]를 한가롭게 바라본다.

라 했다.

양녕대군讓寧大君은 젊었을 때부터 문장이 있었으나 스스로 행동은 미친 듯하며 글을 모르는 것 같이 했으므로 태종太宗도 또한 알지 못했다고 한다. 만년 승축僧軸에 시를 써 말하기를,

| 山霞朝作飯 | 아침에는 산에 낀 안개로 밥을 하고 |

---

58) 진진의 저적狙逖이 북벌北伐을 하고자 양자강을 건널때 돛대를 치며 맹세했다고 함.

59) 범려范蠡는 오오吳를 멸망시키고 서시西施를 데리고 오호五湖에서 배를 타고 놀았다고 함.

蘿月夜爲燈　　밤에는 덩굴에 걸린 달을 등으로 한다.
獨宿孤岩下　　홀로 바위 아래 외롭게 자는데
惟存塔一層.　　오직 한 층의 탑만 있다.

라 했는데, 비록 문인이라 할지라도 반드시 이 시에 지나지는 못할
것이다. 남대문액南大門額의 숭례문崇禮門 석 자는 바로 양녕讓寧
의 솜씨인데 방탕하고 뜻이 커 적은 일에 관심이 없는 듯하다.

　석탄石灘 이존오李存吾는 평생에 의롭지 못한 것을 보면 비분하
고 무리를 짓지 않았다. 그가 역적 신돈辛旽을 논한 상소문은 기운
과 절의가 있어 밝은 해와 빛을 다툴 만하다. 그가 지은 시도 호방
하고 뛰어났다. 장사감무長沙監務로 좌천되었을 때 지은 시에,

狂妄眞堪棄海邊　　광망함이 진실로 해변에 버려진 것을 견디며
聖恩天大賜歸田　　임금 은혜 하늘처럼 커 시골로 돌아가게 했다.
草廬隨意生涯足　　초가에서 뜻에 따라 생활이 만족해
一片丹心倍昔年.　　한 조각 단심은 옛날보다 배가 되었다.

라 했으며, 뒤에 부여夫餘에 살면서 석탄石灘 위에 정자를 짓고 시
를 읊으며 여유있게 지냈다.
　매계梅溪 원송수元松壽의 시에 말하기를,

少日心期未老閑　　젊은 날 늙기 전에 한가할 것을 기약했는데
宦遊容易損紅顏　　벼슬하면서 쉽게 젊은 얼굴이 늙는다.
君恩報了方歸去　　임금 은혜 다 갚고 돌아가고자 하면
吾眼無由見碧山.　　내 눈은 푸른 산을 볼 수 없을 것이다.

라 했는데, 송수松壽 자신이 바로 물러나고자 해도 못했기 때문에

그의 시가 이와 같았다. 또 매용란시賣慵懶詩가 있는데 이르기를,

慵懶由來不直錢　게으름이 온 내력은 돈으로 값을 준 것이 아니고
相呼相賣謾爭先　서로 부르고 팔며 또 앞을 다툰다.
世人誰把千金擲　세상 사람들에 누가 가진 천금을 던지랴
今歲依然似去年.　금년에도 다름없이 거년 같다오

라 했는데, 한퇴지韓退之의 송궁문送窮文과 더불어 같은 뜻이다.

야은冶隱 길재吉再는 나이 십육세에 시를 지어 말하기를,

閑溪茅屋獨閑居　한가한 시내 초가집에 한가하게 혼자 사니
月白風淸興有餘　달은 밝고 바람은 맑아 흥이 남음이 있다.
外客不來山鳥語　외객은 오지 않고 산새가 우는데
移床竹塢臥看書.　평상을 대나무 쪽으로 옮겨 누워 책을 본다오

라 했다.

어무적魚無跡이 금오산金烏山을 지나다가 지은 시에 말하기를,

落落高標吉注書　크고 높게 표시된 길주서吉注書60)는
金烏山下閉門居　금오산 밑에 문을 닫고 살았다.
首陽薇蕨殷遺草　수양산首陽山 고사리는 은나라가 남긴 풀이며
栗里田園晉故墟　율리栗里61)의 밭과 동산은 진晉나라의 옛 터였다.
千古名垂扶節義　절의를 받들어 이름이 천고에 드리워
只今人過式旌閭　지금도 사람들이 살던 집 지나며 구부린다.
生爲男子誰無膽　남자로 태어나서 누군들 담이 없으랴
立立峯巒摠起予.　서있는 봉들이 나를 모두 일으킨다.

60) 주서注書는 길재吉再가 역임한 관직.
61) 도연명陶淵明 고향의 지명.

라 했다. 제 이연二聯은 여표閭表의 문설주에 새겨져 있다.

석간石澗 조운흘趙云仡이 공으로 강릉부사江陵府使가 되었는데 손님 맞이하는 것을 기뻐하지 않고 백성들을 번거롭게 하지 않았기 때문에 지금까지 그의 청백함을 일컬었다. 어느 날 부기府妓들이 부사가 있는 자리 앞에서 서로 희롱하며 웃자 부사가 그 까닭을 물으니 한 기생이 말하기를 "첩이 꿈에 부사를 모시고 자게 되었는데 지금 여러 친구들이 꿈을 해석하고 있습니다" 하니 공公이 바로 붓을 찾아 시를 써 말하기를,

心以靈犀意已通　마음이 신령스러워 뜻이 이미 통했으니
不須容易錦衾同　꼭 쉽게 이불을 같이 해야만 하느냐.
莫言太守風情薄　태수가 풍정이 엷다고 말하지 말라.
先入佳兒吉夢中.　먼저 가아의 좋은 꿈속에 들었다오.

라 했다. 또 송춘시送春詩에 말하기를,

謫宦傷心涕淚揮　귀양살이 벼슬에 마음이 상해 눈물을 뿌리는데
送春兼復送人歸　봄을 보내고 다시 사람을 보내며 돌아왔다.
春風送去無留意　봄바람을 보내면서 머물 생각이 없는 것은
久在人間學是非.　오랫동안 인간 세계에서 시비를 배우기 때문이요.

라 했으며, 또 사간司諫으로 있을 때 대신臺臣의 탄핵한 바가 되자 공문公文으로 탄핵에 대해 답하지 않고 다만 한 수의 절구絕句를 써 이르기를,

一盃酒一盃酒　한 잔 술 한 잔 술에
大諫醉倒春風前　대간大諫[62]이 봄바람 앞에 취해 넘어졌다.

不願官不願貴　　　벼슬도 원하지 않고 귀도 바라지 않으며
但願無事終天年.　단지 무사히 한평생 마치기를 원할 뿐이오.

라 했는데, 대신臺臣이 말하기를 "이 늙은이는 우뚝하고 강해 공문公文으로 제압할 바가 아니라" 했다.

이견간李堅幹이 관동지방에 사자使者로 가서 두견새 우는 소리를 듣고 시를 지어 이르기를,

旅館挑殘一盞燈　　여관에서 돋우다 남은 하나의 등잔불
華使風味淡於僧　　사신의 풍치는 스님보다 맑다오
隔窓杜宇終宵聽　　창 너머 두견새 소리 새벽까지 들었는데
啼在山花第幾層.　산에 꽃의 몇 층에서 울고 있을까.

라 했는데, 공公의 이 시가 세상 사람들에 회자되어 호를 화선생花先生이라 했다.

김해金海 부기府妓 옥섬섬玉纖纖이 거문고를 잘했다. 야은野隱 전록생田祿生이 일찍 계림鷄林에서 원을 하면서 옥섬섬을 좋아하여 시를 주어 말하기를,

海上仙山七點靑　　바다의 선산仙山에 일곱 점이 푸르고
琴中素月一輪明　　거문고에 비친 흰 달은 하나로 둥글어 밝다.
世間不有纖纖手　　세상에 섬섬한 손이 있지 않았다면
誰肯能彈太古情.　누가 능히 태고의 정을 탈 수 있으랴.

라 했다. 뒤에 공公이 합포合浦를 맡게 되었는데 그때 옥섬섬玉纖纖

---

62) 벼슬 이름으로 지난날 또는 당시의 작자가 맡은 벼슬.

은 이미 늙었으므로 불러 좌우에 두고 거문고를 타게 시켰는데 뒤
에 문인들이 그 일을 많이 읊었다.

조계방曹繼芳이 고향에 물러나 있으면서 가난을 편안히 여기고
도를 즐거워하며 지은 시가 있는데 말하기를,

一面疎籬是我家	일면의 성긴 울타리가 내 집인데
春來不隔四山花	봄이 오면 사방 산의 꽃을 막지 않는다.
粉墻丹桂何能久	좋은 담장 아름다운 계수나무 어찌 오래 있으랴
坐愛庭中月色多.	앉아 뜰에 달빛이 많은 것을 사랑한다오

라 했고, 또

世間從富不從貧	세상은 부를 좇고 가난을 따르지 않는데
誰記江村冷瘦人	누가 강촌의 파리한 사람을 기억하랴.
唯有乾坤無厚薄	오직 후박이 없는 건곤이 있으며
寂寥茅屋亦青春.	고요한 갯버들집도 또한 청춘이라오.

라 했다.

양촌陽村 권근權近이 듣지 못하는 병이 있게 되자 임금이 의원을
보내 지졌으나(구灸) 효험이 없었다. 드디어 이롱시耳聾詩를 지었는
데 말하기를,

年將耳順反成聾	나이 육십이 되려는데 도리어 귀가 어두워
似聽蛙鳴滿太空	공중에 가득한 개구리 우는 소리 듣는 듯하다.
人語只看脣自動	사람 말은 입술 움직이는 것만 보게 되고
客來堪恨意難通	손이 오면 의사가 통하기 어려워 한스럽다.
不知臧否惟聞笑	시비는 알지 못하고 오직 웃는 소리만 들리며

欲下聲音未有功. 말을 하고자 하나 효과가 있을지 모르겠다.

라 했다.63) 또 춘일즉사시春日卽事詩에 말하기를,

春風忽報近淸明   봄바람이 갑자기 청명이 가까움을 알리니
細雨霏霏晚未晴   부슬부슬 내리는 가는 비가 늦게까지 개지 않는다.
屋角杏花開欲遍   집 모퉁이 살구꽃이 두루 피고자 하더니
數枝含露向人傾.   몇 가지가 이슬을 머금고 사람을 향해 기울었다.

라 했는데, 삼봉三峰 정도전鄭道傳이 평하기를 조화옹造化翁의 말을 빼앗았다고 했다.

송당松堂 조준趙浚이 강원도에 안찰을 나가서 위엄과 은혜가 치우치지 않고 병행竝行했다. 정선旌善에 이르러 지은 시가 있는데 말하기를,

溪山少人行   내와 산에 다니는 사람은 적고
初雪乘興高   첫눈이 내리자 흥이 높다.
吟到鳳城水   읊으며 봉성수에 이르니
疊雷奔衝地   우레가 계속 달리며 땅과 충돌한다.
峰層屏束半天橫   봉은 층층 병풍처럼 묶여 하늘에 빗겼는데
引盃看釖寬吾志   잔을 잡고 칼을 보니 내 뜻이 너그럽다.
攬轡觀風檢俗情   고삐 잡고 풍속 살펴보고 민간 사정 알아보니
滌蕩東溟知有日   나라를 깨끗이 할 날이 있음을 알았으며
吾民拭目待澄淸. 우리 백성 눈을 씻고 맑음을 기다린다.

---

63) 대본에 시를 형식에 따라 구분하지 않고 연달아 썼기 때문에 구분하기 어려운 경우가 적지 않다. 이 시도 역자가 임의대로 구분했는데 絶句와 律詩도 아니고 古詩로 보아야 하지 않을까 생각되나 단정하기는 어렵고 다만 지적만해둔다.

라 했는데[64] 식자識者는 그가 큰 뜻이 있음을 알았다고 했다.

　독곡獨谷 성석린成石璘이 총용초葱蓉草를 얻어 기우자騎牛子 이행李行에게 보내면서 절구 한 수를 희롱삼아 써 말하기를,

世傳東國葱蓉草　　세상에 전하기를 우리나라 총용초葱蓉草[65]는
補益房中最有功　　양기陽氣를 돕는데 가장 공이 있다오.
老子自知無所用　　늙은이는 스스로 필요 없음을 알아
題封寄與謫仙翁.　　봉해 적선옹謫仙翁에게 부쳐 준다.

라 했는데, 총용葱蓉이 남자의 양기가 부족한 것을 치료하는 것이기 때문에 이와 같이 말한 것이다. 또 기우자騎牛子 집을 방문하여 만나지 못하고 사립문에 시를 써 말하기를,

德彝不見太平年　　덕이德彝[66]는 태평 세월을 보지 못했는데
八十逢春更謝天　　팔십에 봄을 만나니 다시 하늘에 감사한다.
桃李滿城香雨過　　도리는 성에 가득하고 향기 나는 비가 지나가는데
謫仙何處酒家眠.　　적선은 어느 곳 술집에서 자나뇨.

라 했는데, 말이 호탕하고 준걸스러우며 뛰어났다.

　공公이 회양淮陽기생 월섬섬月纖纖을 좋아했다. 일찍 개성開城 판윤判尹이었을 때 어느 날 갑자기 병이라 하고 바로 회양淮陽을

---

64) 이 작품도 내용에 따라 역자가 임의대로 오언五言 칠언七言으로 나누었으나 절구絶句로는 각운脚韻이 맞지 않아 고시古詩로 볼 수밖에 없을 듯하다.
65) 약초 이름.
66) 덕이德彝의 성은 봉封이며 당唐 태종太宗 때의 인물. 태종이 처음 임금이 되어 나라를 어떻게 다스리겠는가 하고 묻자 위징魏徵은 인의仁義로서, 봉덕이封德彝는 법法으로 다스리자고 했는데 태종이 위징의 말을 따라 통치해 천하가 태평하자 태중은 봉덕이 보지 못해 한스럽다고 했다.

갔는데 회양 태수太守는 독곡獨谷과 같은 해 과거에 급제한 친구였다. 같이 금화현金化縣에 도착했더니 그곳 읍재邑宰가 섬섬과 좋게 지내고 있었는데 독곡獨谷이 온다는 말을 듣고 섬섬을 데리고 옆의 다른 고을로 피했다. 독곡이 그곳에 갔으나 읍재邑宰도 보이지 않고 또 섬섬도 만나지 못하고 빈 여관에서 쓸쓸하게 긴 밤을 지내면서 한 수의 절구를 지었는데 이르기를,

龍鍾嗜酒判開城	늙고 병들었음에도 술을 좋아하는 개성판윤開城判尹은
獨對孤燈白髮明	홀로 외로운 등불을 마주하니 백발이 분명하다.
早識主人嫌宿客	주인이 자는 손 싫어함을 일찍 알았다면
莫敎郵吏報先聲.	우리郵吏에게 먼저 알리게 하지 않았을 것이오.

라 했다. 다음날 새벽에 수레를 재촉해 돌아오고자 하니 그곳 관리가 말하기를 "영공令公이 어찌 이와 같이 빨리 돌아가고자 합니까" 하자 독곡이 말하기를 "내가 섬섬을 좋아하여 생각을 하고 왔는데 섬섬을 보지 못해 생각도 없어 돌아간다"고 하니 그 관리가 말하기를 "호랑이 앞에 고기를 빌렸다는 말을 듣지 못했습니다" 하자 독곡이 크게 웃었다고 한다.

통정通亭 강회백姜淮伯이 중국에 사신으로 가서 조조봉천전시早朝奉天殿詩를 지었는데 이르기를,

御溝楊柳正依依	어구御溝[67]의 버들가지 하늘거리는데
月上舮樓玉漏遲	달은 누 모퉁이에 있고 누수소리 느리다.
環佩正當鵁鶄集	찬 구슬 소리가 나자 백관百官들이 모이고
羽林磨戛虎賁馳	우림군羽林軍[68]의 장수가 소리 내며 달려온다.

---

67) 대궐 안에 있는 개천.

螭頭忽暗香烟動　용의 머리 갑자기 어두워지자 향연이 움직이고
鳳尾徐開彩杖移　봉미鳳尾[69]가 서서히 열리며 채장彩杖[70]이 옮긴다.
稽首紅雲瞻肅穆　붉은 구름에 절하고 바라보니 엄숙하며
日月先照萬年枝.　일월이 먼저 만년지를 비친다.

라 했다.

선덕宣德[71]년간 목은牧隱 이색李穡의 손자인 문열공文烈公 이계
전李季甸이 사신으로 중국에 갔는데, 조회를 파하고 나오면서 좌액
문左掖門에서 그곳 관리들이 조조시早朝詩를 청했다. 문열공文烈公
이 군색하여 목은시牧隱詩를 써 주었더니 그곳 관리들이 크게 칭찬
했다. 뒤에 통정通亭 손자 문경공文景公 강맹경姜孟卿이 장차 중국
에 가게 되었는데, 문열공文烈公이 희롱해 말하기를 "그곳 선비들
이 글을 시험해 보고자 하면 어떻게 하겠느냐" 하니 문경공文景公
이 응해 말하기를 "우리집에도 또한 통정집通亭集이 있다" 하자 자
리에 가득히 앉은 사람들이 크게 웃었다고 했다.

공公이 젊었을 때 지리산智異山 단속사斷俗寺에서 공부를 하면
서 뜰에 매화나무를 심고 잇따라 시를 지어 말하기를,

一氣循還往復來　한 기운이 돌고 돌아 갔다가 다시 오니
天心可見臘前梅　천심天心을 설날 전의 매화에서 볼 수 있겠다.
直將殷鼎調羹實　바로 큰 솥에 국 맛을 맞출 열매로서
謾向山中落又開.　부질없이 산중을 향해 떨어졌다 또 연다.

---

68) 임금을 호위하는 군졸.
69) 의장儀仗의 하나. 봉의 꼬리 모양으로 만든 부채.
70) 의장儀仗과 같음.
71) 명明나라 선종宣宗 연호.

라 했는데, 지금도 정당政堂에 심은 매화는 전해오고 있다. 남명南
冥 조식曺植의 시가 있는데 말하기를,

寺破僧羸山石老	절은 부서지고 중은 여위며 돌도 늙었으니
先生自是未堪家	이로부터 선생은 집을 지킬 사람이 못되었소.
化工定誤梅花事	화공이 매화의 할 일 잘 못 정해
昨日開花今日花.	어제 꽃이 피었는데 오늘 또 피었다.

라 했는데, 대개 그가 실절失節한 것을 나무란 것이다.

정숙貞肅 박안신朴安信은 맹사성孟思誠과 함께 대신臺臣을 하고
있었는데, 말한 내용이(언사言事) 문제가 되어 사형을 받게 되었다.
임금이 화를 내어 두 사람을 수레에 싣고 형장으로 가게 했는데 맹
사성孟思誠은 얼굴빛이 변해 말이 없고 박안신朴安信은 표정이 태
연하며 전혀 겁을 내지 않았다. 그리고 기와 조각으로 땅에 시를
써 말하기를,

數當千載應河淸	수가 천 년이 되면 분명히 황하가 맑아
自謂君王至聖明	스스로 군왕이 성명에 이렀다고 말한다.
爾識未洪甘受死	나는 아는 것이 넓지 못해 죽음을 달게 받겠지만
恐君得殺諫臣名.	임금이 간신을 죽였다는 이름을 얻을까 겁난다오

라 하고 눈을 부릅뜨고 옥리獄吏에게 말하기를 "마땅히 이 시를 임
금에 알려라 만일 알리지 않으면 너희 무리들을 죽여 남기지 않으
리라" 했다. 태종太宗이 듣고 화도 점점 풀려서 놓아주었다. 옛 사
람이 이르기를 시詩가 사람을 궁하게 하고, 또한 사람을 출세도 시
킨다더니 여기서는 사람을 살린다고 하겠다.

　　지재止齋 권제權踶는 양촌陽村 권근權近의 아들이다. 과거에 급제
하기 전에 그의 친구 민후생閔厚生, 최문손崔文孫, 최효손崔孝孫과
더불어 금천衿川 삼성산三聖山에서 공부를 했는데, 네 사람이 차례
로 모두 급제를 했다. 지재止齋가 친구에게 시를 부쳐 말하기를,

　　故人猶着舊麻衣　　친구는 아직 옛날의 마의麻衣[72]를 입었으니
　　曾笑龍門約已違　　용문龍門의 약속이 이미 더딘 것을 웃는다.
　　三聖山靈應自慶　　삼성산 신령이 스스로 경하하여
　　四枝丹桂暎朝暉.　　네 가지의 붉은 계수나무에 아침 해가 비치리라.

라 했다. 옛날 여몽정呂蒙正이 젊었을 때 친구 세 사람과 용문산龍
門山에 가서 공부를 하면서 맹세해 말하기를 장원을 하지 못하면
다시 과거를 보지 않을 것이라 했는데, 여몽정呂蒙正은 장원했고
다른 한 사람은 갑과甲科에 합격했으며 나머지 한 사람은 다시 과
거를 보지 않았다. 여몽정呂蒙正의 시에 고인유착구마의故人猶着舊
麻衣라 했는데, 권제權踶가 이 시에서 빌린 것이다.

　　세조世祖가 발영시拔英試를 설정하니 한 때의 이름 높은 신하와
재상들이 많이 참여했다. 다음 날 사은謝恩을 했는데 세조世祖가
사정전思政殿에서 불러보고 술을 내리며 위로했다. 그리고 직접 시
를 한 수 지어 여러 신하들에게 화시和詩를 짓게 했다. 성임成任도
또한 입시入侍를 하고 있으면서 이병李芮의 귀에 가깝게 접근하여
말하기를 "주상께서 자네를 항상 오활하다고 하니 이때 희롱하는
시를 보이라"고 했다. 이병李芮이 드디어 화시를 지어 이르기를,

---

72) 과거하기 전에 입었던 옷 합격하면 벗는다고 한다.

歌詠聖德欲起舞　성덕을 노래하며 일어나 춤을 추려하니
天風吹袖助回旋.　천풍이 불어 소매를 돌게 돕는다.

라 하니 임금이 보시고 크게 웃으며 말하기를 "내가 이병李芮을 오
활하다고 말을 했는데, 지금 이 시를 보니 호기가 넘친다" 하고 바
로 궁내의 여악女樂에 명령하여 비파를 타게 하여 공이 지은 시를
부르게 하고 공공으로 하여금 일어나 춤을 추게 하여 매우 기쁘게
하며 자리를 파했다. 얼마 후 공공에게 가정대부加靖大夫를 더했다.

　성삼문成三問 학사學士가 일찍 중국에 사신으로 가면서 이제묘
夷齊廟에 시를 지어 말하기를,

當年叩馬敢言非　그때 말을 두드리며 과감하게 잘못을 말할 때
大義當當日月輝　대의가 당당히 일월처럼 빛났다.
草木亦霑周雨露　초목도 또한 주나라 비와 이슬에 젖는데
愧君猶食首陽薇.　오히려 그대의 수양산 고사리 먹은 것도 부끄럽다오

라 했다. 중국 사람들이 이 시를 보고 충절인忠節人의 시임을 알았
다고 했는데, 뒤에 그의 말과 같았다.

　유운柳雲의 호는 항재恒齋였다. 성격이 호탕하고 검속성이 적어
당시 여론에 용납되지 않아 호서백湖西伯으로 나가게 되었다. 단양
군丹陽郡을 지나며 지은 절구에 말하기를,

拾盡凶頑石　못생긴 돌들을 다 주워 버렸더니
平鋪淸淨流　평탄하게 펼쳐져 맑은 물이 흐른다.
捕風囚海若　바람을 잡아 가두면 바다가 고요할 것 같으니
然後救吾舟.　그렇게 된 뒤에 내 배를 구하리라.

라 했는데, 간악한 무리들이 이 시를 전해 외우며 청의淸議에 용납
되지 않는다고 의심했다. 또 일찍 충청忠淸 어사御史가 되어 처음
공주公州에 들어가면서 아름다운 기생을 보내주겠지 생각했는데
그 고을 주관州官이 그의 마음에 거슬릴까 겁내어 기생을 보내지
않고 통인通人을 주변에 있게 했다. 그는 밤에 쓸쓸하게 지내다가
아침에 출발하고자 하면서 절구 한 수를 병풍에 써 말하기를,

> 公山太守㤼威稜   공산 태수는 위엄을 겁내며
> 御史風情識未曾   어사의 풍정을 일찍 알지 못했다.
> 空館無人淸氷夜   사람이 없는 빈 집의 얼음 같은 밤에
> 南來行色淡於僧.   남쪽으로 오니 행색이 중처럼 맑다.

라 하니 듣는 사람들이 크게 웃었다.

문충文忠 이맹균李孟畇의 학문은 가정稼亭 이곡李穀과 목은牧隱
이색李穡의 풍모가 있었다. 그의 부인이 투기가 심해 외도를 할 수
없었기 때문에 자식이 없었다. 만년에 후회하고 지은 시가 있는데
말하기를,

> 自從人道起於寅   인도人道가 인寅에서 시작되어 내려오면서
> 父子相傳到我身   부자가 서로 전해 나의 몸에 이르렀다.
> 我罪伊向天不吊   내 죄가 얼마나 많았는지 하늘도 불쌍히 여기지 않아
> 未爲人父鬢絲新.   아비가 되지 못하고 살쩍머리만 실처럼 새롭다.

라 했다. 그때 조정에 어떤 선비가 십 년 사이에 열 명의 자식을
낳았으나 가난해 기를 수가 없었다. 이 시를 보고 화시和詩를 지어
말하기를,

甲子乙丑與丙寅　갑자 을축은 병인과 더불었고
丁卯戊辰亦分身　정묘 무진은 또한 분신했다.
己巳庚午及癸酉　기사 경오와 계유에 미쳐
十年十子面目新.　십 년 사이에 열 아들로 면목이 새롭다.

라 하니 듣는 사람들이 크게 웃었다.

　어변갑魚變甲이 감찰監察이 되자 동료인 엄헌嚴軒 신색申穡과 더불어 약속해 말하기를 "우리들이 같이 이름을 얻었으니 꼭 시골로 돌아가 나이 많은 부모를 모시자" 했는데, 어변갑이 집현전集賢殿 제학提學에 이르자 임금의 은혜가 무거우므로 차마 떠나지 못하고 항상 돌아가 부모를 받들지 못함이 늦었음을 한했다. 선덕宣德(명明 선종宣宗 연호) 병오년에 습증濕症의 근심이 있어 바로 미련 없이 사직하고 내려오면서 창녕昌寧의 별서別墅에 이르자 시를 지어 말하기를,

謝病歸來一室幽　병으로 사직하고 깊숙한 집에 돌아오니
荒凉草樹古池頭　거칠고 쓸쓸한 풀과 나무는 옛 못 머리에 있다.
若余豈避功名者　내가 어찌 공명을 피하는 사람 같을까
只爲慈親不遠遊.　다만 어머니를 위해 멀리 가지 않을 뿐이오

라 했다. 함안咸安 본가에 이르자 벽에 시를 써 말하기를,

歸來棲息地　고향 땅으로 돌아오니
環堵兩三間　담장 안에 두서너 간의 집이라오.
風雨兄弟話　비바람 불어도 형제가 모여 이야기하고
晨昏父母顏　아침저녁 부모를 뵈옵는다.
門聽雙澗水　문에는 두 개의 시냇물 흐르는 소리 들리고

樓對四窓山　　누에서는 사방 창문으로 산을 대한다.
只要君臣義　　다만 군신의 의리가 요구되어
休官諫不難.　　벼슬은 쉬지만 간하는 것은 어렵지 않다.

라 했다. 뒤에 신공申公은 벼슬이 공조참판에 이르러 어공魚公의
아들 효담孝瞻 한림翰林에게 일러 말하기를 "내가 자네의 부친과
더불어 고향에 돌아가 부모님을 받들고자 굳게 약속했는데 자네
부친은 결단을 해 돌아갔으나 나는 약속을 등졌으며, 지금 자네 부
친을 사간司諫으로 임명하여 오게 하고 있고 나도 자네 부친에게
글을 보내 말하기를 나도 또한 아버지를 모시고 있지만 대간大諫은
인생으로서 득의得意한 것으로 남북南北을 통해 없다"고 했다. 권
제權踶 찬성贊成이 사람들에게 말하기를 "우리나라에서 벼슬과 녹
을 사양하는 사람은 두 사람뿐인데 한성판윤漢城判尹 허주許周와
어모魚某 뿐이라"고 했다. 조정에서는 그의 행의行義를 아깝게 여
겨 김해부사金海府使에 임명했으나 취임하지 않았고 부친 상을 당
해 탈상한 후에 지사간원사知司諫院事로 불렀으나 나가지 않고 모
친을 끝까지 모시고자 기약했는데 불행하게 먼저 세상을 떠났다.
　성종成宗이 일찍 정원에서 놀다가 정자 기둥에 한 구句의 시를
써 말하기를,

綠羅剪作三春柳　　푸른 비단 갈겨 삼춘의 버들을 만들고
紅錦裁來二月花.　　붉은 비단 재봉해 와서 이월의 꽃을 피게 했다.

라 했는데, 삼일 후에 다시 그곳에 나갔더니 어떤 사람이 한 구句를
지어 써놓았는데 말하기를,

莫作公侯爭此色	공후도 이 빛과 다투는 일은 하지 마오
韶光不到吉人家.	아름다운 빛이 길인의 집에는 이르지 않을 것이오

라 했다. 임금이 보고 크게 놀라며 쓴 사람을 찾으니 직군直軍 신귀원辛貴元이 지은 것이라 했다. 임금이 불러 물으니 영월寧越 교생校生이었는데 낙방落榜한 자라고 했다. 바로 집을 주자 세상에서 영화로 알려지게 되었다.

사가四佳 서거정徐居正이 송宋의 왕형공집王荊公集[73]을 읽다가 절구를 지어 이르기를,

杜鵑當日哭天津	그날 두견杜鵑이 천진에서 울었는데
天下蒼生事事新	천하의 창생들이 일마다 새로웠다.
相業早知能誤世	정승 하는 일이 나라를 잘못되게 할 수도 있음을 일찍 알았다면
半生端合作詩人.	반생은 시인이 되게 결심했을 것이다.

라 했다. 고례古例에 이조참의吏曹參議는 반드시 이품二品으로 임명하는데 공공이 이조참의吏曹參議로 사은하고 바로 중국에 사신으로 가게 되었다. 압록강에 이르자 의주판관義州判官이 와서 배에서 만나 말하기를 "자네가 참의參議르 옮기지 않았는가" 하니 공공이 금대를 벗고 다시 은대銀臺를 차면서 서로 보며 웃었다고 한다. 공공이 취해 절구 한 수를 지었는데 말하기를,

曾聞橘渡淮爲枳	일찍 귤이 회수를 건너면 탱자가 된다는 말을 들었으나

---

73) 송宋나라 왕안석王安石의 문집. 형국荊國은 왕안석王安石의 봉호封號임.

未見金過水作銀　금이 물을 지나면 은이 된다는 것은 보지 못했다.

라 하니 자리에 가득 앉은 사람들이 크게 웃었다. 스스로 난병시懶病詩로 자조自嘲했는데,

閑能成懶懶成癖　한가하면 게으르고 게으르면 병이 되며
病亦思歸歸亦難　병이면 돌아감을 생각하나 그것도 역시 어렵다.
門掩蒼苔春寂寂　문은 푸른 이끼가 가리었고 봄은 쓸쓸한데
枕書高臥日三竿.　해가 삼 간이 될 때까지 책을 베고 누웠다.

라 했는데, 난병懶病이 있는 자로서는 참으로 높은 운치가 있다.
박팽년선생朴彭年先生의 시에 이르기를,

孰語周公不以誠　누가 주공周公74)을 정성스럽지 않다고 말하느냐
冤無多少獻微爭　원통함은 다소가 없고 약간의 다툼만 드린다.
當年又未平斯憤　그때 또 이러한 분함을 다스리지 못했다면
地下何顔更聖明.　저세상에서 무슨 낯으로 다시 성명을 대하랴.

라 했는데, 당시 사람들이 말하기를 박선생朴先生의 경庚 자字 운韻시가 화와 연결된 근본이라 했다.
괴애乖崖 김수온金守溫이 청한자淸寒子에게 준 시에 말하기를,

舍儒歸墨是何心　유학儒學을 버리고 묵자墨子로 돌아가는 것은 무슨
　　　　　　　　　생각일까
此道元非物外尋　이 도는 원래 물외物外에서 찾을 것이 아니오

---

74) 주周 무왕武王의 동생으로서 형이 세상을 떠나자 어린 성왕成王을 도와
　　나라를 잘 다스린 인물임.

欲識兩門端的意　양문兩門의 바른 뜻을 알고 싶으면
請看論語細參尋.　논어論語에서 자세히 찾아보라 하고 싶소.

라 했는데, 청한자淸寒子가 운에 따라 답해 말하기를,

歧路難殊只養心　두갈래 길에 다른 것은 찾기 어려워 마음만 기를 뿐이며
養心不必漫他尋　양심養心에는 부질없이 다른 데서 찾을 필요가 없다.
他於事上渾無得　다른 일에서는 전혀 얻은 것이 없어
糟粕何須歷歷尋.　찌꺼기를 어찌 꼭 찾고자 하나뇨.

라 했는데, 절구絶句에서 연달아 압운押韻을 한 자로 하는 것은 예부터 있었던 것은 아니다. 지금 보면 청한자淸寒子가 감개할 만한 일을 만나 드디어 검게 물을 들여 중이 되어 산수간山水間을 방랑하며 몸을 깨끗이 했으나 윤리倫理를 더럽혔으니 본의가 아니라 할지라도 어찌 허물이 아니겠는가.

　성간成侃은 아들이 셋이었다. 큰 아들의 이름은 세걸世傑이었는데 재주가 있었고 시에 능했으나 십삼 세에 죽었다. 일찍 수거동水車洞에 놀면서 시를 지었는데 말하기를,

一溪流水靑蛇回　시내 흐르는 물이 푸른 뱀처럼 돌고
林壑窈窕幽興多　골짜기가 아늑해 깊숙한 흥이 많다.
勸君今日不痛飮　그대에 권하노니 오늘 많이 마시지 않으면
奈此爛漫山花何.　이같이 만발한 꽃 속에서 무엇을 하겠느냐.

라 하니 당시 그를 신동神童이라 일컬었다. 세형世亨도 성임成任의 아들이다. 겨우 글귀를 배우면서 시를 지을 줄 알았는데 나이 열다섯에 죽었다. 그가 벌목伐木하는 것을 보고 지은 시에 이르기를,

秋深雲山中　　　깊은 가을 구름 낀 산속으로
樵人荷斧去　　　나무꾼이 도끼를 메고 간다.
伐木聲丁丁　　　나무 베는 소리 정정하며
○楊呼耶許.　　　(○표한 글자는 알 수 없어 그대로 둔다.)

라 했다. 친척이 있어 장차 영남으로 가고자 하면서 인사하러 와서 소동小童이 시에 능하다고 들었다며 지어보기를 권하자 바로 말하기를,

臨送門前縮柳條　　버들가지로 얽힌 문 앞에서 보내니
千岩萬壑路迢迢　　많은 바위와 골짜기로 길이 멀다.
南鄕他日相思處　　다른 날 남향에서 서로 생각되는 곳은
蜀魂聲中碧嶺高.　　소쩍새 우는 가운데 푸른 고개 높다오.

라 했다. 겨울에 눈이 녹고 기후도 따뜻한데 몇 사람의 선비가 아이를 보기 위해 왔다고 하니 그의 아버지가 아이에게 시를 짓게 하자 바로 말하기를.

冬至陽生土氣融　　동지에 양기가 생기면 땅 기운도 화합하며
喜晴鵝鸝上遙空　　거위와 꾀꼬리가 갠 것을 기뻐하며 먼 공중으로 오
　　　　　　　　　른다.
雪消池縮疑春日　　눈 녹은 못은 봄인가 의심스러우니
正是南山十月風.　　바로 시월의 남산 풍경이오

라 했다.

　윤효손尹孝孫 판서는 성종成宗 때 사람이었는데 아이였을 때 줄글을 잘 지었다. 그의 아버지는 의정부議政府 녹사錄事였다. 이른

새벽에 박원형朴元亨 상공相公의 문 앞에 가서 공문公文을 드려야
하는데 문지기가 상공相公이 아직 취침중이라며 들어가지 못하게
하기 때문에 밖에서 오래 기다리는 동안 매우 시장하고 곤했다. 집
에 돌아와서 그의 아들에게 말하기를 "나는 재주가 없어 먹기 위해
이러한 고생을 하는데 너는 배우는 것을 부지런히 하여 너의 아비
와 같은 사람이 되지 말라" 했다. 효손孝孫이 저의 아버지가 모르게
그 통자문通刺文 끝에 써 말하기를,

相國酣眠日已高	상국相國의 단잠에 해가 이미 높았으니
門前刺紙已生毛	문 앞의 통자문에는 이미 털이 났다오[75]
夢中若見周公聖	꿈속에 만약 주공周公 같은 성인을 보게 되면
須問當年吐握勞.	당년에 밥을 토하고 잡는 괴로움을 꼭 묻고 싶다오[76]

라 했다. 다음 날 아침 그의 아버지는 자세히 살펴보지 않고 상공相
公의 집에 가서 공문을 제출했다. 상공相公이 그 시를 보고 녹사錄
事를 불러 말하기를 "이 글을 너가 쓴 것이냐" 하니 그의 아버지는
놀라 어찌할 바를 모르다가 그 글씨의 자획을 살펴보니 효손孝孫의
글씨이므로 사실대로 말하자 상공相公이 바로 효손孝孫을 불렀는
데 나타난 효손을 보니 범상치 않았다. 그때 상공相公은 딸이 있어
사윗감을 구하고 있었다. 들어와서 부인을 보고 내가 오늘 좋은 사
윗감을 구했다고 하니 부인은 머리를 흔들며 어찌 내 딸을 녹사錄
事의 아이에 주어 사위를 하겠느냐 하며 반대했으나 결국 그의 딸
과 결혼했고 뒤에 효손孝孫은 과거에 급제했으며 벼슬은 판서判書

---

75) 통자문을 일어나 받을 때까지 많이 만졌기 때문에 털이 났다고 한 것이다.
76) 주공周公은 식사를 할 때도 만나야 할 사람이 찾아오면 먹던 밥을 토하고
　　맞이했다고 함.

를 역임했다.

　허백虛白 성현成俔은 과거에 같이 합격한 원수옹元壽翁과 함께 중국에 사신으로 가게 되었는데 수옹壽翁은 코끝이 붉었다. 평양에 도착했을 때 옆에 모시는 기생의 코도 역시 붉었다. 성공成公이 시를 지어주며 말하기를.

箕都城裡朔風寒	기도箕都[77]에 삭풍이 차가운데
春色如何上鼻端	어찌하여 봄빛이 코 끝에 올랐나뇨.
醉後一雙金橘爛	취한 뒤에 한 쌍의 귤이 익었고
樽前兩葉晩楓丹	술통 앞에 두 잎은 늦게 단풍이 들었다.
帳中光影偏相照	장막 안에 불빛은 한쪽으로 만 서로 비추며
客裡風情慘不歡	객지에서 풍치의 감정이 슬퍼 즐겁지 않다.
我是直言吳可立	나는 직언하는 오가립吳可立인데
爲傳聲譽滿長安.	전하게 되면 기리는 소리 서울에 가득하리라.

라 했다. 증산甑山에 늙은 관리(노관老官)에 오가립吳可立이라는 자가 있었는데 지나가는 길손들이 기생을 좋아하는 것을 보게 되면 사람들에게 이야기하기 때문에 시화詩話에서 언급한 것이다.

　김종직金宗直의 제운로齊雲樓의 쾌청시快晴詩에 말하기를,

雨脚看看取次收	빗줄기는 점점 내리다가 그치고
輕雷猶自殷高樓	높은 누에 가벼운 우뢰 소리 아직 많이 들린다.
雲歸洞穴簾旋暮	구름이 골짜기로 돌아가자 주렴이 갑자기 어두워지고
風颭池塘枕簟秋	지당에 바람이 지나가니 대자리가 가을처럼 서늘하다.
菡萏香中蛙閣閣	연꽃 향기에 개구리 소리 각각 하고
鷺鶿影外稻油油	백로와 까마귀 그림자 밖에 벼가 잘 자란다.

---

77) 기자箕子가 평양에 도읍을 했기 때문에 평양을 말함.

憑欄更向頭流望　난간에 의지해 다시 두류산을 바라보니
千丈峰巒湧玉蚪.　천 길 산봉우리가 옹기종기 솟았다.

라 했는데, 이 시는 바로 비 온 뒤에 성루城樓에 올라 바라보고 지은 것이다. 또 한식촌가시寒食村家詩에 이르기를,

禁火之辰春事多　한식寒食 때는 봄 일이 많아
芳菲點檢在農家　좋은 나물을 점검하는 것도 농가에 있다.
鳩鳴穀穀棣棠葉　비둘기는 아가위나무 잎에서 울고
蝶飛款款蕪菁花　나비는 무꽃에서 날고 있다.
帶樵隴上烏犍返　두둑 위에 나무 실은 검은 소는 돌아오고
挑菜籬邊丫鬢歌　울타리 옆에 나물 가리는 쪽진 아낙네 노래한다.
有田不去戀五斗　밭이 있으나 돌아가지 않는 것은 벼슬 때문이니
元亮笑人將奈何.　원량元亮[78]이 웃은들 어찌하랴.

라 했다. 또 전가시田家詩에,

種麥山田牛脫蹄　산골 밭에 보리를 심으면서 소 발굽이 벗겨져
歸來絡緯正悲啼　돌아 오며 계속 슬프게 운다.[79]
夜深妻子談收穫　밤이 깊도록 처자들과 수확을 의논하는데
殘月依依梧樹西.　남은 달은 희미하게 오동나무 서쪽에 있다.

라 했으니, 전가田家의 의취를 모두 표현했다고 한다.
추강秋江 남효온南孝溫의 한식시寒食詩에 이르기를,

天陰籬外夕寒生　침침한 울타리 밖에 저녁은 차가우며

---

78) 진晋 도연명陶淵明의 字.
79) 이 작품의 기승起承 양구兩句는 이해에 어려움이 있다.

寒食東風野水明   한식즈음 봄바람에 들 물이 밝다.
無限滿船商客語   무한히 가득 실은 배에 장사꾼들의 말은
柳花時節故鄉情.   버들꽃 필 때 고향 정이라오

라 했는데, 버들 꽃 필 즈음의 고향에 대한 감정의 표현이 뼈를 자
극할 만큼 절실해 왕우승王右丞에 비해 손색이 없다.

홍귀달洪貴達이 강원감사江原監司였을 때 삼일포三日浦에 놀면
서 그 서序에 이르기를 옛날부터 신선은 죽지 않고 성명을 바꾸어
천년이 지난 뒤에 다시 놀고 있으나 사람들은 누구인지 모르고 있
다. 영랑永郞의 무리들이 어찌 오늘 이 자리에 없다고 할 수 있겠는
가 하고 시詩에 이르기를,

昔聞三日浦   옛날 삼일포三日浦를 들었는데
今上四仙亭   오늘은 사선정四仙亭에 올랐다.
水拍白銀盤   물은 흰 은반을 치고
山圍蒼玉屛   산은 푸른 병풍처럼 둘렸다.
天空彩雲濕   하늘에 채색 구름은 젖었고
石老秋光晴   오래된 바위에 가을빛이 맑다.
仙人去已遠   선인仙人은 이미 멀리 가버렸고
古亭今無楹   옛 정자에 지금은 기둥이 없다.

當時遊戲地   당시 놀았던 땅에
雲外笙簫聲   구름 밖에서 저와 통소 소리 난다.
千載復吾人   천년 후에 다시 우리 사람들이오
六番看猶明   여섯 번 살펴보아도 오히려 밝을 것이다.
風高永郞湖   영랑호永郞湖에 바람은 높게 불고
月出安詳亭   안상정安詳亭에 달이 떴다.
孤樽泊舟處   배 댄 곳에 외롭게 술통이 있으니

此固云蓬瀛.　　　이곳을 진실로 봉영蓬瀛이라 이르겠다.

라 했다. 강원도감사로서 임기가 끝나 돌아오면서 예천醴泉 본가에
들러 지은 차용사시次容舍詩에 말하기를,

前村烟溟已藏鴉　앞마을 연기가 짙어 이미 갈까마귀를 감추었으며
客舍沈沈夜不譁　객사는 침침해 밤인데 조용하다.
深樹月明啼杜宇　짙은 나무 밝은 달빛에 소쩍새 울고
廣亭春盡落梨花　광정廣亭에 봄이 가자 배꽃이 떨어진다.
衰容對鏡年年換　쇠한 얼굴 거울에 비치니 해마다 달라지고
病眼看書字字斜　아픈 눈으로 책을 보니 글자가 비낀다.
夢裡溪山明月去　꿈속에 산과 내에 밝은 달은 지고
門前流水是吾家.　문 앞 물 흐르는 곳이 내집이라오.

라 했다.

　일두一蠹 정여창鄭汝昌 선생先生은 이른 나이에 두류산두流山아
래에 집을 짓고 몸을 마칠 계획을 했다. 성종成宗이 불러 소격서昭
格署 참봉參奉을 임명했으나 사양했는데 불윤不允하므로 나갔다고
한다. 선생이 몸가지기를 매우 엄하게 하여 종일 단정하게 앉아 있
으며 비록 매우 더운 때라도 처자들이 그의 옷으로 가리는 피부를
보지 못했다고 한다. 평생에 시 짓는 것을 좋아하지 않아 단지 한
수가 세상에 전하고 있는데 그 시에 말하기를,

風蒲獵獵弄輕柔　창포가 바람에 엽렵하고 부드럽게 흔들며
四月花開麥已秋　사월의 화개에 보리가 이미 익었다.
看盡頭流千萬疊　두류산頭流山 많은 골짜기를 두루 보고
孤舟又下大江流.　외로운 배로 또 큰 강을 따라 내려간다.

라 했으니, 가슴 가운데 한 점의 티끌도 없이 깨끗하게 씻었음을 상상할 수 있다.

조지서趙之瑞는 젊었을 때 문장에 많은 노력을 했고 시도 노련하고 힘이 있다. 그의 만흥시漫興詩에 말하기를,

愁生淸宵數漏籤	근심은 맑은 밤에 생기나 수는 흘러 가늘며
朝來捲簾對山尖	아침이면 발을 걷고 뾰족한 산을 대한다.
鶯含曉色啼深樹	꾀꼬리가 새벽빛을 머금고 숲속에서 울고
燕掠輕陰入短簷	제비는 가벼운 그늘을 차고 짧은 처마로 들어온다.
臥隱自知身慣懶	누워 숨었으니 자신이 게으름을 알겠고
家貧非是我爲廉	집이 가난해 시비에 내가 청렴하게 되었다.
平生壯志消磨盡	평생의 장한 뜻을 갈아 다했으니
羞把菱花照老髥.	마름꽃 잡고 늙은 수염 보는 것이 부끄럽다.

라 했다. 이 시만 『동문선東文選』에 실려 있고 나머지는 흩어져 잃어 버리고 전하지 않고 있다.

매계梅溪 조위曹偉의 제송광사시題松廣寺詩에 말하기를,

閑居何事占長閑	한가롭게 사는데 무슨 일로 한가로움을 길게 하려하나뇨
雲水深深福地寬	운수는 깊고 복지는 너그럽다.
舊業未抛猶是累	옛 업을 버리지 못하고 오히려 얽혀
未應嗔客未休官.	꾸짖는 손에 대답도 못하고 벼슬도 쉬지 못했다.

라 했는데, 대개 영철시靈澈詩[80]의 뜻에 반대하여 답한 것이다.

탁영濯纓 김일손金馹孫은 문장으로 이름이 있었고 문집이 세상

---

80) 어떤 시를 말한 것인지.

에 많이 유행하나 시는 전하는 것이 드물고 다만 삼가현三嘉縣 관
수로觀水樓에서 지은 율시律詩 한 수가 있는데 말하기를,

一縷溪村生白烟	한 가닥 시내 마을에 흰 연기 오르니
牛羊下括謾爭先	소와 염소들이 모여 앞을 다투어 내려온다.
高樓樽酒東西客	동서의 손들은 고루의 술통 옆에 있고
十里桑麻南北阡	남북의 언덕에 길게 상마가 늘어섰다.
句乏有聲遊子拙	알려질 만한 시구 적어 손들에 옹졸하게 되었고
杯斟無事使君賢	일없이 술 마시니 사또가 어질다오.
倚欄更待黃昏後	난간에 의지해 황혼 되기를 기다려
觀水仍看月到天.	관수루에서 잇달아 하늘에 뜬 달을 보리라.

라 했는데, 그의 시와 산문에서 어느 것이 우수한지 보는 사람이
잘 알 것이다.

금남錦南 최부崔溥는 글이 간결하고 예스러웠고 시는 잘하는 바가
아니었다. 그러나 일찍 송감宋鑑을 읽고 시를 지었는데 이르기를,

挑燈撤讀便長呼	등불 돋우고 읽는 책 거두며 길게 탄식함은
天地間無大丈夫	천지 사이에 대장부가 없음이요
三百年來中國土	삼백년 동안 내려오던 중국땅을
如何付與老單于.	어찌하여 늙은 선우單于[81]에 주었나뇨.

라 했는데, 이 시를 읽는 사람들이 혹은 슬퍼하고 한탄하며 분하게
여겼다.

공公이 소년이었을 때 과거에 응시하면서 강목부綱目賦[82]를 지

---

81) 북쪽 흉노족匈奴族의 추장酋長.
82) 통감通鑑과 비슷한 중국의 역사책.

었는데 매우 뛰어나고 힘이 있었다. 그런데 사화士禍에 연관되어 복주福州로 유배되면서 스스로 나복산인蘿葍山人이라 했다. 일찍 귤정橘亭에게 보낸 시에 이르기를,

江路尋眞晚   강변길에서 참됨을 찾는 것이 늦었음은
思君步月時   그대를 생각하며 달밤에 걸을 때였소
年年山澗曲   해마다 산속의 냇물 소리 듣는데
隨分有生涯.   분수에 따라 생애가 있다오

라 했다.

목계木溪 강혼姜渾의 제림풍루시題臨風樓詩에 이르기를,

試吟佳句發天慳   시험해 읊은 가구佳句는 하늘도 아끼던 것인데
正值樓中吏牒閑   바로 누 가운데서 공문도 한가하다오.
紫燕交飛風拂柳   제비는 번갈아 날고 바람은 버들가지를 흔들며
靑蛙亂叫雨昏山   개구리는 요란하게 울고 비는 산을 어둡게 한다.
一生毁譽身多病   일생에 헐고 기리는 것으로 몸에 병이 많았고
半載驅馳鬢欲斑   반년 동안 바쁘게 달려 살쩍머리가 희고자 한다.
黃閣故人書斷絶   벼슬 높은 친구의 편지도 끊어지고
客行寥落滯鄉關.   나그네의 행차가 고요하게 시골에 머문다.

라 했는데, 지금까지 전해 외운다.

문익공文翼公 정광필鄭光弼이 김해金海로 유배가면서 도중에 지은 시에 이르기를,

積謗如山竟見原   비방이 산처럼 쌓였으나 결국 용서되었으니
此生無計答天恩   이 몸이 임금의 큰 은혜 갚을 계획이 없다오

十登峻嶺雙垂淚　높을 재를 열 번 올라 두 눈에 눈물이 흐르며
三渡長江獨斷魂　세 번 장강을 건너 홀로 혼이 끊어졌다.
漠漠遠山雲撥墨　아득한 먼 산에 검은 구름이 모이더니
茫茫大野雨飜盆　넓은 큰 들에 비가 동이를 뒤치는 듯하다.
暮道臨海東城外　바닷가의 동성 밖 저문 길에
茅屋蕭蕭竹作門.　쓸쓸한 띠집에 대나무로 문을 했다오.

라 했는데, 덕이 있는 자는 말도 반드시 있다는 말을 믿을 만하다.

　옛날 몇 사람의 선비가 기생들을 데리고 산속에 있는 절에 모여 술에 취해 누워 있는데 옆에 있는 불에 탄 오동나무 앞에 밖에서 온 중이 와서 있는데 얼굴이 검고 옷이 남루했다. 그는 몰래 거문고 밑에 시를 써 말하기를,

鵾絃鐵撥撼高堂　곤이 줄을 쇠로 팅겨 고당을 흔드는데
玉指纖纖窈窕娘　가는 손가락의 고운 낭자였소
巫峽啼猿哀淚濕　무협의 우는 원숭이는 슬퍼 눈물에 젖었고
衡陽歸鴈怨聲長　형양으로 돌아가는 기러기는 원망하는 소리가 길다.
凍深滄海龍吟壯　바다가 깊게 얼자 용의 읊조림이 장하고
淸澈疎松鶴夢涼　맑고 성긴 소나무에 학의 꿈이 서늘하다.
曲罷參橫乃月落　곡이 끝나자 삼성參星[83]이 비겼고 곧 달이 지며
滿庭山色曉蒼蒼.　뜰에 가득한 산 빛에 새벽이 맑다.

라 하고 인해 그 사람이 보이지 않았다. 당시 사람들이 정허암 희량希良이 아니면 불가능하다고 했다.

　지정止亭 남곤南袞의 집이 백암록白岩麓이었는데 그 북쪽에 아름다운 천석泉石이 있었다. 읍취헌挹翠軒 박은朴誾과 용재容齋 이

---

83) 하늘의 28수에서 스물한 번째 별, 세 개의 큰 별.

행리행李荇이 술을 가지고 와서 놀았다. 남곤南袞은 그때 승지承旨로서 새벽에 들어가서 밤에 나오기 때문에 문득 같이 놀지 못하게 되었다. 읍취헌挹翠軒이 그 바위의 이름을 대은大隱이라 하고 여울은 만성萬星이라 했는데, 대개 바위는 주인이 알지 못하기 때문에 대은大隱이라 한 것이고 여울은 그 근언이 만 리 밖에 있을 것이라는 생각에서 했다. 그가 많이 취해 바위에 시를 써 말하기를,

主人官高勢薰灼　　주인은 벼슬이 높고 세력도 무거워
門前車馬多伺候　　문 앞에 수레와 말들이 많이 기다린다.
三年一日不窺園　　삼 년 동안 하루도 동산을 보지 못했는데
倘有山靈應受詬.　　산령山靈이 있다면 꾸짖음을 받았을 것이다.

라 했다. 용재容齋 이행李荇과 지정止亭이 술을 마시며 시를 지어주며 말하기를,

昨過萬里瀨　　어제 만리뢰를 지났는데
偶病春後雪　　우연한 병으로 봄이 지난 뒤에도 눈이 내렸다.
老病失亦可　　노병에 잃었다 해도 또한 그럴 수 있겠는데
猶幸得吾友　　오히려 내 친구를 얻어 다행이다.
溪山自靑眼　　시내와 산들은 스스로 좋게 보이고
禽鳴如相誘　　새들은 울어 서로 유혹하는 듯하다.
舉杯聯好詩　　술을 마시며 연달아 좋은 시를 지어
未覺日已西　　해가 이미 서쪽에 있는 것을 알지 못했다.
松間聞喝道　　소나무 사이에서 길을 재촉하는 성난 소리 들리고
○趣忽鹵莽　　(○표 한 곳의 글자를 알아볼 수 없어 그대로 둔다.)
迫則斯可耳　　급하면 이렇게 밖에 할 뿐이겠으나
寧更踰墻走　　차라리 담을 넘어 도망가고 싶다.
相持還劇飮　　서로 잡고 도리어 많이 마셔

夢不辨誰某	꿈에서도 누구인지 구별하지 못하겠다.
坐見玉山頹	앉아 옥산이 무너지는 것 보고
傍人爭拍手.	옆에 사람들이 다투어 손뼉을 친다.

라 했다.

읍취헌挹翠軒 박은朴誾이 죽은 뒤에 이행李荇이 읍취挹翠의 시를 읽고 말하기를,

挹翠高軒久無主	읍취헌에 오랫동안 주인이 없어
屋樑明月想容姿	밝은 달빛에 집 들보의 얼굴과 자태를 상상하겠다.
自從湖海風流盡	호해湖海로부터 오면서 풍류가 다했으니
何處人間更有詩.	인간이 사는 어느 곳인들 다시 시가 있겠는가.

라 했는데, 그는 바로 득의得意한 친구였기 때문에 시도 문득 득의한 것이다.

용재容齋 이행李荇이 나이 십팔구 세에 자못 알려졌다. 어른들이 미인수절목단美人手折牧丹을 시제로 하여 시를 짓게 했더니 바로써 말하기를,

牧丹含露眞珠顆	목단이 진주알 같은 이슬을 머금었는데
美人折得窓前過	미인이 꺾어 창 앞을 지나간다.
含笑問檀郎	웃음 머금고 단랑檀郎[84]에게
花强妾貌强	꽃이 예쁘냐 내가 예쁘냐 하며 물었다.
檀郎姑相戲	단랑은 아직도 서로 희롱하고자
强道花枝好	꽃가지가 훨씬 좋다고 말했다.
美人妬花勝	미인은 꽃이 좋다는 것에 시기하여

---

84) 부인이 남편을 부르는 호칭.

踏破花枝道	길에 꽃가지를 밟아 깨면서
花若勝於妾	꽃이 나보다 좋을 것 같으면
今宵花與宿.	오늘 밤에 꽃과 더불어 자오

라 했다.

고부古阜 이우李瑀 계헌보季獻甫는 율곡栗谷의 아우였다. 문사文詞와 글씨가 무리들 가운데 뛰어났다. 일찍 친구의 집 뜰에 활짝 핀 붉고 흰 목단을 보았는데, 집주인이 여러 친구에게 시를 지어주기를 청하자 이우李瑀가 먼저 한 절구를 지었더니 모든 친구들이 붓을 놓았다. 그 시에 말하기를,

紅牧丹交白牧丹	홍목단과 백목단이 서로 사귀었는데
水姿穠艶各精神	깨끗한 자태와 매우 고운 것으로 각자 특징이 있다.
恰似春半沈香閣	봄이 반쯤 되어 꽃이 많이 피는 침향각에서
虢國夫人倚玉眞.	괵국부인虢國夫人이 옥진玉眞에 의지한 것과 흡사하다오.[85]

라 했으며, 또 정석준鄭碩儁 여수보汝秀甫 전적典籍은 백두견화白杜鵑花를 읊은 시에 말하기를,

名則相同色則異	이름은 서로 같으나 색깔은 달라
一春光景孰高低	봄철 모양과 빛이 어느 것이 더 좋을까.
天然素質超紅艶	본디 흰 바탕에 붉은 빛이 뛰어나게 아름다워
杜宇當年血不啼.	소쩍새도 당년에 피 흘리며 울지 않았던가.

---

85) 괵국부인虢國夫人은 양귀비楊貴妃의 동생으로 미인이었다고 하며, 옥진玉眞은 양귀비의 다른 이름.

라 했는데, 두 작품이 모두 아름다우나 이우李堣의 시가 나은 것 같다.

복재服齋 기준奇遵이 궁중宮中에 입직入直을 하는 어느 날 꿈에 여행을 하면서 율시 한 수를 지었는데 말하기를,

異域江山故國同　다른 지역의 강산이 고국과 같아
天涯垂淚依高峰　천애에서 높은 봉에 의지해 눈물 흘린다.
潮聲漠漠河關閉　하관이 닫혀 조수 소리 아득하며
古木蕭蕭城郭空　빈 성곽에 고목이 쓸쓸하다.
野路細分秋草裡　가을 풀밭에 들길은 여러 곳으로 나누어졌고
人家多住夕陽中　석양이 지는 쪽에 많은 집들이 있다.
征帆萬里無回棹　먼 길 가는 배에 돌아오는 돛이 없고
碧海茫茫信不通.　푸른 바다는 넓어 서신도 통하지 않을 것이오

라 하고 꿈을 깨어 지은 시를 벽에 써 두었다. 얼마 되지 않아 호서湖西로 유배를 가게 되었다가 또 온성穩城으로 옮겨져서 가는 도중에 본 것이 모두 꿈속에서 본 것과 같았다. 말을 끌고 가면서 슬퍼 오열했으며 온성穩城에 도착한 지 얼마 되지 않아 죽게 되었으니 사람의 일이 모두 정해졌음을 알 수 있으며 선비들이 전해 듣고 슬퍼했다.

우리나라에 온 중국 사신 당고唐皐가 지은 백은탄시白銀灘詩에 이르기를,

江水活活去　강물은 넘쳐 흘러가고
好灘浮白銀　아름다운 여울에는 흰 은빛이 떴다.
無乃守國禁　나라에서 금하지 않는다면
棄損向通津.　통진通津을 향해 버리리라.

라 했는데, 대개 우리나라에서는 은이 외국으로 나가는 것을 금하기 때문이라 했다. 용재容齋 이행李荇이 화시를 지어 말하기를,

名銀取其色　　이름 있는 은은 그 색을 취하나니
此水豈生銀　　이 물에서 어찌 은이 나랴.
今日玉人適　　오늘 마침 옥인이 있으니
更宜名玉津.　　옥진으로 이름을 고치는 것이 마땅할 것이다.

라 했는데, 세상에서 많이 일컬었다 한다.

눌재訥齋 박상朴祥이 일찍 문인門人의 모함하는 바가 되었다. 어느 날 그 사람이 문에 왔는데, 보지 않고 시를 보여 말하기를,

誾誾誤解示謙恭　　화평하게 오해라며 겸손함을 보이는데
袖裡潛藏射羿方　　소매 속에 예羿86)의 활 쏘는 방법 모르게 감추었다.
堪笑人心眞九折　　인심이 진실로 아홉 번을 꺾이는 것이 우스워
裂裳裹足向雲中.　　치마를 찢어 발을 싸고 구름 속을 향하리라.

라 했는데, 그 사람도 잘못했지만 눌재訥齋가 꾸짖는 것도 지나치지 않은가.

조정암趙靜菴이 호서湖西로 유배를 가게 되자 눌재訥齋가 시로써 보내며 말하기를,

分手院前曾把手　　일찍 잡았던 손을 원전에서 나누었고
怪君黃閣落朱崖　　그대는 황각黃閣87)이 주애朱崖88)에 떨어지는 것을

---

86) 고대 중국에서 활을 잘 쏘았다는 인물.
87) 의정부議政府의 별칭. 정승이 업무를 보는 집.
88) 중국 광동성廣東省에 있는 땅 이름.

이상히 여길 것이다.

朱崖黃閣莫分別　주애와 황각을 구분하지 말라
終至九泉無等差.　결국 구천九泉에 가면 차이가 없다오

라 했고, 정암靜菴이 죽게 된다는 말을 듣고 시로써 울며 말하기를,

不謂南垈舊紫衣　남대南垈의 옛 자의紫衣 이르지 마오[89]
牛車草草故鄕歸　우거牛車가 바쁘게 고향으로 돌아갈 것이오.
他年地下相逢處　뒷날 저세상에서 서로 만나는 곳에
莫說人間是與非.　인간의 시비를 말하지 마오.

라 했다.

　호음湖陰 정사룡鄭士龍이 다른 사람의 시를 좋게 말하는 것이 적었으나 단지 눌재訥齋의 시에

西北二江流太古　서북 쪽 두 강은 태고로부터 흐르고
東西雙嶺鑿新羅.　동남 쪽 두 재는 신라로 통했다.

라 한 것과 또,

彈琴人去鶴邊月　가야금 타던 사람은 가고 학만 달 주변에 있으며
吹笛客來松下風.　피리 불던 나그네 오자 소나무 아래 바람이 분다.

라 한 구를 좋아하며 벽에 써두고 스스로 탄식하며 미치지 못하겠다고 했다.

---

89) 남대南垈는 어사대御史臺를, 자의紫衣는 붉은 색의 옷으로 옛날 중국에서
　　군왕君王 도사道士 승려僧侶들이 입었다고 한다.

최소두崔小斗는 사인舍人으로서 동복同福으로 유배되어 나복산
蘿葍山밑에 살고 있는 윤구尹衢에게 시를 부쳐 말하기를,

江路尋春晚	강변길에서 봄을 찾기는 늦었고
思君步月時	달빛 밟을 때 그대를 생각했다오.
年年山間曲	해마다 산간의 곡曲90)은
隨分有生涯.	분수에 따라 생애가 있다오

라 했고, 또 그 고을 사마司馬의 잔치에 모인다는 말을 듣고 일찍
갔는데 여러 사마司馬들이 모이지 않았으므로 그 술을 다 마시고
돌아가고자 하니 지키는 사람이 죄를 받을까 두려워했다. 공公이
감나무 잎을 따서 시를 써 말하기를,

桑椹靑紅柿葉肥	뽕나무 오디는 푸르고 붉으며 감나무 잎은 살찌고
小園風物屬芳菲	작은 동산 경치는 향기로운 풀들에 속했다.
欲知司馬樽中盡	사마司馬의 술통이 빈 것을 알고 싶으면
看取先生醉後歸.	선생이 취후에 돌아가는 것을 보오

라 했다.

남주南趎는 곡성인曲城人으로 장원 급제하여 성명이 이미 높았
다. 남곤南袞이 그를 추천하고자 분송盆松을 제목으로 하여 시를
짓게 했더니

| 一朶盆莖弱 | 한 가지 분에 있는 줄기는 약하나 |
| 千秋雪態豪 | 긴 세월 눈에는 호걸스러운 태도였소. |

---

90) 이 곡曲은 어떤 의미로 해석해야 할지 모르겠다.

誰能伸汝曲　　누가 능히 너 굽은 것을 펼 수 있으랴
直拂五雲高.　　바로 오운의 높은 데서 떨어질 것이오.

라 하니 남곤南袞이 보고 크게 화를 내며 다시 찾지 않았다. 나이
이십팔 세에 전적典籍으로 마쳤다. 그의 누이도 또한 시에 능했다.
주적가 일찍 눈을 시제로 하고 홍紅과 녹綠으로 운을 하여 짓고자
했더니 누이가 먼저 말하기를,

落地聲如蠶食綠　땅에 떨어지는 소리 누에가 뽕을 먹는 듯
飄空狀若蝶窺紅.　공중에 나풀거리는 형상은 나비가 꽃을 보는 것 같다.

라 했으니 또한 기재奇才라 하겠다.
　　모재慕齋 김안국金安國이 정유년丁酉年에 사환賜還의 명령이 내
리자 새로 첩자貼字를 만들어 자식들에 남겨주었는데, 벽에 붙인
첩지貼紙에 말하기를,

恩逸亭中九十春　은일정 가운데서 구십의 봄이었는데
餘生自意覲中宸　남은 인생 무슨 생각으로 궁중에서 뵈오랴.
鴻私進退皆淪骨　진퇴에 넓은 은혜 모두 뼈에 젖었으니
堯日誠深祝聖民.　임금께 깊은 정성으로 빈다오.

라 했는데, 공公과 같은 자는 가히 모든 행동에서도 임금을 잊지
않는 자라 이를 만하다.
　　기묘사화己卯士禍 후에 공公의 동생 사재思齋 김정국金正國이 파
직되어 고양高陽 촌사村舍로 돌아와서 호를 은휴恩休라 했다. 공公
이 절구絶句 삼수三首를 지어 부쳤는데 말하기를,

恩休恩逸意相同   은혜로 쉬고 숨는 뜻은 서로 같으니
弟在西湖兄在東   아우는 서호 형은 동쪽에 있다오.
拱北丹心無彼此   임금을 받드는 단심은 피차가 없어
時時稽首向瀛蓬.   때때로 영봉瀛蓬을 향해 머리 굽힌다오.

子休正感君恩重   그대는 쉬게 되니 임금 은혜 중함을 바로 느끼겠고
我逸嘟恩亦復然   나는 숨었으나 은혜를 입었음이 또한 같다네.
休日百年何所事   쉬는 날 백년에 무슨 일을 하랴
衢謠華祝舞堯天.   태평성대에 거리에서 노래하고 춤추며 축하하리라.

逸逸休休弟與兄   아우와 형이 숨고 쉬어
熙熙皥皥樂餘生   빛나고 밝아 남은 생애 즐겁다.
聖恩自是天同大   이로부터 임금 은혜 하늘같이 커
顚蠥猶霑雨露榮.   얼자들도 같이 우로의 영광에 젖는다.

라 했다. 사재思齋도 차운次韻하여 말하기를,

芬榮休榮被恩同   벼슬하는 영광 쉬는 영광이 같이 은혜를 입었나니
敢恨鶺原雙隔東   할미새가 두 언덕이 동쪽을 막았다고 감히 한하랴.
閑到暮年尤覺昧   저문 나이 한가해 더욱 맛을 느껴
人間還有一壺蓬.   인간에 도리어 신선이 사는 곳이 있다오

弟休兄逸餘無願   아우는 쉬고 형은 숨어 다른 소원이 없나니
行止寧復問計然   행동을 어찌 다시 물어 계획하랴.
來往相誇休逸外   오고가며 서로 쉬고 숨은 것을 자랑하며
嘟恩長頒太平天.   은혜 입었음을 태평한 세상에 길이 알린다오

休分心情同追兄   쉬는 아우의 심정도 형과 같게 따르나니
一窩安樂送餘生   한 집에서 안락하게 남은 생애 보낸다.

居閑更覺君恩重　한가하게 살며 다시 임금 은혜 무거움을 생각하니
莫說君恩只官榮.　임금 은혜 다만 벼슬의 영광만을 말하지 마오.

라 했다. 모재慕齋는 사신으로 중국에 가서『주자대전朱子大全』과『이
락연원伊洛淵源』성리제서性理諸書를 구입해 왔고 인해 시를 지어
말하기를,

滿載光風與霽月　빛난 바람 갠 달을 가득 싣고
東歸應有契人心.　동쪽으로 돌아가면 분명히 마음을 다스림이 있을 것
　　　　　　　　이다.

라 했다.
　정암靜菴 조선생趙先生이 강청로姜淸老가 그린 대나무와 난초가
그려져 있는 병풍에 여덟 수의 시를 썼는데, 몇 수 들어보면.

人生本自靜　인생은 본디 고요한 것
淸整乃其眞　맑고 바른 것이 바로 그 참된 것이다.
穩敏馨香德　편안하고 민첩한 향기의 덕은
何殊草與人.　풀과 사람에 무엇이 다르랴.

崖懸蘭亦傾　낭떨어진 비탈에 난추도 또한 거꾸러졌으며
石阻竹從疎　돌에 막혀 대도 따라 성글다.
苦節同夷險　고된 절의는 평탄하고 험한 것과 같아
危香郁自如.　위험한 향기가 스스로 자욱하게 난다오.

笋生俄笛葉　대나무도 잠깐 처음 돋은 싹과 잎이 같이 나와
稚長各成竹　어린 것이 자라 각자 대가 된다.
觀物做工夫　사물의 관찰도 공부가 되나니

| 如斯期進學 | 이와 같아야 배움의 진전을 기약할 수 있다. |

嫩質托岩隈	약한 바탕은 바위의 모퉁이에 의탁하고
孤根依雲壑	외로운 뿌리는 구름 덮인 골짜기에 의지한다.
倩苗寓逸懷	예쁜 싹은 모르게 숨겨 두었다가
擬取幽潛德.	깊숙하고 숨긴 덕을 취하는데 적용하려 한다.

南巡飄不返	남쪽을 순행하다 떨어져 돌아오지 못하니
哭帝喪皇英	황영皇英91)이 임금92)의 초상에 곡을 했다.
血染成班竹	피가 물들여 반죽班竹93)을 이루었고
淚沾濛碧湘	눈물에 젖어 푸른 상수湘水가 어두었다.

數竿蒙督雨	몇 개의 대줄기가 어두운 비를 맞아
葉葉下垂垂	잎마다 아래로 드리웠다.
天童雖同潤	천동天童94)이 비록 같이 더한다 할지라도
幽貞恐卒萎.	그윽한 곧음이 마침내 위축될까 두렵다.

幽芳誰共賞	그윽한 향기를 누구와 함께 감상하며
高節衆同情	높은 절개는 뭇사람이 감정을 같이 한다.
所以隱君子	숨은 군자라 하는 바는
孤懷以此開	외롭게 품은 생각을 이로써 개방하는 것이오

라 했다. 선생이 능성綾城 유배지에서 죽게 된다는 말을 듣고 품은
생각을 써 말하기를

---

91) 요堯 임금 큰 딸 아황娥皇과 둘째 딸 여영女英임. 이들은 순舜임금의 처임.
92) 여기에서 임금은 순舜임금임.
93) 순舜임금이 남순南巡을 하다가 세상을 떠났는데 아황娥皇 여영女英이 듣
   고 가서 곡哭한 곳에 반죽班竹이 났다고 함.
94) 천인天人이 인간으로 태어난 남자.

愛君如愛父　　임금 사랑함은 아버지 사랑하듯 했고
白日照丹衷.　　밝은 해가 붉은 마음을 비추리라.

라 했다. 성세창成世昌이 꿈에 선생을 보았는데 생시와 같이 시를
지으며 세창世昌과 더불어 말하기를,

日落天如墨　　해가 지니 하늘은 캄캄하고
山深谷似雲　　산이 깊어 골짜기가 구름 같다.
君臣千載義　　임금과 신하는 천재의 의리였는데
惆悵一孤墳.　　슬프게도 하나의 외로운 무덤이라오.

라 했는데, 듣는 사람들이 슬퍼하지 않는 사람이 없었다고 한다.
　쌍한雙閑 박중량朴中良은 강릉 사람으로 용궁현감龍宮縣監으로
있다가 물러나 시골에 쉬고 있었다. 김충암金冲菴이 풍악楓岳에서부
터 오면서 그를 찾아 척촉장躑躅杖과 아울러 시를 주어 말하기를,

萬玉層岩裡　　많은 옥과 층층의 바위 속에서
九秋霜雪枝　　깊은 가을 눈서리 받은 가지라오.
持來贈君子　　가지고 와서 그대에 주는 것은
歲晚思心知.　　해가 저물 즈음 이 마음 알리라.

라 하니 쌍한雙閑이 화시和詩를 지어 말하기를,

似嫌直先伐　　곧으면 먼저 치게 될까 불평하는 듯
故爲曲其根　　고의로 뿌리가 굽었다오.
直性猶存內　　곧은 성격은 오히려 안에 있으니
那能免斧斥.　　어찌 도끼의 내침을 면하랴.

라 하여 그가 화를 피할 것을 경계했는데 충암沖菴이 역시 면하지 못했으니 아깝다.

김충암金沖菴이 순창군수淳昌郡守였을 때 정원政院에 관리로 있는 자가 이항李沆에게 전하는 편지를 써달라고 하면서 승지承旨의 직함도 같이 넣어 달라고 하고 다른 사정은 없었다. 공公이 편지를 쓰고 끝에 다시 써 말하기를,

曾同署榻又鑾署　일찍 같이 배웠고 또 한림원에도 함께 있었는데
流落南荒一病軀　남쪽 변방에 떨어진 병든 몸이라오.
天上華啣承旨李　천상에 빛난 명함인 이승지는
臨題還憶故人無.　글을 쓰려하니 돌아올 친구 생각이 없겠는가.

라 했는데, 이항李沆이 이로써 한을 머금고 해롭게 하고자 했다. 또 충암沖菴이 유배되어 있으면서 동생에게 부친 시에 말하기를,

汝去寧吾母　너 가면 어머니 편안히 하라
吾留阻我親　나는 머물러 어머니와 막혔다.
去留分汝我　가고 머무는 것으로 나와 너가 나누어지나
吾汝本同身.　나와 너는 본디 한몸이라네.

라 하여 사람들로 하여금 눈물을 흘리게 한다.

송당松堂 박영朴英은 학문이 매우 해박하고 글씨와 시도 능했고 의술도 겸해 밝았다. 집이 선산善山 낙동강변에 있었는데 시를 지어 말하기를,

絶域南陲海氣昏　멀리 떨어진 남쪽 모퉁이에 바다 기운 어지러운데
兜鍪金甲老王孫　투구 쓰고 갑옷 입은 늙은 왕손이라오.

無心獜閣題名字　기린각麒獜閣에 이름 쓰는 것은 마음에 없고95)
家在洛東江上村.　집은 낙동강 위의 마을에 있다오.

라 했으며, 또,

四十纔過五十初　사십을 겨우 지나 오십초가 되었으니
人間無用一籩籧　인간 세계에 쓰임이 없는 하나의 대자리라오.
餘生只令劉伶醉　남은 생애 유령劉伶96)처럼 취하게 해
散步江湖堪打魚.　강호에 산보하며 고기나 잡았으면 하오.

라 했다.

　강호江湖 박공달朴公達은 파과罷科된 후 강릉江陵에 살면서 삼가
三可 박수량朴遂良과 더불어 술친구가 되어 항상 쌍한정雙閑亭에
모여 얼굴을 몰라볼 정도로 많이 마시는 것으로 날마다 즐거움을
했으며 단 두 집 사이에 물이 많아 건너가기 어려우면 각자가 언덕
위에 올라 서로 잔을 들고 권하다가 흥이 다한 뒤에 그쳤다. 병자년
가을에 김충암金冲菴이 잠깐 관동關東에 놀러 갔다가 혼자 말을 타
고 방문했다. 그때까지 서로 보지 못했는데 성명을 말하고 친해졌
다. 충암이 며칠 머물다가 돌아오면서 시를 지어주었는데 말하기를,

相逢穩棲處　편안하게 살고 있는 곳에서 서로 만났으니
此地卽蓬瀛　이 땅이 바로 봉영蓬瀛이라오.
江湖片舟月　강호에 조각배와 달이 있고
飄浮一客星　한 개의 객성이 회오리바람에 떴다.

95) 한漢 무제武帝 때 국가에 공이 많은 사람들의 성명을 기린각麒獜閣에 써
　　붙여 공을 찬양했는데 후세까지 그것을 영광으로 여겼다.
96) 진晉나라 때 문인文人의 모임인 죽림칠현竹林七賢의 한 사람.

趣添皆骨遠   마음은 먼 금강산을 더하고 싶고
眼入鏡湖靑   눈은 푸른 경호로 간다.
分手又千里   헤어지면 또 천리가 되는데
馬前霜葉零.   말 앞에 단풍잎이 떨어진다.

라 했다.

회재晦齋 이언적李彦迪 선생의 시에 말하기를,

萬物變遷無定態   만물의 변천은 정한 형태가 없고
一身閑適自隨時   일신의 한가함도 스스로 때를 따르고자 한다.
年來漸省經營力   근간에 점점 경영하는 힘을 살피게 되었으니
長對靑山不賦詩.   길이 청산을 대하며 시를 짓지 않으리라.

라 했는데, 말의 뜻이 매우 높아 예사로운 작가들이 능히 미칠 바
가 아니다. 또 시에 말하기를,

萬物得時皆自樂   만물이 때를 얻으면 스스로 즐겁고
一身隨分亦無憂.   일신도 분수에 따르면 근심이 없을 것이오

라 했으며, 또,

待得神淸眞氣泰   정신이 맑음을 얻으면 진기가 큰 것을 기다릴 수 있고
一身還是一唐虞.   이 몸이 도리어 당우唐虞의 백성이 된다오

라 했는데, 이 시를 보면 선생의 수양한 바를 알 수 있다.

진양晋陽의 쌍계사雙溪寺는 고운孤雲 최치원崔致遠이 독서했던
곳이다. 석천石川 임억령林億齡이 시를 지어 말하기를,

致遠仙人也　　최치원은 신선이었소
飄然謝世紛　　미련 없이 시끄러운 세상을 떠났다.
短碑猶有字　　짧은 비에 아직 글자가 있고
深洞本無墳　　깊은 골짜기에 본디 무덤이 없었다.
濁世身如寄　　탁한 세상에 몸은 붙어사는 것 같고
靑天鶴不群　　푸른 하늘에 학은 무리를 짓지 않는다.
高山安可仰　　높은 산을 어찌 우러러 보랴
徒此挹淸芬.　　다만 맑은 향기만을 취할 뿐이다.

라 했는데, 임석천林石川은 기기氣를 좋아하여 굽히지 않으며(불곡不
曲) 법규를 따르기 때문에 방대하고 붓이 종이의 대소에 따라 다 쓰
므로 간혹 성긴 것이 있으나 또 성기지 않다. 그의 시에 말하기를,

天垂大野蒼蒼遠　　하늘은 큰 들에 드리워 맑고 멀며
鳥度虛窓點點明.　　새는 빈 창을 지나 점점이 밝다.

라 했으며, 또 장여필張汝弼의 초서첩草書貼에 말하기를,

此老胸中百怪蟠　　이 늙은이의 가슴에 백 가지의 괴이함이 도사리었고
雄如壯士挽黃間　　용맹함이 장사 같아 황간黃間[97]을 끈다.
晴虹貫月一堂畵　　맑은 무지개가 달을 뚫는데 집을 그려
政好林翁中夜看.　　바로 임옹이 밤중에 보는 것을 좋아 한다오

라 했고, 그의 구정봉시九井峰詩에 말하기를,

人言九井上　　사람들이 말하기를 구정봉九井峰 위에
蓮葉大如盤　　연잎이 쟁반 같이 크다고 한다.

[97) 어떤 의미인지 알아보지 못했다.](#)

| 秋來生遠興 | 가을이 와서 먼 곳의 흥이 나게 되면 |
| 靑壁月中攀. | 달 가운데서 청벽靑壁을 휘어잡겠다.98) |

라 했으니, 그가 기기氣를 좋아했음을 알 수 있다.

임석천林石川이 일찍 꿈에 한 연을 얻었는데 이르기를,

| 風飄枯葉江干墜 | 바람에 날리는 마른 잎은 강변에 떨어지고 |
| 雲抱遙岑海上生. | 구름이 안고 있는 먼 봉은 바다에서 솟았다. |

라 했는데, 그 뒤에 관동關東으로 안절按節을 가서 삼척三陟 죽서루 竹西樓에 올랐더니 본 바의 물색이 과연 전에 꿈에서 본 것과 비슷했다.

송원松園 조수사趙秀士가 제주濟州를 맡아 갈 때 임석천林石川이 시를 주어 말하기를,

嘗登南嶽望	일찍 남악에 올라 바라보니
孤島海中央	외로운 섬이 바다 가운데 있다.
舟楫西通浙	뱃길은 서쪽으로 절강을 통했고
驊騮上應房	준마는 위로 천상의 방성房星99)에 응했다.
爲官何異謫	벼슬하는 것이 귀양과 무엇이 다르랴
此別最堪傷.	이번 이별이 가장 상심이 된다오

끝에 구句는 잊어버려 기록하지 못하는데 벼슬하는 인사들 사이에 모두 말하기를 "이 시에 옛 사람의 기상이 있다"고 했다.

안성安成 상진尙震이 높은 누의 화려한 자리에서 율시 한 수를

_____

98) 이 시는 이해에 어려움이 있다.
99) 하늘에 있는 별 이름이며, 말(馬)이 이 별의 정기를 타고 났다고 한다.

지었는데 말하기를,

> 百尺高樓倚碧天　백 척 높은 누는 푸른 하늘에 의지했고
> 三行粉黛烈華筵　세 줄 미녀들은 화려한 자리에 벌려 앉았다.
> 前江一帶圍平野　앞강의 한 띠는 넓은 들을 둘러 있고
> 遠岫千岑露林烟　먼 산 많은 봉은 숲에 긴 안개에서 드러났다.
> 時有嬌鶯穿翠柳　때때로 아름다운 꾀꼬리가 푸른 버들을 뚫었고
> 更無輕鷰點朱絃　다시 빠른 제비는 재잘거리지 않는다.

라 하고 끝구를 이루지 못한채 놀라 깨어 인해 꿈속의 말을 기록하고 덧붙여 말하기를,

> 樓居非是幕中客　누에 있는 것은 장막 속의 손이 아닌데
> 不用金屛在眼前.　금병을 눈앞에 두고 쓰지 않았다.

라 했다.

퇴계退溪 이황선생李滉先生이 열아홉 살 때 지은 시가 있는데 말하기를,

> 爾來似與原頭會　요사이 원두原頭의 모임에 같이 하는 듯 해
> 都把吾心有大虛.　문득 마음을 잡으니 대허大虛100)가 있다오

라 했는데, 그가 이른 나이에 얻은 바가 이미 이와 같았다. 선생이 사월四月 열여샛 날에 제자와 자질들을 데리고 달밤에 탁영담濯纓潭에서 배를 타고 거슬러 올라가서 반타석盤陀石에 배를 대고 줄을

---

100) 하늘, 우주의 근본 원리.

풀어 내렸다. 술잔이 세 번 돌자 선생이 옷깃을 여미고 바로 앉아 소동파蘇東坡의 적벽부赤壁賦를 읊으며 말하기를 "진실로 나의 소유가 아니므로 비록 한 털 만큼이라도 취하지 말아야 하겠지만 오직 강상의 맑은 바람과 더불어 산속의 밝은 달은 귀가 얻어 들으면 소리가 되고 눈이 보게 되면 색을 이루어 취해도 금함이 없고 써도 마르지 아니하니 이것은 조물주가 한없이 가지고 있고 내가 자네들과 더불어 함께 즐기는 바이다. 소공蘇公이 비록 병통이 없는 것은 아니나 그의 마음은 욕심이 적은 것으로 처리하고 있음을 여기에서 볼 수 있다." 하고 인해 청풍명월淸風明月을 제목으로 하고 공公 자字를 운韻으로 하여 지은 시에 말하기를,

水月蒼蒼夜氣淸　물에 비친 달이 밝고 밤 기운도 맑은데
風吹一葉沂空明　부는 바람에 작은 배가 달 그림자 쪽으로 거슬러오른다.
匏樽白酒翻○酌　통에 있는 탁주를 잔에 부어 권하며101)
桂棹流光製玉橫　돛대에 흐르는 빛으로 옥횡玉橫을 만들었다.
采石顚狂非意得　채석강采石江에 미친 듯 하는 것은 하고 싶은 것이 아니며
落星占弄最關情　낙성落星으로 점을 치는 것이 가장 관심에 있다.
不知百歲通泉後　모르지만 먼 세월 죽은 후에
更有何人續正聲.　다시 어떤 사람 있어 정성正聲을 잇겠는가.

라 했는데, 그가 산수山水에서 뜻을 얻은 것이 이와 같았다.

치재恥齋 홍인우洪仁祐가 관동關東 지방을 유람한 기록이 있었는데 퇴계선생退溪先生이 그 발문跋文을 썼다. 그후 치재恥齋가 세

___
101) ○ 표한 곳은 낙자落字가 되었음. 옥횡玉橫은 불사약을 받는 옥으로 만든 그릇이라 함.

상을 떠난 지 십여 년이 되어 선생이 우연히 치재恥齋가 유람할 때
동행했던 중을 만나 써준 글에 말하기를 내 친구 홍상사洪上舍 응
길應吉은 도道를 구하고자 하는 마음이 매우 간절했는데 불행하게
도 세상을 떠나 정신을 잃을 정도로 매우 슬펐다. 응길應吉이 일찍
나에게 유금강산록遊金剛山錄을 보여주었고 내가 서제敍題를 써 주
었는데 내가 다시 그 글을 기억할 수 없다. 내가 동쪽으로 돌아가
면서 배에서 우연히 한 사람의 중을 만났는데 그가 바로 전날 같이
유산했던 자로 그때 유람했던 사실을 말해 주었다. 내가 감동해 오
랫동안 눈물을 흘리다가 한 수의 시로써 내 감정을 보이고자 했는
데 그 시에 말하기를,

楓嶽久聞天下勝	풍악이 천하의 명승지로 들은 지 오래 되었으며
洪君可惜後來賢	가석하게도 홍군은 후배에서 현명했소
盪胸曾喜憑遊錄	가슴을 치며 기쁜 것은 유록遊錄에 의지함이오
隔歲今嗟遇伴僧	해가 지난 지금 슬프게도 같이 간 중을 만난 것이오
只爲相從同學道	단지 서로 좇는 것은 함께 도를 배움이며
非緣長往獨求仙	멀리 가서 홀로 신선을 구하고자 했던 인연이 아니오
冷與風雨驅江上	찬 바람에 강변에서 말을 타고 가다가
回首平生思望然.	머리 돌려 평생을 생각하니 망연하다오.

라 했다.
　하서河西 김인후金麟厚는 일찍 시가 있었는데 말하기를,

酬酢淺深盃	얕고 깊은 술잔을 주고받으며
唱和長短音	장단으로 부르는 소리에 답을 한다.
此間有眞意	그 속에 참된 뜻이 있으니
誰人知大音	어떤 사람이 큰 소리를 알겠는가.

仰而發一笑　　　낯을 들고 한 번 웃으며
靜聽松風琴.　　고요히 거문고 소리같은 소나무 바람 소리 듣는다.

라 했는데, 이 시가 거리낌이 없어 좋다고 하겠다. 선생이 일찍 이
소경離騒經102)를 읽고 슬퍼하며 시를 지어 말하기를,

靑楓江上未招魂　　청풍강상에서 초혼을 못했으니
白日何時得照冤　　밝은 해가 언제 원통함을 비추랴.
荷蓋水車消息斷　　연잎이 덮인 수거水車는 소식이 끊어졌고103)
夕陽揮淚灑乾坤.　　석양에 눈물 뿌려 건곤을 깨끗이 하다.

라 했다. 또 제자들을 가르치다가 진회秦檜104)가 악비岳飛105)를 죽
이는 사건에 이르러 책을 덮고 눈물을 흘리며 시를 써 말하기를,

楚辭前歲噴憑心　　지난해 초사楚辭106)를 읽고 마음으로 한탄했으며
宋史今朝淚滿襟　　오늘 아침 송사宋史 보고 옷깃에 눈물이 가득하다.
異代忠邪那繫我　　다른 세대의 충간이 어찌 나를 얽는가107)
自然相感漫悲吟.　　자연히 서로 느껴 슬프게 많이 읊었다.

---

102) 초楚나라 굴원屈原이 지은 부賦 형식의 작품 이름.
103) 이 구는 어떤 의미의 말인지 이해하기 어렵다.
104) 남송南宋 인물로서 악비岳飛를 죽이는데 주동적인 인물이었을 뿐만 아니
　　　라 정치적으로 농권을 많이 했기 때문에 간신으로 지탄을 많이 받았다.
105) 역시 남송인으로서 북진을 주장하며 많은 공을 세웠으나 진회秦檜 일당
　　　에 의해 처형되었음.
106) 초楚나라 문인 굴원屈原과 그의 제자들이 지은 사부詞賦와 작품을 총칭
　　　한 것임.
107) ○ 표 한 글자를 알아보기 어려우나 나자那字가 아닌가 한다.

라 하고 드디어 술을 많이 마시고 파했는데 때는 정미丁未와 무신
년戊申年의 중간이었다고 한다.

　미암眉菴 유희춘柳希春은 선조宣祖 때 인물이다. 선조 초년에는
삼 일에 한 번씩 경연經筵[108]에 나갔기 때문에 학문이 높고 밝았으
며 당시 재주 있는 선비들이 좌우에 포진해 있으면서 묻는데 당할
만한 선비가 없었는데 오직 공公은 경사經史와 제가諸家들의 글에
깊게 통하지 않는 것이 없었으며, 잘 알려지지 않은 책과 보기 드
문 글자도 정확히 알고 있어 십 년 동안 경연에 있으면서 가장 은
혜를 많이 받았다. 그리고 임금도 기재奇才라 일컬었다. 어느 날 공
이 고향에 돌아가서 병을 치료하겠다고 하자 임금이 억지로 허락
했고, 떠나는 날 임금께서 불러 보시고 신발을 하사하시며 이 신발
은 내가 신던 것이니 경은 사양하지 말라 이 물건을 받는 자는 후
일 부르면 반드시 오라고 주는 것이라 했다. 공이 물러나 감읍하며
시(感泣詩) 두 수를 지었는데 말하기를,

黃金殿上賜朱衣	황금전에서 붉은 옷을 주시니
白首儒臣感泣垂	흰 머리의 유신이 감사하며 눈물을 흘렸다.
千載陳經無寸補	천 년 묵은 책이 조금도 도움이 없었는데
歸田何日報鴻私.	시골로 돌아가게 되면 어느 날 큰 은혜를 갚으리오

라 했고, 또 말하기를,

| 溫溫天語問還期 | 온화한 말씀으로 돌아올 때를 물으시며 |
| 予御衣靴卿服之 | 옷과 신발을 주시며 경이 입으라 하셨다. |

---

108) 임금의 학식을 넓히기 위해 학문과 덕망 있는 인사들을 궁중에 불러 경
　　서經書를 담론하게 하는 것.

不是愚臣稽古力　어리석은 신하는 학문을 할 힘도 없는데
聖君思逮老經帷.　성군의 생각은 늙은 신하 책방에까지 미쳤다.

라 했다. 또 추감쌍친교육시追感雙親教育詩 두 수를 지었는데, 이르기를,

慈父曾書詩一首　아버지께서 일찍 시 한 수 써주셨는데
一朝名譽達九重　갑자기 명예가 궁중에까지 알려졌다.
如今十載承天寵　지금 십 년 동안 임금님의 사랑을 이은 것은
盡是當時敎義方.　모두 당시 옳은 방법으로 가르쳤기 때문이요.

阿孃氣是錦南闌　어머니의 기운은 금남錦南에서 드물었는데
晚歲貽孤熊膽丸　늦게 저한테 웅담熊膽 아홉 환을 주셨다.
十載金閨恩眷渥　십 년 동안 금규金閨의 돌보는 은혜에 젖어
空令子路慕高堂.　부질없이 자로子路로 하여금 부모를 생각하게 했다.[109]

라 했는데, 사람들이 임금이 입은 옷을 보고 그 검소한 것에 감탄하지 않은 사람이 없었다고 한다. 공공이 종성鍾城으로 유배되어 십구 년 동안 있었다. 그의 부인이 문장에 능했는데 홀로 미암眉菴을 좇아 먼 길을 가면서 마천령磨天嶺에 이르러 시를 지어 말하기를,

行行遂至磨天嶺　가고 가서 드디어 마천령에 이르니
東海無涯鏡面平　끝없는 동해가 거울처럼 평탄하다.

---

109) 공자孔子 제자이며, 그는 젊었을 때 가난하여 부모를 봉양하기 위해 멀리 가서 쌀을 지고 왔는데 뒤에 벼슬을 하게 되어 쌀이 여유가 있게 되자 부모는 이미 세상을 떠났다. 그때 과거를 생각하며 탄식했다고 한다. 그것을 '자로부미지탄子路負米之歎'이라 한다.

萬里夫人何事到　　만 리 길을 부인이 무슨 일로 왔나뇨
三從義重一身輕.　삼종三從[110]의 의는 무겁고 일신은 가볍다오.

라 했는데, 일세의 사람들이 전해 외웠다.

장응두張應斗는 호남 고부古阜 사람이었는데 문장에 능했으나 과거에 관심을 두지 않고 띠로써 집을 짓고 사방의 울타리로 하여 조용히 살고자 했으며, 아는 사람들이 오고 가는 것을 즐거워하지 않았다. 일찍 신루기蜃樓記를 지었는데 감사監司 이준경李浚慶이 보고 크게 놀라며 세상에 뛰어난 높은 수준의 글이라 했다. 젊었을 때 기재企齋 신광한申光漢과 사이가 좋았다. 기재企齋가 원흉元凶에게 잘못 보여 배척을 당하고 낙봉駱峯 밑에 돌아가 있었는데 벼슬하지 않은 듯한 사람이 찾아 와서 주인을 만나고자 하므로 문지기가 거절하자 문을 열고 바로 들어갔는데 그가 장응두張應斗였다. 그때 기재企齋는 작은 서재를 짓고 낙성을 축하하는 글을 지어달라고 편지를 아는 사람들에 하고 있었다. 응두應斗가 생각하지도 않고 바로 붓을 잡고 휘둘러 썼는데 그 시에 말하기를,

駱洞洞中老居士　낙동駱洞 골짜기에 살고 있는 늙은 선비는
駱洞洞中來卜築　낙동 가운데 와서 집을 지었다.
身遊洞外心在洞　몸은 낙동 밖에 있어도 마음은 동에 있으며
洞有蒼松與巖石　동내에는 푸른 소나무와 암석이 있다.
巖以鎭靜松以節　바위는 고요하게 하고 솔은 절의를 나타내는데
巖松俱是心中物　바위와 솔은 모두 마음에 드는 물건이다.
心中所物有如此　마음 속에 있는 물건이 이와 같은 것은
吾於勢力知無屈　내가 세력에 굴함이 없을 알기 때문이다.

110) 부인이 지켜야 할 도리 중 어렸을 때는 부모, 출가하면 남편, 나이 많으면 자식을 따른다는 것을 말함.

紛紛小兒豈知此	시끄러운 작은 아이들이 어찌 이것을 알랴
松自蒼蒼巖自立.	소나무는 스스로 푸르고 바위는 섰다.

라 하여 시를 다 짓고 길게 읍을 한 뒤에 갔다. 그의 시를 보면 도道가 있는 사람의 말이다.

대곡大谷 성운成運은 보은報恩 종곡鍾谷 사람이다. 행동이 매우 높고 문장도 역시 묘했다. 그의 시에 말하기를,

一入鍾山裏	한 번 종곡鍾谷의 산 속으로 들어와서
松筠臥草廬	소나무와 대 뿌리가 있는 초려에 누웠다.
天高肯俯地	하늘이 높아 땅을 내려 보기 좋고
地窄膝猶舒	땅이 좁지만 무릎은 오히려 펼 수 있다.
名下何人在	이름 밑에 어떤 사람이 있으며
人間此老餘	인간 세계에 이 늙은이만 남았다.
柴門客自絶	사립문에 손은 스스로 끊어지고
無日罷琴書	거문고와 책으로 쉬는 날이 없다.

라 했다. 을사년乙巳年 위훈僞勳이 끝나자 지은 시에 말하기를,

事往嗟何及	일이 지났는데 슬퍼한들 어찌 미치랴
懷賢淚滿衣	어진 이를 생각하니 눈물이 옷에 가득하다.
波乾龍爛死	물이 마르면 용도 데어 죽고
松倒鶴驚飛	소나무가 넘어지자 학이 놀라 날아간다.
地下忘恩怨	저세상에는 은혜와 원망을 잊는다는데
人間說是非	인간에는 시비를 말하고 있다.
仰瞻黃道日	황도黃道111)의 해를 우러러 바라보며

---

111) 지구에서 보아 태양이 지구를 중심으로 운행하는 것처럼 보이는 천구상
    의 큰 원을 말함. 징군徵君은 학문이 높으면서 관직에 있지 않은 분을

誰得掩光輝.　　누가 그 빛을 가리겠는가.

라 했는데, 두 시가 모두 아름답다. 징군徵君이 세상일에는 뜻이 없고 사람에게 알려지는 것도 구하지 않았으니 참으로 처사處士였다. 일찍 남명南溟 조식曹植을 보내면서 지은 시에 말하기를,

冥鴻獨向海南飛　하늘에 기러기가 홀로 해남을 향해 날아가니
正值秋風木落時　바로 추풍에 나뭇잎 떨어지는 때였다.
滿地稻粱鷄鶩啄　땅에 가득한 벼를 닭과 오리들이 쪼며
碧雲天外自忘幾.　푸른 구름 낀 하늘 밖에 스스로 기미를 잊었다.

라 했는데, 이와 같은 시가 매우 많다.
　휴정休靜이라는 자는 스스로 청허도인淸虛道人이라 호를 했으며 우리나라의 명승名僧이다. 그가 금강산金剛山에 있으면서 지은 시에 말하기를,

舞月癯仙千丈檜　춤추는 달빛 여윈 신선과 그리고 높은 회나무
隔林淸瑟一聲灘　숲 건너 맑은 비파 같은 한 줄기 여울 소리.
欲識金剛眞面目　금강산의 참된 모습을 알고 싶으면
白雲堆裡列峰巒.　흰 구름 쌓인 속에 벌여있는 봉우리들이요.

라 했으며, 그가 향산香山에 있을 때 지은 시에 말하기를,

萬國都城如蟻蛭　만국의 서울은 개미와 거머리 같고
千家豪傑盡醯鷄　많은 집의 호걸들은 술과 닭을 다 먹었다.
一窓明月淸虛枕　밝은 달이 비치는 창과 맑고 쓸쓸한 잠자리에

국가에서 초치한 인물을 지칭함.

無限松風物不齊.   한없이 부는 소나무 바람에 사물이 고르지 않다.

라 했는데, 이와 같은 유의 작품이 매우 많다.

　　고옥古玉 정작鄭碏은 북창北窓 정렴鄭磏의 동생이다. 일찍 양주
楊州 도중途中에서 지은 시에 말하기를,

匹馬十年西復東	필마로 십 년 동안 서쪽에서 다시 동쪽으로
維楊今日又秋風	버들에는 오늘도 또 가을바람이 분다.
山如畵圖白雲外	산은 흰 구름 밖에서 그림 같고
路入招提紅樹中	길은 붉은 나무속의 절로 들어간다.
湘浦何須吊屈子	어찌 꼭 상수湘水의 포구에서 굴자屈子[112]를 조문하며
鹿門終擬問龐公	녹문鹿門을 꼭 방공龐公에게 묻고자 하는가[113]
隱淪經濟各天性	숨고 활동하는 것은 타고난 성격이며
我亦初非田舍翁.	나도 또한 처음에는 농사짓는 첨지가 아니었소.

라 했는데, 허균許筠은 이 시에 대해 말에 신조神助가 있다고 했다.
또 곡북창시哭北窓詩에 이르기를,

慟哭吾兄逝	내 형이 세상은 떠나 통곡하며
傷心欲問天	슬픈 마음을 하늘에 묻고자 한다.
修文繼亞聖	수문修文은 아성亞聖[114]을 계승했고
厭世化胎仙	세상을 싫어해 신선이 되었다.
寂寞三生話	쓸쓸하면 삼생三生[115]을 말했고

---

112) 굴원屈原을 말함.
113) 녹문鹿門은 산 이름인데, 한말漢末의 방덕공龐德公이 녹문산에 들어가서
　　약을 캐었다고 하며, 당唐의 맹호연孟浩然도 그곳에 가서 살았다고 함.
114) 맹자孟子를 아성亞聖이라 하기도 하는데 여기서는 누구를 말한 것인지.

風流萬卷篇	풍류로는 만 권의 책이었다.
乾坤早先覺	세상에서 일찍 먼저 깨달았는데
大夢忽悠然.	큰 꿈이 갑자기 유연했다.

라 했다. 한성扞城 청간정淸磵亭에서 지은 시들은 쌍雙과 창窓 두 자를 많이 썼는데 양창해楊滄海에서 지은 시가 더욱 높다. 그 시에 말하기를,

碧海暈紅窺日半	푸른 바다에 해무리를 반 일 동안 엿보고
蒼苔巖白烟鷗雙	푸른 이끼의 흰 바위에 한 쌍의 백구는 불꽃같다.
金銀臺上發高笑	금은대 위에서 크게 웃으니
天地浩然開八窓.	천지가 크고 넓어 팔방으로 창을 열었다.

라 했는데, 청연靑蓮 이후백李後白이 보고 말하기를 "뜻을 얻어 가지런하게 할 자가 있다고 하면 모르지만 반드시 도道에 능한 자가 없다고 이르겠다고 했다.[116] 차식車軾(경숙敬叔 자字)이 그 운으로 시를 지었는데 말하기를,

疎雨白鷗飛兩兩	성긴 비에 백구는 짝을 지어 날고
夕陽漁船泛雙雙	석양에 어선은 쌍쌍이 떴다.
○看暘谷金烏出	해돋는 곳을 바라보니 해가 솟아[117]
畵閣東頭不設窓.	아름다운 집 동쪽 머리에 창을 설치하지 않겠다.

라 했는데, 사람들이 많이 일컬었다.

---

115) 불교에서 전생, 이승, 저승. 과거 현재 미래를 말함.
116) 이해를 돕기 위해 본문을 들어둔다.
　　靑蓮 李後白見之 曰或有得意 而可齊者 必無能道之者云
117) ○ 표한 곳은 글자가 보이지 않았다.

윤춘년공尹春年公은 시에 대한 감식안이 있었다. 차경숙車敬叔의 율시 한 수를 보고 말하기를 "자네가 분명히 두보杜甫의 시를 많이 읽었을 것이라" 하니 경숙敬叔이 말하기를 "그렇다 내가 지금 두보 杜甫의 시에 힘을 기울이고 있다."고 했다. 그의 시에 말하기를,

渡江綠草經	강을 건너 푸른 풀을 지나
乘醉宿江城	취해 강성에서 잤다.
白月千峯照	밝은 달은 많은 산봉우리마다 비추고
春鵑獨夜鳴	봄 두견새는 밤에 홀로 울고 있다.
水村歸夢破	수촌으로 돌아가는 꿈을 깨자
山郭旅魄驚	두메의 성곽에서 나그네의 넋은 놀랐다.
望帝春心托	소쩍새가 봄에 대한 감정을 의탁함은
孤臣再拜情.	외로운 신하가 두 번 절하고픈 심정이요.

라 했다. 그 후 경숙敬叔이 당시唐詩 고취鼓吹를 읽고 시를 지어 윤공 尹公에게 보였더니 말하기를 "이 시는 만당晩唐의 기미가 있는데 당 시唐詩의 鼓吹를 읽었다"고 했다. 경숙敬叔이 또 두보시杜甫詩를 읽었 는데 윤공이 지은 시를 보고 말하기를 "이 시는 또 성당盛唐의 음률 이 있는데 두시杜詩를 읽었다"고 해 말한 바가 모두 맞아 경숙으로 하여금 놀라게 했다. 윤공尹公이 경숙敬叔에게 준 시에 말하기를,

欲詣詩門試一聽	시문에 나아가고자 하여 한 번 시험해 들어보니
工夫着處自生靈	노력한 곳이 스스로 영감이 있다오.
靑天日月照照影	푸른 하늘의 해와 달은 그림자를 밝게 비추고
大地山河歷歷形	대지의 산과 강은 형상이 분명하다.
春風和融陶萬物	봄바람에 만물은 모두 화창하고
波濤洶湧起滄溟	파도가 넓은 바다에 넘실거린다.

留名萬古非難事　길이 이름을 남기는 것은 어려운 일이 아니며
擧世沈冥也獨醒.　온 세상이 어두우나 홀로 깨어 있으리라.

라 했다.

적암適菴 조신曺伸은 영남 금산金山에 머물러 살면서 시고詩稿
오 권과 『소문쇄록謏聞鎖錄』 한 권이 있다. 그의 우음시偶吟詩에
말하기를,

三盃卯酒詫年稀　아침 술 석 전에 칠십 나이 자랑하며
手拓南窓一詠詩　손으로 창문 열고 한 번 시를 읊었다.
泉脈溢池魚潑剌　샘물이 못에 넘치자 고기가 활발하게 놀고
樹林繞屋鳥來歸　숲이 집을 둘러 새들이 돌아왔다.
花生顔色雨晴後　꽃은 비 갠 후 빛이 새롭고
柳弄腰肢風過時　버들은 바람이 지날 때 허리를 희롱한다.
誰道適菴無箇事　누가 적암適菴을 일없이 한가하다 하나뇨
每因節物未忘機.　매양 계절에 따라 사물의 변화를 잊지 않는다.

라 했는데, 스스로 시詩로써 진퇴격進退格을 사용하여 시주詩酒, 임
천林泉, 어조魚鳥, 화류花柳, 풍우風雨 등 열 자로 한다 했다.

인조仁祖가 세상을 떠난 뒤에 최연崔演이 시로써 울며 말하기를,

三年短制心輕漢　삼 년 상을 짧게 한 한나라를 가볍게 여기며
五月居廬禮過滕　다섯 달로 거려居廬[118]한 등滕나라는 예가 지나쳤다.

라 했으며, 임형수林亨秀의 시에 말하기를,

---

118) 상제 때 묘 옆에 여막廬幕에 거처하는 것을 말함.

天欲斯文喪　　하늘이 사문斯文을 상실시키고자 하니
臣胡際哭辰　　신이 이제 어찌 곡을 하지 않으리오
忍將今日淚　　오늘의 눈물은 참고자 하나
重濕去年巾　　지난해의 수건을 거듭 적신다.
報欲平生志　　평생의 뜻을 갚고자
攀號未死身　　죽지 못한 몸은 잡고 이름을 불렀다.
喬山功未就　　높은 산처럼 공을 이루지 못했으니
南海倍傷神.　　남해南海에서 배나 정신이 상했다오.

라 했는데, 대개 중종中宗이 세상을 떠난 얼마 후 인종仁宗도 따라 세상을 떠났다. 그때 임형수林亨秀는 산릉랑山陵郞이었는데 일이 끝나기도 전에 제주목사濟州牧使로 임명되었기 때문에 말한 것이다.

서경西坰 류근柳根이 비자기飛字記에 말하기를 봉래蓬萊 양사언楊士彦이 신사년辛巳年 사이에 관서關西로 유배되었다가 세상을 떠났다. 양봉래가 갑자년甲子年에 영동嶺東 고성군高城郡 구선봉九仙峰 아래 감호鑑湖 위에 살면서 그 정자 이름을 비래정飛來亭이라 하고 고래 수염을 묶어 크게 붓을 만들어 액자를 쓰고자 했는데 먼저 비飛 자를 쓰고 래정來亭 두 자를 여러 번 썼으나 마음에 들지 않아 비飛 자字만으로 족자簇子를 만들어 재실 벽에 걸어두었다.

어느 날 바람이 크게 불어 재실의 문이 스스로 열려 서적, 병풍, 족자들이 처마 밑에 또는 땅에 떨어져 있으므로 수습을 하고자 했는데 잃어버린 것이 많았으나 홀로 비飛 자字를 쓴 족자만이 공중에 날고 있다가 물 따라 점점 높고 멀어져 해안에 이르자 보이지 않았다. 그 후 잃어버린 날자를 계산해 보니 양봉래楊蓬萊가 세상을 떠난 날이었으므로 탄식할 만큼 이상했다. 강릉江陵에 사는 진사進士 최운길崔雲吉이 묘사하여 일본一本을 가지고 있다가 불행하

게도 화재에 잃어버렸다. 육운六韻으로 시를 지어 써두고자 한다
했는데 그 시에 말하기를,

隻字龍疑炸	용은 외자가 물에 떨어질까 의심해
空齋勢欲飛	빈 서재에서 형세가 날고자 한다.
長風忽屬簸	긴 바람에 갑자기 까부는 듯하고
極海杳何追	넓은 바다가 아득해 어디에서 찾으랴.
不是雷公取	뢰공雷公이 가지고 간 것이 아니면
寧知鬼物爲	차라리 귀신이 한 것으로 알고 싶다오.
羈魂隔千里	나그네의 혼은 천리로 막혔으며
筆跡失同時	필적도 같이 잃어버렸다.
大寶終難棄	큰 보배는 끝까지 버리기 어려우며
三山倘獲隨	삼신산三神山에서도 진실로 얻고자 따라간다.
應緣氣聚散	응당 인연으로 기운이 모였다 헤어졌으나
不必訝神奇.	반드시 신기하다 하지 않을 수 없을 것이다.

라 했다.

취죽醉竹 강극성姜克誠이 계해년癸亥年 봄 꿈에 선객仙客과 더불
어 같이 주루酒樓에 올랐더니 선아仙娥가 있으면서 술잔을 받들고
기쁨을 도왔다. 선객仙客이 강극성姜克成에게 시를 보여 달라고 하
자 극성克成이 바로 절구絶句 한 수를 지어 말하기를,

酒肆粧樓放縱狂	술집과 아름다운 누에서 놀이에 미쳤으나
萬人牙頰姓名香	많은 사람 입에 성명이 향기로웠다.
逢君說着前身事	그대를 만나 전신의 일을 말하게 되고
香案前頭奉玉皇.	향안香案[119] 앞에 술잔을 미인이 받들었다.

---

119) 향로나 향합을 올려놓는 상.

라 하고, 잇달아 종이 끝에 써 말하기를 적객謫客이 본다하므로 물어 말하기를 이른바 선仙○○은 바로 적선謫仙인가? ○(落字) 조금 있다가 선아仙娥가 가고자 하므로 강극성姜克成이 머물게 하고 노래를 한 곡 권하니 선아仙娥가 말하기를 "첩妾은 가보歌譜를 듣지 못했으니 시로써 화답和答하겠다" 하며 둥근 부채에 시를 써 말하기를,

恩恩粧束下西樓	바쁘게 화장하고 서루로 내려오니
來伴雙仙侑勝遊	짝지어 왔던 선아들과 좋은 곳에 놀았다.
聊唱蕊珠歌一曲	예주가(신선의 노래) 한 곡을 부르게 바라는데
知終非爲錦纏頭.	마침내 비단으로 머리 묶는 것이 아님을 알았다오

라 하고 쓰기를 다한 후 바로 갔는데 깨니 꿈이었다. 강극성姜克誠이 그 해 가을에 어떤 일로 해직이 되었으니 바로 그것이 적선謫仙의 비결이었다. 또 신력新曆을 제목으로 하여 이르기를,

天時人事大無端	천시와 인사가 크게 일이 없었는데
新曆那堪病後看	새 책력을 어찌 아픈 뒤에 볼 수 있으랴.
不識今年三百日	알 수 없지만 금년 삼백 일에
幾番風雨幾悲歡.	비바람이 몇 번이며 비환이 얼마일까.

라 했다.

태헌苔軒 고경명高敬命이 벼슬하기 전에 꿈속에서 시를 얻었는데,

少日風流屬不羣	젊은 날 풍류가 뛰어났으며
暮年江海病兼分	늙어서는 강해에서 병으로 나누어짐을 겸했다.
趑趄肯作湘中客	머뭇거림은 상수 가운데의 손이 되며
豪健應修嶺外文	호건함은 응당 영외嶺外의 문장이 될 것이다.

潮入海門天拍水　조수가 바다 입구로 들어오자 하늘이 물을 치며
日沈漁浦瘴如雲　포구에 햇빛이 침침하니 장기가 구름 같다
江南驛使無消息　강남에서 역사驛使[120]가 소식이 없어
折得梅花未贈君.　매화를 꺾어 그대에 주지 못하오.

라 했다. 계해년癸亥年에 이순而順의 아버지와 그의 부옹婦翁까지
모두 벼슬에서 물러나 호남으로 돌아오자, 이순而順도 울산군수蔚
山郡守에 임명되었다가 임지에 도착하기도 전에 파직되어 호남으
로 돌아오니 이 시에 따라 결과가 응한 것인지 알 수 없다.[121]

　송강松江 정철鄭澈이 해직되어 남쪽에 있으면서 시가 있었는데
말하기를,

扻垣南畔樹蒼蒼　궁전 남쪽 담장에 나무가 푸른데
歸夢迢迢上玉堂　돌아가고픈 꿈은 멀고 먼 옥당에 올랐다.
杜宇一聲山竹裂　두우새 우는 소리에 산의 대나무가 찢어지는 듯
孤臣白髮此時長.　고신의 흰 머리도 이때 자란다오.

라 했는데, 말이 매우 경계하고 채찍할 만하다. 또 마천摩天 원수태
元帥埠에 올라 그 고을 사람에게 술을 가져 오게 하여 술이 한 순배
가 지나자 술이 떨어졌다 하므로 한 절구를 입으로 불러 말하기를,

千仞江頭酒一觴　천 길 강 머리에 한 상의 술을 차리고
朔雲飛盡海茫茫　초순 구름이 걷히자 바다가 넓고 멀다.

---

120) 공문서를 전달하는 사람.
121) 끝에 작은 글자로 고공高公이 뒤에 동래부사東萊府使가 되었는데 의연依
　　然히 꿈에 본 것과 같았다고 했다.

元戎奏捷知何日　원융元戎[122]이 이겼다고 알리는 것이 어느 날인지
　　　　　　　　　알고 있는데
老去逢春欲發狂.　늙어가며 봄을 만나니 미치고자 한다.

라 했다.

사인舍人이 가진 연정蓮亭에 강혼姜渾의 시가 있는데 들어보면,

竹葉淸樽白玉盃　죽엽주의 맑은 술통과 흰 옥의 술잔에
舊遊蹤跡首空回　옛날 놀았던 자취에 부질없이 머리가 돌아간다.
庭前明月梨花樹　뜰 앞에 밝은 달과 배꽃 나무에
爲問如今開未開.　묻노니 지금 피었느냐 피지 않았느냐

라 했고, 허봉許篈의 시에 말하기를,

前到劉郎又獨來　전에 왔던 유랑劉郎[123]이 또 혼자 왔으며
亂蟬深樹舊池坮　옛 지대池坮의 깊은 숲에 매미가 어지럽게 운다.
主人正抱相如病　주인이 바로 상여병相如病을 앓고 있어
閑却當年白玉盃.　한가롭게 당년의 백옥배를 물리치다.

라 했는데, 두 시가 우렬優劣이 있는 듯하다.

초당草堂 허엽許曄의 묘는 광주廣州 상초리霜草里에 있다. 역적
으로 허균許筠이 처형되면서 그 화가 초당의 무덤에까지 미쳤다.
그때 우는 소리가 밤이면 초당草堂의 묘에서 그치지 않고 들렸다.
사간司諫 심대부沈大孚가 시를 지어 위로해 말하기를,

---

122) 원수元帥와 같은 말.
123) 진晉나라 죽림칠현竹林七賢의 한 사람인 유령劉伶이 아닌가 한다. 상여
　　병相如病은 누구의 어떤 병인지 알아보지 못했다.

不肖寧無子　　　불효할 것 같으면 차라리 자식이 없었으면 한데
空山白骨寒　　　공산에 백골만 차갑다.
精靈休夜哭　　　정령은 밤에 울지 마오.
金椀亦人間.　　　금주발도 또한 인간이라오.[124)

라 하니, 묘에서 우는 소리가 드디어 끊어졌다고 한다.

　　율곡栗谷 이이李珥가 이르기를 퇴계退溪가 병으로 고향에돌아가 예천禮泉 산골에 집을 지어 그곳에서 몸을 마치고자 계획했다. 무오년戊午年에 율곡栗谷이 성주星州로부터 임영臨瀛을 향해 가면서 예안禮安을 지나다가 뵈옵고 율시를 드렸는데 말하기를,

溪分洙泗流　　　시내 물은 수사洙泗[125)로 나누어 흐르고
孤峰武夷山　　　외로운 봉은 무이산武夷山[126)이었다.
活計經千卷　　　사는 계획은 경서經書 천권이며
行裝屋數間.　　　행장은 집 몇 간 뿐이라오
襟懷開霽月　　　가슴에 품은 것을 갠 달에 통하게 할 것이며
談笑止狂瀾　　　담소는 미친 듯한 물결을 그치게 한다.
小子求問道　　　소자小子가 도道에 대해 구하고자 묻는 것이며
非偸半日間　　　반 일 동안 한가함을 엊고자 함이 아니오.

라 했으며, 퇴계退溪도 화시和詩에 이르기를,

病我牢關不見春　　　병으로 문을 굳게 닫고 봄도 보지 않았는데
公來披爛醒心神　　　공이 오자 문을 여니 정신이 깨었다.
始知名下無虛士　　　비로소 이름 밑에 헛된 선비가 없음을 알았고

---

124) 허초당許草堂과 금완金椀은 무슨 사연이 있는 듯하나 알아보지 못했다.
125) 태산泰山에 있는 물 이름. 공맹孔孟의 유학儒學을 의미함.
126) 주자朱子 고향인 복건성福建省에 있는 산 이름으로 주자학朱子學을 의미함.

堪怪年前闕敬身	지난해 경신에 허물어 있음을 괴이하게 여겼다.
嘉穀莫容稊熟美	아름다운 곡식은 잘 익은 피를 용납하지 않으며
遊塵不許鏡磨新	새로 간 거울에 나는 먼지를 허락하지 않는다
過情詩話還刪去	시화에 대한 지나친 정은 깎아 버리고
努力工夫各一親.	공부에 노력하여 각자 한결같이 친하려 한다.

라 했다.127)

이율곡李栗谷의 모부인 신씨申氏는 경전經傳에 통했고 시문詩文에 능했으며 자수刺繡에도 교묘해 정묘하지 않은 것이 없었다. 일찍 대관령大關嶺을 넘으며 친정親庭을 바라보고 처연해 하며 지은 시가 있는데 말하기를,

慈親鶴髮在臨瀛	학발의 어머니는 임영에 있는데
身向長安獨去情	서울을 향해 홀로 가는 이 몸의 심정.
回首北村時一望	북촌으로 머리 돌려 때때로 바라보니
白雲飛下暮山靑.	흰 구름 날아 내리고 저문 산은 푸르다오

라 했으며, 또 사친시思親詩에 말하기를,

夜夜訴向月	밤마다 달을 향해 하소하여
願得見生前.	생전에 뵈옵기를 원한다오.

라 했다. 일곱 살 때부터 안견安堅의 그림을 보고 따라 그리더니 드디어 산수화山水畵를 묘하게 그렸다. 또 포도葡萄도 잘 그려 모

---

127) 대본에는 이 시 뒤에도 퇴계退溪가 율곡栗谷에게 준 시와 율곡의 화시가
    있으나 유독 이 시가 실려 있는 장의 글자가 작고 자획을 알아보기 어
    려운 것이 적지 않아 번역을 하지 않았음을 밝혀둔다.

두 따를 사람이 없었으며 병풍과 족자로 세상에 전한다.

아계鵝溪 이산해李山海의 정자는 노량진 위에 남산과 멀지 않았으며 작은 절이 있었다. 서울에 있는 선비 네 사람이 같은 곳에서 공부를 하다가 정자 옆에 있는 집에 술이 익었다는 말을 듣고 상공相公이 없을 때 밤중에 그곳에 가서 술을 몰래 먹고 크게 취해 각자 시 한 구句씩을 벽에 썼는데 말하기를,

晋代疎狂畢吏部　진晋나라 때 매우 미친 듯한 필리부畢吏部[128]는
風流千載付吾儕　풍류가 오랜 세월로 우리들에 주어졌다.
偸來半夜無人縛　밤중에 훔치러 와도 잡는 사람 없어
大醉還山月欲低.　크게 취해 산으로 돌아오는데 달이 지고자 한다.

라 했는데, 상공相公이 보고 말하기를 네 구句가 모두 아름다우나 끝 구句를 지은 자가 반드시 먼저 과거에 합격할 것이라 했는데, 뒤에 과연 그 말과 같았다고 한다.

단양丹陽에 운암雲岩이라는 곳이 있는데 경치가 매우 좋았다. 적암適菴 조신曺伸이 작은 정자를 지어 이름을 수운水雲이라 했다. 임진왜란 후에 가지 않는데 서애西崖 유성룡柳成龍이 호피虎皮 한 장과 바꾸었다. 무술년戊戌年에 남쪽에서부터 서울로 돌아올 때 길이 그 밑으로 지나게 되자 시를 지어 운암雲岩 바위 위에 써 말하기를,

曺氏曾遊地　조씨曺氏가 일찍 놀았던 땅인데
吾廬又卜隣　내 집을 그 이웃에 지었다.

---

128) 진晋나라 때의 인물 이름은 탁卓 자는 무세茂世이다. 성격이 방달放達했으며 술을 좋아했다. 벼슬도 역임했다.

谷深時見虎	골이 깊어 때때로 범을 보게 되고
村遠不逢人	마을이 멀어 사람을 만날 수 없다.
山水還成僻	산과 물이 도리어 깊숙하게 했으며
煙霞欲養眞	안개 속에 참됨을 기루고자 한다.
干戈滿南國	싸움이 남국에 가득하다고 하니
何處避風塵.	어느 곳에서 풍진을 피하랴.

라 했다. 그 후 간악한 사람이 질투하여 탄핵했는데 공公이 이곳에 와서 말하기를 단애丹崖와 취벽翠壁도 탄핵하는 글 속에 들었다고 했다.

유서애柳西崖가 탄핵을 만나 남쪽으로 돌아가면서도 미진迷津을 건너는데 이르러 지은 시가 있는데 말하기를,

田園歸路三千里	시골로 돌아가는 길이 삼천리나 되는데
帷幄深恩四十年	휘장에서 깊은 은혜 사십년 동안 받았다오.
立馬渡頭回首望	나루에서 말을 세워 머리 돌려 바라보니
終南山色故依然.	종남산 빛은 예와 다름이 없다오.

라 했는데, 그 후 직첩을 돌려준다는 명령이 내렸다는 말을 듣고 시를 지어 말하기를,

竹窓寒雪夜蕭蕭	죽창의 찬 눈에 밤이 쓸쓸한데
千里楓宸夢裏遙	천 리의 대궐이 꿈속에서도 멀다오.
白首縱霑新雨露	흰 머리에 새로운 임금의 은혜 젖게 되었으니
豈宜重○聖明朝.	어찌 밝은 임금님 조정에 거듭 있는 것이 마땅하랴.[129]

라 했다. 백사白沙 이항복李恒福 상공相公은 공公의 만시에 말하기를,

---

[129] ○ 표 한 곳은 낙자落字가 되었음.

此道久淪沒	이 도가 오랫동안 빠졌는데
斯人今又亡	사인斯人을 지금 또 잃었다오.
精神傳簡策	정신은 책으로 전하고
糠粃鑄虞唐	차진 겨를 찧어 우당虞唐을 만들었다.130)
得喪身何與	초상을 만났는데 내가 어떻게 해야하나
行遠事益章	멀리 떠나게 되자 일은 더욱 빛난다.
無因覩玉貌	옥같은 모습을 보게 될 인연이 없게 되었으니
黃閣日凄涼.	황각黃閣이 날로 처량하다오

라 했다. 우복愚伏 정경세鄭經世는 그의 만시에 말하기를,

| 河嶽中間生有自 | 큰 강과 산의 중간에 있는 정기로 태어났고 |
| 退陶門下見而知. | 퇴계退溪선생 문하에서 견이지見而知였다오.131) |

라 했고, 또 말하기를,

| 只緣大雅難諧俗 | 대아大雅132)의 인연만으로도 속된 것을 씻기 어려우며 |
| 豈有重華不聖讒. | 어찌 중화重華133)가 있은들 미워하고 참소하지 못하게 하겠느냐. |

라 했다.

취금헌翠琴軒 박팽년朴彭年의 사당이 대구大丘 하빈河濱에 있었

---

130) 이 연은 서애의 학문과 정치적인 업적을 말한 것이 아닌가 한다.
131) 성인은 생이지生而知, 그 다음은 견이지見而知로 매우 뛰어난 인물임을 의미함.
132) 훌륭하고 고상함을 말함.
133) 순舜임금의 자.

는데, 임진왜란 때 왜병이 헐어버리고자 했다. 처음에는 불로써 태우고자 했고 계속 도끼로 했으니 결국 불과 도끼로 한 흔적을 없게 하지 못하고 남아 있었다. 오음梧陰 윤두수尹斗壽 상공相公이 체찰사體察使로서 지나다가 지은 시가 있는데 말하기를,

亂後人家百不存   난리 뒤에 인가가 백 집에 하나도 남지 않았는데
數間山宇依山根   몇 칸의 산속의 집이 산에 의지했다오.
神明自是蒼天佑   신명은 푸른 하늘로부터 도움을 받았는데
虜火何能震朝痕. 되놈 불이 어찌 조정의 흔적까지 놀라게 하랴.[134]

라 하여 사람으로 하여금 슬프게 했다.

월정月汀 윤근수尹根壽가 염남에 임금의 명령으로 가서 승축僧軸에 시를 써 이르기를,

鄕心迢遞白雲端   고향 생각이 높은 흰 구름 끝에까지 미치는데
南國秋風道路難   남국의 가을바람에 길이 어렵다.
馬上逢僧還一笑   말 위에서 중을 만나 도리어 웃고 싶음은
滿山蒼翠要人看. 산에 가득한 푸른 초목이 사람을 보게 한다오.

라 했는데, 남명南冥 조식曺植이 보고 매우 칭찬했다. 또 산인山人에게 준 한 절구가 있는데,

三峯不見已三年   삼봉三峯[135]을 보지 못한 지 이미 삼 년이었는데
逢着山僧一悵然   산승山僧을 만나니 슬프다오.
獨寫孤雲無限意   홀로 고운을 그리며 무한의 생각은

---

134) 대본에는 알아보기 어려워 모양이 비슷한 진震 자字를 썼음.
135) 삼각산三角山이 아닌가 한다.

硯池何日弄潺潺.　어느 날에 벼룻물로 잔잔히 희롱하랴.

라 했다.

이영李嶸 내한內翰이 여덟 살 때 영설시詠雪詩에 이르기를,

不夜月千里　밤이 아니게 달은 멀리 비쳤으며
非春花萬家　봄도 아닌데 꽃이 많은 집들에 피었다.
一痕天地內　천지 내에 한결같은 흔적이지만
城上有飢鴉.　성상에는 주린 까마귀가 있다.

라 했고, 그의 아들 팔룡八龍은 열 살 때 제승축題僧軸에 이르기를,

孤僧漢水留　고승이 한강변에 머물며
朝入長安市　아침에 서울 시내로 들어간다.
何不臥白雲　어찌 흰 구름에 누워있지 않고
來往風塵裡.　풍진 속에 오고가고 하나뇨.

라 했다.

정인홍鄭仁弘이 아이었을 때 절에 가서 글을 읽었는데 당시에 이름이 많이 알려졌다. 감사監司 최모崔某가 그 절에 가서 작은 소나무를 제목으로 하여 시를 짓게 했더니 인홍仁弘이 말하기를,

數尺稚松古塔西　몇 자 어린 소나무 고탑 서쪽에 있어
塔高松短不相齊　탑은 높고 소나무는 짧아 서로 가지런하지 않다.
傍人莫笑稚松短　옆 사람들아 어린 소나무 짧다고 웃지 마오
他日松長塔反低.　다른 날 소나무는 길고 탑은 도리어 낮을 것이오

라 하니 최감사崔監司가 크게 기이하게 여겼고 그 시가 사방에 전
파되었다. 퇴계선생退溪先生이 듣고 웃으며 말하기를 "시는 크게
기이하나 이기려는 병이 있어 가석하다"고 했으니 시를 안다고 이
르겠다. 또 젊었을 때 서과시西瓜詩에 대해,

> 碧似秋天初霽後　푸름은 가을하늘이 처음 갠 뒤와 같고
> 圓如太極未分前.　둥근 것은 태극太極[136]이 나누어지기 전이라오.

라 했고, 또 목동시牧童詩에 말하기를,

> 短短簑衣露兩臂　짧은 도롱이 옷으로 두 팔이 드러나고
> 童童小髮掩雙肩　삐죽삐죽한 작은 머리털이 양쪽 어깨를 가리었다.
> 斜陽壓着黃牛背　사양에 누런 소 등에 붙어 타고 있다가
> 雨過平原睡不知.　비가 평원을 지나는데 졸다가 알지 못했다.

라 했는데, 매우 묘하다고 이를 만하다.

백사白沙 이항복공李恒福公은 바로 권율權慄 판서判書의 사위였
다. 젊었을 때 호기가 있어 결혼한 지 얼마 되지 않았는데 심부름하
는 여종을 가까이 하자 처갓집 사람들이 돌아보지 않으므로 공公이
나와 강사江舍에 머물다가 바로 작은 절에 가서 오랫동안 돌아오지
않았다. 처가妻家에서 여러 번 사람을 보내 오게 하므로 돌아왔다.
오봉五峰 이오민李五閔이 듣고 절구 한 수를 지어 붙여 말하기를,

> 江潭逐客歎量移　강변의 축객이 형량의 옮겨지는 것을 기뻐하며
> 長嶺風霜苦濕衣　긴 재의 바람서리에 옷이 젖어 괴로웠다.

---

136) 우주의 만물이 생긴 근원 또는 본체.

昨夜城中傳好語　　간밤 성중에 좋은 소식 전하더니
玉門關裏許生歸.　　옥문관 속의 생을 돌아오게 허락했다네.[137]

라 하여 일부러 권공權公이 있는 곳에 전해 보게 했더니 권공이 크게 웃으며 말하기를 "이랑李郎은 친구들도 모두 재사들이라" 했다.

　　무오년戊午年 봄에 폐모론廢母論[138]에 공公이 간하자 조정에서 극형에 처하는 것이 마땅하다 하며 응견鷹犬들을 시켜 하루에 글을 삼사 번 올리자 광해군光海君이 특별히 북청北靑으로 유배시켰다. 공이 서울을 떠나는 날 시가 있었는데 말하기를,

雲日陰陰晝晦微　　해가 구름에 가리어 컴컴해 낮과 그믐을 구분하기
　　　　　　　　　어려우며
北風吹裂遠征衣　　북풍이 불어 멀리 가는 옷을 찢었다.
遼陽城郭應依舊　　요양의 성곽은 응당 예와 같겠으나
只恐令威去不歸.　　다만 영위令威처럼 가면 오지 못할까 겁낸다오

라 하니 듣는 사람들이 모두 눈물을 흘렸다. 공公이 성을 떠날 때 덕양德陽 기자헌奇自獻 영상領相과 정홍익鄭弘翼 김성일金誠一이 함께 직언을 하다가 북쪽 변방으로 유배가게 되어 나라의 맥이 동시에 끊어지게 되었다. 공公이 떠날 때 여러 조카들과 이별하면서 쓴 시에 말하기를,

達士遊天地　　　　달사가 천지를 유람하면서

---

137) 옛날 중국이 서역으로 통하는 관문의 이름.
138) 광해군 때 인목대비 폐비론을 말함. 밑에 시에 영위令威는 성이 정丁인데 한漢나라때 도道를 닦던 사람으로 학이 되어 하늘에 올라가 돌아오지 않았다고 함.

如何意悁然	어찌 마음으로 슬퍼하겠는가.
非無一掬淚	한 움큼 눈물이 없는 것은 아니지만
恥灑別離筵.	이별하는 자리에 뿌리는 것이 부끄럽다오

라 했다.

백사공白沙公이 북청北靑 유배지에서 세상을 떠났는데 광해군光海君이 반장返葬을 허락했다. 조정의 많은 사람들이 만가輓歌를 보냈다. 광해군光海君이 내관內官에게 명령하여 만시의 내용을 써 오게 했다. 장사에 참석한 관료들이 모두 그 뜻을 알지 못했다. 그 가운데 유적柳頔과 성이민成而敏의 시를 광해군이 가장 좋다고 탄식했다. 류시柳詩에 말하기를,

長沙淚滿逐臣衣	장사長沙의 축신逐臣 옷에 눈물이 가득하니
大漢朝廷足是非	대한 조정이 옳은 것을 그르다 한 것으로 충분했다.
事有至難公獨辨	지극히 어려운 일을 공이 홀로 말을 했으며
國無元老我何依	나라에 원로가 없어 졌는데 내가 어디에 의지하랴.
江河忽報龍將逝	강하에는 갑자기 용장龍將이 장차 죽겠다고 알리며
城郭誰知鶴已歸	성곽에서 학이 이미 돌아간 것을 누가 알랴.
百世精靈應不昧	백세의 정령이 분명히 자지 않을 것이니
履聲應向穆陵飛.	발자국 소리가 응당 목릉穆陵을 향해 나를 것이오.

라 했고, 성시成詩에 말하기를,

鰲柱擎天天妥帖	두 기둥이 하늘을 받들어 하늘이 온당했는데
鰲亡柱析奈何天	기둥이 끊어졌으니 하늘인들 어찌하랴.
北風吹送因山雨	북풍이 불어 인산에 비를 보냈으나
雨未多於我淚多.	비가 내 눈물큼 많지 않으리라.

라 했다.

하의荷衣 홍적洪迪이 상을 당했다가 마치고 장차 과거에 응시하
고자 하면서 지은 시가 있는데 말하기를,

三載墳菴悔惜惌　삼 년 동안 시묘하며 허물을 후회했으나
只將存省慕先賢　다만 선현을 살피며 사모할 뿐이었오
如今一念名場上　지금 일념으로 과거를 보고자 하니
空對春山獨憮然.　공연히 춘산을 대해 홀로 실심했다오

라 했으니 그의 지조가 이와 같음을 알 수 있다. 또 소재穌齋 노수
신盧守愼 선생이 남으로 돌아갈 때 하의가 보낸 시에 말하기를,

赴召初心爲聖明　불러 오면서 첫 마음은 임금을 위함이며
出城還使漢山輕　성을 나서자 도리어 한산漢山을 가볍게 여겼다오
三春作客班衣弊　삼춘 동안 나그네 되어 때때옷이 떨어졌고
千里思親白髮生　멀리서 어버이 생각으로 백발이 난다.
江寺落梅今夕恨　강사江寺에 매화가 떨어져 오늘 저녁이 한이 되며
驛亭芳草去時情　역정驛亭의 꽃다운 풀은 갈 때의 정이라오.
仙舟杳杳龍門濶　선주仙舟는 아득하고 용문이 넓은데
此後何因數寄聲.　차후 어떤 인연으로 자주 편지를 부치랴.

라 하니 소재穌齋가 칭찬했다고 한다.

서평부원군西平府院君 한준겸韓浚謙이 과거에 합격했으나 관복
입기 전에 내금위內禁衛로 자칭하고 홍하의洪荷衣를 호당湖堂으로
방문했다. 그때 하의荷衣는 자고 있었고 학사學士 신선필申先弼이
홀로 앉아 있었다. 서평西平을 보자 신申이 "무엇하는 사람이냐" 하
자 서평西平이 말하기를 "시골 출신으로 무부武夫이며 예금위隸禁

尉로서 당돌하게 찾아와서 어찌할 바를 모르게 되었습니다." 하니
신申이 "죄송하게 생각할 것이 없다. 내가 지금 시를 짓고자 하는
데 자네가 운을 부르겠는가" 서평西平이 말하기를 "글을 배우는 시
기를 잃고 활을 배웠으니 글자字를 불러도 되겠습니까" 하자 신申이
알고 있는 자를 운으로 부르라고 했다. 서평西平이 말하기를 "직업
에 따른 글자를 운으로 부르겠다"고 하고 인해 향각궁鄕角弓 혹각
궁黑角弓의 궁자弓字를 운으로 부르니 신申이 말하기를 "가可하다"
하고 바로 한 구를 지어 불렀는데 말하기를,

讀書堂畔月如弓   독서당 모퉁이에 달이 활 같으며

라 하니 서평西平이 순풍順風과 역풍逆風의 풍風 자字를 부르자 신
申이 "이상하다. 같은 운이다". 하고 또 한 구를 지었는데 말하기를,

醉脫烏紗倚岸風.   취해 오사모를 벗고 은덕 바람에 의지하다.

라 하고, 또 부르게 하니 서평西平이 말하기를 변중邊中과 관중貫中
의 중中 자字가 어떠한가 하자 신申이 이상하다. 삼三 자字가 같은
운이라 하고 드디어 낙구落句를 지었는데 말하기를,

千里江山輪一篴   넓은 강산에 하나의 피리 소리가 우렁차니
却疑身在畫圖中.   문득 몸이 그림 속에 있는가 의심한다오

라 했다. 바로 그때 하의荷衣가 잠을 깨어 서평西平을 보고 "네가
무슨 일로 왔느냐" 하므로 신공申公이 말하기를 "한내금韓內禁이
운을 불렀는데 운이 기이하다" 하며 인해 그 일을 말하고자 하니

하의荷衣가 웃으며 말하기를 "자네가 속았네. 그는 내 처조카 한준 겸韓浚謙인데 지난 번 과거에 장원했다" 하자 신申이 깜짝 놀라며 속은 것에 대해 매우 부끄럽게 여겼다.

간이簡易 최립崔笠의 남원南原 광한루시廣寒樓詩에 말하기를,

不怪使登天上樓	천상의 누에 오르게 한 것이 이상하지 않으며
牽牛人亦河之頭	소를 모는 사람도 또한 물 머리에 있다.
兎蟾從古說疑似	토끼와 두꺼비는 예로부터 비슷하다고 말을 했으며
烏鵲卽今功已收	지금 오작은 이미 공을 거두었다.
紅妓應因竊藥至	홍기紅妓는 분명히 약을 훔쳤기 때문에 왔으며
畫船故替乘槎遊	좋은 배를 일부러 떼배로 바꾸어 타고 논다.
年來五馬與全盡	금년에 오마五馬[139]가 완전히 끝났으나
只有玆州還可求.	다만 이 고을에는 다시 있게 구하고자 한다.

라 했으며, 또 문수승文殊僧 시권詩卷에 이르기를,

文殊路已十年迷	문수암文殊庵 가는 길이 이미 십년이 되어 희미해
有夢猶尋北郭西	꿈에는 오히려 북곽北郭 서쪽에서 찾았다오.
萬壑倚笻雲遠近	지팡이에 의지해 가는데 많은 산골에 구름이 원근에 끼었고
千峰開戶月高低	문을 여니 봉마다 달이 고루 비친다.
磬殘石竇晨泉滴	경쇠 소리는 돌구멍에 새벽 샘물 떨어지는 소리며
燈剪松風野鹿啼	등불 돋우자 소나무 바람에 들사슴이 운다.
此況共僧耶再得	이런 광경을 스님과 함께 어찌 두 번 얻으랴
官家七月困泥蹄.	관가의 칠월 진흙길은 다니기 어렵다오

---

139) 다섯 마리의 말. 태수太守의 다른 이름. 중국에서 태수太守가 지방을 순찰할 때 말이 네 마리가 끌고 가게 되는데 거기에 한 마리를 더 첨가하여 오마五馬를 한다 했다.

라 했다. 간이簡易는 산문에 힘써 옛 작가를 따르고자 했으며, 시를 예사로 여겼으나 또한 기건奇健함이 있다. 상촌象村 신흠申欽과 더불어 사신 일행으로 중국 서울을 같이 가면서 길에서 지은 시가 많은데 간이가 지은 시에 말하기를,

劍能射斗誰看氣　칼로 두우성을 쏘았으나 누가 그 기운을 보며
衣未朝天已有香.　옷은 중국 조정에 가지 못했는데 이미 향기가 있다.

라 했고 또,

烏繞上林無樹着　까마귀는 숲 위를 돌아도 앉을 나무가 없고
鴈遭南浦故洲非.　기러기가 남포南浦에 갔으나 옛 섬이 아니었다.

라 했고 또,

終南渭水如相見　종남산終南山과 위수渭水는 서로 본 것 같고[140]
武德開元得再攀.　무덕武德과 개원開元을 두 번 잡은 듯하다.[141]

라 했는데, 시어詩語가 정밀하고 간절하며 교만하고 힘이 있다.
　백호白湖 임제林悌는 호탕하며 구속을 받지 않았다. 호남에 가고자 했는데 그때 중춘仲春이었다. 길 가에서 시골 선비들이 화전花煎놀이에 운자를 부르며 시를 짓고 있었다. 백호가 삿갓을 쓰고 남루한 옷을 입은 채 바로 그 자리에 들어가서 말하기를 "과객이 매

---

140) 종남산終南山은 중국 장안長安 남쪽에 있는 산이며 위수渭水는 장안長安과 먼지 않은 곳에 있는 물 이름.
141) 개원開元은 당唐 현종玄宗의 연호, 무덕武德은 당唐 고조高祖의 연호.

우 시장했는데 좋은 자리를 만났으니 남은 술이 있으면 조금 주기를 원한다"고 하자 선비들이 시를 짓고 있다가 "너도 글을 아느냐"하므로 "문자文字를 어찌 제가 알겠습니까 우리말로 대답하겠습니다. 문자로 기록해 주십시오" 하고 하는 말에 따라 기록을 하니 문득 한 수의 절구絕句가 되었는데 말하기를,

鼎冠撐石小溪邊　솟을 갓하고[142](정관鼎冠) 돌에 버틴(탱석撐石) 작
　　　　　　　　은 냇가에
白紛靑油煮杜鵑　흰 분과 푸른 기름으로 진달래꽃을 삶는다.
雙箸挾來香滿口　젓가락으로 짚어 오니 향기가 입에 가득해
一年春信腹中傳.　일 년의 봄 소식 뱃속에 전한다.

라 하니 모든 선비들이 서로 돌아보며 이상하게 여겨 성명을 물으므로 백호白湖가 말하기를 "임제林悌라" 하자 여러 선비들이 크게 놀라며 윗자리로 맞이하였다. 또 방인시訪人詩에 말하기를,

樵童野叟行行問　나무하는 아이와 농부에게 가면서 계속 묻고
流水柴門處處疑.　유수와 사립문이 가는 곳마다 의심스럽다.

라 했고, 또 향윤시香奫詩에 말하기를,

十五越溪女　열다섯 살 아름다운 처녀가
羞人無語別　사람이 부끄러워 이별하며 말도 하지 못했다.
歸來掩重門　돌아와 문을 꼭 닫고
泣向梨花月.　울며 배꽃의 달을 본다오.

---

142) 정관鼎冠은 어떤 상태를 표현한 것인지.

라 했고, 월산사시月山寺詩에 말하기를,

夜半林僧宿	야반에 중이 숲에서 자더니
重雲濕草衣	짙은 구름에 초의가 젖었다.
岩扉開日晏	싸리문을 열자 해가 선명하며
棲鳥始驚飛.	자던 새도 비로소 놀라 난다.

라 했다.

임백호林白湖는 풍류가 있고 문장이 빛났으며 호방하고 익살스러웠다. 나이 젊어 과거에 합격하기 전에 말을 타고 아이 하나만 데리고 산수를 찾아 풍경을 완상했다. 한 곳에 이르니 산 밑의 냇가에 수십 명의 젊은 사람들이 차례로 다리 머리에 앉아 있었다. 백호가 말을 믿고 다리를 건너다가 그 자리에 술잔이 돌고 있는 것을 바라보고 바로 시내 동쪽에 문방文房하는 친구를 찾아 종이를 얻어 한 수의 절구를 지어 선비들이 앉아있는 곳에 보냈는데, 그 시에 말하기를,

淸歌一曲出花來	맑은 노래 한 곡이 꽃 속에서 나오니
知是群仙綺席開	뭇 신선들이 아름다운 자리를 열었음을 알았다오.
柳雪滿橋歸路晩	버들에 내린 눈이 다리에 가득해 가는 길이 늦었는데
亂鶯啼處客徘徊.	꾀꼬리 어지럽게 우는 곳에 손은 배회한다오

라 하니 모인 사람들이 보고 모두 놀라 탄식하며 공을 맞이하고자 하므로 공公은 호사豪士라 채찍을 놓고 나아가니 선비들이 상석에 앉히고 절을 하며 각자 큰 술잔으로 술을 권하자 공公이 모두 사양하지 않고 마시며 말하기를 "대개 공들이 주호酒豪를 너그럽게 대

한 것이 인연이 되었다"고 하니 여러 선비들이 말하기를 "우리들이
公公의 운韻에 따라 시를 지어도 괜찮겠느냐" 하고 한 사람이 시를
읊었다. 公公이 말하기를 푸르구나 푸르구나(벽의碧矣 벽의碧矣) 하
니 그 사람이 좋다고 사례하며 "내 시를 어찌 푸르다"고 하느냐.
公公이 말하기를 "지나치게 푸르면 날(生) 것이라" 하니 그 사람
이 부끄럽게 여겼다. 또 한 사람의 시에 대해 公公이 말하기를 "노
련하다 노련하다" 하니 그 사람이 도리어 감사히 여기며 "내 시를
어찌 노련하다 하느냐" 하자 公公이 말하기를 "지나치게 노련하면
떨어진다"고 하니 그 사람도 또한 부끄럽게 여겼다. 公公이 사양하
지 않고 취한 것을 탓하고 여러 선비들을 보니 그들이 서로 돌아보
고 이상하게 여기며 말하기를 "임모林某가 아니면 반드시 이에 미
치지 못할 것이므로 어찌 임모林某가 아니겠느냐" 했다.

청연青蓮 이후백李後白이 영북嶺北으로 관찰이 되어 각 고을의
묶은 폐단을 모두 들어버려 고을의 수입이 적어졌기 때문에 부읍富
邑이 가난한 읍으로 변했다. 그 후의 수령들은 공지空地에도 세금
을 거두자 백성들이 고통을 받았다. 임백호林白湖가 듣고 슬프게
여기며 시로써 말하기를,

蕙折霜風玉委塵   혜초가 서리 바람에 꺾이었고 옥에 먼지가 쌓여
一時淸德愛縉紳   일시의 맑은 덕을 진신縉紳들은 좋아했다.
可憐○道終難繼   가련하게 계속하기 어려웠으니[143]
相國醫民是病民.   상국相國의 백성 치료함이 병들게 되다오.

라 했는데, 세상에 전해져 외웠다.

---

143) ○ 표 한 곳은 낙자落字가 되었음.

오봉五峰 이호민李好閔의 만임백호挽林白湖에 말하기를,

哭君秋夜夜何漫　그대를 곡하는 가을밤이 어찌 이렇게 긴가
丙子年間始識顔　병자년 사이에 처음 알았다오
鐵面虯鬚多義氣　검붉은 낯빛 용수염으로 의기가 넘쳤고
雙龍萬卷動長安　쌍용雙龍144)의 만 권은 장안을 놀라게 했다.
差池鬢髮陳同甫　가지런하지 않는 살쩍머리는 진동보陳同甫요
蕭瑟文章庾子山　소슬한 문장은 유자산庾子山145)이라오
琴罷高歌人不會　거문고를 파한 고가高歌에 사람은 모이지 않고
江湖○擊月輪回.　강호江湖에 둥근 달은 돈다.146)

라 했다.

　기정岐亭 백광홍白光弘은 옥봉玉峯의 형이었다. 평사評事로서 관
서關西에 있으면서 여색과 술에 빠져 마침내 그것으로 죽었는데,
그가 지은 바 관서곡關西曲이 세상에 유행했다. 고죽孤竹 최경창崔
慶昌은 공公이 좋아했던 기생에게 준 절구에 말하기를,

浿水烟花依舊色　패수浿水의 봄 광경은 옛날 그대로이며
稜羅芳草至今春　능라도稜羅島의 꽃다운 풀은 지금도 봄이라오.
仙郞去後無消息　선랑仙郞이 간 후 소식이 없으니
一曲關西淚滿巾.　관서關西 한 곡에 눈물이 수건에 가득하다.

라 했는데, 일세에 전해 외웠다.
　성사문成斯文○가 양주목사楊州牧使가 되어 기생 매화梅花를 지

---

144) 유명한 인물을 상징적으로 지칭함.
145) 위의 진동보陳同甫와 아울러 어떤 인물인지 알아보지 못했다.
146) ○ 표 한 곳은 낙자가 되었다.

나치게 좋아하여 관아의 일도 게을리 했다. 고죽孤竹 최경창崔慶昌
이 시를 주어 말하기를,

官橋雪霽曉寒多	관교에 눈이 개고 새벽에 많이 추운데
小吏門前候早衙	소리가 문 앞에서 아문衙門이 일찍 열기를 기다린다.
莫怪使君常晏起	사군使君이 항상 늦은 것 이상히 여기지 마오
醉開東閣賞梅花.	동각문 열고 매화 감상에 취했다네.

라 했는데, 풍류가 떨어지지 않은 것은 바로 이 사문斯文에 있다고
했다.

동명東溟 정두경鄭斗卿은 약관이었을 때 이미 문장이 성숙했다. 일
찍 백사白沙 이항복李恒福 상국相國에게 말하기를 "세상에서 백호
白湖 임제林悌의 문장이 옛 것에 가깝다고 하지만 소자小子의 본
바로는 매우 평범(심상尋常)합니다." 하니 상국相國이 탄식하며 말
하기를 "젊은 사람이 어찌 복을 감하게(손損) 하는 말을 하는가. 자
네 문장의 위치는 걸음은 비록 크다 할지라도 오히려 담장을 벗어
나지 못했는데, 어찌 감히 선배의 문장을 망령스럽게 논하려 하는
가. 내가 그대를 위해 말하리라. 내가 북평사北評事가 되어 임공林
公에게 인사하러 갔더니 임공林公이 병중에 있으면서 다섯 여종으
로 하여금 전후좌우에서 붙들고 보호하게 하고 머리를 드리우며
눈을 감고 숨소리도 약하게 들렸다. 나는 그가 조금도 말을 하지
못하리라 생각하고 작별인사를 했더니 임공林公이 겨우 몇 마디 하
는 말이 목에서 나오지 않을 듯하면서 들리는 말에 이별하는 말이
없을 수 있느냐 나는 손이 떨려 글자를 쓸 수 없으니 자네가 받아
쓰라 했다." 내가 붓을 잡으니 그가 입으로 절구 한 수를 불러 말하
기를,

元帥臺前水接天　　원수의 장대 앞에 물은 하늘에 접했는데
曾將書釰醉戎氈　　일찍 책과 칼을 가지고 수자리의 방석에서 취했다.
關西八月恒飛雪　　관서는 팔월에 항시 눈이 내려
時逐長風落舞筵.　　때로는 장풍을 쫓아 춤추는 자리에 떨어진다.

라 했다. 내가 쓰는 것을 마치고 간다고 말하며 겨우 대문에 이르
렀는데 이미 초혼招魂하는 소리가 들리었다. 죽게 된 사람의 입에
서 말하는 시가 이와 같이 힘이 있으니 그대가 그를 무시하겠느냐
정공鄭公이 혀를 토하고 무릎을 꿇었다. 이로써 평생 스스로 경계
하며 후생들에게 선배의 글을 경망하게 논하지 못하게 했다.

　오산五山 차천로車天輅는 재주가 극히 뛰어났다. 동명東溟 정두
경鄭斗卿이 사람을 대하면 그가 지은 시의

華山北骨盤三角　　화산 북쪽의 뼈가 서리어 삼각산이며
漢水東心出五臺　　한강漢江 동쪽 물은 오대산에서 왔다.
無端歲月英雄過　　까닭 없이 세월은 영웅을 지나가게 하며
有此江山宇宙來.　　이런 강산이 있음을 우주로부터 왔다오

라 한 구를 문득 외우며 말하기를 천하의 기재라 했다. 율곡栗谷이
일찍 강도江都에 갔더니 오산五山이 마침 그 자리에 있었다. 율곡
이 운을 부르니 오산이 바로 대해 말하기를,

風健牙檣千丈直　　강한 바람이 긴 돛을 매우 곧게 하고
月明漁笛數聲圓.　　밝은 달이 어부의 저 소리를 둥걸게 한다.

라 하니 율곡이 무릎을 치며 탄복했다. 청음淸陰 김상헌金尙憲도
오산의 시를 칭찬하며 좋은 시는 두보杜甫도 그를 지나지 못할 것

인데

　餘寒氷結失江聲.　남은 추위로 얼음이 얼어 강물 소리를 잃었다.

라 한 구가 그와 같은 것이다. 지금 사람들이 어찌 말할 수 있겠는
가 했다.

　창주滄州 차운로車雲輅의 문장은 그의 형 다음이 되는데 삼척三
陟 죽서루竹西樓에 대해 지은 시에 말하기를,

頭陀雲樹碧相連	두타산頭陀山 구름과 나무는 푸름으로 서로 연했고
屈曲西來五十川	굴곡으로 서쪽에서 와서 오십천을 이루었다.
鐵壁附臨空外鳥	하늘에 날으는 새는 철벽에 와서 붙었고
瓊樓飛出鏡中天	아름다운 누는 거울 속에 하늘처럼 솟았다.
江山獨領官居畔	강산은 관가官家 주변에서 홀로 거느리고
風月長留几案前	풍월은 길이 책상 앞에 머문다.
始覺眞珠賢學士	비로소 진주眞珠에서 현학사를 알았는데
三分刺史七分仙.	삼분은 자사刺史[147]이고 칠분은 신선이라오

라 했다. 두타頭陀는 산 이름이고 진주眞珠는 관명館名이라 했다.
　수은睡隱 강항姜沆이 임진왜란 때 포로가 되어 배를 타고 있었는
데, 깊은 밤에 옆 배에서 여자의 우는 소리가 그치고 노래하는 소
리가 옥玉이 찢어지는 것과 같았다. 강항은 자신의 집이 침몰된 후
두 눈이 완전히 말랐는데, 이날 밤에 눈물로 옷이 젖었으며 잇따라
절구 한 수를 지었다. 그 시에 말하기를,

147) 중국 한漢 나라 지방 관직의 이름. 우리나라 감사監司와 비슷한 관직.

何處竹枝詞	어느 곳에서 죽지사竹枝詞[148]를 부르는가
三更月白時	삼경의 깊은 밤 달이 밝은 때라오.
隣船皆下淚	이웃 배에서도 모두 눈물 흘렸는데
最濕楚臣衣.	초신楚臣[149]의 옷이 가장 많이 젖었다.

라 했다. 또 어느 날 지나가는 적선賊船에서 납치된 한 여인이 급히 불러 나가보니 자신의 애첩愛妾이었다. 나누어 배에 실리게 된 뒤에 자신은 귀신이 되었다고 생각했는데 여기에서 처음으로 살았음을 알았고, 살려달라고 호소하는 소리를 들을 수가 있었다. 그날 밤 그 여인은 통곡을 하며 먹지 않고 죽었다고 한다. 드디어 한 절구를 지었는데 말하기를,

滄溟茫茫月欲沈	바다는 망망하고 달은 지고자 하는데
淚和凉露濕羅襟	눈물과 이슬이 옷깃을 적신다.
盈盈一水相想恨	넘치는 물처럼 가득한 서로 생각하는 한을
牛女應知此夜心.	견우와 직녀는 분명히 이 밤의 마음을 알리라.

라 했다.

상촌象村 신흠申欽이 이제묘夷齊廟를 보고 지은 시가 있는데 말하기를,

君臣義廢商周際	군신의 의리는 상商과 주周나라 즈음에 폐지되었고
兄弟恩壞管蔡時	형제의 은혜는 관숙管叔과 채숙蔡叔[150] 때 무너졌다.

---

148) 가사歌詞의 한 형식. 당唐의 유우석劉禹錫이 처음 지은 것으로 한 지방의 특수한 풍속을 읊은 것.
149) 초楚의 종의鍾儀가 진晉나라에 잡혀가서 포로가 되었음에 초나라 갓을 쓰고 고국을 생각했다고 함.

却笑巢由何事者　문득 웃노니 소유巢由[151]는 무슨 일을 하는 자인가
一生淸瀨避堯爲.　일생 동안 맑은 물가에서 요堯가 하라는 것을 피했
　　　　　　　　　다오.

라 했다.

지봉芝峯 이수광李睟光이 홍주목사洪州牧使가 되었는데 그의 전
임은 동악東岳 이안눌李安訥이었다. 동악東岳이 시를 지어 지봉芝
峯에게 주었는데 그 끝연에 말하기를,

小技却漸非大手　적은 재주라며 점점 물리침은 대수大手가 아니며
謾敎人比鄭蘇時.　사람들에 정소鄭蘇 때와 견주게 가르침은 속임이다.

라 했는데 가정嘉靖[152] 중中에 정사룡鄭士龍과 소세양蘇世讓이 서
로 바꾸어 목사를 했기 때문에 말한 것이다. 이에 대해 지봉芝峯이
차운하여 말하기를,

追跡昔時吾何敢　지난 자취 추적을 내가 감히 따르며
唯幸交承得共時.　오직 같은 때 이어 사귀게 되어 다행이라오.

라 했으며, 두 시가 같이 홍양록洪陽錄 가운데 실려 있다. 지봉芝峯
은 일생 동안 당시唐詩를 배우고자 했기 때문에 말이 한가하고 따

---

150) 관숙管叔과 같이 주周 문왕文王의 아들이며 주공周公의 동생이다. 성왕
　　成王이 어린 나이에 임금이 되자 周公이 섭정을 하니 이들이 난을 일으
　　키므로 주공周公이 이들을 제거함.
151) 소부巢父와 허유許由로 요堯임금 때 제위帝位를 주겠다고 했으나 거절하
　　고 깊은 산속으로 가서 살았다는 고사高士임.
152) 명明나라 세종世宗의 연호.

뜻하며 한담閑談하고 온아溫雅하기 때문에 놀랄 만한 구가 많으나
결점이 되는 바는 기력氣力이다. 그의 시에,

風生九塞秋橫劒　　구새九塞에 바람이 부는 가을에 칼을 빗기고
雪照三河夜渡兵.　　눈이 비친 삼하三河의 밤에 군사는 건너간다.

窓間小雨天難曉　　창 사이 부슬비로 하늘에 새벽이 더디고
城枕寒江地易秋.　　성은 찬 강을 베고 있어 땅에는 가을이 쉽게 온다.

라 한 구들이 조각마다 모두 아름답다.

지봉芝峯 이수광李睟光이 이르기를 현옹玄翁 신흠申欽이 젊었을
때부터 문장으로 일가를 이루어 사람들이 감히 하자를 말하지 못
했다. 일찍 나에게 준 시에 말하기를,

世間萬事竟何有　　세간의 만사에 마침내 무엇이 있느냐
四海百年唯我曹　　넓은 세계 백년에 오직 우리 무리뿐이오
九鼎何曾異瓦釜　　구정九鼎[153]이 어찌 기와로 만든 가마와 다르며
泰山本自同秋毫　　태산도 본디 가을 털과 같았다오
新陽曖曖昭華嫩　　뜨는 해가 침침하나 빛나고 연하게 밝히고
遠客悠悠行色勞　　멀리 가는 나그네 여유는 있으나 행색은 괴롭다.
握手出門倍怊悵　　손을 잡고 문을 나서니 매우 슬픈데
茫茫漢水春波高.　　망망한 한강에는 봄 물결이 높다.

라 했는데, 노련하고 법도에 맞으며 무겁다.

임진왜란 때 선조가 용만龍灣으로 가게 되었는데, 오봉五峰 이호
민李好閔의 송인시送人詩에 말하기를,

---

153) 우禹임금이 구주九州로부터 금金을 공물貢物로 받아 만들었다는 큰 솥.

干戈誰着老萊衣　전쟁에 뉘가 때때옷을 입을 수 있으랴
萬事人間意漸微　인간세계의 만사에 생각이 점점 희미해진다.
地勢已從蘭子盡　지세는 이미 난자도蘭子島를 좇아 다했고
行人不見漢陽歸　행인에 한양으로 돌아가는 사람을 보지 못했다.
天心錯莫臨江水　천심이 그릇되고 어긋나 강물에 다다랐고
廟筭凄凉對夕暉　국가의 운명이 처량해 저녁 햇빛을 대하게 되었다.
聞道南兵近乘勝　들으니 근간에 남쪽 군사들이 이긴다는 말을 들었는데
幾時三捷復王畿.　언제 세 번 이겨 서울을 회복하랴.

라 했는데 일시에 외우며 전했다.

　오리梧里 이원익李元翼이 영남嶺南 감사에서 바뀌어 한강에 도
착하지 않았는데 신임 감사가 영남지역에 도착하자 진상리進上吏
가 천침薦枕하는 기녀妓女와 서간書簡을 드리자 받아 강물에 던져
버리고154) 한 절구를 지어 말하기를,

南來行色太顚狂　남쪽으로 오니 행색이 너무 미치게 하여
雲滿陽臺興已肥　구름이 양대陽臺155)에 가득해 흥은 이미 높았다.
昨日千金今不惜　어제 천 금을 오늘 아끼지 않은 것은
一封投水滿江香.　한 봉투를 물에 던지자 향기가 강에 가득하다.

라 하여 사람들을 가소可笑롭게 했다.

　우복愚伏 정경세鄭經世가 순찰사로 전주全州에 가서 정포은鄭圃
隱의 만경대시萬景臺詩에 차운하여 말하기를,

一字吟來一涕橫　한 자 읊자 한 번 눈물이 가로 흘러

---

154) 여기까지 표현한 문장에 애매함이 있음을 말해둔다.
155) 무산巫山에서 선녀仙女를 만났다는 곳. 남녀의 정사를 상징적으로 말하
　　 기도 한다.

短篇能使我傷情　짧은 시가 나의 감정을 슬프게 한다.
昏庸自爲叢馳雀　무능하면서 스스로 많은 참새를 달리게 했으며156)
險固無論鐵作城　험하고 굳세다고 쇠로 성을 만들었다고 말할 수는
　　　　　　　　없다.
豈不識天親有德　어찌 하늘이 덕 있는 자에 친함을 모르랴
祗應取義重於生　분명히 의를 취함이 사는 것에서 무겁다오
懷君戀闕貞心在　임금을 생각하고 대궐을 그리워하는 곧은 마음 있어
長與雲烟護舊京.　길이 구름과 안개와 더불어 구경舊京을 보호하리라.

라 했다.

　동악東岳 이안눌李安訥은 시의 격격格이 혼후하고 걸찍하며 아름
다워 실로 세상에 드문 재주다. 그가 추성秋城을 맡았을 때 양경우
梁慶遇와 더불어 면앙정俛仰亭에 올라 시를 짓게 되었는데
양경우梁慶遇가 먼저 함련頷聯을 얻어 말하기를,

殘照欲沈平楚濶　남은 햇빛은 넓은 들에 지고자 하고
太虛無對衆峰高.　넓은 공중에 뭇봉이 높게 솟아 상대가 없다.

라 하니 동악東岳이 차운次韻하여 말하기를,

西望川原何處盡　서쪽으로 산과 들을 바라보니 어느 곳에서 다하며
南來形勝此亭高.　남쪽으로 오면서 경치는 이 정자가 제일이오

라 했는데, 아래 구句는 들어나지 않으면서 두보杜甫의,

海右此亭高.　바다 오른 쪽에서 이 정자가 높다.

---

156) 글자대로 번역은 했으나 뜻은 난해하다.

라 한 것과 어세語勢가 비슷하다. 동악東岳이 종성鍾城 기생에 보낸 시에 이르기를,

寄語鍾山小莫娘	종산鍾山의 소막낭小莫娘에 말하노니
至今能却謫仙郎	지금에도 능히 적선랑謫仙郎을 물리칠 수 있느냐.
郵亭寂寂空春草	우정郵亭157)은 쓸쓸한데 봄풀만 없어졌고
關路迢迢自夕陽	관문關門의 길은 멀어 스스로 석양에 이른다.
客子宦情蟬翼薄	나그네 벼슬하고픈 정은 매미 날개처럼 엷고
美人離恨繭絲長	미인과 이별의 한은 고치실처럼 길다.
雲飛雨散無消息	구름은 날고 비도 흩어졌으나 소식이 없어
回首東風獨斷魂.	동풍에 머리 돌리며 홀로 혼을 끊는다.

라 했다.

망우당忘憂堂 곽재우郭再祐는 서울에서 벼슬하고 있으면서도 송엽松葉만을 먹을 따름이었다. 일찍 비파산琵琶山에 들어가 솔잎을 먹고 곡식을 먹지 않았으며, 뒤에 취산鷲山 영암永巖으로 돌아가서 불로 익힌 음식을 먹지 않았다고 한다. 지은 시에 말하기를,

朋友憐吾絶火烟	친구들은 내가 연화烟火158)를 끊었다고 불쌍히 여겨
共成衡宇洛江邊	함께 낙동강 변에 형우衡宇159)를 지었다.
無飢只在啖松葉	주림이 없는 것은 단지 솔잎을 씹는데 있으며
不渴唯憑飮玉泉	목마르지 않음도 오직 샘물만을 마신다오
守靜彈琴心澹澹	고요하게 하고 거문고 타면 마음이 담담하고
杜窓調息意淵淵	창을 닫고 숨을 고르면 뜻이 깊어진다.
百年盡過忘羊後	한평생 모두 지나고 망양忘羊160)한 뒤에

---

157) 지금의 우체국과 같음.
158) 불로 익힌 음식을 의미함.
159) 허술하고 간소한 집.

笑我還應稱我仙.   나를 비웃다가 도리어 신선이라 할 것이다.

라 했는데, 공公의 자취가 한漢의 장량張良과 비슷하니 기이하다.

충무공忠武公 이순신李舜臣이 일찍 진중陣中에 있으면서 지은 야음시夜吟詩에 말하기를,

水國秋光暮   수국에 가을빛이 저물자
驚寒鴈陣高   추위에 놀란 기러기 떼가 높게 날고 있다.
憂心轉輾夜   근심으로 몸을 뒤척이는 밤에
殘月照弓刀.   남은 달이 칼과 활을 비친다.

라 했는데, 공公의 기상을 볼 수 있겠다.

석주石洲 권필權韠은 시로써 이름이 매우 알려져 아이들과 종들도 모두 그의 이름을 알았다. 일찍 시골 마을을 지나다가 비를 만나 머물고 있는데 시골 선비 오륙 명이 모여 술을 마시며 시를 짓고 있었다. 석주石洲가 나아가서 절을 하고 말석에 앉았더니 선비들이 물어 말하기를 "너는 어떤 사람이냐" 석주가 말하기를 "비생鄙生은 글과 무武에도 상관이 없고 단지 물건을 팔아 생업을 하고 있는데 마침 좋은 모임을 만났으니 남은 술로써 주린 창자를 불리고자 합니다." 하니 그때 선비들이 술잔을 잡고 시를 읊고 있었다. 석주가 바로 한 구를 지어 말하기를,

書劍年來兩不成   지금까지 책과 칼을 했으나 모두 일우지 못하고
非文非武一狂生   문도 무도 아닌 하나의 미친 인생이라오
他時若到京城問   다음날 만약 서울에 와서 물으면

---

160) 한 가지 일에 전념하지 않고 여러 가지를 하다가 실패한다는 말.

酒肆兒童盡誦名. 술집과 아이들도 이름을 안다오.

라 하니 선비들이 말하기를 "너가 이렇게 지었으니 진실로 우연이 아닐 것이다. 이상하구나" 하며 한 사람이 웃으며 말하기를 "시는 아름다운데 단 너 이름이 누구인지 알고 싶으니 말해보라." 석주가 말하기를 "비생鄙生은 바로 권필權韠이라" 하자 선비들이 놀라고 부끄럽게 여기며 늘어서 절을 했다.

총계당叢桂堂 정지승鄭之升이 그의 숙부叔父에 올린 시에 말하기를,

舊事詩書着二毛	예부터 시서詩書로 일삼아 이모二毛[161]가 되어
有時舒嘯上東皐	때때로 휘파람을 불며 동고東皐에 올랐다.
南貧置酒朝醹足	남쪽은 가난해 있는 술 아침에 얼근하면 족하고
北富連天夜笛高	북쪽은 부해 하늘까지 연결되었고 밤에 피리소리 높다.
客去閉門留月色	손은 가고 문을 닫으니 달빛만 남았고
夢廻虛閣散松濤	꿈에 허각虛閣을 돌아보니 소나무 물결이 흩어진다.
思量正在功名外	생각은 바로 공명 밖에 있으니
須信人間第一豪.	모름지기 인간의 제일 호걸이라 믿으오

라 했는데, 세상에서 놀랄 만큼 좋다고 했다.

손곡蓀谷 이달李達이 일찍 호남을 여행하면서 상인이 비단을 팔고 있는 것을 보고 그가 좋아하는 사람에 사주고 싶으나 돈이 없었다. 이에 시를 지어 그 고을 원인 최경창崔慶昌에게 주어 말하기를,

商胡賣錦江南市	호상胡商이 강남으로 비단을 팔러 왔는데
朝日照之生紫煙	아침 해가 비치니 붉은 연기가 이는 듯하다.

---

161) 흰 머리털과 검은 머리털이 비슷한 것을 말함.

佳人正欲作裙帶　가인佳人이 옷을 해 입고 싶어
手探粧奩無直錢.　장대粧臺를 열어 보니 값을 줄 돈이 없다오

라 하니 최경창이 크게 기뻐하며 후하게 값을 주었고 이달李達은
이것으로 유명해졌다. 최경창崔慶昌이 값을 주며 말하기를 "만약
이 시의 값을 말한다면 어찌 천금만 되겠느냐 작은 고을에서 생각
만큼 줄 수 없다" 하고 드디어 한 구句에 백립白粒 십석十石으로
하여 모두 사십四十 석石을 주었다고 한다.

　유희경劉希慶은 상인이었다. 젊었을 때 광주에 있는 임훈林薰을
따라 석천서石川墅에 올라 그 누를 제목으로 하고 성星 자字를 압
운으로 하여 말하기를,

竹葉朝傾露　대 잎은 아침 이슬에 기울었고
松梢曉掛星　소나무 가지 끝에 새벽별이 걸렸다.
石帶苔紋老　돌은 이끼 무늬를 띠고 늙었으며
山含雨氣靑.　산은 우기를 머금어 푸르다.

라 했는데, 송천松川 양경우梁慶遇가 보고 매우 칭찬했으며, 지봉芝
峯 이수광李睟光이 일찍 시를 준 것이 있는데 말하기를,

唯推唐李杜　오직 당의 이백李白과 두보杜甫만을 추구하고
不學宋陳黃　송宋의 진여의陳與義와 황정견黃庭堅은 배우지 않
　　　　　　았다.
雪屋琴書冷　눈 덮인 집에 거문고와 책이 차고
梅窓笑語香.　매화 비친 창에 말소리가 향기롭다.

라 했는데, 바로 사실을 기록한 것이다.

동계桐溪 정온鄭蘊이 병자호란 때 호가扈駕를 하여 남한산성南漢山城에 이르러 포위된 성중城中에서 지은 시에 말하기를.

砲聲四震如雷動　포성이 사방에서 우레 소리처럼 진동하여
撞破孤城士氣洶　고성孤城을 쳐부수어 사기가 떨어졌다.
唯有老臣談笑聽　오직 노신老臣의 웃고 말하는 소리 듣고
擬將茅屋號從容.　장차 띠집에서 종용히 부르고 싶다.

라 했으며, 또 이르기를,

生世多崎嶔　태어난 세상이 매우 위험해
三旬月暈中　삼순三旬 동안 달무리 가운데였다오.
一身無足惜　내 한 몸은 아까운 것이 없지만
千乘奈云窮　천승 수레가 궁하다고 하니 어찌하랴.
外絶覲王士　밖으로는 임금을 찾는 선비가 없고
朝多賣國凶　조정에는 매국하는 흉한 자가 많다.
老臣何所事　노신老臣 하는 바 일이 무엇일까
腰下帶霜鋒.　허리에 서리 같은 칼을 가지고 있다오.

라 했으며, 또, 장풍長風 노상路上에서 시를 써 말하기를

凍雨霏霏灑晚天　찬비가 부슬부슬 늦은 하늘에서 뿌리고
前山雲霧接村烟　앞 산 구름과 안개는 마을 연기와 이어졌다.
漁翁不識簑衣濕　어옹은 도롱이 젖는 줄을 모르고
閑傍蘆花共鷺眠.　한가하게 갈대꽃 옆에서 백로와 함께 존다오

라 했는데, 이 시를 보면 공의 기상을 알 수 있을 듯하다.

용천구龍川君 수晬는 광해군光海君 계축癸丑에 종실宗室 열아홉

사람과 더불어 대궐 앞에 엎드려 항의하는 글을 올려 말하기를 빨리 간신 이이첨李爾瞻을 내쳐 종사를 안정시키기를 청했다. 올린 글이 들어가자 멀리 순천順天으로 유배되었다. 공公은 태연히 출발하며 지은 시가 있는데 말하기를,

爲國丹心白髮明　나라 위한 단심은 백발로 밝히며
孤臣一死等毛輕　고신孤臣의 한 번 죽음은 털과 같이 가볍다오.
封草只欲扶宗社　봉초封草162)는 단지 종사宗社를 붙들고자 함인데
肯恨今朝瘴海行.　오늘 아침 장기의 바다로 가는 것을 한하랴.

라 했다.

동주東洲 이민구李敏求는 열다섯 살에 진사시에 합격했다. 처음 고관考官이 선발한 관동冠童에게 운을 부르며 시를 짓게 했는데 공公이 이르기를,

泮宮春日春光新　반궁泮宮의 봄날에 봄빛이 새로우며
松蔭前庭不動塵　소나무가 덮은 앞뜰에는 먼지도 일지 않는다.
童子三人冠者四　동자 세 사람 갓 쓴 자 네 사람인데
他年誰是濟時人.　뒷날 뉘가 세상을 구제할 인물이 되리.

라 하니 고관考官이 경탄했다. 공公은 소년에 영달했고 만년에는 문망文網에 걸려 낙향도 하고 유배되기도 한 것이 사십 년이 가까웠기 때문에 지은 시에 괴로운 가락이 많다. 그의 적중시謫中詩에 말하기를,

---

162) 위에 항의하며 올린 글로서 봉장封章과 같은 의미의 글이 아닌가 한다.

江城白露隕靑梧	강성의 백로는 푸른 오동잎에 떨어지는데
獨夜殘燈擁土罏	밤에 홀로 등불 밑에서 화로를 안고 있다.
棣蕚百年同氣盡	백 년 동안 형제가 헤어져 있어 동기의 정도 다했고
萍蓬四海一身孤	넓은 세상에 떠돌아다녀 일신이 외롭다.
腸摧杜宇啼時血	창자가 꺾인 두우새는 울 때 피를 흘리며
淚迸鮫人別後珠	눈물 없는 교인도 이별 후에는 많이 흘린다.
疾病艱難催鬢髮	병과 어려움이 살쩍머리를 재촉해
形容勝似屈原無.	형용이 굴원屈原에게도 없었던 것이 많다.

라 했으며, 또 공公이 기유년己酉年의 사마시司馬試에 장원한 사람으로서 같이 합격한 몇 사람과 회방연回榜宴을 했는데 그때 공의 나이 팔십 한 살이었다. 시를 지었는데 말하기를,

少住人間八十年	인간세계에 잠깐 머문 것이 팔십 년이었는데
虞淵西畔是重泉	우연虞淵163) 서쪽이 바로 중천重泉164)이라오.
懸車息馬從今日	오늘부터 수레와 말을 타지 않겠지만
猶把高文倚醉眠.	오직 좋은 시를 잡고 취해 졸고자 한다.

라 했는데, 바로 그의 절필絶筆이다.

화포花浦 홍익한洪翼漢은 천계天啓165) 갑자甲子에 사신으로 배를 타고 중국에 가면서 중간에 黃免島에 들러 선비인 이궁李宮의 집에 잠깐 있기로 했는데 대우를 후하게 받았다. 그리고 밤에 글을 읽는 소리가 그치지 않았다. 그는 중국에서 난을 피해 온 사람이며 술을 팔아 생업을 하고 있었다. 공이 탄식해 말하기를 취醉한 오랑

---

163) 해가 지는 서쪽. 황혼黃昏을 말하기도 한다.
164) 깊은 샘. 먼 곳.
165) 명明나라 희종熹宗의 연호.

캐가 중국을 어지럽혀 드디어 선비로 하여금 바다 속의 섬에서 궁
하게 살고 있게 했으니 하늘의 뜻을 알 수 없다고 하면서 시를 지
어 주었는데 그 시에 말하기를,

孤島小如萍	고도孤島가 마름 잎처럼 적은데
問君來幾齡	그대에 묻노니 여기 온 지 몇 해가 되나요.
生涯新酒肆	생애를 위해 새로 술을 팔고
世業舊專經	대를 이어 하는 업으로 경전에 온전히 한다.
滌器朝浮蟻	아침에 그릇을 씻으면 개미가 뜨고
安床夜照螢	밤에 쉬고 있는 책상에 반딧불이 비친다.
壇畔扮社泣	단 옆의 사직의 신위를 잡고 울면서
何日腥塵醒.	언제 누린내 나는 먼지에서 깨어나랴.

라 했다.

오달제吳達濟 학사學士가 잡혀 가면서 신주信州의 집에 부칠 편
지를 몇 장 써 품에 품고 대동강변의 어느 촌가村家에 자면서 몰래
주인 노옹老翁에게 부탁하고, 또 절구絶句 한 수를 벽에 써 두었다.
되놈이 중국 사람을 데리고 와서 보고 다른 의미가 없다고 하니 가
버렸다. 공公이 노옹老翁에게 되놈이 간 후 편지를 봉해 평안감사
平安監司에게 주게 하고 감사는 정원政院에 보내 공公의 집에 전하
게 했는데 편지 한 통과 시 두 수는 모부인母夫人에게 드리는 것이
다. 또 편지와 시 각각 두 수가 있는데 그의 형과 자신의 처에게
보내는 것이다. 그리고 벽에 쓴 시는 전하지 않고 있다. 그가 모부
인母夫人에게 올린 시는,

風塵南北各浮萍	남북이 풍진으로 각자 마름처럼 떠다니는데
誰謂相分有此行	누가 이르기를 서로 나누어져 이런 행차가 있다 하

나뇨.

別日兩兒同拜母　떠나는 날 두 아들이 같이 절을 했는데
來時一子獨趨庭　올 때는 한 아들만이 홀로 뵈옵겠다오.
絶裾已負三遷敎　옷 뒷자락이 끊어지자 삼천교三遷敎[166]는 등졌는데
泣線空悲寸草情　흐르는 눈물이 짧은 정으로 슬퍼한다.
關塞路脩西日暮　변방 길은 멀어 서쪽 해가 저물겠는데
此生何路更歸寧.　이 몸이 어느 길로 다시 돌아와 뵈옵겠는가.

孤臣義正心無怍　고신孤臣의 옳고 바름은 마음에 부끄러움이 없으며
聖主恩深死亦輕　성주聖主의 깊은 은혜 죽음도 또한 가볍다오
最是此生無限慟　가장 이 생애에서 무한의 아픔은
北堂虛負倚門情.　어머니의 문에서 기다리는 것을 헛되게 등진 것이오

라 했다. 그리고 그의 형과 처에 부친 시에 말하기를,

南漢當時就死身　남한산성 당시에 죽었어야 할 몸이
楚囚猶作未歸臣　초수楚囚[167]로 아직 돌아가지 못하는 신하가 되었다오
西來幾灑思兄淚　서쪽에 와서 몇 번 형을 생각하는 눈물을 흘렸으며
東望遙怜憶弟人　동쪽을 바라며 멀리서 아우를 생각하는 사람을 사랑한다오
魂逐寒鴻悲隻影　혼은 기러기를 쫓아 혼자인 것을 슬퍼하며
夢驚池草惜殘春　꿈에 못의 풀이 봄인데 시든 것이 아까워 놀랐다.
想當彩服趨庭日　상상하면 때때옷 입고 뜰에서 뵈옵던 날
忍作何辭慰老親.　무슨 말을 하여 어머니를 위로하랴.

---

166) 맹자孟子가 어렸을 때 그의 어머니가 세 번 이사를 하여 좋은 환경을 찾았다는 것을 말함.
167) 초楚나라 사람이 다른 나라에 잡혀 있으면서 본국 갓을 쓰고 고국을 잊지 않았다는 고사를 말함.

琴瑟恩情重	금슬은 은혜와 정이 중요하며
相逢未二朞	서로 만남이 이 년이 되지 못했다오.
今成萬里別	지금 만 리의 이별이 되었으며
虛負百年期	백 년의 기약은 헛되게 저버렸소
地濶書難寄	땅이 멀어 글을 부치기 어렵고
山長夢亦遲	산이 길어 꿈도 또한 더디다오.
吾生未可卜	내 삶을 점칠 수 없으니
須護腹中兒.	반드시 뱃속 아이를 보호하오

라 했는데, 듣고 눈물 흘리지 않는 자가 없었다 한다.

지천遲川 최명길崔鳴吉이 청淸의 옥에 갇혀 있으면서 청음淸陰 김상헌金尙憲과 경經을 강講하기도 하며 같이 시도 지었다. 청음淸陰의 시에 말하기를,

成敗關天運	성패는 천운과 관련이 있으니
須看義與歸	모름지기 의리와 돌아가는 것을 살펴보라.
雖然返凤暮	비록 일찍 또는 늦게 돌아간다 할지라도
未可倒裳衣	옷을 거꾸로 입는 것은 옳지 않다오
權或賢猶誤	권력은 현명해도 오히려 그르칠 수 있으며
經應衆莫違	경經은 무리에 응해도 어기지는 않는다.
寄言明理士	말하노니 이리에 밝은 선비여
造次愼衡機.	오래지 않은 동안 형기衡機를 조심하오

라 했다. 지천遲川의 시에 말하기를,

靚處觀群動	곳곳에 무리들의 움직임을 볼 수 있나니
眞惑爛漫歸	참됨은 화려하게 돌아가는 것에 미혹된다.
湯氷俱是水	끓는 물과 얼음은 같은 물이며

裘葛莫非衣　　가죽과 칡넝쿨이 모두 옷이 된다오.
事或隨時別　　일은 간혹 때를 따라 구별될 수 있으나
心事與道違　　마음이 도와 더불어 어긋나랴.
君能悟斯理　　그대가 이 이치를 깨닫게 되면
語默自天機.　말하고 침묵하는 것이 스스로 천기天機[168]가 된다.

라 했다. 백강白江 이경의李敬輿가 시를 이공二公에게 주며 말하기를,

二老經權各爲公　두 늙은이 경위와 권도權道[169]는 각자 공정해
擎天大節濟時功　하늘을 받들 대절은 현실을 구제한 공이라오.
如今爛漫同歸地　지금 화려하게 같이 돌아가는 처지이니
俱是南冠白髮翁.　함께 남관南冠[170]을 쓴 백발옹이오.

라 했다.

　동명東溟 정두경鄭斗卿이 휴와休窩 임유후任有後, 백곡栢谷 김득신金得臣과 더불어 약속을 하지 않았는데 한 곳에 모여 간단히 술을 마시며 여악女樂으로 노래를 돋구었다. 술이 반쯤 취하자 동명이 흥을 타고 술잔을 들고 말하기를 "장부가 이 세상에 태어나서 청년 시대가 전기같이 빨리 지나가니 오늘 아침 한 번 즐거움이 만 잔의 술을 당적하리라" 하니 휴와休窩가 바로 절구 한 수를 읊으며 말하기를,

　春動寒梅臘酒濃　매화에 봄빛이 들자 섣달 빚은 술이 걸쩍하며

---

168) 하늘과 땅의 기밀.
169) 때와 장소에 따라 잘 처리하는 것. 맹자孟子는 형수의 손을 잡을 수 없으나 물에 빠진 형수의 손을 잡고 구하는 것이 권도權道라 했다.
170) 초楚나라 사람의 갓. 초나라 사람이 다른 나라에 포로가 되어 있음에도 초의 갓을 쓰고 절의를 지켰다.

栢翁溟老兩難逢　백옹栢翁과 명로溟老 두분은 만나기 어려울 것이오
樽前錦瑟兼淸唱　술통 앞에 거문고와 맑은 노래를 겸해
醉對終南雪後峯.　취해 남산南山의 눈 내린 뒷 봉을 본다.

라 하여 쓰기를 다하고 동명東溟에게 말하기를 "약자가 선수先手를
했다. 원하노니 자네의 억센 힘으로 물을 끼얹어 씻어 보시오." 하
니 동명이 말하기를 "난정蘭亭의 모임에서도 시를 짓는 자는 짓고
마시는 자는 마셨는데, 오늘의 즐거움에도 노래하는 자는 노래하고
춤추는 자는 춤을 추었으니 나는 노래를 하리라." 하고 인해 단가
短歌를 지어 손을 흔들며 크게 부르고 시로써 해석해 말하기를,

滿滿酌全樽　　두루미의 술을 가득하게 잔질을 하니
綠酒三百盃　　녹주綠酒가 삼백 잔이었다.
浩浩發長歌　　넓고 크게 장가를 부르며
意氣橫八埏　　의기는 팔극八極까지 빗겼다.
不愁夕陽盡　　석양이 끝나도 근심하지 않는 것은
天風吹月來.　　천풍이 불어 달이 오기 때문이오

라 하고 남은 흥이 다하지 않아 책상을 치며 노래해 말하기를,

君平旣棄世　　군평君平이 이미 세상을 버렸고
世亦棄君平　　세상도 역시 군평을 버렸다.
醉狂上之上　　취해 미침은 상의 상이요
時事更之更　　시사는 다시하고 다시한다.
淸風與明月　　맑은 바람이 밝은 달과 더불어
無情還有情.　　무정한 듯하면서 도리어 유정하다네.

라 하고 인해 낯빛을 고쳐 가늘게 웃으니 흰 머리털에 붉은 낯으로
주중선酒中仙이었다. 동명東溟이 사람들을 보고 일러 말하기를 "인
생이 백 년 살면서 이 즐거움을 내가 옛 사람에게 보이지 못한 것
을 한하는 것이 아니고 옛 사람이 나를 보지 못한 것을 한할 뿐이
라" 했다.

　백곡栢谷 김득신金得臣이 일찍 시가 있었는데 말하기를,

爲人性癖最耽詩	사람됨이 가장 시를 좋아하는 병이 있어
詩到吟時下字疑	시를 지어 읊을 때 글자 선택에 망설인다오.
終至不疑方快意	마침내 망설임이 없을 때 기뻐하노니
一生辛苦有誰知.	일생 동안의 신고를 뉘가 알아주랴.

라 하고 스스로 평해 이르기를 오직 아는 자와 더불어 이러한 경우
를 말할 수 있다. 지금 사람들은 아는 것이 적으면서 쉽게 지어 사
람을 놀라게 하는 말을 하고자 하니 또한 성걸지 아니한가.

　미수眉叟 허목許穆이 입산거入山居를 제목으로 한 시에 이르기를,

出谷復溪橋	골짜기를 나서니 다시 시내 다리이고
朝日照巖壁	아침 해가 바위벽을 비친다.
白雲從塹起	흰 구름이 구릉을 좇아 떠오르고
郊原生草色	들에는 풀빛에 생기가 난다.
溪南牧童在	시내 남쪽에 있는 목동이
跨牛穩吹笛.	소를 타고 편안히 피리를 분다.

라 했고, 또

| 高樹臨西塢 | 높은 나무들이 서쪽 촌락까지 다다랐고 |

野亭俯溪橋	들 정자에서 시내 다리를 굽어본다.
有客來相訪	손이 있어 서로 와서 방문하며
竟日話漁樵	종일 고기 잡고 나무하는 것을 이야기한다.
言語盡淳朴	언어가 모두 순박하며
風俗隔塵囂	풍속에 먼지와 시끄러운 것을 막았다.
笑罷相送去	서로 웃으며 보낸 뒤에
還受古意饒.	도리어 옛 생각들을 많이 받았다.

라 했으며, 또

春峽暮愈碧	협곡은 봄이 저물자 더욱 푸르며
景物晴更好	경물은 날씨가 개자 다시 좋다.
雀崒青黎牛	높게 나는 새와 얼룩소는
騰踔勢傾倒	뛰고 넘어져 형세가 기울어지는 듯하다.
天空月色出	하늘에 달빛이 비치고
遊氣正如掃	놀고 싶은 기운 바로 쓴 것 같다.
浩歌動高興	호가에 높은 흥이 움직여
曠然遺塵惱	넓게 티끌 번뇌를 버렸다.
賴有山中人	산골 사람들의 도움이 있으면
與我同懷抱.	나와 더불어 품은 생각 함께 하리라.

라 했는데, 이와 같은 시가 매우 많다.

동명東溟 정두경鄭斗卿이 북평사北評事 때 성진成津 조일헌朝日
軒에서 지은 시 여덟 수가 병풍에 쓰여 있었다. 약천藥泉 남구만南
九萬이 북백北伯으로서 순회하다가 그곳에 이르러 병풍을 보고 상
쾌하게 여겨 시를 지어 말하기를,

鄭老曾經北幕賓	정로鄭老가 일찍 북막의 평사評事를 거치면서

題詩屛上在成津	병풍에 시를 쓴 것이 성진成津에 있다.
聯翩八首夔州興	연달아 쓴 시 여덟 수는 기주夔州의 흥이요
模楷千年漳水濱	오랫동안 창수漳水가에서 모범이 되었다.171)
氣勢秪敎山與敵	기세는 산과 적국을 익숙하게 가르쳤고
波瀾長傍海爲隣	파란은 길이 옆에 있는 바다와 이웃이 되었다.
遙知此日楊雄宅	오늘 양웅楊雄의 집을 멀리서 알았으나
寂寂兼無載酒人.	쓸쓸하고 또 술을 가지고 오는 사람도 없다.

라 하고 잇달아 주목主牧에게 청해 손을 보고 잘 보관하여 뒤에 좋아하는 사람들에 구경하게 하라 했다. 그 이듬해 계축년에 동명東溟이 세상을 떠났고 약천藥泉 남구만南九萬이 또 성진成津에 가서 그 병풍을 가지고 오게 했더니 그 병풍을 관리하던 사람이 조심스럽지 못해 불에 태워버리고 몇 폭만 남아 있었다. 약천藥泉이 만지며 탄식하다가 다시 한 수의 시를 지었는데 말하기를,

文章海內鄭東溟	정동명은 이 세상에서 문장가였는데
此曾留取醉墨屛	일찍 이곳에서 취해 쓴 병풍을 남겼다.
天上玉樓今杳漠	천상의 옥루는 지금 아득하게 넓으며
人間寶唾亦凋零	인간 세계의 보배스러운 침도 떨어졌다.
焚燒豈是緣三昧	탄 것이 어찌 삼매三昧172)에 인연한 것이며
雷電應知自六丁	우뢰도 분명 육정六丁173)으로부터 알았을 것이다.

---

171) 이 함련은 중국의 고사와 연관이 있어 이해에 어려움이 있다. 기주夔州는 두보杜甫가 만년에 머물면서 세상을 떠났던 곳인데 위의 구는 기주에서 지은 두시杜詩의 흥을 연상한 것이다. 그러므로 두보의 시와 상관있지 않은가 한다. 밑에 양웅揚雄은 전한前漢때의 학자로 태현경太玄經과 양자법언揚子法言을 저작한 인물인데 이시와 상관이 되는 이야기는 알아보지 못했다.
172) 마음을 한 가지 일에 집중하는 것.
173) 둔갑술遁甲術을 할 때 부르는 신장神將의 이름.

幸未成灰翰數疊　다행히 재가 되지 않은 글씨 몇 첩이 있어
曠音猶疑爨餘聆.　큰 소리를 오히려 타다 남은 소리로 듣는지 의심스
　　　　　　　　　럽다.

라 했는데, 선배들의 문장을 사랑함이 이와 같았다.

경신환국庚申換局 뒤에 남인南人들이 유배되기도 하고 처형되기
도 하여 많이 폐출되었다. 이당규李堂揆 참판參判이 죽었을 때 유
하익兪夏益 판서는 시를 써 만장에 말하기를,

親朋屈指幾人存　친구들에 몇 사람이 있는지 헤어보니
半是三危半九原　반은 삼위三危174)에 반은 구원九原175)이었다오.
惆悵世間餘老物　슬프게도 세상에 남은 노물老物176)은
廣陵殘月又招魂.　광릉廣陵177)의 남은 달빛에 또 초혼招魂을 한다.

라 했는데, 말이 매우 비참하다. 기사년己巳年에 남인南人이 다시
정권을 잡게 되자 김수홍金壽興 수항壽恒이 모두 먼 곳으로 유배되
었는데, 중씨仲氏는 병으로 세상을 떠났고 계씨季氏는 후명後命을
받고 죽었다. 그의 백씨伯氏 수증壽增 도정都正이 이익상李翊相 판
서의 만시에 말하기를,

牢落人間後死悲　쓸쓸한 인간으로 뒤에 죽는 것이 슬퍼
更無餘淚及親知　다시는 남은 눈물이 친지에 미칠 것이 없다오

---

174) 위험을 부르는 세 가지 일 즉 덕이 없으면서 사랑을 많이 받는 것, 재주
　　가 없으면서 벼슬이 높은 것, 큰 공이 없으면서 많은 녹을 받는 것.
175) 황천黃泉과 같음. 묘지.
176) 자신을 가리킨 것이 아닌가 한다.
177) 조선조는 광릉廣陵은 없고 명나라 명종明宗의 능호가 강릉康陵이다.

靑山好葬如君少　청산에 그대같이 좋은 곳에 장사하는 자 적으리니
宜向泉臺作賀辭.　천대泉臺178)를 향해 하사賀辭를 짓겠소.

라 했는데, 사람들에 눈물을 흘리게 하여 차마 두 번 읽지 못하게 했다. 그때 남인南人으로 높은 벼슬을 하다가 죽어 빈소殯所에 있는 이서우李瑞雨의 만시挽詩에 말하기를,

可憐今日事　가련하게도 오늘의 일을
不使此翁看.　이 늙은이로 하여금 보지 못하게 할 것이다.

라 했는데, 뒤에 보는 사람이 이때의 슬프고 무서웠던 것을 상상할 수 있게 했다.

　박엽朴燁 감사監司가 겨우 여덟 살이었을 때 눈이 많이 내렸는데 그의 숙부叔父가 밖에서 들어와 보니 책을 눈이 내린 나무에 걸어 두고 뽕나무 가지로 활을 하고 다북대를 화살로 하여 쏘고 있었는데 그 모양이 활을 쏘는 형상이었다. 그의 숙부가 크게 꾸짖으며 매를 하고자 하니 공이 말하기를 "소자의 뱃속에 이미 글을 많이 저장하고 있는데 책은 두어 어디에 쓰고자 합니까." 그의 숙부가 그를 꾸짖으면서도 의심하여 말하기를 "눈을 제목으로 하여 글을 짓고 만약 짓지 못하면 부형을 속인 죄까지 겸해 받으리라." 공公이 말하기를 "절구絶句를 지을까요 사운四韻을 지을까요." 하니 숙부가 사운四韻을 짓게 했다. 공이 말하기를 "압운押韻을 불러달라." 고 하자 숙부가 사斜, 가家, 화花, 아鴉로 하는 것이 좋다고 하니 공이 바로 지어 드리는데 말하기를,

---

178) 黃泉과 같음. 묘지.

如手復如席	손 같더니 다시 자리 같아
隨風覆更斜	바람을 따라 덮었다가 다시 비꼈다.
窓含無影月	창은 그림자 없는 달을 머금었고
林吐不香花	숲은 향기 없는 꽃을 토한다.
山上瓊爲窟	산 위의 구슬은 굴을 뚫게 하며
人間玉作家	인간은 옥으로 집을 짓는다.
一痕能染白	한 번 내린 흔적이 희게 물들어
寒樹有飢鴉.	찬 나무에 굶주린 갈까마귀가 있다.

라 하니 그의 숙부가 크게 기이하게 여겨 말하기를 "부지런히 읽으면 문장文章이 될 것이며 그렇게 하지 않아도 과거에는 합격할 것이니 너 임의대로 하라" 했는데 뒤에 과연 문장으로 알려졌다.

　서하西河 이민서李敏叙가 문형文衡에서 물러날 때 약천藥泉 남구만南九萬을 대신하기로 추천하고 시와 소서小序 및 벼루까지 보내면서 그 서序에 말하기를 문형文衡이 벼루를 전할 때 시를 서로 주고 받는 것은 좋은 일인데 근래에 와서 없어졌다. 내가 족하足下와 더불어 서로 자라면서 같이 글을 배웠고 지금 함께 벼슬하고 있으니 이것은 진실로 어려운 일이다. 또 같은 때 주문主文으로서 이 벼루를 전후로 서로 주고 받으니 이것도 또한 기이한 일로써 문원文苑의 고사故事로 남을 것이다. 하고 보낸 시에 말하기를,

金聲玉質琢磨奇	금옥金玉 같은 바탕을 다듬고 갈아 기이해
文苑相傳自昔時	문원文苑에서 예부터 서로 전했다.
受授幾經人得失	주고받는 것을 사람의 득실에 따라 몇 번이나 겪었으며
浮沈曾閱世興衰	세상의 홍쇠에 따라 부침浮沈을 일찍 보았다.
伊滿法訣憑衣鉢	법결法訣이 가득한 의발을 부탁하며

河朔威風變鼓旗　하삭河朔의 위풍에 북과 깃발이 변했다.
想見據梧揮灑處　상상해 보면 오동에 의지해 휘저어 뿌린 곳에
彩筆濡染字淋漓.　좋은 붓에 먹물 젖어 쓴 자가 힘이 있을 것이다.

라 했는데, 옛 벼루는 병자호란丙子胡亂 때 잃어 버리고 지금 주고
받는 것은 난 후에 새로 만든 것이기 때문에 부침浮沈과 열세閱世
라는 말이 있다. 약천藥泉이 답한 시에 말하기를,

詞場舊物遞相傳　문단의 옛 물건이 멀리까지 서로 전해
盛事如今閱幾年　지금처럼 갸륵한 일을 몇 년이나 보겠느냐.
押主齊盟吾與子　거느리는 주인 되어 같이 맹세하는 것도 자네와 같
　　　　　　　　이 했고
並驅秦鹿後還先　같이 사슴을 몰 즈음 뒤에서 도리어 먼저 했다.
寧忘少日同磨鐵　차라리 젊었을 때 같이 공부했던 것을 잊을망정
深媿虛名共點鉛　헛된 이름이 함께 찍히는 것이 깊게 부끄럽다오.
從此弘農重得守　이로부터 홍농弘農을 거듭 지킴을 얻었으니
龍蛇旗影動地邊.　용사의 깃발 그림자가 변방을 흔들 것이다.

라 했다.

　남약천南藥泉이 북쪽 방백方伯에서 바뀔 때 여성제呂聖齊 정승과
교체되었고 무진년戊辰年에 이르러 같이 영상領相과 우상右相으로
서 관북關北으로 유배를 가게 되어 서로 선후에 따라 출발하여 부
계涪溪에 이르러 길을 나누어 유배를 가게 되었는데, 앞서 처음에
서로 교체되었을 때에서 수십 년이 되었다. 약천藥泉이 처음 호서
湖西 고향 집에 있을 때 꿈에 여상국呂相國과 더불어 경성鏡城에
모여 오언율시五言律詩 한 수 지었다. 깬 뒤에 그 함련을 기록했는
데 말하기를,

香娥看似月   향아香娥가 달처럼 보이고
玉帝坐如春.   옥제玉帝는 봄같이 앉았다.

라 했는데, 비록 그 말이 무엇을 말하는 것인지 알아보지 못했으나
북쪽 땅에서 서로 만났으니 꿈이 참언으로 실천되었다. 약천藥泉이
헤어질 때 준 시가 있는데 말하기를,

按節交承十載前   십 년 전에 안절을 서로 주고받았는데
那知今日又同遷   오늘 또 같이 유배될 줄을 어찌 알았으랴.
汗升沈漫元無定   오르고 내리는 것은 너무 느려 정한 것이 없으나
離合分明亦有緣   헤어지고 만나는 것은 분명히 인연이 있다.
夢裏題詩猶記得   꿈속에 지은 시 오히려 기억할 수 있으며
路中分手倍依然   길에서 헤어졌던 것도 배나 전과 같다오
萬千珍重何多語   천만 번 진중한 것을 어찌 말을 다 하랴
生死唯當任昊天.   생사를 마땅히 하늘에 맡길 것이오

라 했다.

　호곡壺谷 남용익南龍翼이 이듬해에 이십사 세였다. 그 전에 정언
正言으로 매우 아팠는데 꿈에 시를 지어 말하기를,

絶塞行人少   먼 변방에 다니는 사람 적고
羈愁上客顏   객지의 근심은 나그네의 얼굴에 나타난다.
蕭蕭十里雨   십 리에 소소히 비가 내리는데
夜到鬼門關.   밤에 귀문관에 이르렀다.

라 했으나, 시의 뜻이 어떤 의미인지 알지 못했다. 신미년辛未年
시월에 대간臺諫으로 기사년己巳年에 원자元子 정호定號의 반교문

頌教文에 몽난夢蘭의 말을 인용해 논했다가(用夢蘭之語論) 명천明川
으로 유배되었으며 이듬해에 유배지에서 세상을 떠났으니 만사가
모두 미리 정해져 있었다.

송곡松谷 이서우李瑞雨의 도원시桃園詩에 이르기를,

鶉首東南又一天	헝클어진 머리로 동남과 또 같은 하늘에서
偶因閭左訪眞仙	우연한 인연으로 집 왼쪽에서 진선을 찾았다.
叢繁徐子求時藥	서자徐子는 번화한 딸기에서 약을 구할 때[179]
麥秀商君稅外田	상商나라 임금은 나라 밖에서 맥수가麥秀歌를 불렀다.[180]
丹竈有灰非市道	단약 솟에 재가 있음은 시장의 도가 아니며
碧山無石受神鞭	벽산碧山 돌이 없음은 신의 채찍을 받았기 때문이다.
不妨漸泄春消息	봄소식이 점점 새는 것은 방해가 되지 않으나
牢鏁桃花六百年.	도화桃花가 육백 년 동안 굳게 막혔다.[181]

라 했고, 그의 나부시懶婦詩에 이르기를,

三年着盡嫁時衣	삼 년 동안 시집올 때의 옷을 입었고
似病非愁洗沐稀	병인 듯하나 근심도 않고 목욕도 드물다.
朝起未曾看出日	아침에 일어나도 해 뜨는 것을 보지 못하고

---

179) 서자徐子는 서복徐福이 아닌가 짐작되는데, 그는 진秦 시황始皇 때 불사약
不死藥을 캐러 가면서 올해 돌아온다 하고 돌아오지 않았다 한다. 윗 시에
몽난夢蘭은 어떤 의미인지, 그리고 위 시의 홍농弘農은 지명이라 한다.
180) 맥수麥秀는 맥수가麥秀歌일 것이며, 은殷나라가 망하자 기자箕子가 불렀다
고 한다. 세외전稅外田은 공신에게 봉해준 땅을 말한 것이 아닌가 한다.
181) 진秦 시황始皇이 만리장성을 쌓을 때 편석鞭石을 하여 돌을 운반했다는
말이 있는데 여기 신편神鞭도 편석에서 나온 말일 것이다. 이 시는 고사
가 많아 말도 어렵지만 내용도 난해하다.

午眠常因到斜暉　낮잠을 항상 햇빛이 빗길 때까지 잔다.
多情里嫗分殘食　다정한 마을 노파와 남은 밥 나누어 먹고
喜事秋蟲吊廢機　기쁜 일은 가을벌레가 베틀을 폐지시키는 것이다.
最是中宵佳興在　가장 밤중에 아름다운 흥취가 있는 것은
聞郞呼去捷如飛.　낭군의 부르는 소리 들리면 나는 듯이 빠르다.

라 했고, 또 영목소시詠木繅詩에 말하기를,

雙橫雙立狀如舞　한 쌍은 비끼고 한 쌍은 세워 모양이 춤추는 듯
執厥兩端用厥中　그 양쪽 끝을 잡고 가운데를 사용한다.
揮手引來聲戞戞　손을 흔들어 끌고 오면 소리가 알알하며
亂雲飛雹散西東.　어지러운 구름과 날으는 우박처럼 동서로 흩어진다.

라 했는데, 가히 앞서 사람들이 말하지 못한 것을 말했다고 이를
만하다.

　류혁연柳爀然이 경신년庚申年에 화를 입었는데 경인년庚寅年에
이르러 서산瑞山의 선비 이섭李燮이 꿈에 동교東郊로 나갔더니 군
인들의 자세가 매우 엄하고 한 사람의 대장이 높은 단에 올랐는데
사람들이 류모柳某라 했다. 조금 지나자 그 사람이 이섭을 초치하
여 한 수 절구를 읊으며 말하기를,

吾王推食解衣衣　우리 임금님 밥을 주시고 옷을 벗어 입게 했으며
死生君恩也莫非　죽고 삶이 임금의 은혜 아님이 없다오.
明時罪大終難道　밝을 때 죄가 커 마침내 도망하기 어려웠으나
魂到丹墀舊秋依.　혼은 옛 가을의 붉은 뜰에 가고 싶소.

라 했다 그 선비가 매우 이상히 여겨 그 시를 역서曆書에 기록해

두었다. 얼마 되지 않아 숙종肅宗이 갑자기 세상을 떠나자 복관復
官하는 명령이 내렸으므로 그 선비는 그 꿈의 증험을 알게 되었으
며 얼마 있지 않고 그의 자손들을 찾아 역서曆書를 보여주며 이르
기를 꿈속에서 이섭李燮이 차운한 시에서 아래 위의 운이 서로 바
뀌었다고 했다. 그 시에 말하기를,

> 我本西湖一布衣 내 본디 서호의 벼슬하지 않은 사람으로서
> 石田茅屋此身依 돌밭과 띠집에 이 몸을 의지했다오.
> 偸閒風月生涯足 한가함을 도적한 풍월로 생애가 족하며
> 不識人間有是非. 인간 세계에 시비가 있음을 알지 못한다오.

라 했다.

　서파西坡 오도일吳道一에 대해 한 유생이 글을 올려 그가 술로써
실수하는 일이 있다고 했다. 숙종肅宗이 하교下教하여 말하기를 오
도일吳道一이 술을 좋아하여 병이 되어 고질이 되었는데도 전혀 깨
닫지 못하고 있으니 진실로 가석하다. 옛날 계주시戒酒詩에 말하
기를,

> 聖君寵極龍頭選 장원으로 선발되어 성군이 매우 사랑했고
> 慈母恩深寫髮垂 어머니의 깊은 은혜로 머리털도 쏟아지게 드리웠다.
> 君寵母恩俱未報 임금 사랑 어머니 은혜 다 갚지 못했는데
> 酒如成病悔何追. 술로 병이 되었으니 후회한들 미치겠는가.

라 한 구句를 항상 알고 조심하면 어찌 매양 낭패함이 있겠는가 했
다. 서파西坡가 감동해 눈물을 흘리며 술을 끊었다. 그리고 지은 시
에 이르기를,

膏肓麴藥未全醫　불치병인 술을 약으로 온전히 치료하지 못했는데
跪讀綸音血淚垂　꿇어앉아 임금 말씀 읽고 피눈물이 흐른다.
骨肉殊恩何以報　골육의 특별한 은혜 어떻게 갚으며
死前唯有舊愆追.　죽기 전에 오직 옛 허물 좇는 데 있다.

라 했다. 뒤에 병조판서兵曹判書가 되어 금중禁中에 들어갔더니 술
을 내리는 명령이 있었는데 대개 옛 예를 따른 것이다. 바로 시를
지어 말하기를,

三年銘鏤戒常存　삼 년 동안 새겨 경계함이 항상 있어
縱對黃花不對樽　국화는 임의대로 대해도 술두루미는 대하지 않았다.
宮醞忽宣西省月　서쪽에서 달이 비칠 무렵 궁중에서 빚은 술을 갑자
　　　　　　　　기 내리시니
此身醒醉捴君恩.　이 몸의 깨고 취하는 것도 모두 임금의 은혜라오.

라 했다. 서파西坡가 관동백關東伯이 되었을 때 순찰을 하다가 양
양襄陽에 이르러 지은 시가 있었는데 말하기를,

三旬持戒忽相望　삼순을 경계하다 갑자기 서로 보니
快倒春風滿滿盃　봄바람에 가득한 술잔 돌고 기뻐 넘어졌다.
不使大堤兒拍手　대제아大堤兒[182]에 박수치게 시키지 않았다면
後人誰識到襄陽.　뒷사람에 누가 양양에 왔음을 알리오.

라 했다.
　이현조李玄祚 감사監司가 한림翰林이었을 때 최석항崔錫恒 성공
相公이 상번上番이 되어 반드시 하번下番을 검속하는데 최崔가 이

---

182) 언덕에서 노는 아이들 곡曲의 이름이라고 함.

李를 매우 심하게 하기 때문에 이李가 괴롭게 여겨 시로써 조롱해
말하기를,

何物奇形院裡過	어떤 기이한 모양의 물건이 관아 속으로 지나는데
望之堪笑亦嗟嗟	보면 웃고 싶고 또 슬프다오.
撞來雙眼疑驚兎	들어보면 두 눈이 놀란 토끼가 아닌지 의심스럽고
步上階級類躍蛙	계단을 걸어 오르면 개구리가 뛰는 것을 닮았다.
每引盤匙如擧鼎	밥상의 숟가락 잡는 것은 솥을 드는 것 같고
偶橫烟竹如吹螺	담뱃대를 가로 잡으니 소라를 부는 것과 같다.
人間至怪吾初見	인간의 지극히 괴이한 것을 내 처음 보았으니
始信今年厄會多.	금년에 액이 많음을 비로소 믿게 되었소

라 했는데, 대개 최석항崔錫恒이 매우 적기 때문에 이 시가 놀랄
만큼 너무 가깝게 접근했으므로 사람들은 최석항이 반드시 화를
많이 낼 것으로 말을 했으나 최석항이 보더니 웃기만 하고 그의 종
만 벌을 주므로 사람들이 그의 아량에 승복했다.

이광해李光海 성서尙書가 일찍 북백北伯을 하고 있을 때 좋아하
는 기생이 있었는데 다른 직위로 바뀌어 돌아오게 되자 유혜비遺惠
碑가 서게 되었고, 그 기생은 수절했다. 이감사李監司가 안변부사安
邊府使가 되어 함흥咸興에 이르러 그 기생에게 시를 주었는데 말하
기를,

遺民墜淚羊公石	유민들은 양공석羊公石[183)]에 눈물 흘리고
過客傷心鷰子樓.	지나는 손은 연자루鷰子樓에서 슬퍼한다.

---

183) 어떤 인물인지 알아보지 못했다.

라 했는데 사람들이 전하며 외웠다. 이감사李監司가 바로 관동關東
으로부터 체직이 되어 돌아오게 되었다. 그때 원성原城 원인 정협
鄭悏이 시를 잘 지었다. 시를 지어 보내며 말하기를,

片舟滿載蟾江月 작은 배에 섬강의 달을 가득 실었는데
寫與琴書也太多 거문고와 책을 기울어지게 너무 많이 주었다.

라 했는데, 맑고 고왔다. 감사 시의 간소함도 이 시에 부끄러움이
없다.

　허규許奎 사문斯文은 젊었을 때 울진蔚珍 고을을 지나는데 그때
원은 서파西坡 오도일吳道一이었다. 배를 타고 함벽정涵碧亭 아래
에 놀고 있는데 정자는 서파西坡가 지은 것으로 깨끗한 운치는 죽
서루竹西樓와 다투었다. 허사문許斯文이 물을 건너 지나가면서 말
에서 내리지 않았다. 서파西坡가 술에 취한 기분으로 크게 화를 내
어 관가에서 부리는 사람을 시켜 잡아와서 갓을 벗기고 장차 체벌
을 하고자 하니 허사문許斯文이 크게 곤색하여 시를 지어 갚기로
하고 운을 부르게 청했다. 서파西坡의 노기가 갑자기 떨어져 작은
종이에 제목을 선사함벽정仙槎涵碧亭이라 쓰고 칠언七言 사운四韻
으로 하되 편鞭, 현賢, 연烟. 천遷, 전傳 다섯 자로 한다 하고 또 말
하기를 "만약 빨리 지어 내면 단지 죄만 면해줄 것이 아니라 좋은
안주와 술로 반 일 동안 즐겁게 놀 것이라" 했다. 허사문許斯文이
붓을 잡고 바로 써 말하기를,

涵碧亭前促客鞭 함벽정 앞에 나그네를 채찍으로 재촉하지만
行人猶認主人賢 가는 사람은 오히려 주인의 현숙함을 인정한다오
斲開厓壁千尋翠 천 길 푸른 언덕과 벽을 개척했으며

收拾松篁十里烟　소나무와 대로 십 리의 연기를 수습했다.
豈料嚴威遂觸犯　어찌 위엄을 범하게 될 것을 생각했으며
却教歸路反延遷　도리어 돌아가는 길을 더디게 가르친다오
華陰下有青蓮供　화려한 그늘 아래 청연青蓮[184]이 이바지하고 있으니
安得風流萬古傳.　어찌 풍류가 만고에 전하지 않으리오.

라 하여 시를 짓고 돌아가기를 청했으나 서파西坡가 팔을 잡고 배에 오르게 하여 예로써 공손하게 대하고 운을 불러 같이 시를 지으며 통인通引 전천田天으로 하여금 붓을 잡게 하고 지은 시를 입으로 부르면 쓰게 했는데 허사문 시에 말하기를,

含風溪水綠漣漪　시냇물은 바람을 머금었고 물결은 푸르며
正是仙槎日落時　바로 해가 질 즈음 떼배가 떠나려하오.
留客詞人欲投轄　머물게하는 사인詞人은 굴대를 던지려 하고
貪程行子惕題詩　먼 길 가야하는 나그네는 시 짓는 것을 겁낸다.
昇沈自隔青雲路　오르고 잠김은 청운의 길을 스스로 막으며
意氣相傾白玉巵　의기로 백옥의 술잔을 서로 기울인다.
特地勝遊難後得　특별히 놀기 좋은 곳을 뒤에 얻기 어려워
樽前落筆故遲遲.　두루미 앞에 붓을 놓고 고의로 더디게 한다.

라 했으며, 오시吳詩에 말하기를,

紅亭瀟灑枕淸漪　깨끗한 홍정紅亭은 맑은 물결을 베고 있고
　　　　　　時　(빈 곳은 글자가 끝에 한 자만 있고 누락되었음.)
豈向縣前客走馬　고을 맡은 사람 앞에 나그네가 말을 달렸으나
不妨樓上許題詩　누 위에서 시를 짓는데 방해가 되지 않게 허락했다오.

---

184) 글자대로 말한 것인지 인물을 상징적으로 말한 것인지 이해하기 쉽지 않다.

松烟竹翠搖吟筆	푸른 소나무와 대가 시를 쓰는 붓을 흔들며
溪雨山氣落酒巵	시내에 내린 비와 산 기운이 술잔에 떨어진다.
莫道雲泥便長隔	구름과 진흙으로 길게 막혔다고 말하지 말라
搏風九萬未應遲.	구만 리를 치는 바람에 응당 늦지 않으리라.

라 했다.

이의승李宜繩이 시로써 이름이 있어 오도일吳道一 상서尙書와 망년우亡年友가 되었다. 이이승이 영암靈巖 처가에 가서 얼마 되지 않아 세상을 떠났는데 같이 놀았던 이집李楫의 꿈에 나타나 절구絶句 이십팔 자를 말했다. 그 후 본도本道로 반장返葬을 했는데 시의 뜻과 서로 같으니 또한 이상하다. 그 시에 말하기를,

江南芳草綠迢迢	강남 꽃다운 풀이 멀리까지 푸른데
寂寞孤魂不復招	쓸쓸한 외로운 혼을 다시 부르지 않고자 한다.
千里客心何處把	천 리의 나그네 마음을 어느 곳에서 잡으며
漢陽城外上春潮.	한양성 밖에 봄 조수가 오른다.

라 했으며, 그의 영렴시詠簾詩에 말하기를,

錦帳雲繚似重屛	비단 장막과 구름이 얽혀 겹친 병풍 같고
爭如簾箔護深宮	주렴과 발이 깊은 궁을 보호하고자 다투는 듯하다.
虛庭得月疑林外	빈 뜰에 달이 비치자 숲 밖인가 의심스럽고
晴日看山似夢中	갠 날 산을 보니 꿈속 같다.
珠瑩不分凝白露	밝은 구슬은 백로와 엉켜 구분하기 어렵고
竹踈容易漏淸風	성긴 대는 맑은 바람이 쉽게 스며든다.
養雛免似鷹鸇入	병아리를 기르면 매들이 들어오는 것을 면해야 하는데
樑燕何曾忘爾功.	들보의 제비가 어찌 너 공을 잊으랴.

라 했다.

농암農巖 김창협金昌協의 아들 숭겸崇謙이 문제文才가 일찍 이루어져 시가 있는데 말하기를,

白雲在谷青山靜　흰 구름이 골짜기에 있으니 청산이 고요하고
黃鵠巢林夜雨長.　누런 비둘기 집이 있는 숲에 밤비가 길다.

라 하여 시의 생각이 청신해 완전히 속태俗態를 씻었다고 하겠는데, 사람들은 혹 귀어鬼語로서 병으로 여기더니 과연 이십에 죽었다. 또 이수대李遂大란 사람도 소년으로서 재주가 뛰어나 일찍 과거에 급제했다. 그의 시에,

秋陰四山暝　가을 그늘에 사방 산이 어둡고
夜雨百蟲悲.　밤비에 많은 벌레들이 슬퍼한다.

라 한 구는 위의 김숭겸金崇謙 시와 비교하면 더욱 처참하다. 역시 벼슬은 낭서郎署에 그쳤고 일찍 죽었다.

공자公子 주계군朱溪君은 비단 이학理學도 이해를 할 뿐만 아니라 글을 짓는데 능했다. 그의 시 우후만망雨後晚望에 말하기를,

一犁春雨杏花發　보습 깊이 봄비에 살구꽃이 피고
處處人耕白水間　곳곳에 사람들은 물에서 논을 간다.
獨立滄茫江海上　홀로 넓은 바다 위에 서서
不勝怊悵望三山.　삼산을 바라보며 슬픔을 이기지 못한다.

라 했고, 도운계사시到雲溪寺詩에 말하기를,

樹陰濃淡石盤陀　나무 그늘은 걸쭉하며 맑고 반석은 비탈지며
一徑縈回透澗阿　한 가닥 길은 얽히고 돌아 내와 언덕사이로 간다.
陣陣暗香通鼻觀　끊어졌다 이어지는 짙은 향기는 코를 통해 맡아
遙知林下有殘花.　멀리 숲 밑에 남은 꽃이 있음을 알았다오

라 했는데, 이러한 시가 매우 많다.

공자公子 명양정鳴陽正은 깨끗해 티끌 세상에서 벗어난 것 같고 글을 좋아하고 시도 지었다. 그의 위인견의시爲人遣意詩에 말하기를,

小雨茆齋濕　적은 비에 모재가 젖었으며
新晴枕席涼　새로 개자 잠자리가 서늘하다.
水衣緣礎上　비옷은 주춧돌과 인연하게 되었으며
庭草過墻長　뜰에 풀은 담장을 넘을 만큼 길다.
露浥荍花淨　이슬에 젖은 교미꽃이 깨끗하고
風含蕙葉香　바람을 머금은 혜초 잎은 향기롭다.
悠然午眠破　여유가 있게 낮잠에서 깨니
林杪淡斜陽.　숲 끝에 비낀 햇빛이 맑다.

라 했고, 추일시秋日詩에 말하기를,

白露園林淨　이슬에 젖은 동산 숲이 깨끗하며
高風草木衰　가을바람에 초목이 쇠하려 한다.
覆盆踈竹葉　성긴 대나무 잎이 동이리를 덮었으며[185]
汲井煮桑枝　샘물 길어 뽕나무 가지를 달인다.
落月鴈塞橫　달이 지려 하자 기러기가 변방으로 가로 날아가며
秋窓蟲吐絲　가을 창에 벌레가 실을 토한다.

---

185) 복분覆盆은 산딸기를 말하기도 하는데 여기서는 글자대로 번역을 했다.

誰吟貧病客　　누가 가난하고 병든 나그네를 말하는가
長詠楚人詞.　　길이 초나라 사람의 사詞를 읊는다.

라 했고, 또

空盤堆馬齒　　빈 밥상에 말의 이빨이 쌓였고
荒圃長鷄腸　　거친 포전에 닭 창자처럼 길다.
水閣青奴冷　　수각水閣에 죽부인竹夫人은 차고
巖田腐婢香　　돌밭에 소두화小豆花가 향기롭다.
苺苔侵礎遍　　이끼가 주춧돌을 두루 들어오며
蓬筵繞窓長.　　다북대는 창을 길게 얽었다.

라 했고, 또

紫蘇葉帶回風響　　자소 잎은 바람 소리를 띠고 돌고 있으며
紅蓼花含返照明　　홍료화紅蓼花는 밝은 빛을 머금고 돌아온다.
溪禽帶雨全身濕　　시내 새는 비를 맞아 전신이 젖었고
山柿經霜半頰紅.　　산에 감은 서리가 지나자 뺨이 반쯤 붉었다.

라 했는데, 맑고 아름다운 병이 있어 삼십이 되지 못하고 세상을 떠났다. 그의 감회시感懷詩에,

光陰如電別　　빛과 그늘은 전기 같이 빨리 떠나며
歲月不貸余　　세월은 나에게 빌려주지 않는다.
成命雖及畢　　생명은 비록 다했다 할지라도.
時竟歸空虛　　때를 마치면 공허한 곳으로 돌아간다.
形骸非我有　　형상이 나에게 있는 것이 아니며
一朝無復餘　　하루 아침에 남음이 없을 것이다.

榮華豈足賴	영화가 어찌 만족하는데 도움이 되며
天地直蓬廬	천지가 바로 다북대 집이라오.
笑被窮途人	웃노니 저 곤궁한 길에 있는 사람들은
痛哭終何如.	통곡한들 결국 어찌하랴.

라 했는데, 그가 오래 살지 못할 것을 알 수 있겠다.

무풍부정茂豊副正 춘椿은 별당이 양화도楊花渡 위에 있었는데 그는 작은 배에 고기 잡는 그물을 싣고 시인과 소객騷客을 맞이하여 날마다 모임을 가져 좋은 시가 무려 천백 편이 되었다. 신용개申用漑의 시에 이르되,

| 沙暖集群鳥 | 모래가 따뜻하니 뭇 새들이 모이고 |
| 江淸浮太陰. | 강물이 맑으니 태음太陰186)이 뜬다. |

라 하여 두 구句가 으뜸이 되었다. 여경餘慶이 탄식하며 말하기를 이 사람의 이 시는 성당盛唐의 운韻이라 했다.

본조本朝에서 승려로서 시에 능한 자가 매우 드물었는데 오직 삼요參蓼가 가장 잘 지었다. 그의 증인시贈人詩에 말하기를,

水雲蹤跡已多年	수운이 자취를 감춘 지 이미 여러 해였는데
鍼芥相投喜有緣	침과 지푸라기가 서로 던지는 것도 기쁜 인연이다.
盡日客軒春寂寞	종일 객관에 봄은 고요하고
落花如雪雨餘天.	떨어지는 꽃은 눈 같고 비는 하늘에 남았다.

라 했는데, 준걸하고 깨끗함이 여유가 있다.

---

186) 양기陽氣가 조금도 없는 상태. 여경餘慶은 누구인지 알아보지 못했다.

묘정妙靜은 이상한 스님이다. 나이 구십이 지났는데 안색이 쇠하지 않았으며 두발이 이마까지 덮었다. 겨울과 여름에도 몸에 옷은 항시 엷게 입었으며 혹 달을 넘기면서 먹지 않아도 배고파하지 않았다. 여러 산을 두루 유람하며 정한 곳이 없고 경사經史에 박통했다. 세상에 전하기를 지리에 신기하게 통했으나 사람들에 산을 알려주지 않았다. 시가 있는데 말하기를,

靑鸞驚叫鶴飛還	난새가 놀라 울고 학은 날아 돌아오며
月出扶桑大樹間	달은 동쪽 큰 나무 사이에 떴다.
午夜淸光移白晝	밤중에 맑은 빛은 대낮을 옮긴 듯하며
碧桃花外露三山.	벽도화碧桃花 밖에 삼산이 보인다.

라 했다.

계낭桂娘은 부안扶安 창녀였는데 스스로 호를 매창梅窓이라 했다. 일찍 지나가는 손이 그의 이름을 듣고 시로써 희롱하니 계낭桂娘이 바로 차운하여 말하기를,

平生不學食東家	평생에 동가東家에서 먹는 것을 배우지 않았으며
只愛梅窓月影斜	단지 매창에 달그림자가 빗기는 것을 좋아한다오
詞人不識幽閒意	사인詞人은 깊숙하고 한가한 뜻은 알지 못하고
指點行雲枉自多.	가는 구름 가리키며 스스로 잘못이 많다 한다.

라 했다. 중취객시贈醉客詩에 말하기를,

醉客執羅衫	취한 손이 비단 적삼을 잡으니
羅衫隨手裂	비단 적삼이 손을 따라 찢어진다.
不惜一羅衫	비단 적삼은 아깝지 않으나

但恐恩情絶.　　　단지 은정이 끊어질까 겁난다오.

라 했다.

　광해군光海君때 신해년辛亥年에 태학太學의 여러 선비들이 어떤 일로 감정이 격해 집을 비우고 나갔는데 한 선비가 시를 지어 말하기를,

嚴霜四月下菁莪　사월에 엄한 서리가 무와 다북대에 내리니
只是狂愚豈有他　단지 미치고 어리석은 것이지 다른 뜻이 있으리오
回首泮宮香火滅　반궁泮宮[187]을 돌아보니 향화香火가 꺼졌고
杏壇廖落日初斜.　행단杏壇[188]도 쓸쓸하고 해가 처음 빗겼다.

라 했다.

　한 무인武人이 그의 아이를 잃고 곡하면서 시로 슬퍼해 말하기를,

前郊久斷牧牛影　앞들에 소 먹이는 그림자 끊어진 지 오래며
蘆莞誰吹不忍聞　갈대와 왕골을 누가 부나뇨 차마 듣지 못하겠다.
樵路蟹梁風雨夜　나무하는 길 고기 잡는 다리의 비바람 부는 밤에
此間應有往來魂.　그 속에 분명히 왕래하는 혼은 있을 것이오

라 했다.

　정옥세鄭玉世는 천한 사람이다. 오강회고시烏江[189]懷古詩를 지었는데 말하기를,

---

187) 성균관成均館과 문묘文廟의 총칭
188) 공자孔子가 은행나무 밑에서 학문을 강했다는 고사故事를 인용하여 학문을 강하는 곳.
189) 항우項羽가 패전을 하고 도망을 가다가 자결한 곳이다.

學敵萬人何所用	만인을 상대할 것을 배웠는데 쓸 곳이 어디냐[190]
紛紛天下八千兵	팔천[191]의 병졸로 천하를 분분하게 했다.
鴻門宴罷謀臣泣	홍문鴻門에서 잔치를 파하자 모신謀臣은 울었고[192]
玉帳歌悲壯士驚	장막의 노래가 슬퍼 장사도 놀란다.[193]
月黑澤中騅不逝	달이 어두운 못 가운데 추마騅馬[194]가 가지 않고
風殘江上櫓無聲	바람이 없는 강에 노도 소리가 없다.
英雄一劒千秋血	영웅의 한 자루 칼이 길이 남기는 피가 되어[195]
化作寒波日夜鳴.	한파로 변해 밤낮 울고 있다오.

라 했다.

기생 옥생향玉生香은 젊었을 때 청원위青原尉 한경조韓景祚의 좋아
하는 바였는데, 문정왕후文定王后가 금오金吾에 명령하여 의주義州로
유배시켰다. 뒤에 지천芝川 황정욱黃廷彧이 시를 주어 말하기를,

信陵豪貴押遊時	신릉군信陵君[196]의 호귀함도 놀이가 제지될 때
不道潯陽撫瑟悲	심양潯陽에서 비파를 타며 슬픔을 말하지 않았다.
一落鴨江無去路	한 번 압록강에 떨어지자 갈 길이 없는데

---

190) 항우項羽가 어렸을 때 글을 배우게 하면 만인을 상대하는 것을 배울 것
　　이라 하고 글을 배우지 않았다 함.
191) 항우項羽가 처음 고향에서 나올 때 팔천 명을 데리고 나왔다고 함.
192) 홍문鴻門은 지명地名으로 항우項羽가 진秦을 격파하고 승전연勝戰宴을
　　했던 곳인데, 그 자리에 모신謀臣인 범증范增이 유방劉邦을 여러 번 죽
　　이게 신호를 보냈으나 죽이지 않으므로 범증范增이 울었다고 함.
193) 우미인虞美人이 자결하기 전에 항우項羽와 작별하고자 노래를 불렀다고
　　하며, 여기에 장사壯士는 항우項羽를 말함.
194) 항우項羽가 타고 다닌 말이라 한다.
195) 한 자루의 칼은 항우가 자결한 칼을 말함. 이때 항우의 머리는 현상懸賞
　　이 되어 있었으며 자신의 말을 몬 마부에게 머리를 준다 하며 자결했음.
196) 춘추전국 시대 위魏 소왕昭王 아들의 봉호封號이며 식객食客이 삼천이었
　　다고 한다. 이 시에서 인용한 고사故事는 알아보지 못했다.

世間寧獨怨蛾眉.　세간에서 어찌 홀로 아미만을 원망하나뇨.

라 했다.

　우암寓菴 조인규보趙仁規甫가 해서海西에 안절按節이었을 때 어떤 사람이 좋아하는 기생과 헤어지는 것을 아깝게 여기고 있었다. 우암寓菴이,

心似貪花蝶　　마음은 꽃을 탐하는 나비 같고
身如出塞鴻　　몸은 변방을 나가는 기러기라오
泣川添別淚　　읍천泣川에 이별하는 눈물을 더해
流向海門東.　　해문海門의 동쪽으로 흘러가게 한다.

　라 했는데, 읍천泣川은 시내 이름이라 했다. 호음湖陰 정사룡鄭士龍이 이 시를 보고 무릎이 굽는 것을 자신도 몰랐다고 하며 말하기를 "하연下聯의 기력은 더욱 기이하며 문장 전체가 대개 임당林塘에 있다"고 했다.

　유성춘柳成春의 집에 종이 복숭아 나무를 쪼개며 시를 지어 말하기를,

悔將伐木課兒童　　아이에 나무 베는 일 맡긴 것 후회하노니
斫盡大挑小苑中　　작은 동산 가운데 큰 복숭아 나무를 모두 베었다오
聞道東君消息至　　들으니 봄이 온다는 소식을 말 하는데
更將何物答春風.　　무슨 물건을 가지고 봄바람에 답하랴.

라 했다.

　함양군咸陽郡에 정섭鄭涉이라는 무사武士가 있었는데 스스로 호를 죽계竹溪라 했다. 그의 시에 말하기를,

竹溪窮老謝簪纓　죽계의 궁한 늙은이 벼슬을 사양하고
臥看州樓病骨輕　누워 고을 누를 바라보니 병든 몸이 가볍다.
水鳥一聲小雨歇　물새 우는 소리에 적게 내리던 비가 그치자
漏雲殘照半邊明.　구름에서 샌 남은 햇빛이 반쪽을 비쳐 밝다오

라 했는데, 생업生業을 온전히 시 짓는데 둔 자라 할지라도 여기에 더할 수 있겠는가.

최응현崔應賢은 강릉인江陵人으로 자는 보신寶臣 호는 수옹睡翁이며 참판 정운政雲의 아들이다. 우리 광묘光廟 조정에 과거에 급제했고 벼슬은 참찬을 했다. 일찍 계림鷄林의 윤尹이 되어 시가 있었는데 말하기를,

塵間榮辱幾番春　티끌 세계에 영화와 욕된 봄을 몇 번이나 지났는가.
案牘堆邊白髮新　책상에 쌓인 공문은 백발을 새롭게 한다.
半夜慣性林下計　밤중에 관습으로 숲속에 사는 것을 계획했는데
明朝又作未歸人.　다음 아침이면 돌아가지 못하는 사람이 되었다오

라 했다.

소재素齋 유순선柳順善이 과거에 급제한 처음에는 이름이 크게 알려지지 않았다. 옥당玉堂의 여러 학사들이 시 짓는 데 문서를 돌려 계를 했다. 공이 듣고 달려가서 왔다고 알리니 모인 사람들이 사람을 시켜 물어 말하기를 "연달아 열 잔을 마시면서 한 잔을 마실 때마다 장률長律 한 수씩 지을 수 있는 자만이 이 계에 참여할 수 있는데 공公의 재주가 가능하겠는가." 하니 공公이 대답은 하지 않고 종이와 붓을 찾아 한 구를 써 주는데 말하기를,

天寒滿酌旹能盡   추운 날 잔에 가득한 술은 모른 체하고 다 마실 수
　　　　　　　있으나
只限當年不學詩.   단지 그때 시를 배우지 못한 것이 한이오

라 하니 자리에 있는 사람들이 모두 탄복하며 맞아들여 계에 들어
오게 허락하고 즐겁게 놀다가 파했다. 공공의 문장이 맑고 아름다
워 영벌행접매시咏伐杏接梅詩에 말하기를,

其奈梅殘杏盛開   매화는 쇠하고 살구꽃이 많이 핀 것을 어찌하랴
寧將伐杏接寒梅   차라리 살구나무를 베어 매화에 접을 하고 싶다.
休嫌苟合非同氣   억지로 합쳐 동기가 아니라고 흠하지 마오
要使潛移作美材   잠깐 옮겨 아름다운 재목을 만들고자 하는 것이요.
疇昔穠華歸寂寞   누구나 옛날 화려함을 적막한 대로 돌아가게 하면
異時疎影可徘徊   다른 날 성긴 그림자도 배회함이 가할 것이다.
後身絶勝前身處   후신이 전신의 있는 곳이 매우 좋을 것 같으면
更有淸香月下來.   다시 맑은 향기 있어 달빛 아래 올 것이오

라 했으며, 또 추상추월부秋霜秋月賦가 있는데 지금도 사람들 입에
회자되고 있다.
　　성수익成壽益 참판이 관동關東 좌막佐幕으로 있을 때 시가 있었
는데 이르기를,

行來千里動經旬   천 리를 오는데 열흘이 지나게 움직여
看盡東隅眼更新   동쪽 지역 다 보았더니 눈이 다시 새롭다.
不識渺然滄海外   아득한 넓은 바다 밖에는
有何天地有何人.   천지에 무엇이 있으며 어떤 사람이 있는지 알지 못
　　　　　　　했다.

라 했다. 성공成公이 호서도사湖西都事로서 관동關東으로 옮겼기 때문에,

> 除却俗離丘垤外　속리산은 개밋둑 밖으로 물러가고
> 更看楓嶽八千峯.　다시 금강산 팔천 봉을 본다.

라 한 구句가 있다.

윤정尹淳은 선조宣祖 때 과거에 급제했고 벼슬은 이조좌랑吏曹佐郞에 이르렀다. 노비 문제로 한성부漢城府에 평민과 더불어 재판을 하게 되자 대관臺官은 명관名官이 향인鄕人과 더불어 송사를 한다며 탄핵을 했으며 이로 인해 벼슬도 부진했다. 일찍 시를 지어 자탄自歎해 말하기를,

> 弊屨堯天下　해진 신발은 요임금 천하에도 신었고
> 淸風有許由　청풍은 허유許由[197]에만 있었다.
> 分中無棄物　나누는 가운데 버릴 물건이 없는데
> 猶挈自家牛.　오직 제 집 소만 이끌 뿐이오.

라 했다.

노여魯璵 전서典書는 순흥루시順興樓詩에,

> 寒推岳色僧扃戶　추위가 산빛을 옮기자 스님은 지게문을 닫았고
> 冷踏溪聲客上樓.　찬 냇물소리 밟으며 손은 누에 오른다.

라 했고, 허백許伯 평장平章의 간성시干城詩에,

---

197) 요堯임금 때의 인물, 요임금이 천하를 양위하고자 해도 받지 않았다 함.

五更曉色先虛閣　오경의 새벽 빛은 빈 집에 먼저 오고
一葉秋聲滿小樓.　한 잎의 가을 소리 작은 누에 가득하다.

라 했는데, 서거정徐居正이 말하기를 "노시魯詩는 크게 교묘한 듯
하나 도리어 옹졸하고 허시許詩는 속俗된 듯하나 크게 기이하다."
고 했다.

　손필대孫必大의 섣달 그믐에 지은 시에 말하기를,

寒齋孤燈坐侵晨　찬 재실 외로운 등불에 새벽까지 앉아
餞罷殘年暗損神　남은 해를 전송하니 모르게 정신이 상한다오
恰似江南爲客日　강남에서 나그네 되었던 날
夕陽亭畔佳人別.　석양의 정자 가에서 가인과 헤어질 때와 같다오.

라 했다. 개녕開寧의 선비 이수인李壽仁의 영매시咏梅詩에 말하기를,

客傍梅花宿　나그네가 매화 옆에 자니
通宵夢寐香　새벽까지 꿈이 향기가 그치지 않았다.
覺來冠誤觸　잠을 깨자 갓이 잘못 받아
殘雪點衣裳.　남은 눈이 옷에 묻었다.

라 했다.

柴門流水是誰家　사립문으로 흐르는 물은 누구의 집인가
紅映踈籬一樹花　붉은 빛이 비치는 성긴 울타리에 꽃이 피었다.
不識主人姓名某　주인 성명이 누구인지 알지 못하나
白頭吾羨爾生涯.　흰 머리의 나는 너 생애를 부러워한다오

라 했으며, 또,

載酒漁船汎夕暉　술을 실은 어선을 석양에 타고 떠나며
急呼童僕守柴扉　종을 급히 불러 사립문을 지키게 했다.
客來欲問吾何在　손이 와서 내가 어디 있느냐 물으면
泛月西潭尚未歸.　달밤 서쪽 연못에서 아직 돌아오지 않았다 하라.

라 했으며, 또

名園花早發　이름 있는 동산에 꽃이 일찍 피며
寒士鬢先明　가난한 선비는 살쩍머리가 먼저 희었다.
白髮非公道　백발이 공도가 아니기도 하지만
春風亦世情.　춘풍春風도 역시 세상 감정이라오

라 하여 세 편이 모두 아름다워 누구의 작품인지 알 수 없다. 혹은 말하기를 천안天安 문신文臣 현덕승玄德升이 지은 것이라 한다.[198]
　김성중金聲中 진사의 자는 시중時中 호는 채진자采眞子이다. 기묘과옥己卯科獄이 있은 후에 지은 시가 있는데 이르기를,

白紙生紅塵　백지에는 붉은 티끌이 일고
銀花詫○○　(○○ 글자는 알아보기 어려움)
事從幽林得　일은 깊숙한 숲을 좇아 얻어지며
律照大明嚴　법은 대명률大明律로 엄하게 비추다
賁眞人何罪　참되게 권한 사람이 무슨 죄며
衰仁爾實慚　어진 것을 비뚤어지게 한 너가 실로 부끄러운 것이다.

---

198) 끝에 세자細字로 근간에 현집玄集을 보았으나 위의 시들이 실려 있지 않았다고 했다.

綠林聞夜嘯　　밤에 푸른 숲속에서 휘파람 소리 들리는데
此輩可云廉　　이 무리들을 청렴하다고 이르는 것이 옳겠느냐.

라 했는데 일세에 전해 외웠다.

한 어린 아이가(동자童子) 밭을 찾고자 관가官家에 고소를 했으
므로 꾸짖었더니 시로써 대답을 했는데 그 시에 말하기를,

久沐文王化　　오랫동안 문왕文王의 교화敎化를 입었는데
慚非讓畔民　　밭두둑을 양보 아니 하는 백성이 부끄럽다오.
東風昨夜雨　　간밤 동풍에 비가 왔는데
桃李亦爭春.　　도리桃李도 또한 봄을 다툰다오

라 했다.

근세에 영남의 무관武官이 비국랑備局郞이 되었으나 말이 더듬
거려 전달이 잘 되지 않으므로 위에서 물러나게 하자 인해 시를 지
어 말하기를,

漢廷不棄期期士　　한나라 조정에 더듬거리는 선비를 버리지 않았고
孔聖猶稱木訥人　　공자도 오히려 목눌인木訥人[199]을 칭찬했다.
早識論材從利口　　인재를 논함에 이구利口[200]를 좇는 것을 일찍 알았
　　　　　　　　　다면
寧將柔舌學拳付.　　차라리 연한 혀를 가지고 주먹을 주는 것을 배웠을
　　　　　　　　　것이오

라 했다.

---

199) 고지식하고 느리며 말재주가 없는 것.
200) 말을 교묘하게 잘함.

근세에 강을 좇아 항상 있는 여인이 「종강상한녀從江常漢女」 시를 지어 말하기를,

昨夜春隨小雨過　지난 밤 봄을 따라 적은 비가 지나가자
遠郊芳草近上花　먼 들의 꽃다운 풀에 꽃이 피려한다.
乾坤獨立閑人在　이 세상에 홀로 선 한가한 사람은
數曲溪南一字家.　시내 남쪽 일자一字가 집에서 몇 곡을 노래한다.

라 했다.

안종도安宗道 감사監司와 정복鄭復 첨지僉知는 처음에 같은 해 과거에 급제하여 괴원槐院에 들어갔는데 정복鄭復의 자리가 안종도安宗道의 밑이었다. 안종도安宗道가 검속을 하면서 매우 심하게 하므로 정복鄭復이 괴롭게 여겨 시를 지어 말하기를,

荊江波暖訥魚肥　형강의 물결이 따뜻하니 눌어訥魚[201]가 살이 찌며
槐院春深白日遲　괴원槐院[202]에 봄이 깊자 한 낮이 더디다.
無可奈何安正字　어찌할 수 없는 안정자安正字는
不知歸去鄭權知.　정권지鄭權知가 돌아가는 것을 알지 못하는 듯하다.

라 했는데, 대개 정복鄭復의 집이 형강荊江에 있었다고 이른다.

유성柳姓인 사람이 있어 조정에 벼슬하면서 남산南山 밑에 집을 샀는데 갑자기 귀괴鬼怪한 일이 있었다. 어느 날 일찍 일어났더니 벽에 쪽지가 걸려 있으므로 취해 보니 시가 있는데 그 시에 말하기를,

---

201) 누치라 했는데 생선 이름이 아닌가 한다.
202) 조정朝廷에서 삼공三公이 있는 곳.

終夜行千里	밤이 마칠 때까지 천리를 갔더니
滄茫古地空	넓은 옛 땅은 비었다.
悲呼無日月	슬프게 불렀으나 일월도 없으며
回首血流紅.	머리 돌리니 붉은 피가 흐른다.

라 했다. 이로부터 집의 흔들림이 심했으며 벽에 자주 글을 써 말하기를 집주인이 나가지 않으면 장차 큰 화가 미칠 것이라 이르므로 부득이 집을 팔고 다른 곳으로 갔다고 한다.

김시양金時讓 판서가 북쪽 변방으로 유배를 갈 때 이식李植 평사評事와 어느 부잣집에 모이기를 약속하고 그날 밤 꿈에 시를 지었는데, 그 시에 말하기를,

千年河水淸	천 년 만에 황하수黃河水가 맑으니
中國聖人生	중국에 성인이 나겠다.
不有觀魚海	관어대觀魚臺의 바다가 있지 않아도
何由覩太平.	무엇으로 말미암아 태평을 보랴.

라 하고, 인해 택당澤堂에게 이 시를 말하니 택당이 시를 보고 이르기를 "시의 뜻이 혼후하고 깊어 꿈속에 지은 것이 아니면 형이 반드시 이와 같이 짓지 못할 것이라" 하고 서로 웃었다. 얼마 후에 영해寧海로 유배되어 강릉江陵을 거쳐 가게 되었는데 그때 기자헌奇自獻 정승이 또한 강릉에 귀양와 있었다. 기자헌이 말하기를 "해변의 경치에서 관어대觀魚臺가 가장 좋으니 그대가 때때로 올라 바라보면 유배된 심회를 잊을 수 있을 것이라" 했다. 공公이 말하기를 "대臺가 어디에 있느냐" 하니 기자헌이 영해寧海에 있다고 하자 공이 꿈에 방면될 조짐이 있는 것으로 생각하고 마음으로 기뻐했

다. 영해寧海에 이른 지 얼마 되지 않아 반정反正이 일어나 공公이 예랑禮郎으로 소환되었고 십 년이 되지 않아 벼슬이 높은 위품에 이르게 되었으니 또한 기이한 일이다.

광해군 때 한씨韓氏의 성을 가진 이부랑吏部郎이 어사御史가 되어 전주全州에 도착했다. 부윤府尹 이경전李慶全이 기녀들의 가무를 베풀어 즐겁게 하면서 어사御史에 일러 말하기를 "어사御史의 행차가 봄철의 아름다운 계절에 적당하니 백수의 노인도 풍정風情이 있지 않을 수 없다. 어사御史는 소년의 명관名官으로서 한 수의 시가 없을 수 있는가." 하니 어사御史도 한 절구를 짓지 않을 수 없어 말하기를,

春風啣命客	봄바람의 명령을 받은 손이며
座上白頭翁	자리 위에는 백두옹이라오
大廳張女妓	대청에는 기녀들의 가무를 베풀었으니
今日樂事豐.	오늘은 즐거운 일이 많다오

라 하니 듣는 사람들이 이빨을 떨었다.

유구국琉球國의 세자世子가 표류가 되어 삼척三陟에 이르렀는데 삼척부사가 그의 보물을 탐내어 모르게 죽였다. 그 세자가 죽을 때 시를 지었는데 그 시에 말하기를,

堯語難明桀服身	요임금 말은 알기 어렵고 걸의 옷은 몸에 맞는데
此生無路訴窮旻	이 사람의 궁窮[203]한 것을 하늘에 호소할 길이 없다.
三良入地人誰贖	삼랑三良[204]이 죽었으니 속죄할 사람이 누구이며
二子乘舟賊不仁	두 아들이 배를 탔으니 적군賊軍도 어질지 못하다오

---

203) 여기에서 궁窮은 어떻게 이해하는 것이 바른 것인지 모르겠다.
204) 진秦나라 목공穆公에 순사한 세 사람의 충신을 말함.

骨暴沙場纏有草　　사장에 드러난 뼈는 풀이 싸고 있으나
魂飛故國吊無親　　혼은 날아가도 고국에 조문할 친척이 없다.
竹西樓下滔滔水　　죽서루 밑에 도도히 흐르는 물은
長帶悲風咽萬春.　　길이 슬픈 바람을 띠고 긴 세월로 울겠다.

라 했다.

　　정생 지손丁生 志遜은 참의參議 사신思愼의 손자였다. 문재가 일
찍 이루어져 십칠 세 때 꿈에 하늘에 올라 놀다가 깨어 시를 지었
는데 말하기를,

秋濤繞芒林天地　　가을 물결은 천지의 넓은 숲을 둘렀고
中間上上三尺岑　　중간 높은 데서 석 자 위의 높은 봉이었소.
松下月明孤鶴睡　　밝은 달이 비친 소나무 아래 외로운 학은 졸고
澤心風過老龍吟　　바람이 지나간 못에는 늙은 용이 읊조린다.
浮雲泛濫千年碧　　뜬 구름이 범람하는 곳은 천 년이나 푸르렀고
大海茫洋萬里深　　넓은 큰 바다는 만 리나 깊다.
十二玉京來往後　　열두 번 옥경을 왕래한 뒤에
枕頭玄瑟有餘音.　　베개 머리의 비파에 여음이 있다오

라 했는데, 이 해에 일찍 죽었다.

　　영묘조英廟朝 때 이광사李匡師는 명필名筆로서 이름이 많이 알려
져 근세에 견줄 사람이 없었다. 일찍 스스로 말하기를 "세상 사람들은
글씨로서 나를 허락하나 나는 홀로 알지 못하겠다. 나의 글씨는 그림
보다 못하고 나의 그림은 시보다 못하다"고 했다. 을해년乙亥年 뒤에
연좌連坐로 북쪽에 유배가 되었을 때 지은 시가 있는데 말하기를,

明知山外千山隔　　분명히 산 밖에 많은 산으로 막힌 줄 알았다면

猶意登山望故鄉.　오히려 산에 올라 고향을 바라보았으면 하는 생각이요

라 했는데, 시의 뜻이 처절해 자못 유주柳州의,

欲上峯頭望故鄉　봉우리 머리에 올라 고향을 바라보고 싶다.

라 한 구와 비슷하다.

　수십 년 전에 한 선비가 남산 밑에서 가난하게 살면서 며칠 동안 밥을 하지 못했고, 또 섣달 그믐날 저녁에 병든 아내와 어린 자식과 한 방에 같이 잤으며, 내일 아침이면 정월 초하루지만 역시 호구할 방법이 없었다. 그리고 방바닥이 쇠처럼 차가워 잘 수가 없었다. 새벽이 되어 종들이 밖에 나갔다가 소변을 보고 뛰어 들어와서 말하기를 "두 개의 포대가 문 밖에 있는데 곡식인 듯합니다" 했다. 선비가 포복을 하고 나가 포대를 가지고 와서 풀어보니 쌀이었고 그 쌀 속에는 각각 오백 동銅이 있었다. 그리고 시 한 수와 편지가 있는데 말하기를,

朱門處處不愁寒　붉은 대문에는 곳곳이 추위를 근심하지 않고
佳醴狐裘逐夜歡　좋은 술과 갖옷으로 밤에는 즐거움을 쫓는다.
歲暮城南盈尺雪　해 저문 성남에 눈이 자에 차게 내렸는데
誰憐閉戶臥袁安.　누가 문 닫고 누워있는 원안袁安[205]을 어여삐 여
　　　　　　　　기랴.

라 했는데, 결국 어떤 사람이 한 것인지 알 수 없었다.

　영남嶺南에 이름이 알려지지 않은 사람의 시에 말하기를,

───────────────

[205] 후한後漢 때 인물. 자는 소공邵公. 맡은 일에 엄정嚴正했다 함.

寡婦當秋夕	과부가 추석을 맞이하여
靑山盡日哭	청산에서 종일 운다.
山中黍稗熟	산중에 기장과 피가 익었는데
同耕不同食.	함께 가꾸었으나 같이 먹지 못한다.

라 했는데, 누구의 뜻이 옛 것에 가까운가.

옥국재玉局齋 이운영공李運永公이 황간군黃磵郡을 맡아 있으면서 일찍 소를 타고 나가며 지은 시가 한 연이 있는데 말하기를,

誰是黃磵騎牛令	누가 소를 탄 황간黃磵의 기우령騎牛令이냐
曾是靑宮洗馬官.	일찍 궁중에서 세마관洗馬官을 했다오

라 했는데, 그후 공公의 아들 의연씨義淵氏가 능관陵官으로 입시入侍를 했더니 정조正祖께서 시신侍臣을 돌아보며 이가 바로 황간黃磵 기우령騎牛令의 아들인가 했는데 대개 만나기 어려운 운수이다.(이수異數)

평량자平涼子의 성은 이씨李氏이나 어떤 사람인지 잘 모른다. 영학시咏鶴詩의 한 연이 있는데 말하기를,

亭亭獨立夕陽時	석양 때 고독하게 홀로 우뚝 서 있어
芳草明沙倦睡宜	꽃다운 풀 깨끗한 모래에 약간 조는 것이 좋을 것이오
意到忽然飜飛去	생각이 이르게 되면 갑자기 바뀌어 날아가고 싶으나
靑山影裡赴誰期.	푸른 산 그림자 속에 누구와 기약하고 가랴.

라 했는데 놀랄만한 말이라 이를 것이다.

이광려李匡呂 참봉參奉이 대신해서 지은 영종만사英宗輓辭에 말하기를,

宵駕紛付衛	밤에도 수레를 분분하게 모시며
萬人惟哭聲	오직 만 사람의 곡성뿐이요.
閭閻猶子女	시골의 자녀 같으며
城闕若平生	성궐에서 평생 동안 함께 했다.
過廟遲遲蹕	사당을 지날 때는 천천히 길을 치우며
臨門井井旋	문에 다다르면 질서 있게 빨리 돈다.
縫紗千抦燭	바느질 하는데 많은 사람이 촛불을 잡았으며
風淚曙縱橫.	새벽까지 눈물을 많이 흘렸다.

라 했는데, 당시에 제일이라 했다.

이안중李安中의 자는 평자平子며 단양丹陽에 살면서 우리말로 부르는 노래 수십 곡을 만들었는데 사람들이 많이 외우며 전했다. 일찍 지은 시가 있는데 말하기를,

| 樵去山風細 | 나무하러 가는데 산에 미풍이 불고 |
| 漁歸江月斜 | 고기 잡아 돌아오니 강에 달이 빗겼다. |

라 하여 맑고 경계함이 있어 좋아 할 수 있겠다 했다. 김리양金履陽 상서尙書와 더불어 친했다. 이평자李平子가 세상을 떠난 후에 김리양金履陽이 황간黃磵으로부터 배를 타고 상경하면서 갑자기 배 위에서 소리 놓아 크게 울자 사람들이 그 까닭을 물으니 그가 답해 말하기를 내가 이평자李平子를 생각해서 운다고 했다.

시인詩人 단전丹田이 남성南城에 놀면서 지은 시가 있는데 말하기를,

| 中原父老崇禎淚 | 중원의 부로들은 숭정崇禎에 눈물 흘리고 |
| 東國君臣萬曆恩. | 우리나라 군신들은 만력萬曆의 은혜 느낀다. |

라 했다(숭정崇禎은 명明 의종毅宗 연호, 만력萬曆은 명明 신종神宗
연호) 또 관왕묘關王廟의 시가 있는데 이르기를,

　　當年未了中原事　　당시 중원의 일도 끝내지 못했으니
　　赤兎千秋不解鞍.　　적토마赤兎馬가 오랫동안 안장을 벗지 못할 것이다.

라 했다.

　사천槎川 이병연李秉淵이 일찍 소를 타고 가면서 지은 시에 말하
기를,

　　不識騎牛好　　소를 타면 좋은 것을 알지 못했는데
　　今因無馬知　　지금 말이 없자 알게 되었다.
　　平郊看漠漠　　편편한 들은 넓게 보이고
　　春日共遲遲.　　봄날도 함께 더디다.

라 하니 소를 탔을 때의 의취를 다 말했다고 이르겠다.

　김우순金愚淳 참판參判은 지금 임금님 임술王戌년에 제석시除夕
詩를 지었는데 그 한 연에 말하기를,

　　尙爾穉蒙志　　아직도 너를 어린 것으로 생각했는데
　　居然老大身.　　어엿한 장부가 되었다.

라 했는데, 다음 해 정월에 처음으로 동몽교관童蒙敎官을 하니 사
람들이 모두 시의 참언을 말한다.

　지금 신미년辛未年 광서關西 지방에 도적이 일어나 가산쉬嘉山倅
정저鄭著가 죽고 그의 아버지 노魯와 그의 동생 모某도 모두 적의

칼날에 죽었다. 조정에서는 그의 절의를 표창하기 위해 노로는 지평持平 정저鄭著는 병판兵判에 증직했다. 반장을 할 때 조정에 직위 높은 인사들의 만시가 많았는데 영남의 모인사의 만시의 한 연에,

萬古綱常三父子　만고에 법이 되고 떳떳함은 삼부자요
五城風雨一男兒.　다섯 성이 난리였을 때 남아는 한 사람이었소

라 했는데, 선천宣川 철산鐵山 곽산郭山 定州 다섯 읍邑의 수령들이 혹은 도망가고 혹은 항복했는데, 홀로 정부자鄭父子만이 절의를 세웠기 때문이다.

- 끝 -

別本東人詩話

이 『별본동인시화 別本東人詩話』는 저자 및 저작 연대를 알 수 없으나 필사본筆寫本 간기干記에 계해癸亥년 운운云云한 것을 근거로 하여 저작 시기를 1743년 전후로 추정하고 있다. 그리고 책 이름은 서거정徐居正의 『동인시화東人詩話』와 구분하기 위해 별본別本을 위에 첨가한다는 조종업趙鍾業교수의 의견에 따르고자 한다.

시화詩話는 시작 경위에 따른 이야기와 논평을 중심으로 저작했다고 볼 수 있는데, 대부분의 시화류詩話類가 대상 작품의 저작 배경에 따른 이야기는 길게 하고 작품의 논평은 간단하게 한 것이 일반적이고 저작에 따라 작품만 들어 놓고 논평을 하지 않은 것도 적지 않게 볼 수 있으며, 또 작품 끝에 세자細字로 간단히 한 것도 있다. 그러나 본저에서는 경우에 따라 상당히 길게 한 것을 볼 수 있으며, 작품마다 평을 하고자 했고 하지 않은 것은 극히 드물다. 그리고 저작에 따라 차이는 있지만 당시唐詩에 기준을 두고 논평한 것이 적지 않았는데, 본저에서도 당시唐詩에 연결시켜 말한 것이 없는바 아니나 다른 시화집에 비해 많지 않다.

그리고 이 『별본동인시화別本東人詩話』는 다른 시화집에 있는 내용과 일치한 것을 많이 볼 수 있는데, 양편의 저작 연대를 알 수 없기 때문에 옮겨 놓은 것인지 옮겨 간 것인지 단정하기 어렵다할지라도 전대의 저작에서 적지 않게 옮겨놓았다고 볼 수 있는 것 가운데 특히 『국조시산國朝詩刪』 『종남총지終南叢志』 『기아箕雅』 『둔암시화屯菴詩話』 등의 내용에서 인출한 것이 많다. 그리고 옮겨 놓은 것에도 그 출처를 말하지 않았다. 이러한 점들을 감안해 볼 때 저자는 처음부터 우리나라 한시漢詩에서 우수한 작품을 선발하여 저작배경에 따른 이야기와 아울러 논평을 첨가하여 당시 또는 후대에 알리고자 한 것에 목적이 있었고 저작의 선후에 따라 발전과정을 체계적으로 서술하려는 의도는 없었던 것으로 짐작된다.

별본동인시화 別本東人詩話

이규보李奎報 『백운소설白雲小說』에 말하기를 최치원崔致遠은 말로써 표현할 수 없는 큰 공이 있었기 때문에 우리나라 학자들이 모두 높이 여긴다. 그가 지은바 비파행琵琶行 한 수가 『당음유향唐音遺響』에 실려 있으면서도 무명씨無名氏의 시로 기록되었기 때문에 후세에서 믿기를 의심하며 확정하지 못하고 있다. 혹은 동정월락고운귀洞庭月落孤雲歸라 한 구절을 들어 최치원의 작품으로 증명하고자 하나 또한 단정할 수는 없다.

그의 황소격黃巢檄[1] 한 편을 살펴보면 비록 역사책에는 실려 있지 않았으나 황소黃巢가 그것을 읽으면서 평상에서 떨어지는 것을 몰랐다고 하니 귀신을 울게 하고 세상 사람들을 놀라게 하는 재주가 아닐 것 같으면 어찌 이에 이르겠는가. 그러나 그의 시는 매우 높지 못했으니, 어찌 그가 중국에 들어간 것이 만당晩唐 후기였기 때문이 아니겠는가.

우리나라가 중국의 하夏나라[2] 때부터 처음으로 교류가 되기 시작했다고 하나 문헌에 전하는 기록이 없어 알 수 없고, 수당隋唐으로부터 내려오면서 바야흐로 책자에 기록이 있었는데, 고구려의 을지문덕乙支文德이 수隋나라 장수에게 준 시[3]와 신라 진덕여왕眞德

---

1) 황소黃巢가 반란을 일으켰을 때 최치원崔致遠이 고변顧騈의 종사從事로 있으면서 토황소격討黃巢檄을 지었다고 함.
2) 은殷나라 앞의 우禹임금의 후손들이 통치했던 나라 이름.

女王이 당나라 임금에게 준 치당태평송致唐太平頌[4]이 비록 기록에
있다 할지라도 쏠쏠함을 면하지 못하고 있는데, 최치원崔致遠에 이
르러 당唐에 들어가서 과거에 급제했고 문장으로서 온 세상에 유명
했다. 그의 시 한 연에 말하기를,

> 崑崙東走五山碧　곤륜산이 동으로 달려 오산五山이 푸르렀고
> 星宿北流一水黃.　별에서 북쪽으로 흘러 한 가닥의 물이 황하가 되었다.

라 했는데, 과거에 같이 급제한 고운顧雲[5]이 말하기를 "이 구는 바
로 하나의 여지지輿地誌라" 했는데, 대개 중국 지역에 있던 다섯 개
의 명산이 모두 곤륜산崑崙山에 뿌리를 두었고, 황하가 성수星宿에
서 발원했기 때문에 이른 것이다. 또 윤주자화사潤州慈和寺에서 지
은 한 연에 말하기를,

> 畫角聲中朝暮浪　태평소 소리에 아침저녁 물결이며
> 靑山影裏古今人.　푸른 산 그림자 속에 고금의 인물이라오

라 했고, 학사學士 박인범朴仁範의 경주용삭사涇州龍朔寺 시詩에 이
르기를,

> 燈撼螢光明鳥道　등불은 반딧불처럼 흔들며 조도鳥道[6]를 밝히고
> 梯回虹影到巖扃.　사다리는 무지개같이 돌아 그림자가 바위 문에 이르

---

3)『삼국사기三國史記』열전列傳 제第 25, 을지문덕乙支文德 조條, 神策究天文
　　妙算窮地理 戰勝功旣高 知足願云止.
4)『삼국사기三國史記』권卷 5, 본기本紀 제第 5 진덕여왕眞德女王 조條
5) 최치원과 동년同年으로 만당晩唐 때 시인.
6) 산길이 매우 험해 나는 새만 갈 수 있는 길을 말함.

렀다.

라 했으며, 박인량朴寅亮 참정參政의 제사주귀산사題泗洲龜山寺 시詩에 이르기를,

門前客棹洪波急 문 앞 나그네 탄 배에 큰 파도가 급하고
竹下僧碁白日閑. 대나무 아래 스님은 한낮에 한가롭게 바둑을 둔다.

라 했는데, 우리나라의 시가 중국에 알려진 것은 이들 세 사람으로부터 비롯되었다.

혜문선사惠文禪師는 고성固城 사람이다. 일찍 운문사雲門寺에 머물렀는데 사람 성격이 곧아 일시의 유명한 사대부들과 많이 교유했다. 그는 시 짓기를 좋아하여 일찍 제보현사題普賢寺 시詩에 말하기를,

爐火煙中演梵香 화롯불 연기 속에 범향梵香이 길게 오르고
寂寥生白室沈沈 침침한 방에 조용히 새벽이 온다.
路長門外人南北 길이 긴 문밖에 사람들은 남북으로 오고가며
松老巖邊月古今 바위 주변 늙은 소나무에 달은 고금으로 떴다.
空院曉風饒鐸舌 빈 절 새벽바람에 목탁 소리 요란하고
小庭秋露敗蕉心 작은 뜰 가을 이슬에 파초가 시들었다.
我來寄傲高僧榻 내가 와서 고승의 자리에 거만하게 앉았으나
一夜淸談直萬金. 하룻밤 맑은 이야기 값이 만금이라오

라 하여 하룻밤 청담淸談 값이 만금萬金이라 했다. 그의 호는 송월화상松月和尙이다.

대개 시는 뜻을 중심으로 하는데 뜻을 설정하는 것이 가장 어려

우며 말을 연결하는 것은 그 다음이 된다. 뜻도 또한 기氣를 중심으로 하는데, 기의 우렬로 말미암아 바로 깊고 얕음이 있을 뿐이다. 기가 모자라는 자는 글을 다듬는 것을 교묘한 것으로 여기고 일찍 뜻으로써 먼저 하지 않는다. 대개 그 글을 다듬고 그 구를 색깔로 꾸미는 것은 빛난 것으로는 믿을 수 있으나, 그 가운데 함축하고 깊고 두터운 뜻이 없기 때문에 처음에는 구경할 만한 듯하나, 다시 자세히 생각해 보면 맛이 이미 다했다.

또 구상하는 데서도 생각이 심벽深僻한 것 같으면 빠지게(함陷) 되고 빠지게 되면 붙게(착着) 되고 붙게 되면 흐리게(미迷) 되고 흐리게 되면 가진 바는 있다 할지라도 통하지 않는 것이다. 오직 그 출입出入하고 왕래하는 것에 변화가 스스로 이루어져야 익숙한 것에 달하게 된다. 또 말하기를 순전히 청고淸苦한 것을 사용하여 체體가 되면 산인山人의 격격格이 되고, 완전히 곱고 아름다운 것으로 글을 꾸미게 되면 궁액宮掖의 격격이 되므로 오직 청경淸警 웅호雄豪 연려姸麗 평담平淡한 것을 섞어 사용한 후에 체격이 갖추게 되며 하나의 체體로 이름 하지 못할 것이다.

고인古人이 말하기를 세상에 뜻대로 되지 않는 일이 항상 열에서 여덟아홉은 된다. 사람이 이 세상에 태어나서 뜻에 맞는 것이 얼마나 될까. 내가 일찍 지은 위심違心 시詩 열두 구句가 있는데, 그 시에서 말하기를,

人間細事却參差	인간에게 작은 일들도 고루지 않아
動輒違心莫適宜	움직이면 마음과 어긋나고 마땅하지 않다.
盛歲家貧妻尙侮	젊을 때는 집이 가난해 처가 항시 업신여기고
殘年祿厚妓將追	늙은 나이에 녹이 많으니 기생도 따른다.
雨淫多是出遊日	넘치는 비가 놀러 가려는 날에 많이 오고

天霽皆吾閑坐時	하늘은 내가 한가롭게 앉아 있는 날에 갠다.
飽腹掇殘逢美肉	배가 불러 밥상을 치우려는데 맛있는 고기를 만나고
喉瘡忌飮遇深巵	목이 아파 꺼리는 것 마시지 못하는데 술이 많다.
儲珍賤售市高價	쌓아 놓은 물건 천해 팔고나면 시장 값은 오르고
宿疾方痊隣有醫	묵은 병이 나았는데 이웃에 의원이 있다.
碎小不諧猶類此	작은 것을 부수는데 조화가 되지 않음이 이와 같으니
楊州駕鶴況堪期.	양주楊州에 가학駕鶴[7]을 한다 해도 기약을 견디랴.

라 했는데, 대개 만사萬事가 마음에 어긋나는 것이 이와 같은 것으로 작은 것은 일신의 영광과 초췌 및 고락苦樂이며, 크게는 국가의 안위安危와 치란治亂과 관계되는 것으로 마음에 어기지 않음이 없다. 내 졸시拙詩가 비록 적은 것을 말했다 할지라도 실제로는 큰 것을 비유한 것이다. 세상에 전하는 사쾌四快 시詩에 말하기를,

苦旱逢甘雨	가뭄으로 괴로운데 단비를 만났고
他鄕見故人	타향에서 친구를 보았다,
洞房花燭夜	동방에 화족을 밝히는 밤이요,
金榜掛名辰.	금방에 이름이 걸렸을 때였소

라 했는데, 가문 나머지 비록 비를 만났으나 비가 내린 뒤에 또 가물게 되고, 타향에서 친구를 보게 되나 바로 또 헤어지게 되며, 동방洞房의 화촉花燭을 좋다고 하나 어찌 생이별을 하지 않는다고 보장하며, 금방金榜의 괘명掛名을 좋아 하나 그것이 어찌 근심과 걱정의 시초가 아님을 알 수 있는가, 이로써 마음에 어김이 많고 즐거움이 적다는 것이다.

심청천沈聽天의 『견한록遺閑錄』에 이르기를 호당湖堂에 있으면

---

7) 학을 타다는 말로 신선이 된다는 말이라 한다.

서 배를 타고 봉은사奉恩寺를 방문하면서 지은 시가 있다. 그 시에
말하기를,

東湖勝槪衆人知   동호東湖의 좋은 경치는 뭇사람이 알고 있으나
猪島前頭更絶奇   저도猪島 앞이 더욱 뛰어나게 기이하다오
蕭寺踏穿松葉逕   소사蕭寺의 소나무 잎 길을 걸어가며
漁村看盡杏花籬   어촌에 살구꽃 핀 울타리를 다 보았다.
沙暄草軟雙鴨睡   모래사장이 따뜻하고 풀도 연한데 오리 한 쌍이 졸고
浪細風微一棹移   물결이 가늘고 바람도 약해 돛을 옮겼다.
春興春愁吟未了   봄 흥과 근심을 다 읊지 못했는데
鴨鷗亭畔夕陽時. 압구정 가에 석양이 되었다.

라 했다.
    어숙권魚叔權의 『패관잡기稗官雜記』에 말하기를 근대에 무신武
臣으로서 시에 능하다는 자에 모두 볼 만한 시가 없고 오직 박위겸
朴撝謙이 젊었을 때 문충공文忠公 신숙주申叔舟의 막하에 있었는데
그의 시에 말하기를,

十萬貔貅擁戍樓   십만의 맹수와 같은 장졸이 수루戍樓를 지키며
夜深邊月冷狐裘   밤이 깊은 변방 달빛에 호구도 차다.
一聲長笛來何處   한 가닥 긴 저소리 어느 곳에서 들리느뇨
吹盡征夫萬里愁   정부의 먼 곳 근심을 모두 불었다.

라 했는데, 이와 같은 시는 문사文士들에서도 쉽게 얻지 못할 것이다.
    또 말하기를 부인들이 맡은 일은 밥하고 베 짜는 것일 뿐이며,
글이나 글씨의 재능은 마땅한 바가 아니다. 우리나라의 풍속이 옛
날부터 이와 같았기 때문에 재주와 자질이 뛰어난 자가 있었다 할

지라도 힘쓰지 않았다. 삼국三國 시대에는 들리는 사람이 없었고, 고려 오백 년에는 단지 용성龍城 기생인 우돌于咄과 팽원彭原 기생인 동인홍動人紅이 시詩를 짓는데 능했고, 본조에서는 정씨鄭氏, 성씨成氏, 김씨金氏 들이 모두 시집이 있어 세상에 전하고 있으나 시 들고 약해 기운이 적다. 정씨鄭氏의 시에,

昨夜春風入洞房　지난 밤 봄바람이 동방洞房까지 불어 와서
一張雲錦爛紅芳　한 장의 비단이 붉은 꽃처럼 찬란하다.
花纔開處聞啼鳥　꽃이 겨우 피는 곳에 새우는 소리 들리니
一詠幽姿一斷腸.　한 번 깊숙한 자태를 읊고, 또 한 번 단장斷腸을 한다.

라 했고, 성씨成氏의 시에,

門外紅桃一時盡　문 밖의 붉은 복숭아꽃이 일시에 다 지자
愁中白髮十分新.　근심 속의 백발이 십 분 새롭다.

라 한 것과 김씨金氏의 시에,

境僻人來小　지역이 외져 오는 사람 적고
山深俗事稀　산은 깊어 속된 일도 드물다.
家貧無斗酒　집이 가난해 술은 많이 없어
宿客夜還歸.　잘려던 손도 밤에 돌아간다.

라 한 구들이 약간 사람들의 생각에 가하다고 하겠다.
　옛날에 천한 여인들이 시인을 만나 이름이 썩지 않은 자가 진실로 많이 있다. 두자미杜子美의 황사낭黃四娘, 이의산李義山[8]의 류기柳妓, 백락천白樂天의 상부商婦, 황로직黃魯直[9]의 국향國香의 경우

이니 이것은 어찌 풍류세계의 기이한 일이 아니겠는가. 넷 여인들
은 크게 행복한 것이다. 근간에 서울의 기생인 상림춘上林春이 거
문고를 잘 타는 것으로 일시에 유명했는데 신종호申從濩 삼괴三
魁10)의 좋아하는 바가 되었다. 신종호申從濩가 일찍 준 시가 있는
데 말하기를,

第五橋頭烟柳斜   다섯째 다리 머리에 연기 낀 버들이 비꼈으며
晩來風日轉淸和   늦게 바람 부는 날 날씨가 맑고 화창하다.
細簾十二人如玉   누런 주렴 열 두 폭에 사람은 옥 같은데
靑瑣詞臣信馬過.   궁중의 문신이 말을 타고 지나간다.

라 했다. 그 기녀의 나이 칠십이 지나서 이상좌李上佐에게 청해 그
상황을 그리게 하고 신종호申從濩의 시를 그 위에 쓰게 했다. 그리
고 지위와 문명이 높은 인사들을 찾아 시를 청했다. 호음湖陰 정사
룡鄭士龍의 시에 말하기를,

十三學得猗蘭操   열세 살에 의난조猗蘭操11)를 배웠고
法部叢中見藝成   법부法部의 무리 중에 솜씨가 뛰어났다.
遍接貴遊連密席   귀족들을 두루 사귀어 친밀한 자리까지 연했고
又通宮籍奏新聲   궁중의 기적妓籍에도 통해 새로운 노래를 연주했다.
嬌鶯過雨花間滑   고운 꾀꼬리가 비내린 뒤의 꽃사이에서 미끄러지고
細溜侵霄磵底鳴   밤에 처마에서 흐르는 물이 내에서 운다.

---

8) 당唐의 시인 이상은李商隱의 자字.
9) 송宋의 시인 황정견黃庭堅의 자字.
10) 신종호申從濩가 과거 시험을 볼 때 세 번이나 장원했기 때문에 부르는 말
   이라고 한다.
11) 거문고의 곡조 이름. 밑의 야심사夜深詞도 같은 의미가 아닌가 한다.

才調終慙白司馬　　재조는 백락천白樂天에 부끄러우나
豈能商婦壽佳名　　어찌 상부商婦만이 아름다운 이름을 길이 가지랴.

라 했다. 모재慕齋 김안국金安國의 절구絶句에 말하기를,

容謝尙存傾國手　　얼굴은 쇠했으나 경국의 솜씨는 남아 있어
哀絃彈出夜深詞　　슬픈 가락으로 야심사夜深詞를 탄다.
聲聲似怨年華暮　　소리마다 원망하는 듯 나이도 저물었으니
奈爾浮生與老期　　덧없는 인생에 늙는 것을 어찌하랴.

라 했다. 희戱라. 이 기녀의 기이한 만남이 아마 사부四婦의 뒤에 있지 않을 것이다.

옛부터 중국에는 숨은 군자君子가 많았는데 혹은 산림에 숨고, 많은 사람 속에 같이 있으면서 굵은 베옷을 입고 일생을 마쳤으나 이름은 후세에까지 전했다. 우리나라는 인물을 논할 때 세대까지 말하면서 귀족과 양반의 자손이 아니면 과거를 통해서도 출세하기 어려웠는데 하물며 공상工商과 서민庶民들이야 어찌 선발이 될 수 있겠는가. 근간에 시중市中의 사람인 박계광朴繼光이 시를 잘 짓는다고 알려졌다. 중종中宗이 개옥改玉으로 왕위에 오른 직후에 창의문倡義門 밖에서 놀며 한 구句를 지은 것이 있는데 말하기를,

乾坤新雨露　　건곤에는 새로운 우로가 내렸는데
詩酒舊山川.　　시와 술은 옛 산천 그대로였다.

라 하니, 여러 사람들이 좋다고 칭찬했으며, 목계木溪 강혼姜渾이 시은전市隱傳을 지었다고 한다.

옛사람들은 시인을 사호접謝蝴蝶, 조의루趙倚樓, 정자고鄭鷓鴣, 포고안鮑孤雁이라 일컫는 말이 있다. 내가 홀로 생각하기를 이목은 李牧隱은,

長嘯倚風磴   길게 휘바람을 산 비탈길에 의지해 부니
山靑江自流   산은 푸르고 강물은 스스로 흐른다,

라 했으니, 이풍등李風磴이라 이를 만하며, 정지상鄭知常은,

大同江水何時盡   대동강 물은 어느 때 다할 것인가
別淚年年添綠波.   이별하며 흘리는 눈물 해마다 푸른 물결에 더할 것
                 이요

라 했으니, 정대동鄭大同이라 이를 만하고, 최사립崔斯立은,

眼穿落日長程晚   눈을 뜨니 해는 지고 갈 길은 저문 데
多小行人近却非.   다소의 행인들은 가까우면 문득 아니라오

라 했으니, 최안천崔眼穿이라 이를 만하며, 신기재申企齋는,

江路火明聞犬吠   강변길에 불이 밝고 개 짖는 소리 들리더니
小童來報主人歸,   소동은 주인이 돌아왔다고 알린다.

라 했으니, 신강로申江路라 이를 만하다.
    권응인權應仁의 『송계만록松溪謾錄』에 말하기를 옛날 몇 사람의 선비들이 기생들을 이끌고 절에 올라가서 술에 취해 옆에 거문고가

걸려 있는 벽에 의지해 쉬고 있으니 한 스님이 밖에서 왔는데 얼굴
은 검고 입고 있는 옷은 남루한데 몰래 종이에 시를 써 말하기를,

鵾絃鐵撥撼高堂	고니 줄과 쇠로 만든 거문고 고당을 흔드는데
玉指纖纖窈窕娘	섬섬한 손가락의 고운 낭자였다.
巫峽啼猿哀淚濕	무협에 우는 원숭이는 슬퍼하며 눈물에 젖었고
衡陽歸雁怨聲長	형양으로 돌아가는 기러기는 원망하는 소리가 길다.
凍深滄海龍吟壯	푸른 바다가 깊게 얼면 용의 소리 장하고
淸徹疎松鶴夢涼	맑음이 뚫린 성긴 소나무에 학의 꿈이 서늘하다.
曲罷參橫仍月落	곡을 파하니 삼성三星이 비꼈고 잇달아 달이 지자
滿庭山色曉蒼蒼.	뜰에 가득한 산 빛이 새벽에 창창하다.

라 하고, 인해 갑자기 보이지 않았다. 사람들이 말하기를 허암虛庵
정희량鄭希良이 아니면 불가능하다고 했다.

사암思庵 박순朴淳이 젊었을 때 백운동白雲洞 조씨曺氏 초당草堂
에 자면서 지은 시에 말하기를,

醉睡仙家覺後疑	취해 선가에 자다가 깨어보니 의아해
白雲平壑月沈時	흰 구름은 골을 덮었고 달도 지려 한다.
脩然獨出脩林外	빠른 걸음으로 혼자 숲 밖으로 나서니
石逕節音宿鳥知.	돌길 지팡이 소리를 자던 새만이 안다.

라 했는데, 사람들이 사암思庵을 숙조지선생宿鳥知先生이라 했다.
진주晉州의 촉석루矗石樓와 밀양密陽의 영남루嶺南樓는 주변에
아름다운 경치가 서로 비슷한데 영남루嶺南樓에는,

秋深官道暎紅葉	깊은 가을 관도에 단풍잎이 비치고

日暮漁村生白烟   해가 저문 어촌에 흰 연기가 오른다.
一竿漁父雨聲外   낚시하는 어부는 빗소리 밖에 있고
千里行人山影邊. 먼 길 가는 사람은 산 그림자 옆으로 간다.

라 한 시들이 사람들의 입에 오르내리고 있으나 촉석루矗石樓에는
아름다운 시가 하나도 없다. 어찌 한 사람이 지은 것으로 한쪽에는
교묘하고 다른 쪽에는 옹졸하기 때문인가. 아니면 촉석루矗石樓가
영남루嶺南樓보다 너무나 아름답기 때문에 표현하지 못하기 때문
에 그런 것인가.

　　이제신李濟臣의 『청감시화淸江詩話』에 이르기를 퇴휴退休 소세
양蘇世讓이 퇴직하고 호남에 살고 있었는데, 상진尙震 영상領相이
금빛으로 노안蘆雁을 그린 족자에 시를 지어 주기를 청했다. 소세
양蘇世讓이 두 절구絕句를 지어 보냈는데 그 하나에 말하기를,

楓落蘋香蘆荻花   단풍잎 지자 마름 향기와 갈대꽃 피고
踈翎隨意泛淸波   성긴 날개가 임의대로 맑은 물결에 떴다.
塞天昨夜風霜厲   간밤 변방 하늘에 풍상이 무서워
却愛江南有歲華. 문득 강남 계절의 아름다움을 사랑한다오

라 했으며, 또 그 하나에 말하기를,

蕭蕭孤影暮江潯   쓸쓸하고 외로운 그림자가 저문 강변에 있고
紅蓼花殘兩岸陰   붉은 여귀 꽃은 시들고 양쪽 언덕에 그늘이 지다.
漫向西風呼舊侶   부질없이 서풍을 향해 옛 짝을 불렀으나
不知雲水萬重深. 구름과 물이 매우 깊음을 알지 못했다.

라 했는데, 모두 자신을 비유한 것이며, 또 시의 내용이 그림에 매

우 근접했기 때문에 절창絶唱이라 이를 만하다.

이희안李希顔 현감縣監은 남명南溟 조식曺植과 함께 유일遺逸[12]로 추천이 되었는데 조남명曺南溟은 여러 번 불렀으나 응하지 않았고, 이희안李希顔은 전후로 세 번이나 부르는 명령에 응했다. 조남명曺南溟이 시로써 나무라며 말하기를,

山海亭中夢幾回　산해정 가운데서 꿈은 몇 번 꾸었으며
黃江老子雪盈腮　황강의 늙은이는 눈이 뺨에 가득하다.
半生三度朝天去　반생에 세 번 조회하러 갔으나
不見君王面目來.　군왕을 뵈옵지 못하고 왔다네.

라 했는데, 산해山海는 조남명曺南溟의 정자 이름이며, 황강黃江은 이희안李希顔이 살고 있는 곳이라 한다.

차찬로車天輅의 『오산설림五山說林』에 말하기를 김안로金安老가 화담花潭 서경덕徐敬德의 명망이 무거운 것을 시기하여 해롭게 하고자 했는데, 화담의 시에,

窓豁迎風足　창이 넓어 바람 맞는데 족하고
庭空得月多.　뜰이 비었으니 달빛을 많이 얻겠다.

라 한 구를 보고 곧 말하기를 "자신을 수양하는 선비에 불과하다" 하고 사납게 먹은 마음을 드디어 그쳤다고 한다.

물재勿齋 손효순孫孝順은 재주와 학문이 있었기 때문에 성종成宗이 매우 무겁게 여겼다. 일찍 불러 술을 하사했는데 효순孝舜이 많

---

12) 학문이 높으면서 벼슬하지 않고 시골에 있는 인물.

이 취하자 성종成宗이 "자네가 지금 시를 지을 수 있겠는가." 하고
물으니, 이에 대해 말하기를 "오직 명령에 따르겠습니다." 하므로
성종成宗이 장량張良을 제목으로 하고 드디어 운운韻을 부르니 효순
이 부르는 운에 응해 말하기를,

奇謀不售浪沙中	기모奇謀를 랑사浪沙 가운데서 팔지 못하고
杖劒歸來相沛公	칼을 짚고 돌아와 패공沛公[13]을 도왔다.
借著已能成漢業	차저借著[14]로 이미 한漢의 왕업을 이루었고
分茅各自讓齊封	분모分茅[15]에는 스스로 제齊 나라를 사양했다.
平生智略傳黃石	평생의 지략은 황석공黃石公으로부터 전해 받았고
末路心期付赤松	말로에 마음의 기약은 적송자赤松子[16]에 붙였다.
堪恨韓彭竟菹醢	한신韓信과 팽월彭越의 저해菹醢 된 것 한했으니[17]
功成勇退是英雄.	공을 이루고 물러나는데 용감한 것이 영웅이라오

라 하여 부르는 운에 따라 짓는 것이 울림과 같이 빠르므로 성종이
크게 기뻐하며 한 사람의 궁인宮人에게 비파를 타게 하고 노래를
부르게 했다고 이른다. 혹은 말하기를 채수蔡壽가 지은 것이라고
하는데, 그것은 아마 잘못 가리킨 것이 아닌가 한다.

우리 조정朝廷에 문장으로 대가大家가 많이 나와 각자 전공을 하
게 되었으나 성당盛唐에 법을 취한 자는 매우 적었는데, 충암沖庵
김정金淨, 망헌忘軒 이주李冑 뒤에 고죽孤竹 최경창崔慶昌, 옥봉玉

---

13) 천하를 평정하기 전의 한고조漢高祖를 지칭함.
14) 젓가락을 빌려 붓 대신으로 하여 그으면서 계획을 설명하는 것.
15) 국가에서 건국에 공이 많은 인물을 제후諸侯로 봉함을 말함.
16) 위의 황석공黃石公과 함께 사호四皓의 한 사람으로서 장량張良의 스승.
17) 한신韓信과 팽월彭越은 무장武將으로서 한漢 고조高祖의 건국에 큰 공이
    있었는데 뒤에 처형되어 젓을 담아 공신들에 보여 주었다고 함.

峰 백광훈白光勳, 손곡蓀谷 이달李達의 무리들 몇 사람이 당시唐詩
를 법한 자로서 가장 알려 졌다. 김정金淨의 시에,

江南殘夢晝懕懕   강남의 잔몽殘夢으로 낮에도 한가로워
愁逐年芳日日添   근심은 해를 쫓아 날로 더하는구나.
鶯去燕來春又暮   꾀꼬리와 제비가 가고오며 봄도 또 저무는데
杏花微雨下重簾.   살구꽃에 오는 비에 발을 내린다.

라 했고, 또,

西風木落錦江秋   서풍에 나뭇잎 지는 금강의 가을에
煙霧蘋州一望愁   안개 낀 강변을 바라보며 근심에 잠겼다.
日落酒醒人去遠   해는 지고 술이 깨니 사람들은 멀리 가버려
不堪離思滿江樓.   헤어진 생각 강루에 가득해 견디기 어렵다.

라 했는데, 당唐 나라 문인들의 작품 속에 두어도 쉽게 구분하지
못할 것이다. 이주李胄의 시에,

通州天下勝   통주通州는 천하에서 아름다워
樓觀出雲霄   누대가 구름 낀 하늘에 솟았다.
市積金陵貨   저자에는 금릉金陵의 화물이 쌓였고
江通楊子潮   강은 양자강楊子江 조수와 통한다.
飢鴉秋落渚   굶주린 갈까마귀는 가을 물가에 앉았고
獨鳥暮歸遼   새만 저문데 요동으로 돌아간다.
鞍馬身千里   말을 타고 멀리 떨어져 있어
登臨故國遙.   오르니 고국이 까마득하다오

라 했는데, 중국 사람이 보고 칭찬하며 말하기를 "독조모귀요선생

獨鳥暮歸遼先生"이라 했다. 최경창崔慶昌의 시에

> 去歲維舟蕭寺岸　지난 해 소사蕭寺 언덕에 배를 매어 놓고
> 折花臨水送行人　꽃을 꺾어 물에 다다라 가는 사람 보냈다.
> 山僧不管傷離別　산승은 이별의 슬픔에는 관심이 없고
> 閉戶無端又一年.　문을 닫고 무단히 또 일 년을 보낸다.

라 했으며, 백광훈白光勳의 시에,

> 紅藕一池風滿院　못에는 붉은 연꽃, 뜰에는 바람이 가득하며
> 亂蟬千樹雨過村.　많은 나무에 매미 소리 요란하고 비는 마을을 지나
> 　　　　　　　　간다.

라 했으며, 이달李達의 시에,

> 病客孤舟明月在　병객이 탄 고주에 밝은 달이 비추고
> 老僧深院落花多.　노승이 있는 깊은 절에 떨어진 꽃이 많다.

라 했으니, 한 점 고기에 그 맛을 알겠다.

　인재忍齋 홍섬洪暹이 김안로金安老의 모함으로 형刑을 받고 멀리 유배 가게 되었다. 그가 대궐 뜰에서 국문鞠問을 당했을 때 어떤 사람이 양곡暘谷 소세양蘇世讓에게 말하기를 "아깝다. 퇴지退之(홍섬洪暹의 자字)가 이에 그치느냐" 하니, 소세양蘇世讓이 말하기를 "저 사람이 반드시 전정前程이 있는데 어찌 빨리 죽겠느냐." 하므로 그 사람이 어떻게 아느냐 하니 소세양蘇世讓이 말하기를 지난날 과제課製로 지은 염여퇴灩澦堆 시詩의 결구結句에 말하기를,

清猿啼不盡	원숭이의 맑은 울음은 그치지 않고
送我上危灘.	나를 위태로운 여울 위로 보낸다.

라 했는데, 이러한 시구詩句는 그 사람이 반드시 어려움을 다 겪고 높은 지위에 이를 것이라 했는데, 뒤에 과연 이십 년이나 정승을 했으며 나이 팔십 두 살에 세상을 떠났으니, 시도 사람의 궁달窮達을 점칠 수 있는 것이라 했다.

사암思庵 박순朴淳은 고된 절제를 맑게 닦아 사람들이 따를 수 없었다. 그가 배척을 받고 서호西湖에 있을 때 지은 시가 있는데 말하기를,

琴書顚倒下龍山	금서琴書를 접어 두고 용산으로 내려가며
一棹飄然倚木蘭	하나의 돛으로 표연히 작은 배에 의지했다.
霞帶夕暉紅片片	안개는 저녁 햇빛을 받아 조각조각 붉어졌고
雨增秋浪碧漫漫	비 온 뒤의 가을 물결이 푸르고 질펀하다.
汀蘺葉悴騷人怨	초췌한 강변 나뭇잎들을 소객騷客은 원망하고
水蓼花殘宿鷺寒	여귀 꽃 시들자 자는 백로 춥겠다.
頭白又爲江漢客	머리가 희어 또 강한의 손이 되어
滿衣霜露泝危灘.	상로가 옷에 가득한데 위태로운 여울로 거슬러 간다.

라 했는데, 일시에 사람들이 외우며 전했다. 또 제승축題僧軸 시詩에 말하기를,

小齋朝退偶乘閒	조정에서 물러나 우연히 소재에서 한가함을 얻어
隱几蕭然看遠山	궤에 의지해 쓸쓸하게 먼 산을 바라본다.
終古世紛無盡了	예부터 세상 분잡함은 다할 때가 없고
祇今人事轉多艱	지금 인사도 어려움이 많다오.

長空過鳥遠招忽	넓은 공중에 지나가는 새는 기품이 있고
落日孤雲自往還	해질 무렵 고운孤雲은 스스로 가다가 온다.
遙想舊遊天外寺	옛날 놀던 먼 곳의 절을 생각하니
木蓮花發水潺潺.	목련꽃은 피고 물은 졸졸 흐르겠지.

라 했는데, 또한 극히 기발한 말이다.

화담花潭 서경덕徐敬德은 타고난 바탕이 으뜸에(상지上知) 가까웠으며 더욱 송宋나라 소옹邵雍의 주역周易에 조예가 깊어 경세經世의 운수를 추출하면 하나도 틀림이 없었다. 지은 시가 있는데 말하기를,

讀書當日志經綸	독서하던 그날에 뜻이 경륜經綸에 있어
歲暮還甘顏氏貧	해가 저물어도 도리어 안씨顏氏의 가난을 달게 여겼다.
富貴有爭難下手	부귀는 다툼이 있어 접근하기 어렵고
林泉無禁可安身	산골은 금함이 없으니 몸을 편안히 할 수 있다.
採山釣水堪充腹	나물 캐고 낚시해 배를 채울 만하며
詠月吟風足暢神	시를 짓고 읊는 것으로 정신을 맑게 하는데 족하다오
學到不疑眞快活	학문은 의심하지 않는데 이르는 것이 참으로 통쾌하며
免敎虛作百年人.	백년 인생 헛되게 가르침을 면하고자 한다.

라 했는데, 그의 뜻이 있는 바를 상상해 볼 수 있다.

송강松江 정철鄭澈이 해직되어 남중南中에 있으면서 지은 시가 있는데 말하기를,

掖垣南畔樹蒼蒼	궁중 담장 남쪽에 나무들이 푸르니
歸夢超超上玉堂	돌아가고 싶은 꿈은 뛰어 옥당에 올랐다.
杜宇一聲山竹裂	소쩍새 우는 소리에 대나무가 찢어지는 듯

孤臣白髮此時長. 고신孤臣의 흰 머리도 이때 자란다오.

라 했으니, 임금을 생각하고 나라를 걱정하는 말이 매우 경계하며
채찍질하고 있다.

　　점필재佔畢齋 김종직金宗直의 시를 으뜸이라고 말하는 것은 실
로 과장이 아니다. 그의 시에,

細雨縫衲僧　　가는 비 내리는데 스님은 장삼을 꿰매고
寒江客棹舟.　　찬 강에 손이 배 돛대를 젓는다.

라 한 것은 정세精細함에 승복하지 않을 수 없고 또,

十年世事孤吟裏　　십 년의 세상일은 외로이 읊조리는 속에서 지났고
八月秋容亂樹間.　　팔월의 가을 형상은 어지러운 나무 사이에 있다.

라 한 것은 그 상쾌하고 맑음에 놀라지 않을 수 없으며 또,

風飄羅代盖　　바람은 신라 때 덮었던 것을 날리고
雨蹴佛天花.　　비는 불천佛天의 꽃을 차다.

라 한 것은 일찍 생각이 넓고 구애 받지(광달曠達) 않은 것에 승복
하지 않을 수 없다.

　　아조我朝는 대대로 이러한 작자들이 나왔는데, 근대를 중심으로
말하면 화평和平하고 맑고 깨끗하고 밝은 것으로 일가를 이루었다
고 말하는 자는 용재容齋 이행李荇과 낙봉駱峯 신광한申光漢을 들
수 있겠는데, 신광한申光漢은 비교적 맑고(청淸) 이행李荇은 둥글다

고(圓) 볼 수 있다. 대가大家로는 사가정四佳亭 서거정徐居正이 마땅히 제일이 될 것이고, 김종직金宗直, 성현成俔이 그 다음이 될 것이며, 눌재訥齋 박상朴祥, 호음湖陰 정사룡鄭士龍, 소재蘇齋 노수신盧守愼, 간이簡易 최립崔岦 등이 혹은 험하고 괴이하며(험괴險怪) 기건奇健한 것에 능한 것으로 여기며 정각正覺을 얻은 것에 이른 자는 오히려 많지 않는데, 사암思庵 박순朴淳이 당파唐派에 점점 접근하여 운치韻致가 매우 맑고 높다.

이수광李睟光의 『지봉유설芝峯類說』에 말하기를 이목은李牧隱의 시에,

詩書未必皆君子　글을 읽는다고 반드시 모두 군자가 되는 것이 아니고
卿相由來起匹夫.　경상卿相이 나오는 것은 필부匹夫의 집에도 있다.

라 했는데, 대개 당시 세태를 슬퍼하며 지은 것이다. 공민왕恭愍王 때 간하는 신하가 글을 올려 말하기를 "백정白丁이 갑자기 경상卿相으로 임명되고 노예의 계층에서 조정에 많이 나왔다"고 했다.

점필재佔畢齋 김종직金宗直의 시에 말하기를,

詩書舊業戈春黍　시서의 구업은 창으로 기장을 찧는 것이며
翰墨新功獺祭魚.　한묵翰墨의 새로운 공은 달제어獺祭魚라오.

라 했다. 순자荀子[18]는 말하기를 예의로써 말하지 않고 시서詩書로서 한다는 것은 창으로 기장을 찧는 것이라 했고, 이상은李商隱[19]

---

18) 중국 춘추전국시대의 학자 순황荀況의 존칭으로 성악설性惡說을 주장했음.
19) 당唐의 시인 자는 의산義山 호는 옥계생玉谿生이라함. 서곤체西崑體의 비조鼻祖.

은 글을 지을 때 많이 찾아보고 하기 때문에 서적이 좌우에 고기
비늘처럼 차례로 있어 그것을 달제어獺祭魚라 이름했다고 하는데,
나는 이르기를 글을 지을 때 전고典故에 있는 말들을 모아 엮는 것
이 잘 짓는 것으로 여기나, 그것은 문인의 병이다.

  안정安亭 신영희辛泳禧는 한훤당寒暄堂 김굉필金宏弼 추강秋江
남효온南孝溫과 사이가 좋았다. 사화士禍가 일어날 것을 알고 숨어
살며 벼슬하지 않았다. 문장과 행동이 올바르기 때문에 일세에 추
대하는 바가 되었다. 그의 시에 말하기를,

  打麥聲高酒滿盆   타맥打麥 소리 높고 술은 항아리에 가득하며
  老人無事臥荒村.   노인은 일이 없어 황촌荒村에 누웠다.
  呼童緊下遮風幔   아이 불러 빨리 발을 내려 바람을 막는 것은
  恐擾新移紫竹根.   새로 옮긴 대뿌리 흔들릴까 겁낸다오

라 했는데, 역시 세상을 걱정하는 뜻이 비쳐 있다.

  회재晦齋 이언적李彦迪의 시에 말하기를,

  萬物變遷無定態   만물의 변천에는 정한 형태가 없으니
  一身閑適自隨時.   일신의 한적함도 스스로 때를 따르고자 한다.
  年來漸看經營力   이즈음 점점 경영하는 힘을 보고
  長對靑山不賦詩.   길이 청산을 대하며 시를 짓지 않고자 한다.

라 했는데, 말의 뜻이 매우 높아 조잡하고 용렬하게 시를 짓는 자
들이 쉽게 미칠 비가 아니다. 또 말하기를,

  萬物得時皆自樂   만물이 때를 만나면 모두 스스로 즐겁고
  一身隨分亦無憂,   일신도 분수에 따르니 또한 근심이 없다.

라 했고, 또 말하기를,

　　待得神淸眞氣泰　　정신이 맑고 진기眞氣가 편안함을 얻게 되면
　　一身還是一唐虞.　　일신도 당우唐虞로 돌아갈 것이다.

라 했는데, 이러한 시들을 보면 선생의 마음에 기른 바를 알 수 있다.
　　일두一蠹 정여창鄭汝昌의 과악양過岳陽 시詩에 말하기를,

　　風蒲獵獵弄輕柔　　바람은 엽렵獵獵하게 부들을 가볍게 희롱하고
　　四月花開麥已秋　　사월에 화개의 보리는 이미 가을이었다.
　　看盡頭流千萬疊　　두류산 천만 첩을 두루 다 보고
　　孤舟又下大江流.　　외로운 배로 또 큰 강이 흐르는 곳으로 내려간다.

라 했는데, 악양岳陽과 화개花開는 모두 진주에 있는 땅 이름인데
하동河東으로 옮겨 부쳤다.
　　소재穌齋 노수신盧守愼은 인종仁宗이 동궁東宮에 있을 때 우사서
右司書였다. 만년에 제관祭官으로서 효릉孝陵의 제제를 드리면서
지은 시에 말하기를,

　　廟表全心德　　묘호廟號는 심덕心德을 온전히 표했고
　　陵名百行源　　능 이름은 백행의 근원이라오.[20]
　　衣裳圖不見　　의상은 그림에도 보이지 않고
　　社稷欲無言　　사직은 말을 하고자 함이 없다.
　　天靳逾年壽　　하늘은 나이 많아지는 것을 아끼었고
　　人含萬古冤　　사람들은 길이 원통함을 머금었다.

---

20) 묘호廟號는 인조仁祖이고 능호陵號는 효릉孝陵이기 때문에 이와 같이 말
　　한 것이다.

春坊舊僚屬　　　춘방春坊21)의 옛 관료들에서
惟有右司存.　　　오직 우사서右司書만 있다오

라 했는데, 한 자 읽고 한 번씩 눈물을 흘릴 만하다고 이르겠다.

　　상진尚震 영상領相은 그릇과 도량이 넓었으며 일찍 사람의 길고 짧은 것을 말하지 않았다. 吳祥오상 판서判書의 시가 있는데 말하기를,

羲皇樂俗今如掃　　희황羲皇22)의 즐거운 풍속은 지금 쓴 듯하나
只在春風盃酒間.　　단지 봄바람의 술잔 사이에만 있다.

라 했는데, 상공이 보고 말하기를 어찌 그렇게 말을 얇게 하느냐 하고,

羲皇樂俗今猶在　　희황의 즐거운 풍속이 지금도 있는 것 같은데
看取春風盃酒間.　　봄바람의 술잔 사이에서 취取해 보겠다.

라 했는데, 이와 같이 몇 자를 고치자 온후하고 노출이 되지 않으니 두 사람의 기상을 볼 수 있다.

　　강극성姜克誠 수찬修撰이 파직을 당하고 있으면서 지은 시가 있는데 말하기를,

朝衣典盡酒家眠　　조의朝衣23)를 모두 저당 잡혀 술집에서 자게 되었고
賜馬將謀數頃田　　하사받은 말은 몇 이랑 밭을 사겠다.
珍重國恩猶未報　　값지고 무거운 국가의 은혜 오히려 갚지 못했는데

---

21) 조선조 때 세자世子의 시강원侍講院을 달리 부르는 말.
22) 중국 고대 전설 속의 군왕인 복희씨伏羲氏를 말함.
23) 벼슬한 사람이 조회할 때 입은 관복官服

夢和殘月獨朝天. 꿈에 달과 함께 임금을 뵈옵게 되었다.

라 했는데, 명종明宗이 듣고 감탄하며 특별히 바로 임명했다고 하
니 특이한 운수라 하겠다.

　성모成某가 양주목사楊州牧使를 하면서 한 사람의 창기娼妓를 좋
아했는데 이름이 매화梅花였다. 매우 침혹하여 관아官衙의 일에도
방해가 된다고 하자 최경창崔慶昌이 시를 주어 말하기를,

　官橋雪霽曉寒多　　관교官橋24)에 눈이 개고 새벽이 매우 추운데
　小吏門前候早衙　　소리小吏가 문 앞에서 아문이 일찍 열리기를 기다린다.
　莫怪使君常晏出　　사군使君25)이 늦게 나오는 것을 이상히 여기지 말라
　醉開東閣賞梅花.　　취해 동각東閣을 열고 매화를 감상한다오

라 했는데, 대개 하손何遜의 사건을 인용하여 나무라고자 한 것이다.
　하응림河應臨의 시에,

　佳兒年十三　　　　예쁜 아이 열세 살에
　彈琴雙手纖　　　　가는 손으로 거문고를 탄다.
　聞聲不見面　　　　소리는 들리나 얼굴은 보여주지 않고
　聲出桃花簾.　　　소리는 복숭아 꽃 주렴 안에서 나온다.

라 했으며, 백호白湖 임제林悌의 향렴香奩 시詩에 말하기를,

　十五越溪女　　　　열다섯 살 아름다운 처녀가
　羞人無語別　　　　사람이 부끄러워 이별하는 말 하지 못했다.

---

24) 관가官家에서 필요할 때마다 설치한 다리.
25) 나라의 명령을 받고 온 사신. 아래 하손何遜은 알아보지 못했다.

歸來掩重門	돌아와 문을 꼭 닫고
泣向梨花月.	울며 이화梨花의 달을 바라본다오

라 했는데, 모두 당唐의 시인들의 조격調格[26]이 있다.

일찍 궐중闕中의 주춧돌 위에 시가 쓰여 있는데 이르기를,

鄕信不如春有信	고향 소식이 봄소식만 같지 못하며
客情那似石無情	나그네의 정이 어찌 돌과 같이 무정하랴.
傷衰謾自思强壯	늙음을 슬퍼해 부질없이 굳센 것만 스스로 생각하고
經亂空勞說太平.	난을 겪자 공연히 태평을 말하느라 괴롭다오.

라 했는데, 누가 지었느냐 하고 물었으나 군사軍士가 지은 바라고 하는데 그 이름을 알 수 없어 한스럽다. 또 일찍 역정驛亭에 썼던 시가 있었는데 말하기를,

衆鳥同枝宿	뭇새들은 같은 가지에 잤으나
天明各自飛	하늘이 밝으면 각자 날아간다.
人生亦如此	인생도 또한 이와 같으니
何必淚沾衣.	어찌 꼭 눈물을 흘려 옷을 적시랴.

라 했는데, 누가 지었는지 알 수 없다.

세상에 전하기를,

耕牛無宿草	밭가는 소는 묵은 풀이 없으나
倉鼠有餘糧	창고의 쥐는 남은 양식이 있다.
萬事皆前定	만사가 모두 앞에 정해졌는데

---

26) 시가詩歌에서 체제와 운치가 알맞은 것을 말함.

浮生空自忙.　　　부생浮生이 공연히 스스로 바쁘다오

라 했는데, 역시 누가 지었는지 알 수 없다.

고려 말에 어떤 스님이 포은圃隱 정몽주鄭夢周에게 준 시가 있는데 말하기를,

江南萬里野花發　　강남 넓은 곳에 들꽃이 피었으니
何處春風無好山.　　어느 곳인들 봄바람에 좋은 산이 없겠는가.

라 했는데. 대개 포은에게 자취를 감추게 권한 것이다. 포은圃隱이 눈물을 흘리며 말하기를 "오호嗚呼라 늦었다"고 했다. 대개 임금의 신하로서 이미 맡은 것이 이와 같은데 이르렀으니 물러나고자 할 의리가 없다. 스님이여(승호僧乎) 어찌 족히 포옹圃翁을 알 수 있으랴.

난설헌蘭雪軒 허씨許氏는 시로서 근대의 규수 가운데 제일이 될 것이다. 일찍 세상을 떠났으며 문집이 있다. 평생 부부 사이의 금실이 좋지 않았기 때문에 그의 시에는 원망하는 생각이 있다. 그의 채연곡採蓮曲에 말하기를,

秋淨長湖碧玉流　　맑은 가을 장호에 푸른 물이 흐르는데
荷花深處繫蘭舟　　연꽃 깊은 곳에 배를 매어 두었다.
逢郎隔水投蓮子　　만난 사나이 물 건너에서 연밥을 던졌다가
畏被人知半日羞.　　사람들이 알았을까 반일 동안 부끄러워한다.

라 했다. 그의 문집은 중국 사람도 사가지고 갔다고 했다.
허씨許氏가 그의 남편 김성립金誠立의 공부하는 강사江舍에 부친

시에 말하기를,

> 燕掠斜簾兩兩飛　제비는 비낀 주렴을 치고 쌍쌍이 날며
> 落花搖亂撲羅衣　낙화는 비단옷을 어지럽게 한다.
> 洞房極目傷春意　동방에 보이는 것마다 춘의春意를 상하게 하나
> 草綠江南人未歸.　풀이 푸른 강남에서 사람은 돌아오지 않는다.

라 했는데, 이 두 작품은 유탕流蕩한 것에 가까워 그의 문집에는
실리지 않았다고 한다.[27] 그밖에 악부樂府와 궁사宮詞 등의 작품은
고시古詩에서 절취한 것이 많이 있다. 홍경신洪慶臣 참의參議와 허
적許稿 정랑正郎은 난설헌蘭雪軒의 집과 매우 가까운 사람들이었는
데 일찍 말하기를 난설헌蘭雪軒 시 이 삼 편 외에 모두 차작借作이
며 백옥루상량문白玉樓上樑文도 또한 허균許筠과 이재영李再榮이
지은 바라 이른다.

　천한 창녀娼女 취선翠仙의 호는 설죽雪竹이다. 그의 시가 있는데
말하기를,

> 春粧催罷倚焦桐　봄 화장을 재촉해 마치고 거문고를 잡으니
> 珠箔輕明日影紅　주렴은 가볍게 밝으며 해 그림자는 붉다.
> 香霞夜多朝露重　안개는 밤에 많고 아침 이슬은 무거운데
> 海棠花泣小墻東.　해당화는 작은 담장 동쪽에서 운다.

라 했으며, 또 말하기를,

> 洞天如水月蒼蒼　하늘은 물 같고 달은 밝으며

---

27) 이수광李睟光의 『지봉유설芝峯類說』에 따르면 이 시가 방탕한 것으로 흐
　르는 것에 가깝기 때문에 그의 문집에 실리지 않았다고 한다.

樹葉蕭蕭夜有霜	나뭇잎은 소소하고 밤에 서리가 내린다.
十二細簾人獨宿	열 두 폭 누른 주렴에 홀로 자면서
玉屛還羨畵鴛鴦.	병풍에 그려져 있는 원앙새를 부러워한다.

라 했다.

계생桂生은 부안扶安의 천한 기생이며 호는 매창梅窓이다. 지나가는 나그네가 그의 이름을 듣고 시로써 희롱하려 하는 자가 있었는데 계생桂生이 바로 차운하여 말하기를,

平生不學食東家	평생 동안 동가東家에서 밥 먹는 것 배우지 않았고
只愛梅窓月影斜	단지 매창에 비긴 달그림자만 사랑한다오.
詞人未識幽閑意	사인詞人이 그윽하고 한가한 뜻은 알지 못하고
指點行雲枉自多.	가는 구름 가리키며 스스로 많다고 속인다.

라 하니, 그 사람이 실망하며 갔다. 평일에는 거문고와 시를 좋아했는데 세상을 떠나자 거문고를 순장했다고 한다.

석아石娥는 여성위礪城尉의 종이었는데 노래 잘하는 것으로 유명했으며 수월정사水月亭詞에 이른바 절창가아絶唱佳兒라 한 자가 바로 그를 이름이다. 수암守庵 박지화朴枝華의 시에 말하기를,

主家亭子漢濱秋	한강변 주인집 정자는 가을인데
庾月依稀逝水流	유월庾月은 희미하고 가는 물은 흐른다.
惟有鳳凰天外曲	오직 봉황의 천외곡天外曲 있어
人間贏得錦纏頭.	인간에게 머리 싸는 비단을 여유 있게 얻게 한다.[28]

---

28) 유월庾月은 어떤 의미인지 알아보지 못했고, 전결轉結 양구兩句도 난해하다. 아래 시의 檀板은 치는 악기의 이름.

라 했고, 백호白湖 임제林悌는,

　　秦樓公子風流盡　진루秦樓의 공자는 풍류가 다했고
　　檀板佳人翠黛殘　단판檀板을 치는 가인의 화장도 지워졌다.
　　惟有當時歌舞處　오직 당시 노래하고 춤추던 곳만 있으며
　　春江水月暎朱欄.　봄 강물이 수월정의 붉은 난간을 비친다.

라 했는데, 수월水月은 바로 여산礪山의 강정江亭이다.
　대곡大谷 성운成運의 시에 말하기를,

　　波乾龍爛死　물이 마르면 용이 타서 죽고
　　松倒鶴驚飛　소나무가 넘어지니 학이 놀라 난다.
　　地下忘恩怨　지하에는 은혜와 원망을 다 잊는다는데
　　人間說是非.　인간세계에서는 시비를 말한다오

라 했는데, 대개 을사사화乙巳士禍에 희생된 여러 사람을 애도한것
이다.
　이달李達이 격암格菴 남사고南師古의 만시挽詩에 말하기를,

　　鸞馭飄然若木津　난새가 말을 부려 표연히 약목진若木津[29]으로 갔으니
　　君平簾下更何人　군평君平[30]의 주렴 밑에 다시 어떤 사람이 있으랴
　　床東弟子收遺草　상동床東에 제자들은 유고를 거두고
　　玉洞桃花萬樹春.　옥동의 복숭아꽃이 나무마다 핀 봄이라오

라 했다. 남사고南師古는 일찍 이인異人으로부터 도결道訣을 받아

---

29) 은하수銀河水 가에 있는 미성尾星 근처 나루 이름이라 한다.
30) 한漢 나라 때 인물인 엄군평嚴君平으로 점을 잘 쳤다고 한다. 여기서는
　　남사고를 지칭함.

비술秘術에 통했다고 한다.

지봉芝峯 이수광李睟光이 사신으로 중국 서울에 가서 안남국安南國 사신 풍극관馮克寬을 만나 주고받고 한 시가 있는데 그 한 연聯에서 말하기를,

山出異形饒象骨　산에는 이상한 모양의 상골象骨이 많이 나고
地蒸龍氣産虛香.　땅이 더워 용기龍氣는 虛香을 산출 한다[31].

라 했는데, 대개 교지交趾에 상아象牙와 용연향龍涎香이 나기 때문에 이른 것이다. 뒤에 포로가 되었던 선비 조완벽趙完璧이 왜국으로부터 돌아와서 말하기를 "자신이 장사하는 왜인倭人을 따라 안남국安南國에 갔더니 그 나라 사람이 지봉芝峯의 시를 외우며 말하기를 우리나라에 상아象牙가 나는 산이 있다"고 한다 했다. 뒤에 『강목주綱目註』를 보니 안남安南에 象牙상아가 나는 곳을 말하기를 상산象山이라 했고, 또 『양비외전楊妃外傳』에 교지交趾에서 서룡뇌향瑞龍惱香을 가져왔다고 말했으나 실로 우연히 합치된 것이다.

성여학成汝學 진사進士의 호는 쌍천雙泉이다. 젊었을 때 시를 열심히 했는데 나이 많을 때까지 한 번도 벼슬의 임명을 받지 못했다. 그의 경구警句에 말하기를,

草露蛩聲濕　이슬 내린 풀에 벌레 소리 젖었고
林風鳥夢危　바람 부는 숲에 새의 꿈은 위태하다,
缺月棲深樹　조각달은 깊은 나무에 걸렸고
寒禽穴破籬　새는 추워 울타리를 헐고 구멍을 뚫었다.
雨意偏侵夢　내리는 비는 지나치게 잠을 침노하고

---

31) 외국에 관한 표현이기 때문인지 난해함이 있다.

秋光欲染詩　　가을빛은 시를 물들이고자 한다.
飮中千日少　　술을 마실 때는 천 일도 적고
亂後一身多.　　난리가 난 뒤에 한 몸도 많다.

라 하여, 청고淸苦함이 이와 같았다.

　율곡栗谷이 대간大諫에서 물러나 돌아가면서 시를 지었는데 말
하기를,

閶闔三章辭聖主　　궁중에 세 번 올린 글로 임금께 하직하고
江湖一葉載孤臣.　　고신孤臣은 강호江湖에서 작은 배를 탔다오.

라 했는데, 말 사이에 화평한 기운이 있다. 정송강鄭松江이 직학直
學으로서 남쪽으로 돌아가면서 율곡에게 준 시가 있다. 그 시에 말
하기를,

君意似山終不動　　그대의 뜻은 산과 비슷해 끝까지 움직이지 않고
我行如水幾時回.　　내 가는 것은 물과 같으니 언제 돌아오랴.

라 했는데, 대개 그때 송강松江이 율곡栗谷과 더불어 의견이 합치
되지 않음이 있어 이와 같이 말했다고 한다.

　이달李達은 홍천 사람인데 수함秀咸 부정副正이 사귀던 고을 기
생의 소생이며, 시가 성당盛唐에 가까웠다. 그의 전가田家 시詩에
말하기를,

田家小婦無夜食　　농가의 젊은 아낙은 저녁거리가 없어
雨中刈麥林中歸　　비를 맞고 보리 베어 숲속에서 돌아온다.
生薪帶濕煙不起　　땔감이 물에 젖어 불은 붙지 않는데

入門兒子啼牽衣. 들어오니 아이는 배가 고파 울며 따라 다닌다.

라 했으며, 한식사寒食詞에 말하기를,

白犬前行黃犬隨   흰 개는 앞서가고 누런 개는 뒤따르며
野田草際塚疊疊   우거진 풀밭에 묘가 첩첩이 있다.
老翁祭罷田間道   늙은 첨지 밭 사이에서 제를 지내고
日暮醉歸扶小兒. 날이 저물자 술에 취해 아이 붙들고 간다.

라 했다.

　유몽인柳夢寅의 『어우야담於于野譚』에 말하기를 시는 풍속교화
와 관계가 있으며, 사물의 형상만을 읊조리는 것이 아니다. 옛날에
목탁을 치는 자가 선택하여 풍아에 실었다고 했다.(고자古者 탁자
채지鐸者釆之 이재풍아以載風雅) 근간에 민몽용閔夢龍 상공相公은
시인을 배척해 말하기를 "시를 짓는 자들은 세상일을 많이 풍자해
서 원수를 만들기도 하고 혹은 그것으로 벌을 받는 계기가 되기도
하니 배울 것이 아니다"라고 했다. 그리고 정종영鄭宗榮 상서尙書
도 자제들에게 시를 배우지 못하게 경계했다. 나는 이르기를 두 분
이 자신들의 안전을 위해 좋은 계획이라고 생각되나 전혀 옛사람
의 삼백 三百 편篇과 같은 뜻은 없다고 할 것이다.

　김안로金安老가 동호東湖에 정자를 지어 현판을 보락당保樂堂이
라 하고 기재企齋 신광한申光漢에게 시를 청했는데 기재가 사양하
다가 어찌할 수 없어 지어 주었다. 그 시에 말하기를,

聞說華堂結構新   들으니 좋은 집을 새로 지었다는데
綠窓丹檻照湖濱   푸른 창과 붉은 난간이 호숫가를 비친다.

江山亦入陶甄手　강산도 또한 도견수陶甄手[32]에 들어갔고
月笛還宜錦繡人　달밤에 부는 피리는 비단옷 입은 사람에 돌아가는
　　　　　　　　 것이 마땅하다.
進退有憂公保樂　진퇴에는 근심이 따르나 공은 즐거움을 가졌으며
行裝無意我全眞　행장에 뜻이 없고 나는 진실을 온전히 했다.
風光點撿須閑熟　풍광을 살펴보니 한가함에 매우 익숙했는데
更與何人作上賓.　다시 어떤 사람을 상빈이 되게 했는가.

라 했는데, 이 시에서 말하기를 문설자聞說者라 한 것은 기재 자신
은 정자 낙성하는데 가지 않았다는 것을 분명히 밝힌 것이다. 강산
이 도견陶甄하는 자에 들어갔다는 것은 조정의 모든 정사와 강산의
전토田土까지 가지고 있다는 것이며, 달밤에 피리는 비단옷 입은
자에 돌아갔다 하는 것은 그와 같이 번화한 일은 부귀한 자만이 가
능하다는 것이다. 공이 즐거움을 가졌다는 것은 옛사람들은 진퇴에
모두 근심이 있었는데 공은 홀로 그 즐거움을 가졌다는 것이며, 아
전진我全眞이라는 것은 진취進取에 뜻이 없고 스스로 그 절의節義를
온전히 하겠다는 것을 밝힌 것이다. 그리고 누가 상빈上賓이 되겠는
가 한 것은 자신은 상빈을 하지 않는데 어떤 사람이 권세에 아부하
여 상빈이 되었는가 한 것이다. 구절마다 풍자한 것으로 자신의 마
음을 나타낸 것인데 김안로金安老는 문장을 깊게 아는 자이다. 어찌
그 뜻을 모르겠는가. 끝까지 기재企齋를 해롭게 하지 않은 것은 당
시 구실을 겁내어 숨은 감정을 노출시키지 않으려는 것이다.
　한강漢江 몽뢰정夢賚亭은 임당林塘 정유길鄭惟吉 상공相公의 정
자이다. 상공은 한가할 때가 많았기 때문에 창문에 춘첩春帖[33]이

32) 그릇 만드는 장인
33) 입춘立春에 시련詩聯을 창 또는 벽에 써 붙인 것.

적지 않았다. 그 하나에 말하기를,

官閑身漫世誰嗔　　벼슬도 한가하고 몸도 질펀하니 세상에 누가 꾸짖으랴.
夢賚亭中白髮人　　몽뢰정 가운데 머리 흰 사람을.
幸賴朝家無一事　　다행이 국가의 도움으로 일이 전혀 없어
扁舟來釣漢江春.　　봄철 작은 배로 한강에 와서 낚시한다오.

라 했으며, 또 하나에 말하기를,

梅欲粧梢柳欲嚲　　매화는 가지를 단장하는데 버들은 숭내 내고자 하며
淸江水泮綠粼粼　　맑은 강에 얼음이 녹자 푸르름이 졸졸 흐른다.
老臣無與安危事　　노신은 안위의 일에는 하는 것이 없고
唯向楓宸祝萬春.　　오직 대궐을 향해 장수하시기를 빈다오.

라 했으며, 또 하나에 이르기를,

白髮先朝老判書　　백발이 된 먼저 조정의 늙은 판서는
閑忙隨分且安居　　한가하고 바쁜 것을 분수에 따르며 편안히 살고 있다.
漁人報道春江暖　　어부는 봄 강물이 따듯하다고 알리며
未到花時薦鱖魚.　　꽃도 피지 않았는데 쏘가리를 준다.

라 했는데, 매양 한 번 읊으면 그의 시원스럽고 격에 맞음을 상상
할 수 있다.

정질鄭礩이 해주목사海州牧使가 되어 그곳 부용당芙蓉堂에 걸려
있는 모든 시판을 가져오게 하여 일하는 사람에게 주며 말하기를
"쪼개 태워 버리라"하고 자신이 지은 절구 한 수만 걸어 두게 했다.
그 시에 말하기를,

荷香月色可淸霄　연꽃 향기와 달빛이 맑은 하늘에 좋은데
更有何人弄玉簫　다시 어떤 사람이 퉁소를 희롱 하나뇨.
十二曲欄無夢寐　열둘의 굽은 난간에 잠은 오지 않고
碧城秋色正迢迢.　벽성에 가을빛이 까마득하다.

라 했는데, 시는 비록 회자되었으나 사람들이 그의 교만함을 말했
다. 임진왜란 때 그곳 시판詩板이 모두 없어졌으나 정질鄭礩과 김
성일金誠一 두 사람의 시만 남았다. 김성일金誠一이 시는 잘 짓지
못했으나 일본에 사신으로 가서 강직했던 것으로 그곳에서 중하게
여겼고, 정질의 시는 절창이었기 때문일 것이다.

　퇴계선생退溪先生이 일찍 조남명曺南溟과 더불어 가깝게 이야기
하게 되었는데 퇴계가 말하기를 주색酒色은 사람이 좋아하는 바로
써 술은 쉽게 참을 수 있으나 색은 가장 어렵다. 강절康節[34]의 시
에 색은 능히 사람으로 하여금 즐기게 한다 했으니 제어하기 어려
운 것을 말한 것이다. 자네는 어떠한가? 남명南溟이 말하기를 "나
는 색에서는 패장군敗將軍이라" 하니 퇴계가 말하기를 "나는 젊었
을 때는 참고자 했으나 참지 못했는데 중년 이후에는 자못 참을 수
있는 것은 정력定力이 없지 않기 때문이라" 했다. 그때 구봉龜峰 송
익필宋翼弼이 자리에 있다가 말하기를 "소인小人이 일찍 읊은 바가
있으니 두 대인大人은 들어보시오" 하고 외워 말하기를,

玉盃美酒全無影　옥잔의 좋은 술은 전혀 그림자도 없고
雪頰微霞乍有痕　흰 뺨에 엷은 안개는 잠깐 흔적만 있다.
無影有痕皆樂意　그림자와 흔적이 있고 없는 것이 모두 즐게 하나
樂能知戒莫留恩.　즐거움을 경계로 알고 은혜로 여기지는 마오.

---

34) 중국 宋송나라 때 상수학자象數學者인 소옹邵雍의 시호諡號.

라 하니, 퇴계는 읊고 좋다고 칭찬하고, 남명은 웃으며 말하기를 "이 시가 패군敗軍의 장수에 경계하게 하는 것과 합치 된다"고 했다.

고려조의 가정稼亭 이곡李穀이 서장관書狀官으로 중국에 사신으로 갔는데 길옆 청루靑樓 위에 네 사람의 미인들이 주렴 안에서 가정稼亭을 향해 물을 뿜자 가정稼亭이 바로 전대 속에서 흰 부채를 찾아 절구絶句 한 수를 써 주었는데, 그 시에 말하기를,

兩兩佳人弄夕暉	네 사람의 가인이 저녁 햇빛을 희롱해
靑樓珠箔空依依	청루의 구슬발은 부질없이 마음을 설레게 한다.
無端一陣陽坮雨	무단히 내린 한 줄기 양대우陽坮雨[35]는
飛灑三韓御使衣.	날아와 삼한 어사의 옷에 뿌린다.

라 했다.

가정稼亭이 돌아올 때 그 가인들이 술과 안주를 준비하고 길에서 맞이하며 시를 주어 감사하다고 했다. 근년에 서장관書狀官 조휘趙徽도 중국으로 가는 도중에 미인을 보았는데 얇은 비단으로 낯을 가리고 있었다. 조휘趙徽가 절구 한 수를 흰 부채에 써 주었다. 그 시에 말하기를,

惹羞行路護永紗	길을 가며 부끄러워 긴 수건으로 낯을 가리었으며
淸夜輕雲漏月華	맑은 밤 가벼운 구름 사이로 달빛이 빛난다.
約束蜂腰纖一掬	약속한 가는 허리를 한 번 안고자
羅裙新剪石榴花.	비단 처마에 있는 석류화를 새로 꺾었다.

라 했다.

---

35) 남녀 간의 정사를 상징적으로 표현한 것임.

호당湖堂36)에 들어올 인물의 선발은 반드시 재주와 명망이 높은
자를 취했다. 이성중李誠中이 그 선발에 오르내리자 반대하는 쪽에
서 그의 재주가 있다고 일컬 것이 없다 하자 한 선생이 말하기를
성중誠中의 시에,

紗窓近雪月	사창에 눈과 달빛이 가까워지자
減燭延淸輝	촛불을 끄고 맑은 빛을 맞아 드렸다.
珍重一樽酒	한 두루미 술을 진중하게 여겨
夜闌猶未歸.	밤이 깊었는데 오히려 돌아가지 못했다.

라 했으니, 그의 시가 이와 같은데 어찌 선발하지 않겠는가 하므로
이로써 선발에 참여하게 되었다. 멸촉연청휘減燭延淸輝는 바로 이백
李白의 시구이므로 성중誠中은 삼구호당三句湖堂이라 이를 만하다.
　남성신南省身을 한림원翰林院에 들어가게 하고자 추천을 하려하
니 반대하는 사람이 많았다. 류숙柳肅 부제학副提學이 한림선생翰
林先生에게 말하기를 남군南君이 일찍 금강산에 가서 지은 시가 있
는데 말하기를,

一萬二千峰上路	일만 이천 봉 오르는 길을
壬寅庚子年間行	임인 경자년 사이에 갔다.
風煙眼底至今色	경치는 지금도 눈에 빛나며
笙鶴空中猶舊聲.	공중에 저소리 같은 학의 울음은 옛소리 같다오

라 했으니, 이 시를 지은 자가 한림翰林이 되지 않겠느냐 하여 이로

---

36) 조선조 때 과거에 합격한 사람으로서 재능이 있는 사람을 선발하여 공부
　　하게 하는 곳.

써 선발이 되었으니 가히 사구한림四句翰林이라 이르겠다.

고죽孤竹 최경창崔慶昌이 대은암大隱巖에 남곤南袞 고택古宅을 지나면서 지은 시에 말하기를,

門前車馬散如烟　　문 앞 거마들이 연기처럼 사라졌으니
相國繁華未百年　　상국相國의 번화가 백 년도 되지 못했다.
村巷寥寥過寒食　　마을 골목은 조용하게 한식을 지나는데
茱萸花發古墻邊.　　수유꽃만 옛 담장 옆에 피었다.

라 했다. 또 불암佛巖을 지나면서 지은 시에 말하기를,

茅庵寄在白雲間　　띠집이 흰 구름 사이에 있는데
長老西遊久未還　　장로는 오랫동안 서쪽으로 가서 돌아오지 않았다.
黃葉飛時疎雨過　　단풍잎 날 때 성긴 비 지나가고
獨敲寒磬宿秋山.　　홀로 경쇠 치며 가을 산에서 잔다.

라 했다.

이달李達이 고죽孤竹 최경창崔慶昌이 맡아 있는 영광靈光을 지나다가 그 고을 관아에 속한 기생을 좋아했는데 마침 비단을 팔러온 장사를 보고 시 한 수를 지어 고죽孤竹에게 보냈다. 그 시에 말하기를,

商胡賣錦江南市　　호상이 강남에 비단을 팔러 왔는데
朝日照之生紫煙　　아침 햇빛에 붉은 연기가 이는 듯하다.
佳人政欲作裙帶　　가인佳人이 옷을 해 입고 싶어
手探粧匳無直錢.　　장렴粧匳을 열어 보니 살 돈이 없다네.

라 하니, 최고죽崔孤竹이 그 시를 보고 말하기를 "만약 시의 값을

논한다면 어찌 천금만 되겠느냐. 작은 읍에 자금이 적어 여유가 있게 갚지 못한다." 하고 드디어 한 구句에 백립白粒 십석十石으로 계산해 모두 사십四十 석石을 주었다. 또 해상海上 시詩에 말하기를,

碧海波空雲影涵	푸른 바다에 파도는 없고 구름 그림자에 젖었으며
白鷗無數上苔巖	많은 백구는 이끼 낀 바위 위에 올랐다.
山花落盡不歸去	꽃은 다 떨어졌으나 돌아가지 못했는데
家在石峯江水南.	집은 강물 남쪽 석봉에 있다오

라 했는데, 모두 맑아 아름답게 여길 만하다.

정지승鄭之升의 강남江南 시詩 오언절구五言絶句에,

草綠王孫恨	풀이 푸르니 왕손은 한스러워 하고
花紅杜宇愁	꽃이 붉자 소쩍새가 근심한다.
汀洲人不見	강변에 사람은 보이지 않고
風動木蘭舟.	바람에 작은 배가 움직인다.

라 했는데, 일시의 절창絶唱이 되었다. 또 일반적으로 쓰는 편지글의 형식인 답어천독우答魚川督郵에 말하기를 견디기 어려운 처지를 위문해 주신 글을 삼가 받았는데 저를 보호해 주려는 거듭된 생각이 아님이 없다. 세류細柳[37]의 진중陣中에서 처음 알게 되었고 장생관長生館에서 다시 등불을 돋우었다. 고운孤雲과 지는 해를 함께 서로 생각했고 많은 술과 긴 시는 홀로 잘하지 못했다. 끝으로 만안萬安을 빌며 이 글을 잘 보기 바란다고 했다. 정지승鄭之升은 그

---

37) 세류진중細柳陣中은 전한前漢 주아부周亞夫가 외적外賊과 싸우면서 친 진陣의 이름이며 장생관長生館을 알아보지 못했다.

가 하는 말이 시가 될 만큼 재주가 뛰어났다[38]. 아깝게도 이러한 재주가 있음에도 불구하고 이름을 한 번도 알리지 못하고 일찍 세상을 떠났다.

유희경劉希慶은 천한 사람이었다. 젊었을 때부터 시를 배웠으며 본디 성격이 맑고 깨끗했다. 임진왜란 이후에는 생활이 어려워 위장소衛將所의 서원書員을 했다. 중궁中宮을 모시고 수안遂安으로 행차하게 되었는데, 그때 눈이 오다가 개자 호위扈衛하는 제공諸公들이 희경希慶에게 시를 짓게 하므로 지은 시에 말하기를,

扈衛遼陽古郡城　호위하여 옛 고을 요양遼陽[39]에 오니
風飄瓊雪灑林坰　바람에 눈이 날려 숲과 들이 깨끗하다.
村童莫厭埋樵逕　아이들아 나무 길이 묻혔다고 싫어하지 말라
天爲行宮作玉京.　하늘이 행궁行宮을 위해 옥경을 만들었다오

라 했다. 또 일찍 용문사龍門寺에 놀면서 동행했던 선비들이 시를 짓게 하자 바로 지어 말하기를,

山含雨氣水含煙　산에는 우기雨氣, 물에는 연기를 머금었으며
靑草湖邊白鷺眠　청초호 가에는 백로들이 졸고 있다.
路入海棠花下轉　길이 해당화 밑으로 돌아가니
滿枝香雪落揮鞭.　가지에 가득한 꽃이 휘둘리는 채찍에 떨어진다.

라 했다.

---

38) 정지승鄭之升이 발언성시發言成詩라 했다. 이 답서答書 가운데 세류영중초식면細柳營中初識面 장생관리갱도등長生館裏更挑燈은 좋은 시구인데 이러한 말을 두고 한 것이 아닌가 한다.
39) 수안遂安의 다른 이름이라 한다.

대개 만물萬物을 다듬고 새겨 그 형상을 이루는 것은 하늘의 재주이며, 하늘이 조화造化해 놓은 것을 손질해 그 형태를 개방하는 것은 시인의 재주이다. 그 형상을 교묘히 하는 것은 하늘밖에 없는데 어떤 물건인지 모르지만 시인詩人이 하늘의 교묘함을 빼앗을 수 있겠는가. 이로써 재주 있는 사람의 수명이 길지 못함을 알 수 있는데, 그것은 하늘이 시킨 것이다. 이렇게 보면 하늘도 역시 시기함이 많은 것인가. 이미 재주를 주고 어찌 그를 궁하게 하는가.

이정면李廷冕은 홍남洪男의 손자다. 시가 있는데 말하기를,

庭泥橫短蚓　　뜰의 진흙에 짧은 지렁이가 가로 있고
壁日聚寒蠅.　　벽의 햇빛에 파리가 추워서 모였다.

라 했다. 그의 친구 채소재體素齋 이춘영李春英이 묘함을 칭찬하면서도 궁할 것을 지적했는데, 과연 그는 과거에 급제한지 얼마 되지 않아 세상을 떠났다. 윤계선尹繼善 수찬修撰이 어느 집 술자리에서 지은 시에 말하기를,

宦遊千里蔗甘盡　　멀리 와서 벼슬하니 사탕수수도 없어졌고
世事一春花落忙.　　세상일은 한 봄에 떨어지는 꽃처럼 바쁘다.

라 하니, 좌중의 사람들이 모두 칭찬했다. 내가 말하기를 "나이 젊은 사람이 어찌 이 같은 말을 하느냐" 했는데, 과연 얼마 되지 않아 일찍 세상을 떠났다. 이 시가 성정性情의 허령虛靈이 모인 곳에서 나와 먼저 요사하고 천할 것을 알았고, 막힘없이 나온 것은 기약을 하지 않았는데 그렇게 된 것이다. 시가 사람을 궁하게 한 것이 아니고 궁했기 때문에 시가 스스로 그렇게 된 것이다. 다만 재주 있

는 사람은 하늘도 또한 시기하는 것이니 탓할 것이 있는가. 내가
일찍 송천정사松泉精舍에 자면서 비가 내리는 것과 같은 소리가 들
려 절에 있는 스님에게 물었더니 그 스님이 말하기를 폭포 소리라
했다. 내가 바로 절구 한 수를 지었는데, 그 시에 말하기를,

　三月山寒杜宇稀　삼월에 산이 추워 소쩍새도 드물며
　遊人閒臥靜無機　유인이 한가하게 누웠더니 고요해 기미가 없다.
　中宵錯認千林雨　밤중 많은 숲에 비가 오는 소리인 줄 알았는데
　僧道飛泉灑石磯.　중은 흐르는 샘물이 돌에 부딪혀 나는 소리라 한다.

라 했다. 들으니 정송강鄭松江도 또한 한 수의 절구絶句가 있는데
그 시에 말하기를,

　空山落木聲　공산에 나뭇잎 떨어지는 소리를
　錯認爲疎雨　성긴 비가 오는 것으로 잘못 알았다.
　呼僧出門看　중 불러 문밖에 나가보게 하니
　月掛溪南樹.　달이 시내 남쪽 나무에 걸렸다.

라 했다.
　허균許筠의 『성수시화惺叟詩話』에 말하기를 정지상鄭知常 대간
大諫의 서경西京 시詩에 다자多字 운韻은 지금도 절창이 된다고 말
한다. 중국 사신이 우리나라에 오게 되면 누선樓船에 붙어 있는 시
들을 모두 철거하고 다만 이 시만 남겨 둔다고 했다. 뒤에 고죽孤竹
최경창崔慶昌이 화시和詩를 지었는데 말하기를,

　水岸悠悠楊柳多　아득한 강변 언덕에 버들이 많으며
　小船爭唱采菱歌　작은 배에서 채릉가采菱歌를 다투어 부른다.

紅衣落盡西風冷　붉은 꽃은 다 떨어지고 서쪽 바람이 찬데
日暮芳洲生白波.　방주에 해가 저물자 흰 파도가 일고 있다.

라 했는데, 단지 채련곡采蓮曲이지 서경별곡西京別曲 시詩의 본의
는 아니다.

　문순文順 이규보李奎報의 시는 풍부하고 빛나며 구속받지 않았
다. 그의 칠석우七夕雨　시詩는 참으로 절창絶唱이다. 그 시를 들어
보면,

輕衫小簟臥風欞　적삼 입고 대자리 바람부는 난간에 누었다가
夢覺啼鶯兩三聲　꾀꼬리 두세번 우는 소리에 꿈을 깨었다.
密葉翳花春後在　짙은 숲 속에 핀 꽃은 봄이 지난 뒤에도 있으며
薄雲漏日雨中明.　엷은 구름 새는 햇빛은 빗속에서도 밝다.

로 했는데, 읽으면 상쾌하다.

　진화陳澕 한림翰林은 문순文順 이규보李奎報와 시로써 명성이 비
슷했다. 그의 시에,

小梅零落柳攲垂　매화는 떨어지고 버들은 늘어져 춤을 추는데
閒踏晴嵐步步遲　한가롭게 갠 남기 밟으며 천천히 걷는다.
漁店閉門人語少　생선파는 가게는 문을 닫고 말소리 적으며
一江春雨碧絲絲.　강에 내리는 봄비는 푸른 실과 같다오

라 했는데, 맑고 굳세어 읽으면 상쾌함을 느낄 수 있다.

　문정文靖 이색李穡의 작과영명사昨過永明寺 시는 다듬고 꾸미지
도 않았으며 지나치게 탐색하지도 않았는데 우연히 궁상宮商에 합
치되어 읊으면 신묘함이 뛰어났다. 우리나라에 온 중국 사신 허영

양許頴陽이 이 시를 보고 "너희 나라에서 이러한 시가 있었느냐"
했다고 하며, 그의 부벽루浮碧樓 시詩에 말하기를,

門端尚懸高麗詩 문 끝에 오히려 고려 시가 걸렸으니
當時已解中華字. 당시에 이미 중국 글자를 알았다.

라 했는데, 이 시가 비록 우리나라를 무시했으나 또한 문정文靖의
시에는 승복했다.

포은圃隱 정몽주鄭夢周는 비단 성리학性理學과 절의節義로 일시
에 으뜸일 뿐만 아니라 그의 문장도 또한 호방하고 기이하며 걸출
했다. 그가 북관北關에 있을 때 지은 시에,

定州重九登高處 정주에서 중양절重陽節에 높은 곳에 오르니
依舊黃花照眼明 예처럼 국화가 눈에 밝게 비친다.
浦溆南連宣德鎭 맑은 포구는 남쪽으로 선덕진과 연했고
峰巒北倚女眞城 봉만은 북쪽으로 여진성에 의지했다.
百年戰國興亡事 백 년 동안 흥망으로 싸우는 나라였고
萬里征夫慷慨情 멀리 떨어져있는 정부征夫는 강개한 감정에 젖었다.
酒罷元戎扶上馬 술자리를 파하자 원융元戎40)은 도움을 받아 말에
                오르고
淺山斜日上紅旌. 천산淺山에 해가 비끼자 붉은 깃발이 오른다.

라 했는데, 음절音節이 호탕하다. 또 말하기를,

風流太守二千石 풍류 있는 태수太守는 이천二千 석石의 녹봉이오
邂逅故人三百盃. 뜻밖에 친구 만나 삼백 三百 배盃를 마셨다.

---

40) 진중陣中을 지휘하는데 으뜸이 되는 장수.

라 했으며, 강남곡江南曲 시詩에 말하기를,

　　江南女兒花揷頭　　강남의 처녀들이 머리에 꽃을 꽂고
　　笑呼伴侶遊芳洲　　웃으며 친구 불러 방주에서 놀았다.
　　盪槳歸來日欲暮　　노 젓고 돌아오니 날이 저물어
　　鴛鴦雙飛無限愁.　　짝지어 나는 원앙새 보고 무한히 근심한다.

라 했는데, 멋이 있고 호탕하며 매우 악부樂府와 비슷하다.

　척약재惕若齋 김구용金九容은 시가 매우 맑고 넉넉했기 때문에 이색李穡이 칭찬한 바였다. 일찍 중국에 사신으로 가서 그 자문咨文에 말 오십 필을 오천 필로 잘못 써 명明의 임금이 먼 곳으로 유배시켰다. 척약재惕若齋가 대리大理로 유배를 가게 되자 시를 지어 말하기를,

　　死生由命奈何天　　사생은 운명에 따르는데 하늘인들 어찌하랴
　　東望扶桑路渺然　　동쪽으로 부상扶桑41)을 바라보니 길이 아득하다.
　　良馬五千何日到　　좋은 말 오천 필이 어느 날 도착하랴.
　　桃花門外草芊芊.　　도화문桃花門 밖에 풀만 우거졌다오

라 했으며, 무창武昌 시詩에,

　　黃鶴樓前水湧波　　황학루 앞 물에 파도가 치고
　　沿江簾幕幾千家　　강물 따라 발로 가린 집이 몇 천 채인가.
　　釀錢沽酒開懷抱　　돈을 걷어 술을 사서 회포를 풀고자 하나
　　大別山靑日已斜.　　대별산大別山은 푸르고 해는 이미 비꼈다.

----

41) 해가 뜨는 동쪽 바다를 말함.

라 했는데, 결국 돌아오지 못하고 배소에서 세상을 떠났다.

　　조서曹庶도 또한 금치金齒로 유배되었다가 수년 만에 놓여 돌아왔다. 황주黃州에서 지은 시에 이르기를,

　　水光山氣弄清沙　　물빛과 산기운이 맑은 사장을 희롱하고
　　楊柳長堤十萬家　　버들이 늘어선 긴 언덕에 십만 채의 집이 있다.
　　無數商船城下泊　　무수한 상선들은 성 밑에 머물고
　　竹樓咽月咽笙歌.　　죽루의 은은한 달빛에 저와 노래로 목이 메었다.

라 했다. 대장부로서 한쪽으로 치우친 지역에 태어나 장하게 유람을 하지 못한 것이 한이었는데, 김구용金九容과 조서曹庶는 비록 다른 지역에서 유배되었지만 오吳와 초楚의 산천을 모두 보았으니 실로 통쾌한 일이다.

　　국초國初(조선朝鮮)에 교은郊隱 정이오鄭以吾와 쌍매당雙梅堂 이첨李詹의 시가 가장 아름다웠다. 정교은鄭郊隱의 시에,

　　二月將闌三月來　　이월이 다하려하고 삼월이 오니
　　一年春色夢中回　　일 년의 봄빛이 꿈속에 돌아온다.
　　千金尚未買佳節　　천금으로도 오히려 가절佳節을 살 수 없으니
　　酒熟誰家花正開.　　뉘 집에 술 익고 꽃이 바로 피었을까.

라 했고, 이첨李詹의 시에,

　　神仙腰佩玉摐摐　　신선이 허리에 찬 옥소리 창창하며
　　來上高樓掛碧窓　　높은 누에 올라 푸른 창을 열었다.
　　入夜更彈流水曲　　밤이 되자 다시 유수곡을 타니
　　一輪明月下秋江.　　둥글고 밝은 달이 가을 강으로 진다.

라 했는데, 시가 모두 당唐의 시들의 작품에 손색이 없다. 이첨李詹의 문앵聞鸚 시詩에,

三十六宮春樹深　심십 육궁에 봄 나무들이 깊으며
蛾眉夢覺午窓陰　미인이 잠을 깨자 한낮의 창에 그늘이 졌다.
玲瓏百囀凝愁聽　맑게 우는 소리 근심이 엉긴 듯 들리는데
盡是香閨望幸心.　모두 젊은 여인의 행복을 바라는 마음이라오

라 했는데, 매우 두사인杜舍人[42]의 시와 같다.

영묘조英廟朝(세종世宗) 때 인재가 무리로 나와 일시에 문장으로 큰 인물이 매우 많았는데 오직 사가정四佳亭 서거정徐居正의 시는 종용하면서 풍부하고 아름다워 때로는 좋은 것이 있었다. 예를 들면,

遊蜂飛不定　노는 벌은 날으는 것을 정하지 않으며
閒鴨睡相依.　한가한 오리들은 졸면서도 서로 의지한다.

라 했고, 또 이르기를,

更欲乘鸞吹鐵笛　다시 난새를 타고 철적을 불며
夜深明月過江南.　깊은 밤 밝은 달빛에 강남을 지나간다.

라 했는데, 매우 아름다운 것이 있다.

괴애乖崖 김수온金守溫의 시도 또한 호방하며 아래와 같은 시에,

---

42) 당唐의 시인 두목杜牧이 중서사인中書舍人을 했기 때문에 두목杜牧을 지칭한 것임.

柴門不整臨溪岸   바르지 않은 사립문이 냇가 언덕에 다다랐고
山雨朝朝看水生.   아침마다 산에 내린 비로 불어나는 물을 본다.

라 한 것과 또,

窓虛僧結衲   창이 비자 스님은 장삼을 깁고
塔靜客題詩.   탑이 고요하니 손은 시를 짓는다.

라 했는데, 이러한 구들은 매우 한가해 운치가 있다.

강경순姜景醇(희맹希孟의 자字)은 그의 양초부養蕉賦가 극히 좋다고 하며 시도 또한 맑고 굳세다. 그의 병여음病餘吟에 말하기를,

南窓終日坐忘機   남쪽 창 밑에 종일 앉아 기미를 잃었는데
庭院無人鳥學飛   뜰에 사람은 없고 새가 나는 것을 배운다.
細草暗香難覓處   가는 풀에 짙은 향기나는 곳을 찾기 어렵고
淡煙殘照雨霏霏.   맑은 연기 남은 햇빛에 비가 부슬부슬 내린다.

라 했는데, 한가하고 깨끗해 외울 만하다.

점필재佔畢齋 김종직金宗直이 신륵사에서 지은 시에,

上房鍾動驪龍舞   서북쪽 종소리에 여강驪江 용이 춤을 추고
萬竅風生鐵鳳翔.   많은 구멍에서 바람이 나오자 봉황도 돌아날다.

라 한 구는 넓고 맑으며 엄중하다. 또

桃花浪高幾尺許   복숭아꽃 물결이 몇 자나 높았기에
銀石沒頂不知處   은빛 돌이 이마까지 잠겨 어디인지 모르겠다.

兩兩鸕鷀失舊磯　짝지어 날던 물새들은 전날 놀던 자리 잃어
含魚却入菰蒲去.　고기 물고 갈대 속으로 들어간다.

라 했는데, 이 시가 가장 뛰어 났으며 그의 동경악부東京樂府도 작
품마다 모두 옛 뜻이 있다.

　매월당梅月堂 김시습金時習의 높은 절의는 가히 더할 수 없을 만
큼 높았으며, 시문詩文도 모두 뛰어났으나 그가 유희로 여겨 생각
을 많이 하지 않았기 때문에 매양 잡되고 너절한 말로써 짓고자 한
것이 싫증을 느끼게 했다. 그의 세향원細香院 시詩에 말하기를,

朝日將暾曙色分　아침 해가 돋으려하자 밝은 빛이 나누어지며
林霏開處鳥呼群　안개 걷힌 숲에 새가 무리를 부른다.
遠峯浮翠排窓見　먼 봉우리에 떠 있는 푸른빛을 창 열고 바라보며
隣寺鍾聲隔巘聞　이웃 절 종소리는 봉우리 넘어서 들린다.
靑鳥信傳窺藥竈　청조靑鳥[43)는 소식을 전하고자 약 달이는 부엌을
　　　　　　　　엿보고
碧桃花落點苔紋　복숭아꽃이 떨어져 이끼 무늬에 점을 찍다.
定應羽客朝元返　분명히 우객羽客[44)은 상제上帝에 조회하고 돌아와
松下閑披小篆文.　소나무 아래에 한가히 소전문小篆文[45)을 펴 본다.

라 했는데, 티끌 세계의 함정을 벗어나 화평하며 맑고 깨끗해 약하
고 꾸미는 자는 마땅히 양보해야 할 것이다.
　매계梅溪 조위曺偉와 유호인兪好仁은 다 같이 이름이 많이 알려
졌는데, 그의 혼돈주가混沌酒歌가 매우 좋아 장공長公[46)과 혹사酷

43) 푸른 새, 심부름하는 선녀를 말함.
44) 신선神仙을 말함.
45) 신이 남긴 문자로서 소전小篆이라 부른다.

似하며 그의 시에,

> 片月照心臨故國　　조각달은 고향에 가고자 하는 마음을　비추고
> 殘星隨夢落邊城.　　남은 별은 꿈을 따라 변성에 떨어진다.

라 한 구句는 극히 뛰어 났으며, 또

> 客裡偶逢寒食雨　　객지에서 우연히 한식에 내리는 비를 만나자
> 夢中猶憶故園春.　　꿈속에서 오히려 고향의 봄을 생각한다오

라 한 구는 중당中唐의 맑은 운이 있다.

　남곤南袞이 일찍 말하기를 탁영濯纓 김일손金馴孫의 산문과 挹翠軒읍취헌 박은朴誾의 시는 우리나라에서 제일이라 했는데, 이 말이 진실로 그렇다고 생각된다. 박읍취헌朴挹翠軒의 시가 비록 정성正聲은 아니라 할지라도 엄격하고 굳세다. 그의 시에,

> 春陰欲雨鳥相語　　비 오려는 봄날 새들은 서로 지저귀고
> 老樹無情風自哀.　　늙은 나무는 무정한데 바람만 슬퍼하는구나.

라 한 구는 당시唐詩에서 섬세하고 화려함을 배운 자들이 어찌 감히 이 벽을 넘을 수 있겠는가.

　우리 정부(아조我朝)에서 용재容齋 이행李荇이 시로서는 마땅히 제일이 될 것이다. 깊고 두텁고 화평和平하며 맑고 노련하다. 오언고시五言古詩는 입두출진入杜出陳[47]하여 고고高古하고 간절하기

---

46) 소동파蘇東坡를 장공長公이라 함.

47) 두보杜甫와 진陳은 진사도陳師道를 말함. 진여의陳與義라 하기도 함.

때문에 내가 좋아하여 읊는데 절구絶句 하나를 들어보면,

平生交舊盡凋零	평생 사귄 친구 모두 떨어지고
白髮相看影與形	백발에 그림자와 형상이 서로 바라본다오.
正是高樓明月夜	바로 고루의 달 밝은 밤에
篴聲凄斷不堪聽.	피리소리 처량해 듣기 어렵다네.

라 했는데, 무한의 감개를 느낀다.

　아조我朝의 시가 중묘조中廟朝(중종中宗) 때 이르러 크게 이루어져 용재容齋 이행李荇이 처음인 듯하고 눌재訥齋 박상朴祥, 기재企齋 신광한申光漢, 충암冲菴 김정金淨, 호음湖陰 정사룡鄭士龍이 한때 어울려 나와 길이 일컬을 만했다. 또 선조宣祖 때 이르러 크게 갖추어져 소재穌齋 노수신盧守愼이 두보杜甫의 시를 법해 어느 정도 성공했고, 지천芝川 황정욱黃廷彧이 대를 이어 일어났으며, 최경창崔慶昌 백광훈白光勳이 당시唐詩를 법했고, 이달李達은 그들 위에서 더욱 주목되었다. 내 망형亡兄 하곡荷谷(허봉許篈)의 가행歌行은 이백李白과 비슷했고, 그 후 권필權韠이 늦게 나와 이행李荇과 더불어 어깨를 같이 했으니 융성했다고 할 것이다.

　호음湖陰 정사룡鄭士龍이 다른 사람의 작품에 대해 승복하는데 인색했으나 단지 눌재訥齋 박상朴祥의 시에,

| 西北二江流太古 | 서북쪽 두 강은 태고 때부터 흐르고 |
| 東南雙嶺鑿新羅 | 동남 두 재(고개)는 신라로 통한다. |

| 彈琴人去鶴邊月 | 거문고 타던 사람은 가고 학만 달 언저리에 있으며 |
| 吹笛客來松下風. | 피리 부는 나그네 오니 소나무 아래 바람이 인다. |

라 한 시를 벽에 써 두고 가히 미칠 수 없다고 했다. 또 이르기를
허종경許宗卿의 시에,

野路欲昏牛獨返　들길이 어두워지려하니 소가 홀로 돌아오고
江雲將雨燕低飛.　강변에 비가 오려 하자 제비는 낮게 난다.

라 한 구는 목계木溪 강혼姜渾의,

紫燕交飛風拂柳　제비는 짝지어 날고 바람은 버들을 흔들며
靑蛙亂啼雨昏山.　개구리는 어지럽게 울고 비가 산을 어둡게 한다.

라 한 말이 서로 비슷하다.
충암冲菴 김정金淨의 시에,

落日臨荒野　해 질 무렵 황야荒野에 다다르니
寒鴉下晚村　갈까마귀가 늦게 마을로 내려온다.
空林烟火冷　숲에 낀 연기는 차갑게 여겨지고
白屋掩柴門.　초라한 집들은 싸리문을 닫았다.

라 했는데, 유장경劉長卿[48]의 시와 매우 가깝다. 충암冲菴의 우도
가牛島歌는 질펀하고 황홀하며 깊숙하기도 하고 나타나기도 하여
극히 재주 있는 인사가 지은 것이라 하겠으며, 기재企齋 신광한申
光漢은 이장길李長吉[49]과 비교가 된다고 했다.
　원정猿亭 최수성崔壽城은 세상을 우습게 여기고 벼슬하지 않으

---

48) 성당盛唐 때 이름 높은 시인.
49) 중당中唐 때 시인 이하李賀의 자字.

면서 화를 면하기를 바랐다. 그의 등만의부도登萬義浮圖 시詩에 말
하기를,

古殿殘僧在　　옛절에 나머지 중만 있고
林梢暮磬淸　　나뭇가지 끝에 저문 경쇠소리 맑다.
窓通千里盡　　창문으로는 천리를 모두 통했고
墻壓衆山平　　담장은 뭇 산을 가지런하게 눌렀다.
木老知何歲　　나무가 늙었으니 세월이 얼마나 되었는지 알겠고
禽呼自別聲　　새들은 우는 소리로 스스로 구분하게 한다.
艱難憂世綱　　어려운 세상의 그물에 걸릴까 걱정하니
今日恨吾生.　　오늘의 내 인생을 한한다오.

라 했는데, 이 시의 결구結句에 그가 결국 화를 면하지 못할 것을
알은 듯하다.
　낙봉駱峯 신광한申光漢의 시는 매우 깨끗하고 맑은 풍치가 있다.
과김공석구거過金公碩舊居 시詩에 말하기를,

同時逐客幾人存　　같이 유배된 사람이 몇 명이나 남았는가.
立馬東風獨斷魂　　동풍에 말을 세우니 홀로 혼이 끊어지는 듯하다.
烟雨介山寒食路　　안개 비 내리는 개산介山의 한식 길에서
不堪聞篴夕陽村.　　해지는 마을에서 피리소리 듣기 어렵다.

라 했으며, 그 지명을 개현介峴이라 이른다고 했다.
　장음정長吟亭 나식羅湜의 시는 때때로 성당盛唐 시詩에 가까웠
다. 신기재申企齋 정호음鄭湖陰 등의 나이 많은 분들이 모여 족자의
그림을 보고 아직 시를 짓지 않았는데 장음정長吟亭이 취해 들어와
서 붓을 빼앗아 족자 위에 쓰려고 하니 주인이 쓰지 못하게 하자

호음湖陰이 쓰게 하라고 했다. 장음정長吟亭이 쓴 시에 말하기를,

老猿失其群	늙은 원숭이 그 무리를 잃고
落日枯查上	해질 즈음에 마른 등걸에 올랐다.
兀坐首不回	우뚝하게 앉아 머리를 돌리지 않고
靜聽千峰響	천봉에 울리는 소리 고요히 듣는다.

라 하니, 호음湖陰이 크게 칭찬하며 붓을 놓고 시를 쓰지 않았다. 손곡蓀谷 이달李達도 또한 이르기를 이 시의 형식은 성당盛唐의 이 천가법伊川歌法인데 이른바 한 구句만 없어도 작품이 되지 않는다고 했다.

석천石川 임억령林億齡은 사람됨이 높고 뛰어났으며 시도 또한 그 사람과 같았다. 그의 시가 있는데 이르기를,

心同流水世間出	마음은 유수와 같이 세상을 벗어났고
夢作白鷗江上飛.	꿈에 백구 되어 강 위로 난다.

라 한 것은 힘이 있어 신령스러운 용이 바다에서 희롱하는 뜻이 있다.

하서河西 김인후金麟厚는 높고 넓으며 평탄하고 순수했으며 시도 그 사람 같았다. 그의 등취대登吹臺 시詩에 대해 송천松川 양응정梁應鼎이 극히 칭찬하면서 당唐의 고적高適·잠참岑參50)의 운이 있다고 했다. 그 시에 말하기를,

梁王歌舞地	양왕梁王이 춤추고 노래하던 곳
此日客登臨	오늘은 나그네가 올랐다.

---

50) 두 사람은 당唐나라의 유명했던 시인.

慷慨凌雲趣	속세를 떠나려는 의취는 강개하고
凄凉弔古心	옛일을 애도하는 마음은 처량하다.
長風生遠野	긴 바람은 넓은 들에서 불어오고
白日隱層岑	백일은 높은 봉우리에 숨었다.
當代繁華事	당대에 번화했던 일을
茫茫何處尋.	까마득해 어느 곳에서 찾으랴.

라 했는데, 침착하고 뛰어났으며 섬약한 것을 씻었다.

수암守庵 박지화朴枝華의 유청학동遊青鶴洞 시詩[51]에 말하기를,

孤雲唐進士	고운孤雲은 당唐의 진사로서
初不學神仙	처음에는 신선을 배우지 않았다.
蠻觸三韓日	삼한三韓은 서로 다투던 날이었고
風塵四海天	세상은 온통 난리였다.
英雄那可測	영웅인들 어찌 측량할 수 있었으며
眞訣本無傳	참다운 비결은 본디 전함이 없었다.
一入蓬山去	한번 봉래산으로 들어가자
淸芬八百年.	맑은 향기가 팔백 년이나 흘렀다.

라 했는데, 깊고 굳세며 간결하고 절실해 깊게 두보杜甫와 진사도陳師道의 골수를 얻었다.

봉래蓬萊 양사언楊士彦이 강릉江陵을 맡아 있을 때 이달李達이 가서 손이 되었다. 이달李達은 사람 성격이 조심성이 적었기 때문에 초당草堂 허엽許曄이 글로써 사언士彦에게 소홀히 대우하지 못하게 주의를 했다. 사언士彦이 답해 말하기를,

---

51) 신선神仙이 사는 곳으로 지리산智異山에 있다고 함.

桐花夜烟落　　오동나무 꽃에 밤안개가 떨어지고
海樹春雲空.　　바다 나무에 봄 구름이 걷히었다.

라 한 이달李達을 설령 소홀히 대접한다 할지라도 진왕陳王이 상을
당했을 때 문상 온 유劉를 대하는 것과 무엇이 다르겠는가 했다[52].
그러나 대우가 점점 박해지자 이달李達이 시로써 떠나고자 했는데
그 시에 말하기를,

行子去留際　　나그네의 가고 머무는 것은
主人眉睫間　　주인의 눈썹 사이에 있다.
朝來失黃氣　　아침에 오자 황기를 잃었고
坐久憶靑山　　오래 앉아 푸른 산을 생각했다.
魯國鷄鶩饗　　노국魯國에서는 바다 새를 먹었고
南征薏苡還　　남쪽을 토벌해 율무를 가지고 돌아왔다.
秋風蘇季子　　가을바람에 소계자蘇季子[53]는
又出穆陵關.　　또 목릉관穆陵關[54]으로 나간다.

라 했다. 양사언楊士彦이 보고 크게 칭찬하며 처음과 같이 대우를
했다고 하니 그의 풍류와 재주를 좋아하는 것도 어찌 쉽게 얻을 수
있겠는가.
　　소재蘇齋 노수신盧守愼이 일찍 이달李達의 홍류동紅流洞 시詩를
칭찬했는데, 그 시에 말하기를,

---

52) 진왕陳王은 위魏 조식曹植의 봉호封號이며 유劉는 유정劉禎이라 하며, 유
　　정이 문상 왔을 때 대우를 잘 했음을 짐작할 수 있다.
53) 인물인 듯한데 알아보지 못했다.
54) 목릉穆陵은 선조宣祖 능호陵號이며, 관關은 어떤 의미인지.

中天笙鶴下秋霄　중천에 저소리처럼 우는 학이 가을 하늘에서 내려오니
千載孤雲已寂寥　천재의 최고운은 이미 고요하다.
明月洞門流水去　달 밝은 동문에 물은 흘러가는데
不知何處武陵橋.　무릉교가 어느 곳에 있는지 모르겠다오

라 한 시에 대해 미칠 수 없다고 했다.

현곡玄谷 조지세趙持世가 일찍 말하기를 우리나라의 땅 이름을 시에서 사용하게 되면 깨끗하지 못하다고 하면서,

氣蒸雲夢澤　기운은 운몽택雲夢澤을 찌고 있고
波撼岳陽城　파도는 악양성岳陽城을 흔든다.

라 한 시에서 무릇 열 자에서 여섯 자가 지명이며 지명 위에 더한 넉 자에서 증감蒸撼 두 자가 구실을 하는 것이니 어찌 살펴보아야 하지 않겠는가 했는데, 이 말이 일리가 있는 듯하다. 그러나 노소재 盧穌齋 상공相公의 시에,

路盡平丘驛　길은 평구역에서 끝났고
江深判事亭　강은 판사정서 깊었다.
柳暗青坡晚　청파가 저물 즈음 버들이 어둡고
天晴白嶽春　백악에 봄이 되니 하늘이 맑다.

라 한 것이 매우 좋으니 그것은 수사의 묘함에 있으며 쇠를 녹여 금을 만드는데 무슨 방해가 되겠는가.

사암思菴 박순朴淳의 시에 말하기를,

久沐恩波役此心　오랫동안 은혜입어 분주했으며

曉鷄聲裡帶朝簪　　새벽 닭 우는 소리에 관복을 입었다.
江南野屋春蕪沒　　강남에 있는 집은 봄풀이 무성하겠는데
却倩山僧護竹林.　　대밭은 산승에게 돌보기를 부탁하려 하오

라 했다. 사대부들이 누구인들 물러나고 싶은 생각이 없겠는가. 작
은 녹을 보고 물러나겠다는 마음을 저버리는 자가 많으니 이 시를
읽게 되면 충분히 강개함을 일으킬 것이다.

　박사암朴思菴이 세상을 떠났을 때 만시輓詩가 수백 장이 되었는
데 홀로 우계牛溪 성혼成渾의 절구 한 수가 가장 뛰어났다.

世外雲山深復深　　세외世外의 구름에 잠긴 산은 깊고 다시 깊으며
溪邊草屋已難尋　　시냇가 띠집은 이미 찾기 어렵겠다.
拜鵑窩上三更月　　배견와拜鵑窩[55] 위의 삼경 달은
應照先生一片心　　분명히 선생의 한 조각 마음을 비칠 것이오

라 했는데, 무한히 슬퍼하는 뜻이 말로써 노출되지 않았으면서 표
현이 되었으니 서로 깊게 알지 않았다면 어찌 이러한 시가 있겠
는가.

　최경창崔慶昌의 시는 굳세고 백광훈白光勳의 시는 마르고 맑아
모두 당시唐詩의 길을 잃지 않아 진실로 천년 동안의 드문 작품이
며, 이달李達의 시는 그들과 비교해서 크기 때문에 최백崔白을 안
고 스스로 대가大家가 되었다고 할 것이다.

　송강松江 정철鄭澈은 속요俗謠를 잘 지었다. 그의 사미인곡思美
人曲과 장진주사將進酒詞는 모두 맑고 아름다우니 문체와 풍류는
가릴 수 없는 것이다. 권여필權汝章(필韠의 자字)이 그의 묘를 지나

---

55) 사암思菴이 낙향해 있을 때 거처했던 움집의 이름.

며 지은 시에 말하기를,

> 空山木落雨蕭蕭　빈산에 나뭇잎 떨어지고 비가 소소히 내리는데
> 相國風流此寂寥　상국相國의 풍류는 이곳에서 고요하다.
> 怊悵一杯難更進　슬프게도 한 잔 술을 다시 드리기 어려우며
> 昔年歌曲卽今朝　지난날 가곡이 바로 오늘 아침이라오

라 했으며, 이동악李東岳(이안눌李安訥의 호號)도 그의 강상문가江
上聞歌 시詩에 말하기를,

> 江頭誰唱美人詞　강두에서 누가 미인사를 부르나뇨.
> 正是孤舟月落時　바로 고주孤舟에 달이 질 때라오.
> 悄悵念君無限意　슬프게도 님을 그리워하는 무한의 뜻은
> 世間惟有女娘知.　세간에서 오직 여랑女娘만이 알고 있을 것이오

라 했는데, 두 시가 모두 그의 노래를 위해 지은 것으로 세상에서
절조絶調라고 한다 했다. 이동악李東岳이 함흥咸興에 있으면서 지
은 시에 말하기를,

> 雨晴官柳綠毿毿　비 개고 푸른 버들이 늘어졌는데
> 客路初逢三月三　객지에서 처음으로 삼월 삼일을 만났다.
> 共是出關歸未得　함께 고향을 떠나 돌아가지 못했으니
> 佳人莫唱望江南.　가인아 망강남望江南을 부르지 마오

라 했는데, 맑고 깨끗하며 유창하고 빛나게 지은 것이므로 세상에
서 절조絶調라고 하며, 당唐의 시인들과 어찌 멀다고 하겠는가.
　하곡荷谷(허봉許篈의 호號)이 일찍 풍산역豐山驛 벽에 있는 시 한

수를 보았는데 그 시에 말하기를,

> 世上無人識俊才　세상에는 뛰어난 재주 알아주는 이 없는데
> 黃金誰復築高臺　누가 다시 황금으로 고대高臺를 지으랴
> 邊霜染盡靑靑鬢　변방의 서리가 검은 살쩍머리를 모두 물들였는데
> 匹馬陰山十往來.　필마로 음산陰山을 열 번이나 왕래했다오

라 했는데, 말의 기운이 감개하며 참으로 아름다운 작품이다. 역졸에게 누가 지은 것인가 하고 물었더니 군관軍官 손만호孫萬戶가 지은 것이라고 한다.

　우사羽士 전우치田禹治는 사람들이 말하기를 신선이 되어 갔다고 하며 시는 매우 밝고 뛰어났다. 그의 삼일포三日浦 시詩에 말하기를,

> 秋晩瑤潭霜氣淸　늦가을 아름다운 못에 서리 기운이 맑으며
> 天風吹下紫簫聲　바람이 불자 퉁소 소리같이 들린다.
> 靑鸞不至海天闊　난새는 오지 않고 바다와 하늘은 넓으며
> 三十六峰秋月明.　서른여섯 봉에 가을 달이 밝다.

라 했는데, 읽으면 상쾌하다.

　정백련鄭百鍊은 스스로 말하기를 자신이 병중에 귀신을 만나 능히 절구絶句를 지을 수 있게 되었다고 한다 했는데, 그의 시에서 가장 주목할 만한 것을 들어보면,

> 酒滴春眠後　봄잠을 깬 후 술을 마셨더니
> 花飛簾捲前　주렴을 거둔 앞에 꽃이 날고 있다.
> 人生能幾許　인생이 얼마나 살 수 있으랴

悵望雨中天.　　　슬프게 비 내리는 하늘을 바라본다.

라 했고, 또 말하기를.

萬里鯨波海日昏　넓고 거친 파도에 바다 해도 어두우며
碧桃花影照天門　복숭아 꽃 그림자가 천문天門을 비친다.
鸞驂一息空千載　난새는 한 순간에 길이 소식이 없고
緱嶺靈簫半夜聞.　구령緱嶺의 신령스러운 통소 소리 밤중에 들린다.

라 했는데, 그 음운이 맑고 그윽해 인간의 말이 아니라고 했다.
　부안扶安 기녀 계생桂生은 시를 잘 지었고 노래와 거문고도 잘했
다. 어떤 태수太守의 좋아하는 바가 되었는데, 그 태수가 떠난 뒤에
그 읍 사람들이 비를 세워 그의 공덕을 기리었다. 계생桂生이 매양
달 밝은 밤에 그 비 앞에서 비파를 타고 잇달아 노래를 했다. 이원
형李元亨이라는 자가 시를 지어 말하기를,

一曲瑤琴怨鷓鴣　거문고 한 곡조는 자고를 원망하고
荒碑無語月輪孤　거친 비는 말이 없고 달만 외롭게 떴다.
峴山當日征南石　현산峴山에 당일 남으로 갈 때 세운 비에도
亦有佳人墮淚無.　역시 가인이 있었다면 눈물을 흘릴 이 없겠는가.

라 했다.
　백대붕白大鵬도 또한 시에 능했다. 일찍 사약司鑰을 했으며 일시
의 그들 무리들이 모두 본받았다. 그의 시는 당唐나라 맹교孟郊와
가도賈島56)의 시를 배워 마르고 시들었기 때문에 권필權韠은 만당

_____

56) 맹교孟郊와 같이 성당盛唐 때 유명했던 시인.

晚唐 시詩를 배우는 자들을 보게 되면 반드시 사약체司鑰體라 했으니 대개 그 약한 것을 비웃은 것이다.

　본조本朝(조선조朝鮮朝)에서 승려로서 시에 능한 자가 매우 드물었는데 오직 삼요參蓼가 가장 으뜸이었다. 그가 증인贈人 시詩에 말하기를,

水雲蹤跡已多年　떠다니는 종적이 이미 여러 해 되었는데
針芥相投喜有緣　적은 것을 주고받는 것도 인연이므로 기쁘다오
盡日客軒春寂寞　종일 객헌에 봄은 고요한데
落花如雪雨餘天.　낙화는 눈 같으며 비는 계속 내린다.

라 했는데, 뛰어나고 맑아 맛이 있다.

　양경우梁慶遇의 『제호시화霽湖詩話』에 말하기를 을미 병자년 사이에 유정劉綎 제독提督이 병졸들을 이끌고 호남과 영남 지방을 왕래했는데 막하에 한 사람의 서생을 데리고 있었다. 그는 자주 시를 지었는데 사람들이 그의 시의 가구佳句를 전하기도 했으나 그의 이름을 알지 못했다. 그때 우리나라와 왜적이 서로 겨루며 성패가 결정되지 않았다. 그 서생이 조개와 도요새를 비유하여 시를 지었는데, 그 시에 말하기를,

老蚌當陽爲怕寒　늙은 조개는 추위가 무서워 볕을 쪼이는데
鷸禽何事苦相干　황새가 무슨 일로 괴롭게 상관하나뇨
身離窟穴珠胎隕　구멍을 떠났으니 구슬 같은 껍질이 상했고
力盡沙灘翠羽殘　사장과 여울에서 지쳐 푸른 깃이 쇠했다.
閉口豈知開口禍　입을 닫았으나 어찌 열었을 때의 화를 알며
入頭誰料出頭難　물렸으니 나올 때의 어려움을 누가 짐작했으랴.
早知俱落漁人手　일찍 어부의 손에 모두 떨어질 것을 알았다면

雲水飛潛各自安. 구름과 물에 날고 숨는 것이 각자 편했으리라.57)

라 했다. 대개 서생이 당시의 일이 매우 어수선한 형세임을 보고 이러한 어부의 이야기를 들었는데, 결국 국가가 회복한 것은 중국이 처음부터 끝까지 구원해 준 것도 있었겠지만 선조宣祖가 여러 곳을 다니며 진정시켰기 때문이다. 서생이 어찌 안다고 말을 하는가.

결성結城 관헌官軒 벽에 먼지로 덮여 잘 보이지 않는 시판이 바로 호음湖陰 정사룡鄭士龍의 장률長律이다. 그 시의 함련頷聯에 말하기를,

波春醜石蠔粘甲 파도는 추한 돌을 찧고 굴은 껍질을 붙이며
日照高樑燕曬翎. 해가 높은 들보를 비추자 제비는 깃을 쬐인다.

라 했는데, 해변의 광경을 표현한 것이다. 죽음竹陰 조희일趙希逸이 매양 호음湖陰의 시에,

峰頂星搖爭缺月 산꼭대기에 반짝이는 별은 조각달과 다투고
樹顚禽動竄深叢. 나무가 넘어지자 새들이 놀라 깊은 떨기로 도망간다.

라 한 구를 외웠는데 대개 새벽에 일어나면 나타나는 광경이다. 호음湖陰의 시에,

山木俱鳴風乍起 산과 나무가 함께 울자 바람도 잠깐 불고
江聲忽厲月孤懸. 강물소리 갑자기 요란하고 달만 홀로 떠 있다.

---

57) 이 구句의 내용은 어부지리漁父之利의 어원語源이다.

라 한 것과 같은 구에 이르러서는 온 세상이 칭찬하고 있는데 대개,

木葉俱鳴夜雨來　나무와 잎이 같이 울고 밤에 비가 내린다,

라 한 구句는 진강재陳簡齋58)의 시이며,

灘響忽高何處雨　여울소리 갑자기 높으니 비는 어느 곳에 내리는가.

라 한 것은 요융吳融59)의 시구이다. 호음湖陰이 두 시에서 취해 홀로 녹이고 다듬어 결점이 없게 했다. 혹은 월고현月孤懸의 석 자가 위의 말을 잇지 못했다고 하나 어리석은 사람 앞에서 꿈 이야기를 하는 것이라 하겠다.

동악東岳 이안눌李安訥의 통군정統軍亭 시詩에 말하기를,

六月龍灣積雨晴　유월 용만龍灣에 장마가 개여
平明獨上統軍亭　이른 아침에 홀로 통군정에 오르다.
茫茫大野浮天氣　망망한 넓은 들에 하늘의 기운이 떴고
滾滾長江裂地形　굽이굽이 흐르는 강은 땅 모양을 찢어 놓았다.
宇宙百年人似蟻　우주의 긴 세월에 사람은 개미와 같고
山河萬里國如萍　넓은 이 산하에 나라는 마름처럼 보인다.
忽看白鶴西飛去　갑자기 백학이 서쪽으로 날아가는 것이 보이니
疑是遼陽舊姓丁.　요동의 옛날 정씨丁氏가 아닌가 한다.60)

---

58) 남송南宋의 문인 진여의陳與義의 호號.
59) 당唐의 문인 자字는 자화子華
60) 정영위丁令威는 한漢나라때 요동遼東 사람으로서 선술仙術을 배워 학을 타고 하늘로 날아갔다는 전설에 근거한 내용이다.

라 했는데, 이 시가 어찌 큰 솜씨가 아니겠는가.

　손곡蓀谷 이달李達이 일찍 백호白湖 임제林悌의 시를 평하며 말
하기를 능수라 했다. 백호白湖가 젊었을 때 겨울에 서울로 가면서
지은 시가 있는데 말하기를,

大風大雪高唐路	큰바람 눈 내리는 고당61)길에서
一劍一琴千里人	한 자루 칼과 거문고로 천리를 가는 사람이오
鳥啼喬木暮烟冷	새는 교목에서 울고 저녁연기는 차가우며
犬吠孤村民戶貧	개짖는 외로운 마을 사람들은 가난하다.
僮寒馬病若無賴	아이는 떨고 말은 병들어 견디기 어려운듯한데
嘯志歌懷如有神	휘파람과 노래는 신들린 듯하다.
悠悠忽起故國思	갑자기 떠오르는 고향을 생각하니
錦水梅花南國春.	금강 물과 매화꽃 피는 남국에는 봄이겠지오

라 했는데, 대곡大谷 성운成運이 이 시를 보고 한번 보기를 원하므
로 백호白湖가 드디어 찾아보았다. 성혼成渾이 이조참판吏曹參判이
었을 때 그가 침체되어 있는 것이 안타까워 홍문관弘文館의 벼슬에
추천하고자 했는데 얼마 되지 않아 병으로 세상을 떠났다. 그의 시
에는 궁한 태가 없었는데 끝까지 부진했으니 무슨 까닭인가.

　명고鳴皐 임전任錪은 일생동안 시에 많은 노력을 하면서 읽었던
시는 이백李白과 당시唐詩뿐이다. 평생에 체소體素 이춘영李春英의
시를 믿지 않았으며, 두 사람이 시에 대해 논의를 하게 되면 죽는
데 이르게 되어도 서로 굴하지 않을 것이다. 이체소李體素의 영보
정永保亭 시詩에 말하기를,

---

61) 지나는 곳의 지명이라 한다.

月從今夜十分滿　달은 오늘 밤에 완전히 둥글었고
湖納晚潮千頃寬.　호수는 만조를 받아드려 천이랑이 넘겠다.

라 했는데, 구구句가 둥글고 뜻이 여유가 있다. 임명고任鳴皐의 도중
道中 시詩에 말하기를,

斷靄孤城夕　아지랑이 끊어지자 고성은 저녁이며
寒蟬老樹秋,　매미가 차가워하니 고목은 가을이라오

라 했는데, 이 시를 보면 합의가 되지 않음을 알 수 있다. 세상에서
시를 논하는 자들이 체소體素를 크고 호걸스럽다(추호麤豪)라 하고,
명고鳴皐를 차고 검소하다고(한검寒儉) 하는데, 이러한 논의가 과연
그러한지 모르겠다.

　옥봉玉峰 백광훈白光勳이 일찍 손곡蓀谷 이달李達 백호白湖 임제
林悌와 더불어 광한루廣寒樓에서 만나 부사府使 손여성孫汝誠의 시
에 차운하여 말하기를,

畫欄西畔綠蘋波　난간 서쪽에는 푸른 마름이 물결치며
無限離情日欲斜　한없는 이정離情에 해는 지려한다.
芳草幾時行路盡　방초 있는 길은 언제 끝나며
靑山何處白雲多　푸른 산은 어느 곳이나 흰 구름이 많다.
孤舟夢裏滄溟事　꿈속에 고주孤舟로 창명滄溟62)을 건너가고
三月煙中上苑花　삼월 아지랑이 속에 상원에는 꽃이 피었다.
樽酒易傾人易散　술은 쉽게 떨어지고 사람들도 헤어지려 하니
夜禽如怨又如歌.　들새 우는 소리 원망하듯 노래하는 듯하다,

---

62) 넓고 큰 바다, 신선이 있는 곳.

라 했는데, 그때 나라에서 국상國喪이 있었기 때문에 그 자리에 노래가 없었으므로 운韻에 가자歌字를 어렵다고 했는데, 이 시에서는 낙구落句가 더욱 아름다우니 참으로 가재佳才라 하겠다. 혹은 창명사滄溟事의 사자事字를 안정되지 않다고 하는데 근간에 당唐나라의 백가시百家詩를 열람해 보았더니 이익李益의 시에,

別來滄溟事   창명의 일에서 헤어져 오며
語罷暮天鍾.   즈믄 하늘의 종소리에 말을 그친다.

라 한 구句가 있으므로 내력이 있음을 믿었다.

박민헌朴民獻이 북쪽 방백方伯으로 부임하게 되자 일시의 시인들이 모두 송별시를 지었다. 소재蘇齋 노수신盧守愼이 늦게 와서 오십여 폭을 주목한 바 없이 한번 보고 지나갔다. 그때 백호白湖 임제林悌가 자리에 있었다. 소재蘇齋가 바라보며 "자네 시는 어디에 있는가"하니 백호白湖가 여러 폭 속에서 찾아주니 소재蘇齋가 한번 보고 말없이 던져두었다. 수암守庵 박지화朴枝華의 시가 마침 이르자 소재蘇齋가 그 경련頸聯에,

賓館夢回淸獻鶴   빈관에서 잠을 깨니 학이 맑은 기운을 드리고[63]
塞門風落晏嬰裘.   변방의 바람에 안영晏嬰[64]의 갓옷이 떨어지다.

라 한 것을 보고 세 번이나 반복해 읊고 수암守庵의 자인 군실君實을 몇 번 부르자 백호白湖가 그의 호기롭던 기상이 꺾이고 낯과 목까지 붉어지면서 물러나 달아났다. 대개 박공朴公이 청렴하지 못하

---

63) 글자대로 번역은 했으나 난해 하다.
64) 춘추시대 제齊나라 대부大夫를 했으며, 매우 검소했다.

다는 대의臺議가 있었기 때문에 수암守庵이 그렇지 않다는 것을 밝히고자 소재蘇齋가 더욱 찬미한 것이다.

근세의 시인에서 높게 알려진 사람은 석주石洲 권필權韠이 으뜸이다. 중국 사람이 우리나라 시를 선별하여 간행한 것에 석주의 장률長律이 몇 편 실려 있다. 그 하나에 말하기를,

江上嗚嗚聞角聲	강상에 오오한 퉁소소리 들리고
斗柄插江江水明	북두성이 강에 꽂히자 강물이 밝다.
早潮侵岸鴨鵝亂	밀려오는 조수에 오리거위 어지럽고
遙舍點燈砧杵鳴	등불 밝힌 오막살이에서 다듬이 소리 들린다.
客子出門月初落	나그네 문을 나서니 달은 지려 하고
舟人掛席風欲生	사공이 돛을 달자 바람이 일고자 한다.
西州千里自此去	서주 천 리를 지금 떠나려 하니
長路險艱何日平.	멀고 험한 길은 어느 날에 평탄하랴.

라 했다.

장유張維의 『계곡만필谿谷漫筆』에 말하기를 온정균溫庭筠의 제위상題渭上 시詩에,

呂公榮達子陵歸	여공呂公[65]은 영화를 누리고 엄자릉嚴子陵[66]은 돌아갔는데
萬古烟波繞釣磯	오랜 세월 안개는 고기 낚는 바위에 둘러있다.
橋上一通名利跡	다리 위에 명예와 이익의 자취에
至今江鳥背人飛.	지금도 물새는 사람을 등지고 난다.

---

65) 려상呂尙이라 하기도 한다. 그는 주周 무왕武王을 도와 은殷을 멸망시켜 상尙에 봉했다고 함. 본성은 강씨姜氏로서 강태공姜太公이라 하기도 함.

66) 엄자릉嚴子陵으로서 동한東漢 광무제光武帝와 동문수학했다고 하며, 광무제가 벼슬을 주고자 했으나 사양하고 깊은 산속에서 살았다고 함.

라 했다. 아조我朝의 김열경金悅卿(김시습金時習의 자字)은 영위천
수조도詠渭川垂釣圖에 말하기를,

風雨蕭蕭拂釣磯　비바람 소소히 고기 낚는 바위에 뿌리는데
渭川魚鳥亦忘機　위천의 고기와 새들도 또한 기미를 잊었다.
如何老作鷹揚將　어찌하여 늙어 응양장鷹揚將[67) 되어
空使夷齊餓採薇.　부질없이 이제夷齊[68)를 고사리 캐며 굶주리게 했나뇨.

라 했다. 두 시가 뛰어나고 상쾌해 서로 비슷하나 온정균溫庭筠[69)
의 시는 곧고 굳세며 명리名利로써 태공太公을 나무라고 있으나 열
경悅卿의 시는 내용의 뜻이 깊고 멀어 세상의 가르침(세교世教)과
상관이 있는 듯하다.

　백곡栢谷 김득신金得臣의 『종남총지終南叢志』에 말하기를 우사
羽士 이두춘李逗春은 이름없는 선비였는데 그의 단양협丹陽峽 시詩
에 말하기를,

山欲蹲蹲石欲飛　산은 춤을 추려하고 돌은 날고자 하며
洞天深處客忘歸　동천 깊은 곳으로 손은 돌아가는 것을 잊었다.
澄潭日落白雲起　맑은 못의 해는 지고 흰 구름이 이는데
一路仙風吹羽衣.　한 가닥 길에 선풍이 우의羽衣[70)에 분다.

---

67) 강태공姜太公은 은나라를 칠 때 효용驍勇했기 때문에 그를 상징적으로 지
　칭하는 것임.
68) 백이伯夷와 숙제叔齊이며, 이들은 형제로서 은殷이 망하자 벼슬하지 않고
　수양산에 들어가서 고사리를 먹고 살다가 굶어 죽었다고 함.
69) 당唐의 문인 자는 비경飛卿이며 시로써 이름이 이상은李商隱과 비슷하다
　고 했다.
70) 신선이 입는 옷을 말함.

라 했는데, 세속의 불에 익힌 음식을 먹는 사람의 말이 아니다.

　명종明宗이 신하들에게 일찍 그림 한 폭을 보였는데 여러 신하들이 어떤 그림인지 알지 못했으나 정사룡鄭士龍이 나와서 말하기를 "이것은 서호西湖를 그린 그림이라" 하고 드디어 손으로 가리키며 "이것은 영은사靈隱寺이며 이것은 용금문湧金門, 이것은 소동파蘇東坡가 쌓은 둑, 이것은 전류錢鏐의 집, 이것은 조하趙蝦의 집, 이것은 임포林逋가 살던 곳이라"하며 분명히 본 것처럼 말했다. 명종明宗이 안장이 있는 말을 뜰에 내놓고 시신侍臣들에게 시를 짓게 하여 일등을 하는 자에 이 말을 줄 것이라 했다. 정사룡鄭士龍이 바로 율시 한 수를 지어 제출했는데, 그 시에 말하기를,

靈隱寺中鳴暮鍾	영은사 가운데서 저문 종소리 들리고
湧金門外夕陽舂	용금문 밖에 석양은 절구질을 한다.
至今蟻垤封猶合	지금 개미가 쌓은 둑은 그대로 남았고
依舊胥濤怒尙洶	옛처럼 모든 파도는 아직도 성난 듯 사납다.
湖舫客歸花嶼暝	호수에 연결된 배로 돌아가니 섬에 꽃은 흐드러지고
蘇堤鶯擲柳陰濃	소제蘇堤71)의 꾀꼬리는 짙은 버들 그늘에서 날고 있다.
錢墟趙舍俱無所.	전류錢鏐72)와 조하趙蝦73)의 살던 집은 모두 없어졌으니
欲問孤山處士蹤.	고산처사孤山處士74)의 종적을 묻고자 한다.

---

71) 소동파蘇東坡가 그곳 수령으로 있을 때 쌓았다는 둑.
72) 당말唐末 오대五代 때의 인물, 황소黃巢 토벌에 공이 있어 오월吳越의 봉작을 받음.
73) 만당晚唐 때 문인으로 이름이 높았음.
74) 북송北宋 때 문인 임포林逋로서 서호西湖에 숨어 살면서 일생동안 벼슬하지 않고 그곳 매화와 학을 좋아했다.

라 하니, 명종明宗이 보고 칭찬하며 말을 하사했다. 허균許筠이 이르기를 이 일부의 서호지西湖誌가 오십 여섯 글자 가운데 있다고 했다.

문장에서 마음을 쓰게 한 곳은(용의처用意處) 스스로 기묘한 조화가 있어 그 사물을 형상화하고 경치를 묘사하는 말에 이르러서는 바람과 구름의 변하는 형상과 같아 아침저녁으로 한결같지 않기 때문에 그러한 경지에 이르지 못하면 분명하게 알 수 없으니 그것은 성인만이 능히 성인을 알 수 있는 것과 같은 것이다.

정호음鄭湖陰의 시에,

江聲忽厲月孤懸.　강물소리 갑자기 요란하고 달만 홀로 떠 있다.

라 한 구에 대해 혹은 말하기를 월고현月孤懸이 강성홀려江聲忽厲와 연결이 잘되지 않는다고 했다. 허균許筠이 이 말을 평해 말하기를 이 늙은이의 이 연은 마땅히 이 시가 실려 있는 책에서 제일이 될 것이라 했다. 허균許筠은 시에 대한 안식이 높은 것으로 세상에서 이름이 알려졌는데 어찌 깊게 이해하는 바가 없었겠는가. 내가 일찍 황강黃江에 자면서 밤에 여울물이 빨리 흐르는 소리를 듣고 문을 열고 바라보니 지려는 달이 외롭게 떠 있어 호음湖陰의 이 시를 외우며 비로소 옛날 사람들의 묘사가 핍진逼眞했음을 깨달았다.

차천로車天輅가 사관四舘75)에 있는 신분으로 과거 보는 시험지를 대작해 주었다가 발각되어 장형杖刑을 당하고 북쪽 변방으로 유배되었다. 새로 임명된 북병사가 조정에 사은하러 갔을 때 선조가

---

75) 조선조朝鮮朝 때 성균관成均館, 예문관藝文館, 승정원承政院, 교서관校書館을 총칭해서 부르는 말.

그를 차비문 밖으로 불러 교시해 말하기를 "차천로車天輅가 죄가 있어 비록 귀양을 보냈으나 내가 그의 재주를 사랑하니 네가 잘 보살펴라"했다. 병사兵使가 병영에 도착하자 대우를 극히 잘하므로 차천로車天輅가 괴이해 물었더니 병사가 임금의 교시를 말하자 천로가 감읍했으며 오래되지 않아 방면이 되어 돌아왔다. 임금께서 이와 같이 인재를 감탄할 만큼 아끼었다. 중국 사신 주난우朱蘭嵎가 우리나라에 왔다가 돌아가서 임금에게 아뢰는 것 가운데 조선에 차천로車天輅라는 자가 있는데 문장이 기이하고 장하다고 했다. 그가 북관北關에 유배 가서 지은 시 한 구가 있는데 말하기를,

風外怒濤聞渤海　바람에 성난 파도소리 발해渤海까지 들리고
雪中愁色見陰山.　눈 속의 근심스러운 기색으로 음산陰山을 본다.

라 운운한다고 했으니 그가 중국에까지 높게 여김이 이와 같음에 이르렀다. 무자년戊子年에 허균許筠이 사신 일행으로 중국 서울에 갔더니 그곳 성관星官이 말하기를 "청구靑丘 지역에 규성奎星의 빛이 어두우니 반드시 한 사람의 문장가文章家를 잃을 것이라 하므로 허균許筠은 자신이 죽어 당하고자 했는데, 압록강을 건너자 차천로車天輅가 죽었다는 말을 듣고 놀라며 한동안 정신을 잃었다고(자실自失) 한다.

　석주石洲 권필權韠이 강화江華로 돌아가고자 하며 월사月沙 이정귀李廷龜의 집에 들러 인사를 하게 되었는데 그때 날이 저물었다. 월사月沙가 촛불을 잡고 술을 가져 오게 하고 명환明煥[76]에게 운을

---

76) 이정귀李廷龜의 큰 아들 호는 백주白洲이며 자字는 천장天章으로 문명과 관직이 모두 높았다.

부르게 하며 석주石洲에게 시를 짓게 하니 석주石洲가 여러 번 사
양하다가 드디어 부르는 운韻에 응해 말하기를,

寒天銀燭照黃昏	차가운 하늘 촛불이 황혼을 비치니
鍾動嚴城欲閉門	종을 쳐 궁성宮城의 문을 닫고자 한다.
異禮向來慚始隗	지난날 특별한 예우로 높은 분에 비로소 부끄러우며
淸樽何幸獨留髡	맑은 술통이 머리 깎은 사람을 머물게 하니 얼마 나 다행한가.
未將感激酬高義	감격하면서 고의高義에게 갚지 못하고
空自周旋奉緖言	공연히 스스로 주선하며 남은 말만 받는다.
明日孤舟江海闊	내일이면 고주孤舟로 넓은 바다를 가게 되면
白頭愁絶更堪論.	흰 머리 근심이 끊어짐을 다시 논하랴.

라 하여, 짓기를 마치고 바로 가자 월사月沙가 깊게 승복하며 매양
그의 재주를 미치지 못하겠다고 했다.

초루草樓 권협權韐은 석주石洲의 아우다. 송도회고松都懷古 시詩
의 한 절구絶句에서,

雪月前朝色	눈과 달은 전조의 빛이요
寒鍾故國聲	차가운 종소리는 고국의 소리였다.
南樓愁獨立	시름에 쌓여 홀로 남루에 서니
殘郭暮烟生	남은 성곽에 저녁연기가 오른다.

라 했는데, 일시에 회자되었다.

오언배율五言排律은 초당初唐 때 비로소 보였으며 두보杜甫가 일
백一百 운韻으로 지었다. 고려조에 이규보李奎報는 삼백운三百韻으
로 지었으며, 조선조에서 소암踈菴 임숙영任叔英이 칠백운七百韻으

로 지어 동악東岳 이안눌李安訥에게 보냈다. 그 시가 넓고 기이하여 참으로 천 년 동안의 걸작이다. 비록 두보杜甫같은 대가大家도 백운百韻에 그쳤으며, 후세 시인들도 또한 이와 같은 대작은 없었는데, 소암疎菴이 처음으로 지었으니 그 작품의 풍부함을 볼 수 있다. 동악東岳이 율시 한 수로써 답해 말하기를,

萬曆皇明乙未秋	明나라 만력萬曆77) 을미년 가을에
任公七百韻吾投	임공任公이 칠백운七百韻의 시를 나에게 주었다.
自從漢唐未曾覰	한당漢唐으로부터 내려오면서 일찍 엿보지 못했으며
縱有杜韓奈可酬	두보杜甫와 한유韓愈가 있다한들 어찌 갚으랴.
奧理庖犧卦外括	깊은 이치는 포희庖犧의78)괘 밖에까지 포함했고
祕文倉頡字前搜	비문은 창힐倉頡79)의 글자 전에 찾게 되었다.
是年大旱焦山嶽	이해 큰 가뭄으로 산에 초목이 탔으니
定是天驚地亦愁	정녕코 하늘이 놀라고 땅도 걱정했기 때문일 것이오

라 했는데, 대개 작은 것으로 큰 것을 대적하고자 한 것이다. 중국 삼국 때 오吳의 손권孫權이 삼만의 군사로 위魏의 조조曹操의 팔십만 대군을 당적할 수 있게 속일 수 있을까 알 수 없다오.

내 선인先人의 호는 남봉南峰이다. 젊었을 때부터 문사文詞에 힘써 스스로 일가를 이루었으나 알아주는 사람이 드물었다. 병자호란 후 신안新安을 지나면서 절구 한 수를 지었는데 말하기를,

胡騎長驅夜渡遼	호기胡騎가 길게 들어와 밤에 요하遼河를 건너
百年城郭此蕭條	백년의 성곽이 이렇게 쓸쓸하다.

---

77) 명明나라 신종神宗 연호年號.
78) 중국 고대 전설 속의 임금. 주역周易의 팔괘八卦를 처음으로 지었다고 함.
79) 중국 고대 최초에 문자를 만들었다고 하는 사람.

可憐蘇小門前柳　가련하게도 소소문蘇小門[80] 앞의 버들은
猶帶春風學舞腰.　아직도 봄바람을 띠고 허리춤을 배운다오

라 했는데, 택당澤堂 이식李植이 일찍 칭찬하며 처완淒惋해 외우고 싶다 했다.

목장흠睦長欽 참판參判은 호가 다산茶山이었는데 문재가 일찍 이루어졌고 또 글씨도 잘 썼다. 시로써 사마시司馬試에 장원으로 합격하자 고관考官이 칭찬해 말하기를 두공부杜工部의 시요 왕우군王右軍[81]의 글씨라 했다. 그의 선몽대仙夢臺 시詩에 말하기를,

松檜陰陰水殿虛　소나무 전나무는 침침하며 수전水殿이 비었는데
一區蘿落畫圖如　한 지역의 마을이 그림처럼 아름답다.
僑然覺罷仙臺夢　선대仙臺에서 잠을 빨리 깨어
步出林庭月影疎.　걸어서 뜰을 나서니 달그림자가 성글다.

라 했다. 또 중국에 사신으로 가다가 먼저 돌아가는 사람에게 준 시에 말하기를,

日落盧龍塞　노용새盧龍塞에 해는 지고
天寒右北平　우북평右北平[82]의 하늘은 차다.
鄕心千萬疊　고향 생각이 천만첩이나 되는데
封寄漢陽城.　봉해 서울로 붙인다.

---

80) 어디에 있는 문인지 알아보지 못했다.
81) 위의 두공부杜工部 두보杜甫, 왕우군王右軍은 진晉나라 왕희지王羲之, 공부工部와 우군右軍은 그들이 역임한 관직.
82) 노용새盧龍塞와 우북평右北平은 모두 중국 북쪽에 있는 지명.

라 했는데, 모두 당시唐詩의 운치가 있다.

우리나라 문인들이 중국에서 온 사신들과 시로써 주고받고 할 때 온전히 율시律詩만으로 하기 때문에 호음湖陰 정사룡鄭士龍 같은 큰 솜씨도 고시古詩와 장편長篇에 이르게 되면 잘 짓지 못하는데, 오직 권석주權石洲만은 고시체古詩體에 매우 밝았다. 그의 충주석忠州石과 송호수재送胡秀才 등의 작품이 매우 아름다워 우리나라 사람들이 단지 율시만을 일삼는 유와는 다르다. 근세의 동명東溟 정군평鄭君平은 한 때의 걸출한 작가로서 부미浮靡한 습관을 모두 쓸어 버렸다. 그가 지은바 가행歌行83)은 웅건하고 준걸스러우며 뛰어나 가히 성당盛唐의 여러 작가들과 비교할 만하다. 그의 협객편俠客篇에 말하기를,

幽州胡馬客   유주幽州에 호마胡馬를 탄 손은
匕首碧於水   칼이 물보다 푸르다.
荊卿西入咸陽日 형경荊卿84)이 서쪽 함양으로 가던 날
待者何人此子是 기다린 자가 누구였던가 바로 이 사람이었소
惜哉不與俱   아깝게도 함께 하지 못하고
藏名屠狗家   개 잡는 집에 이름을 감추었다.
空對燕山秋月色 공연히 연산燕山의 가을 달빛을 바라보며
時時吹笛落梅花 때때로 피리불어 매화를 떨어지게 한다오85)

---

83) 가행歌行은 가歌와 행行으로 장르의 이름이다. 백락천白樂天의 장한가長恨歌, 비파행琵琶行

84) 춘추전국 때 연燕 태자太子 단丹의 지시로 진 시황秦始皇을 죽이려 간 자객刺客.

85) 대본 기록이 시의 형식에 따라 기록하지 않고 연달아 기록했다. 여기서도 역자 임의대로 나누어 기록했음을 밝혀둔다.

라 했는데, 이러한 작품은 모두 당시唐詩에서 구해도 또한 드물 것이다. 평하는 자들이 우리나라 작품이 중국 사람의 작품과 견줄 수 있는 것은 소암疎庵 임숙여任叔英의 변려騈儷[86]와 동명東溟 정두경鄭斗卿의 가행歌行이라고 말했다 한다.

정두경鄭斗卿이 등롱한산성登凌寒山城 시詩에 말하기를,

山勢嵯峨地勢孤	산새가 울멍줄멍, 지세는 외로우며
眼前空闊九州無	눈앞은 넓고 넓어 구주가 없다.
樓觀赤日東臨海	누에서 붉은 해를 보니 동쪽으로 바다에 다다랐고
城到靑天北備胡	성이 푸른 하늘에 이르렀으니 북쪽 오랑캐를 막겠다.
共賀使人兼大將	시키는 사람이 대장大將을 겸할 수 있어 함께 하례하며
何勞一卒敵千夫	어찌 한 병졸로 천의 적군을 상대하게 괴롭히랴.
鯨鯢寂寞風濤靜	고래들이 적막하니 바람과 파도가 고요하며
朱雀門開醉酒徒.	술에 취한 무리들이 주작문朱雀門을 열었다.

라 하여, 필력이 장하고 굳세기 때문에 미치기 어렵다. 내가 일찍 동명에게 물어 말하기를 "자네의 시를 옛날 어떤 사람과 비교할 수 있겠는가" 하니 군평君平이 웃으며 말하기를 "이백李白과 두보杜甫는 감히 당할 수 없고 고적高適과 잠삼岑參[87]의 무리들과는 어깨를 견줄 수 있지 않을까" 했다. 그의 청심루淸心樓 시詩에 말하기를,

送客高樓秋夜闌	고루에서 손을 보내니 가을밤이 깊었는데
一雙白鷺在前灘	한 쌍의 백로가 앞 여울에 있다.

---

86) 변려騈儷는 문체의 하나, 자구를 중시하며 당唐의 고문체가 유행할 때까지 유행한 대표적인 문체였다.

87) 고적高適과 잠삼岑參은 당唐의 시인임.

酒酣起望蒼蒼色　술에 얼근해 일어나 질펀한 빛을 바라보니
月落江淸霜露寒.　달은 지고 강은 맑으며 서리는 차다오.

라 했는데, 운격韻格이 매우 뛰어나며 맑고 상쾌하니 이백李白을 불러일으킬 수 있을 것 같고 고적高適과 잠삼岑參의 위에 있다고 할 것이다.

강백년姜栢年의 금강산 도중途中 시詩에 말하기를,

百里無人響　백리를 가도 사람소리가 없고
山深但鳥啼　산은 깊어 단지 새소리만 들린다.
逢僧問前路　스님 만나 앞 길을 물었는데
僧去路還迷.　스님이 지나가자 길은 도리어 아득하다.

라 했다. 강백년姜栢年이 이 시를 동명東溟 정두경鄭斗卿에게 말했더니 동명東溟이 좋다고 칭찬하며 말하기를 "단자但字를 산자山字로 고치면 더욱 아름답겠다"고 했다. 내 생각으로는 이 시의 아름다운 곳은 단자에 있으며, 또 단조제但鳥啼 석 자는 당시唐詩로부터 나왔으니 고칠 수 없을 것이다.

홍주세洪柱世 숙진叔鎭과 신춘소申春沼 계량季良이 글로써 가장 알려져 각자 깃발을 세우고 있었는데, 홍洪의 시에 말하기를,

庭草階花照眼明　뜰에 풀과 계단의 꽃이 눈을 밝게 비추고
閒中心與境俱淸　한가한 가운데 마음과 주변이 모두 맑다.
門前盡日無車馬　문 앞에 종일 거마가 없고
獨有幽禽時一鳴　홀로 산새만이 때때로 한 번씩 울고 있다.

라 했고, 신申의 시詩에 말하기를,

滿地梨花白雪香　배꽃이 땅에 가득해 백설의 향기가 있고
東風無賴損柔芳　동풍의 도움은 없고 연한 향기만 잃었다.
春愁漠漠深如海　봄 근심이 막막해 바다같이 깊은데
接燕雙飛繞畵樑　깃들인 제비가 쌍으로 날아 아름다운 들보를 돈다.

라 했는데, 내가 택당澤堂 이식李植에게 홍신洪申 두 사람의 시에서
어느 시가 우수한가 하고 물으니 택당이 답해 말하기를 "숙진叔鎭
의 시는 천연스러움이 매화와 국화와 같고, 계량季良의 시는 채색
으로 목단을 그린 것과 같다"고 했다. 대개 매화와 국화는 참된 바
탕(진성眞性)을 스스로 가진 것이고, 채색으로 그렸다는 것은 꾸며
서 이룬 것이라 한 것이다. 아깝게도 두 분의 재능을 당시에 싫어
해 끝내 알려지지 않았으니 이것은 문장으로 운명이 통달하는 것
을 미워했기 때문이 아닌가 한다.

　홍석기洪錫箕 원구元九(자字)는 타고난 재주가 뛰어나 아름다운
시가 매우 많았다. 강운强韻에 압押을 잘해 사람들이 운을 부르면
바로 응대했다. 일찍 친구와 더불어 동행을 하면서 소나무에 까마
귀가 울고 있는 것을 보고 친구가 침針, 금衾, 심心 석 자를 운으로
부르며 까마귀를 시제로 짓게하여 원구元九를 군색하게 하고자 했
다. 원구가 바로 대해 말하기를,

姑也休嗔慵不針　시어머니여 게을러 바느질 않는다고 꾸짖지 마오.
春愁多夢擁羅衾　봄 근심으로 잠이 많아 이불을 안고 있다오.
爾能解說吾姑惡　네 능히 우리 시어머니 악한 것을 알려주면
正得深閨少婦心.　바로 안방 젊은 며느리들의 마음을 얻으리라.

라 하니, 친구가 허를 토했다고 한다. 원구가 계곡谿谷 장유張維에

게 글을 배웠는데 계곡이 말하기를 "홍모洪某의 재주는 문장文章이라고 말하기에는 체제體制를 갖추지 못했고 재사才士라고 말하면 그가 반드시 원망할 것이라" 했다.

신의화申儀華 주서注書는 사부詞賦에 공교했고, 또 시에도 능했다. 젊었을 때 표형表兄[88] 김석주金錫冑와 더불어 호정湖亭에서 공부하고 있었는데 밤에 가을 소리를 듣고 비가 오는가 의심하기도 하고, 혹은 나뭇잎 떨어지는 소리인가 하기도 했다. 두 사람이 베개를 베고 누워서 절구 한 수씩 지었는데 신주서申注書 시詩에 말하기를,

客枕夢初回	객지에서 자다가 처음 잠을 깨니
西風打庭樹	서풍西風이 뜰에 있는 나무를 흔들었다.
蕭蕭落葉聲	나뭇잎 떨어지는 소소한 소리
疑是秋江雨.	가을 강에 비 오는 소리인가 의심한다.

라 했고, 김석주金錫冑 시에 말하기를,

率率復蕭蕭	솔솔하다가 다시 소소해
聲聲在秋樹	소리마다 가을 나무에서 난다.
不是風前葉	바람 앞의 잎에서 나는 것이 아니면
應是葉上雨.	분명히 잎에 비 오는 소리일 것이오.

라 했는데, 신申의 시詩는 운이 맑아 사랑스러우며, 김金의 시詩에 고기古氣는 미치기 어려우나 다만 용의用意가 다듬은 것 같다.

이서우李瑞雨 윤보潤甫와 이옥李沃 문약文若은 다같이 문사文詞에 열심히 했다. 이옥李沃이 젊었을 때 동주東洲 이민구李敏久에게

---

88) 아버지의 자매姉妹에서 난 형.

글을 배웠다. 동주東洲가 일찍 말하기를 "이 사람의 재주가 범상치 않았는데, 너무 일찍 과거에 급제하여 문장에 힘을 다하지 않았으니 애석哀惜하다"고 했다. 늦게까지 비록 시를 좋아하여 간혹 지은 시는 교룡과 지렁이가 뒤섞인 것이 있기 때문에 시가 산문보다 못했다. 이서우李瑞雨도 역시 동주東洲의 문인이었는데 그는 재주가 매우 뛰어나 한번 본 것은 기억하며 글자의 뜻과 음운音韻에도 밝게 통하지 않은 것이 없으며 산문을 짓게 되면 바로 쓰면서 조금도 정체함이 전혀 없었으나 시는 한 구도 잘 지었다고 할 만한 것이 없었다. 동주東洲가 웃으며 말하기를 "자네같이 산문을 잘 지으면서 시는 잘 짓지 못하니 옛사람이 이른바 시는 따로 재주가 있다고 한 말이 믿을 만하다"했다.

우해于海 홍만종洪萬宗은 병으로 인해 일찍부터 공부를 하지 못했고, 시는 정두경鄭斗卿으로부터 배웠기 때문에 격조格調가 맑고 높다. 그의 시 채연곡採蓮曲에 말하기를,

彼美採蓮女	저 연밥 따는 처녀는
繫舟橫塘渚	못 가에 배를 가로 매었다.
羞見馬上郞	말탄 사내를 부끄럽게 보다가
笑入蓮花去	웃으며 연꽃 속으로 들어간다.

라 했다. 동명東溟이 보고 말하기를 이 시는 성당盛唐의 말이다. 내가 마땅히 의발衣鉢[89]을 너에게 전하리라 했다. 수종사水鍾寺 시詩에 말하기를,

---

89) 스승의 도를 제자가 이어받는 것.

蕭寺白雲上	소사는 흰 구름 위에 있고
秋江明月西	가을 강에 밝은 달이 서쪽에 있다.
禪樓無夢寐	절 다락에서 잠은 오지 않고
風露夜淒淒.	밤에 바람과 이슬로 쌀쌀하다.

라 하여 천연스럽게 당인唐人의 경취景趣를 얻었다. 일찍 동명東溟에게 말하기를 "저를 어르신만큼 독서를 하게 했다면 어찌 오늘처럼 녹록하겠습니까" 했다.

잠삼岑參 가주嘉州가 매양 시 한 수를 짓게 되면 사람들이 모두 전사轉寫하고 변방 먼 나라에서도 또한 외우고 읊는다고 하며, 이 익李益도 매양 한 수를 짓게 되면 천하 사람들이 악기에 올려 전했다고 한다. 그리고 두 사람의 시를 그림으로 그렸다고 하니 어찌 사람들로 하여금 크게 사모하게 함이 이에 이르게 했는가. 지금 세상에서는 비록 뛰어난 작품이 있다 할지라도 독실하게 좋아하는 사람이 없으니 어찌 오늘이 옛날과 달리 음읊을 감상하는 자를 만나지 못했기 때문인가. 내가 호정湖亭에서 절구絶句 한 수를 얻었는데 말하기를,

古木寒雲裏	고목古木은 찬 구름 속에 있고
秋山白雨邊	가을 산 주변에 비가 내린다.
暮江風浪起	저문 강에 풍랑이 일어나니
漁子急回船.	어부가 급히 배를 돌린다.

라 했다. 나의 다른 작품이 이 시보다 좋은 것이 많은데 이 시가 가장 회자되고 있으니 어찌 시도 또한 만나고 만나지 못함이 있다고 하지 않겠는가. 엎드려 들은바 효묘孝廟께서 일찍 화공에게 이

시의 경치를 그리게 하여 궁중의 병풍을 했다고 하는데 그 그림이
임금께서 보시는 영광을 입었으니 실로 드문 은혜라 할 것이다.

　일찍 동애東崖 김진표金震標 건중建中과 더불어 한강 정사에 놀
았는더니 늦게 만주晚洲 홍원구洪元九, 구당久堂 박중구朴仲久가 와
서 배를 타고 시를 짓게 되었다. 박구당朴久堂이 나에게 말하기를
자네의,

　吟病老僧秋閉殿　　병을 앓은 노승老僧이 가을인데 뒷문을 닫았고
　覓詩孤客夜登樓.　　시를 짓는 고객은 밤인데 누에 올랐다.

라 한 구는 김노승金老僧이라 부를 만하고, 원구元九의,

　似惜落花春鳥語　　낙화가 아까워 봄에 새들은 지저귀고
　解分長日午鷄鳴.　　해분解分의 긴 날 한낮에 닭이 운다.

라 한 구句에서 홍오계洪午鷄라 일컬을 만하다고 했다. 건중建中이
좌우를 돌아보며 말하기를 "박장원朴長遠은 시를 알고 논평을 잘한
다고 볼 수 있다. 자공子公은 얼굴이 노승과 같으니 그러한 이름을
얻는 것이 마땅하고, 중구仲九는 낮에도 또한 계집鷄執을 한다하니
실로 그 이름이 적당하다 했는데, 자공子公은 바로 나의 자字이다.
내 낯이 동안童顔인데 수염이 빠져 중이라 희롱했고, 또 속담에 여
종을 가까이 하는 것을 종계집種鷄執한다 하는데 원구元九가 이러
한 행동을 즐기므로 부른다"라 하고 서로 더불어 크게 웃었다.

　옛날 사람들은 시를 지을 때 일생을 마음과 힘을 모두 쏟았기
때문에 능히 이름이 세상에 알려지고 후세까지 전해지게 되었는데,

吟安數箇字　　시를 지을 때 몇 개의 글자를 안정시키고자
燃斷幾莖髭.　　몇 줄기의 윗수염을 태웠다.

吟成五字句　　다섯 자 구를 지으면서
用破一生心.　　일생 동안의 마음을 다 썼다.

欲識吟詩苦　　시 짓는 어려움을 알고자 하려면
秋霜若在心.　　가을 서리가 마음에 있는 것과 같다오.

夜吟曉不休　　밤부터 짓던 시를 새벽까지 쉬지 않아
苦吟鬼神愁.　　어렵게 짓는 것을 귀신도 근심한다.

라 한 유類가 일생의 심력을 다한다는 것이다. 나도 또한 이런 습성
을 버리고자 했으나 버리지 못하고 희롱하며 절구 한 수를 지었는
데 말하기를,

爲人性癖最耽詩　　타고난 성격이 편벽되게 시를 가장 탐해
詩到吟時下字疑　　시를 지으며 읊을 때 글자 선택에 주저한다.
終至不疑方快意　　마침내 망설임이 없을 때 기뻐하노니
一生辛苦有誰知.　　한 평생 신고를 누가 있어 알아주랴.

라 했는데, 오직 아는 자만이 이러한 처지를 더불어 말할 수 있을
것이다. 지금 사람들은 얕은 학문으로 쉽게 지으면서 사람을 놀라
게 하는 말을 짓고자 하니 또한 성길지 아니한가.

　옛날이나 지금을 막론하고 학문이 깊은 선비는 부지런히 하지
않고 이루는 경우가 없다. 우리나라에서 문장으로 큰 인사가 글을
많이 읽었다는 자를 헤아려볼 수 있다. 세상에 전해오는 말에 따르

면 괴애乖崖 김수온金守溫은 문을 닫고 글을 읽으면서 밖을 보지 않았기 때문에 방에서 나와 낙엽을 보고 비로소 가을임을 알았다고 한다. 허백당虛白堂 성현成俔은 낮에는 글을 읽고 밤에는 외워 손에 책을 놓지 않았으며, 화장실에 가서도 나오는 것을 잊었다고 한다. 탁영濯纓 김일손金馹孫은 한유韓愈의 글을 천편千遍이나 읽었다고 한다.

백하白下 윤정尹淳은 『맹자孟子』를 천주千周 읽었다고 하며, 소재穌齋 노수신盧守愼은 『논어論語』와 두시杜詩를 이천 회 읽었다. 백호白湖 임제林悌는 「중용中庸」을 팔백 번, 간이簡易 최립崔岦은 『한서漢書』를 천주千周 읽었는데 그 가운데 「한서漢書」 항적전項籍傳을 일만一萬 회回 읽었으며, 창주滄洲 차운로車雲輅는 『주역周易』을 오백五百 주周를 읽었으며, 동악東岳 이안눌李安訥은 두시杜詩를 천주千周 읽었다고 한다. 어우당於于堂 유몽인柳夢寅은 장자莊子와 유종원柳宗元의 글을 천회千回나 읽었으며, 동명東溟 정두경鄭斗卿은 사마천司馬遷의 『사기史記』를 수천 번이나 두루 읽었다고 한다.

나는 본디 노둔하여 사마천司馬遷, 한유韓愈, 유종원柳宗元의 글을 초록하여 만여 번을 읽었으며 백이전伯夷傳을 가장 좋아하여 일억一億 일만一萬 삼천三千 번이나 읽어 내 작은 서재의 이름을 억만재億萬齋라 했다. 지난 경술년庚戌年 전국이 큰 흉년이었다. 다음 해 사람들이 큰 전염병으로 죽은 사람이 얼마나 되는지 알 수 없을 정도로 많았다. 어떤 사람이 나에게 희롱해 말하기를 금년에 죽은 사람이 자네가 읽은 책의 수와 어느 것이 많겠는가 했다.

남용익南龍翼은 『호곡시화壺谷詩話』에 말하기를 용재容齋 이행李荇과 읍취헌挹翠軒 박은朴誾이 젊었을 때 시詩로써 유명했는데, 용재容齋가 읍취헌挹翠軒을 우러러 보며 미칠 수 없는 사람이라고 했

다. 만약 하늘이 그의 나이를 빌려 주었다면 중국에서 온 사신들로
부터 무거움을 받은 것이 용재容齋와 같았을 것이다. 혹은 말하기를
국초國初로부터 내려오면서 온전히 소동파蘇東坡를 숭상했으나 읍
취헌挹翠軒이 홀로 황산곡黃山谷의 시를 배웠기 때문에 같은 무리
들이 모두 승복한다고 했는데 이 말이 옳은 듯하다. 그의 시 가운데,

春陰欲雨鳥相語　비 오려는 봄날 새들은 서로 지저귀고
老樹無情風自哀.　늙은 나무는 무정한데 바람만 슬퍼하는구나.

天應於我賦窮相　하늘은 분명히 나에게 궁한 형상을 주었고
菊亦於我無好顏.　국화도 또한 나에게 좋은 낯을 주지 않았다.

라 한 장구章句는 모두 황산곡黃山谷과 비슷하나 궁함이 심해 멀리
이르기는 어려울 듯하다.
　아계鵝溪 이산해李山海의 시가 지나치게 곱고 연약해 죽은 양귀
비楊貴妃가 꽃 아래 누워 있는 것과 같다고 하여 나무라고 있으나
그의 절구絶句는 묘하다.

白雨滿船歸棹急　배에 가득하게 내리는 비로 노를 빨리 저어 돌아가고
數村門掩豆花秋.　마을에 사립문은 닫았고 두화가 핀 가을이라오

라 한 구는 참으로 시 가운데 그림이 있다고 하겠다.
　오봉五峰 이호민李好閔은 타고난 재주가 뛰어난 것으로 세상에
알려졌으나 만년에는 재주가 고갈되어 중국에서 온 사신을 응대하
는데 궁색했다. 성년盛年이었을 때 지은 시에,

東南間氣金臺盡　동남 쪽 뛰어난 기운은 금대金臺에서 다했고
宇宙英風易水長.　우주의 영풍英風은 역수易水90)만큼 길다.

天心錯莫臨江水　천심이 그릇되고 어긋나 강물에 다다랐고
廟算凄涼對夕暉.　국가의 운명이 처량해 저녁 햇빛을 대하게 되었다.

라 했는데, 이러한 말들은 일시의 인물들에 바라볼 수 없는 것이다.

구봉龜峰 송익필宋翼弼은 비록 천한 출신이기는 하나 이학理學
에 깊고 시는 격조格調가 가장 정밀하다. 그의 시에,

日午千花正.　해가 한낮이 되면 모든 꽃들이 바르고
池淸萬象形　못이 맑으면 많은 형상이 나타난다.

花欲開時纔有色　꽃은 피고자 할 때 비로소 빛이 있고
水成潭處却無聲　물도 못을 이루는 곳에 문득 소리가 없다.

라 한 구들은 매우 기이하다. 평하는 자들이 이르기를 호음湖陰 정
사룡鄭士龍, 소재穌齋 노수신盧守愼, 지천芝川 황정욱黃廷彧을 관각
館閣 삼걸三傑이라 하고, 매월梅月 김시습金時習, 추강秋江 남효온南
孝溫, 귀봉龜峰 송익필宋翼弼을 산림山林 삼걸三傑이 된다고 했다.

오산五山 차천로車天輅는 하룻밤에 백여 편의 시를 짓는다고 했
다. 일찍 일본에 사신 일행으로 갔더니 왜인倭人들이 흰무늬의 장
막을 설치해 놓았는데 넓이가 몇 칸이 되었다. 오산五山이 하룻밤
사이에 각 체의 시를 지어 장막에 두루 썼다. 왜인들이 장막을 바

90) 물이름, 춘추전국시대 형경荊卿이 진시황秦始皇을 죽이고자 진나라를 갈
　　때 이 물을 건너며 연燕나라 사람들과 헤어졌다 함.

꾸어 놓자 또 그렇게 하여 세 번 만에 그쳤다. 오산이 스스로 말하기를 "만리장성萬里長城에 종이를 붙여놓고 나를 하여금 시를 짓게 하면 성城은 다함이 있어도 내 시는 다하지 않을 것이라" 했다. 차오산車五山은 이로써 그의 재주가 우주에서 사이를 두고 있을 수 있는 재주이며 언제라도 있는 것이 아니다. 그런데 시에서 항왕項王과 같이 고함으로 혼자서 만인을 당적할 수도 있으나 다만 교룡과 지렁이가 섞여 있는 것이 적지 않아 후세에 전하기가 어려운 것이다. 그러나 그의 수래도의중선루愁來徒倚仲宣樓와 같은 시구는 사람들이 전하면서 외울만하다고 하겠으나 그렇다고 그의 시에 하자를 감출 수는 없다.

지봉芝峯 이수광 李睟光은 일생동안 당시唐詩를 전공해 한가하고 맑으며 온순하고 아담했으나 모자란 것은 기력이다.

風生九塞秋橫劍   구새九塞91)의 부는 가을 바람에 칼을 빗겨들었고
雪照三河夜渡兵   三河삼하92)에 눈이 비치는 밤에 병졸들이 건너간다.

窓聞小雨天難曉   창에는 가랑비 소리 들리는데, 하늘은 새벽이 되기
                어렵고
城枕寒江地易秋.   성이 찬 강을 베고 있어 땅에 가을이 쉽게 온다.

라 한 장구章句들은 모두 아름답다. 지봉芝峯의 아들 관해觀海 민구敏求는 명明나라 시풍을 좋아하여 격조格調가 있어 혹은 아버지보다 나았다고 하나, 조예造詣는 그의 아버지에 미치지 못한다.

----

91) 험하고 막힌 변방의 아홉 지역을 말함.
92) 지명地名과 수명水名으로 지칭되고 있는데, 여기서는 수명이 아닌가 짐작
    되며, 구새九塞와 더불어 대우對偶를 이루었다.

　체소體素 이춘영李春英은 책을 많이 읽었고 넓게 알고 있었으나 정밀하게 판단하지 못했다. 그러나 영보정永保亭 시詩와 같은 여러 작품은 읍취헌挹翠軒 박은朴誾을 이을 만하다.

　월사月沙 이정귀李廷龜의 시는 물과 같이 편편하게 펼쳐 놓았으며(평포平鋪), 상촌象村 신흠申欽의 시는 조직이 비단 같다. 혹은 말하기를 월사月沙는 시가 산문보다 좋고, 상촌象村은 산문이 시보다 좋다고 했으나, 꼭 그렇다고 말할 수는 없을 것이다.

　석주石洲 권필權韠이 백의白衣로서 종사從事가 되었는데 빈사儐使 이월사李月沙가 직접 부른 것이다. 선조宣祖가 석주石洲의 시를 듣고자 하니 월사月沙가 석주石洲의 몽구용夢具容 시詩를 외워 드렸는데 그 시에 말하기를,

幽明相接杳無因　유명이 서로 만남은 아득해 의지할 수 없는데
一夢殷勤未是眞　꿈속에서 은근히 만났으나 진실인가 아닌가 하오.
掩淚出山尋去路　눈물을 거두고 산에서 나와 길을 찾아 가는데
曉鶯啼送獨歸人.　새벽 꾀꼬리가 울며 혼자 가는 사람을 보낸다.

라 하니, 선조宣祖가 듣고 크게 칭찬하며 시고詩稿를 드리라고 했다. 벼슬하지 않은 사람에게 이러한 영광은 이공봉李供奉의 밑이 아니라고 했다. 간이簡易 최립崔岦이 시를 주면서 말하기를,

聞說至尊徵稿入　들은 바 지존至尊께서 시고를 드리라 하시니
全勝身到鳳凰池　궁중에 가서 뵈옵는 것보다 온전히 낫다오.

라 했다. 선조宣祖가 매양 석주石洲라 일컫고 이름을 부르지 않았다.

　허균許筠이 석주石洲의 시를 평해 말하기를 여장汝章(석주石洲의

자字)의 시는 뛰어난 미인이 분을 바르지 않고 좋은 목소리로 촛불
아래서 우조羽調[93])와 계면조界面調[94])를 부르다가 곡이 끝나지도
않았는데 일어나 간다고 했는데, 대개 석주石洲의 시어詩語가 좋아
오래되어도 잊혀지지 않는다는 것이다.

창주滄洲 차운로車雲輅가 이동악李東岳(안눌安訥의 호號)의 시를
평해 말하기를 자민子敏(동악東岳의 자字)의 시는 형악衡岳[95])에 구
름이 없고 동정洞庭에 파도가 일지 않는다고 했다. 대개 시의 격조
格調가 크게 빼어나고 매우 아름다우나(웅발거려雄拔鉅麗) 기이하
고 공교한 조화의 뜻은 약간 적은 듯하다. 권석주權石洲의,

空山木落雨蕭蕭. 빈산에 나뭇잎 떨어지고 비는 소소히 내리는데

와 이동악李東岳의,

江頭誰唱美人詞 강머리에서 누가 미인사美人詞를 부르는가.

라 한 것은 모두 뛰어난 음향音響인데 석주石洲의 수구首句는 옹문
雍門의 거문고 소리가 갑자기 들리자 사람들에게 눈물을 흘리지 아
니 하는 사람이 없게 하며, 동악東岳의 말구末句는 적벽赤壁의 퉁소
소리가 실처럼 끊어지지 않고 오히려 무한의 뜻을 안고 있는 것과
같아 이는 우렬을 가리기 어려우나 격조格調에서는 석주石洲가 나
은 듯하다.

---

93) 오음五音의 하나. 이공봉李供奉은 어떤 사람인지 알아보지 못했음.
94) 우성羽聲의 곡조曲調을 말함. 음악에서 슬픈 가락을 말함.
95) 중국의 산 이름으로 오악五嶽의 하나인 형산衡山임.

광해군光海君 때 시에 능하다고 부르는 자는 유몽인柳夢寅, 허균
許筠, 박정길朴鼎吉 몇 사람에 불과했는데, 유몽인柳夢寅은 산문이
기이하여 시가 산문에 미치지 못했다. 허균許筠의 재주는 진실로
미치기 어려우나 시는 격조格調가 매우 높지 않아 그의 형과 누이
보다 못하다고 하지만 그의 궁사宮詞 백수百首는 기묘奇妙하다고
말할 수 있는데, 음향音響이 본체本體에 합치되지 못한 것이 있다.
박정길朴鼎吉은 애김응하哀金應河의 한 절구絶句가 매우 좋고 그
외에는 좋다고 이를 만한 것이 없다. 박엽朴燁은 작가는 아니지만
가저금약별리난歌低琴苦別離難이라 한 장章의 절구絶句는 뛰어난
가락(절조絶調)에 가깝다. 혹은 이르기를 시마詩魔가 있다고 했다.
그러나 백체百體를 고루 갖추었고 묘해妙解가 옆으로까지 통해 비
록 성대盛代라 할지라도 허균許筠보다 나은 사람이 없을 것이다.

택당澤堂 이식李植은 행문行文과 여문儷文을 모두 겸해 잘하지
않은 것이 없으나 시는 격조格調가 매우 높지 못했다. 그러나 각체
各體가 모두 묘했다. 그가 자신을 스스로 평해 말하기를 내 글은
자객刺客과 간인奸人이 짧은 칼을 가지고 사람을 죽이는 것과 같다
고 했는데, 대개 중요하고 묘한 곳을 찌른다는 것으로 말은 간단하
면서도 뜻은 정밀하다는 것이다.

관해觀海 이민구李敏求는 금강산에 유람 가서 지는 한 구句에 말
하기를,

千崖駐馬身全倦　천 길 벼랑 위에 말을 세우니 전신이 피곤하며
老樹題詩字未成.　고목에 시를 쓰려하나 글자가 되지 않는다.

라 했는데, 청음淸陰 김상헌金尙憲이 미자未子를 고쳐 반자半子로

하게 되면 더욱 정채精彩가 있을 것이라 했다. 김진金搢의 영진황詠秦皇 시詩에 말하기를,

> 不知天下銷兵地　천하에 병사를 죽이는 땅임을 모르고
> 猶着江東學劒人.　오히려 강동江東에 칼 쓰는 것 배우는 사람을 주목한다.

라 했으며, 이원진李元鎭의 제한조題漢祖 시詩에 말하기를,

> 道莫入關無所取　관중에 가서 취할 것이 없다고 말하지 말라
> 祖龍天下勝秋毫.　조룡祖龍96)의 천하가 가을 털보다 많다.

라 했는데, 말은 기이하나 뜻은 얕다.

내 처조부妻祖父 순당蓴塘 채진형蔡震亨은 일찍 상사上舍97)에 올랐는데 光海君 때를 만나 세상을 피해 상산常山으로 내려가서 일생동안 시를 공부했다. 일찍 지은 한 연聯이 있는데 말하기를,

> 畏蛇防燕壘　제비는 뱀이 무서워 토담을 쌓고
> 憐蝶壞蛛紗.　거미줄이 끊어지자 나비가 좋아한다.

라 했는데, 참으로 얼마나 궁한 사람의 말인가. 여余 처부妻父 지평공持平公 성구聖龜의 호는 지비재知非齋였는데, 시의 격격格이 범상치 않았으나 세상에서 아는 자가 없었다. 매양 조정에서 김중지치金繒之恥98)가 있었던 것을 부끄럽게 여기었다. 일찍 남한산성을 지

---

96) 진시황秦始皇을 말함.
97) 우리나라에서 생원生員이나 진사進士를 말함.

나면서 지은 시에 말하기를,

三綱已斁國垂傾　삼강三綱[99]이 이미 무너지자 나라도 기울어 지고
公議千秋愧汙靑　천추의 공의로 역사를 더럽혀 부끄럽다.
忍背神宗皇帝德　신종황제神宗皇帝[100] 덕을 차마 배반하며
何顔宣祖大王靈　무슨 낯으로 선조대왕宣祖大王의 영을 뵈옵겠느냐.
寧爲北地王諶死　차라리 북지왕 심심[101]처럼 죽을지언정
不作東窓賊檜生　동창의 적인 진회秦檜[102]는 되지 않을 것이오
野老呑聲行且哭　늙은이가 울음 머금고 가다가 우는데
穆陵殘日照微誠.　목릉穆陵[103]의 남은 햇빛이 가는 정성을 비친다.

라 했는데, 한 때 전해 외우며 악왕묘岳王墓 시詩[104]에 견주었는데,
작자의 솜씨를 아주 알지 못했으니 개탄스럽다.

백곡栢谷 김득신金得臣의 호행湖行 절구絶句에 말하기를,

湖西踏盡向秦關　호서를 모두 보고 진관秦關[105]을 향해
長路行行不暫閑　먼 길 가면서 잠시도 한가하지 않았다.
驢背睡餘開眼見　나귀 등에서 졸다가 눈을 떠보니

---

98) 김회지치金繪之恥 알아보지 못했음.
99) 유교의 도덕관념으로 군위신강君爲臣綱, 부위자강父爲子綱, 부위부강夫
　　爲婦綱을 말함.
100) 명明나라 임금으로서 임진왜란 때 우리나라에 파병했음.
101) 촉한蜀漢의 마지막 후주後主의 아들로서 진晉의 침입에 후주後主가 항복
　　하려하자 못하게 하다가 자결했다.
102) 진회秦檜는 남송南宋의 主和派로서 주전파인 악비岳飛를 제거한 인물.
103) 선조宣祖의 능호陵號.
104) 명의 악비묘岳飛墓 시詩를 말함. 아래 악왕묘岳王墓 시詩를 들어둔다.
　　落盡靑松百草深　鷓鴣斜日叫寒林　可憐一片西湖土　埋却英雄未死心
105) 우리나라 어느 지역 이름인 듯한데, 어느 곳인지 알아보지 못했다.

暮雲殘雪是何山. 모운과 잔설이 있는 곳은 무슨 산인가.

라 했는데, 어운語韻이 모두 극히 좋은데 내가 선정한 기아箕雅[106]
에 이 작품이 들어가지 않았으니 그것은 바닷물을 쏟아 구슬을 찾
다가 밝은 달까지 잃은 것이다.

호남湖南에 문사文士가 많이 있는데 어떤 사람이 한거閑居를 제
목으로 하여 시를 지었는데,

黃牛飽齕無餘念   누른 소는 많이 씹으며 다른 생각이 없고
白鷺閑眠有底愁.   백로는 한가롭게 자고 있지만 근심이 있다.

라 했는데, 말이 극히 맑은데 그의 이름을 잃은 것이 가석하다. 또
임원林垣은 백호白湖 임제林悌의 손자이다. 친구의 만시에 말하기를,

風流處士別孤山   풍류 처사가 고산孤山을 이별하니
雪滿溪橋鶴影寒   눈이 가득한 시내 다리에 학의 그림자는 차다.
一片詩魂招不得   한 조각 시혼을 불러도 만나지 못했으니
先春應共早梅還.   봄에 앞서 응당 이른 매화와 함께 돌아가리라.

라 했는데, 운이 맑고 뜻은 슬프다.

북정北汀 홍처량洪處亮이 스스로 자신의 시격詩格은 내려오는
전통이 있다고 했다. 그의 곡자哭子 시詩에 말하기를,

靈帷晝掩暗生塵   휘장으로 가리어 낮에도 컴컴하며 먼지가 날고
寂寞虛堂酒果陳   쓸쓸한 빈 방에 술과 과일이 진열되었다.

---

106) 남용익南龍翼(1628~1692)이 우리나라 역대 한시를 선발한 시집.

床有借來詩卷在　상에 빌려온 시권詩卷이 있었는데
婦人收取哭還人.　부인이 울며 거두어 돌려주었다.

라 했는데, 옛 사람의 작품에 접근했음을 알 수 있으며 사람들을
슬프게 하고 있다.

이지백李知白은 이천梨川의 서손庶孫이었다. 시를 짓는 재주가
민첩했다. 내가 젊었을 때 산에 들어가서 공부를 같이 했는데, 그가
스스로 시를 지으면 강운强韻에도 잘 맞춘다고 했다. 내가 망건網
巾을 제목으로 하고 운자韻字로 공蚣, 공蛩, 발髮, 용庸자를 부르니
그가 바로 응해 말하기를,

巧似蜘蛛織似蚣　교묘하기는 거미줄, 짜기는 귀뚜라미 같이 했으며
細嫌針孔濶嫌蛩　가는 것은 침구멍, 넓은 것은 도끼구멍을 혐의했다.
朝來欽盡千莖髮　아침이면 많은 털을 조심스럽게 거두어
烏帽絲巾作附庸.　검은 사모에 수건을 만들어 덧붙인다.

라 하니, 같이 있었던 사람들은 그 교묘함을 감탄하고, 세상 사람들
은 내가 지은 것으로 알고 있으나 사실이 아니다.

신원책申元澤(혼混의 자字)은 어렸을 때 기동奇童으로 일컬었으며
시와 산문에 모두 능했다. 송제주어사送濟州御使 시詩에 말하기를,

一點孤靑漢峀浮　한점 푸른 한라산이 외롭게 떠 있으며
中流渺渺見瀛州　중간에 흐르는 넓은 바다에 영주瀛州[107)]를 보겠다.
河邊獨訪乘槎路　물가에서 홀로 타고 갈 뱃길을 찾으며
天畔聊登望海樓　하늘가에서 망해루에 오르기를 원한다.

---

107) 삼신산三神山의 하나이며 한라산의 별칭이다.

千樹瘴烟垂橘袖　장기 속의 많은 나무에 유자가 드리웠고
萬山朝日放驊騮　산마다 아침 해가 뜨면 준마를 놓아먹인다.
霜威到處清殘暑　서리가 내린 곳이 남은 더위를 서늘하게 식히며
水國蕭蕭已覺秋.　수국의 쓸쓸함은 이미 가을을 느끼게 한다.

라 했는데, 구법句法에 힘이 있고 아름다우나 단지 자신을 인정하는 것이 너무 지나쳤다. 항상 목은牧隱 이색李穡의 글은 협소하다고 했으며, 그의 형 유유濡도 또한 시에 능했는데 평해 말하기를 "형은 반공半空에 나는 난새와 학과 같고 자신의 글은 천리를 흐르는 장강長江과 같다"고 했다. 마침내 크게 알리지 못하고 일찍 세상을 떠났으니 아깝다 하겠다.

　신춘소申春沼 계량季良은 시에서 명나라 시를 배웠다. 나와 같이 삼청동에 놀러가서 취해 돌아오면서 나에게 시를 주었는데 말하기를,

把病尋常不啓扉　여느 때는 병으로 사립문을 열지 않았으며
忽驚春事雨中非　갑자기 비가 내려 봄에 하는 일이 잘못 될까 놀랐다.
寧嫌沾濕花間過　꽃 사이를 지나가다 옷이 젖는 것을 혐의할지언정
却喜聯翩醉裏歸　취해 나란히 돌아오는 것이 기뻤다.
詞客彩毫干氣象　시인의 붓은 기상을 구하고
佳人寶瑟怨芳菲　가인의 비파는 아름다움을 원망한다.
君看天地風塵色　그대는 천지 풍진의 형상을 보고
趁日芳遊且莫違.　날마다 좋게 놀고 어기지 마오.

라 했는데, 노련하고 성숙해 좋다고 하겠으나 불행하게도 일찍 세상을 떠났으니 아깝다고 하겠다.

　이시진李始振은 시에 종사하지 않았으나 시 짓는 법을 잘 알기 때문에 그가 지은 절구는 간혹 아름다운 것이 있다. 그의 유산遊山

시詩에 말하기를,

閑花自落好禽啼　한가한 꽃은 스스로 떨어지며 꾀꼬리는 울고
一道清陰轉碧溪　맑은 그늘로 가는 길이 푸른 시내로 바뀌었다.
坐睡行吟皆得句　앉으면 졸고 가면 읊어 좋은 싯구를 얻었으나
山中無筆不須題.　산중에 붓이 없어 쓰지 못했다.

라 했다.

　내가 동춘同春 송준길宋浚吉과 우암尤庵 송시렬宋時烈 선생先生
의 고향인 회향懷鄕을 찾아뵈오니 시를 짓게 하므로 사양했으나 마
지못해 짓게 되었다. 그 시에

同春堂下試春衣　동춘당 아래 봄옷을 시험에 입으니
春興悠然想欲沂　봄 흥이 유연해 기수沂水의 목욕을 생각하게 한
　　　　　　　　다.108)
芳草小庭觀物性　아름다운 풀이 있는 뜰에 물성物性을 관찰하고
杏花疎雨覓天機　살구꽃과 성긴 비에 천기天機109)를 찾는다.
原泉活活初肥脈　솟는 샘물에는 수맥이 풍부하고
雛鳥翩翩漸學飛　어린 새는 점점 빨리 나는 것을 배운다.
隨處一般眞趣在　가는 곳 따라 모두 참다운 의취가 있어
却令遊子淡忘歸.　유자로 하여금 깨끗하게 해 돌아가는 것을 잊게
　　　　　　　　한다.

　라 하니, 두 분 선생이 칭찬하며 바로 벽에 써 붙였는데, 지금 생각
하면 당돌해 부끄러움이 된다.

---

108) 노魯나라 남쪽에 있는 물 이름. 기수沂水에서 목욕한다는 말은 『논어論
　　語』에 있는 말로서 유학의 근원으로 지칭하기도 한다.
109) 천지의 기밀, 중대한 비밀.

　　임대중任大仲의『수촌만록水村漫錄』에 말하기를 한림翰林 안명세安名世는 아홉 살이었을 때 두견화杜鵑花를 꺾어 벼루 물에 적시었는데 그의 아버지가 시를 지어보게 하자 바로 절구絶句 한 수를 지어 말하기를,

　　　　杜鵑花一萼　　두견화 한 줄기가
　　　　來自碧山中　　푸른 산 속으로부터 왔다.
　　　　硯滴生涯寄　　연적 물에 생애를 붙여 살게 되었으니
　　　　他鄕旅客同　　타향의 나그네와 같다.

라 하니, 그의 아버지가 보고 울었다는데, 대개 그 시의 의취가 차고 써 높은 지위까지 갈 형상이 아님을 알았기 때문이다. 뒤에 그는 젊은 나이에 과거에 급제하여 빈소 옆에서 삼 대신 죽인 것을 바로 썼다가 연산군燕山君 때 화를 입었다.

　　조직趙溭은 호가 지재止齋이다. 광해군 때 벼슬하지 않은 사람으로서 홀로 글을 올려 영창대군永昌大君의 원통함을 논하다가 육년 동안 갇혀 있는 형을 받았으며 뒤에 먼 변방으로 옮겨졌다. 인조반정仁祖反正이 되면서 표창으로 관직에 등용되었다. 일찍 사선정四仙亭에 올라 지은 절구가 있는데 말하기를,

　　　　四仙亭上一仙遊　　사선정四仙亭 위에 놀던 신선은
　　　　三日浦中半日留　　삼일포 가운데서 반일 동안 머물렀다.
　　　　春晚碧桃人不見　　늦은 봄 푸른 복숭아를 사람들은 보지 못하고
　　　　月明長笛倚蘭舟.　밝은 달밤 작은 배에 의지해 피리를 분다.

라 했는데, 사람들이 전하기를 이 작품이 사선정四仙亭을 제목으로

한 시에서 으뜸이 될 것이라 했다.

  양파陽坡 정태화鄭太和 상공相公이 관서關西지방에 안찰按察로
나가서 춘첩春帖의 끝구에 말하기를,

  關西老伯閑無事   관서의 노백은 일이 없어 한가해
  醉倚春風點粉紅.   취해 춘풍에 의지해 분장을 점검한다.

라 했는데, 이 시의 한없는 기상氣像이 좋아 사십 년 동안 부귀를
누릴 수 있었던 것이 모두 이 구句에 있다고 할 것이다.

  당나라 사람의 시에 말하기를,

  三人告母猶投杼   세 사람이 고하자 어미가 북을 던지는 것 같으며110)
  百犬聞風只吠聲.   백 마리 개 짓는 소리 바람결에 들으니 개 소리 뿐이다.

라 했는데, 비록 참소하고 비방하는 것에 슬퍼하는 것이기는 하나 지
나치게 원망하는 것이다. 송우암 선생宋尤庵 先生의 시에 말하기를,

  登天手摘星辰易   하늘에 올라 손으로 별을 따는 것은 쉽지만
  處世身無毀謗難.   살면서 비방 없게 하는 것은 어렵다.

라 했는데, 말이 극히 감상적(感傷的)이기는 하나 혼후渾厚해 노출

---

110) 공자孔子의 제자 증자曾子와 같은 이름을 가진 사람이 사람을 죽였는데
    그때 증자의 어머니는 집에서 베를 짜고 있었다. 두 사람이 차례로 와
    서 증자가 사람을 죽였다고 했으나 증자 어머니는 내 아들은 그렇게 하
    지 않을 것이다 하며 계속 베를 짰는데 세 번째 사람이 와서 고하니 북
    을 버리고 도망을 갔다고 한다.(『후한서後漢書』) 위의 구句는 이 내용을
    반영한 것이다.

이 되지 않았으니 시가 마땅히 이와 같아야 하지 않겠는가.

사포沙浦 이지천李志賤이 젊었을 때 좋아하는 기생이 있었다. 어느 날 찾아갔더니 그 기생은 없고 거문고만 벽에 걸려 있었다. 사포沙浦가 시 한 수를 써놓고 돌아왔다. 그 후 십 년이 지난 뒤에 그가 호남湖南으로 여행을 하면서 여관에서 한 여인을 만났는데 얼굴은 쇠했으나 아직도 고운 점이 있었다. 그 여인이 사포沙浦에게 "공이 이모李某가 아닌가"하며 물었다. 사포沙浦가 "그렇다"고 하니 그 여인이 말하기를 "공公이 옛날 좋아했던 기생 아무개를 기억할 수 있겠느냐? 내가 그 기생의 친구인데 공公이 아직도 벽에 붙여놓은 시를 잊지 않고 있느냐. 내 친구는 지금 이 세상에 없고 나 또한 늙어 무당이 되어 남쪽 지방을 떠돌아다니고 있으면서 꿈같은 지난 일을 좇아 생각한다."하며 인해 눈물을 흘렸다. 사포沙浦가 말하기를 "네가 내 시를 기억하겠느냐" 하니 그 여인이 바로 외웠는데 그 시에 말하기를,

碧窓殘月曉仍在	푸른 창에 남은 달빛은 새벽까지 있고
曲渚輕蘭已覺秋	굽은 냇가의 난초에 이미 가을을 느끼겠다.
斜抱玉琴彈不得	거문고 비스듬히 안고 타지는 못했는데
祗今離恨在心頭.	지금도 이별의 한은 남아 있다오

라 하고, 그 여인이 인해 적삼을 벗어 시 한 수를 청한다고 했다. 사포沙浦가 지어 주었는데 그 시에 말하기를,

越羅衫袂生動香	비단 적삼 소매에 향내가 나며
嫋娜纖腰一搦强	연약하고 아리따운 가는 허리 힘껏 안았네.
晩入巫山作神女	늦게 무산으로 들어가서 신녀神女가 되었으니

時隨行雨下高堂.　때를 따라 비가 되어 고당高堂111)에 내린다.

라 했다.

손필대孫必大의 전가田家 시詩에 말하기를,

日暮罷鉏歸　　날이 저물어 밭 매는 일을 마치고 돌아오니
稚子迎門語　　어린 아들이 문에서 맞이하며 말한다.
東家不愼牛　　이웃집에서 소를 조심하지 않아
吃盡溪頭黍.　　냇가에 있는 기장을 모두 먹었다.

라 했으며, 백곡栢谷 김득신金得臣의 전가田家 시詩에 말하기를,

籬弊翁嗔牛　　울타리가 망가져 늙은이가 소를 꾸짖으며
呼童早閉門　　아이 불러 일찍 문을 닫게 한다.
分明雪中跡　　분명히 눈에 찍힌 자국은
昨夜虎過村.　　지난 밤 마을에 범이 지나갔다.

라 했는데, 두 작품이 모두 매우 아름다워 상하를 구분하기 어렵다.
　백곡栢谷 김득신金得臣은 평생 동안 시를 교묘하게 짓고자 다듬
고 고치는데 심혈을 기울여 한 자를 천 번이나 고쳐 반드시 교묘함
이 뛰어나고자 했으니 가도賈島와 같은 유類가 아닌가한다.
　그의 시에,

落日下平沙　　지는 해는 넓은 사장沙場으로 떨어지고

---

111) 지명인 듯하나 어디인지 알아보지 못했다. 이 작품의 전결轉結 양구兩句
　　는 무산에서 신녀神女를 만나 정사를 이루었다는 옛 설화에서 영향을
　　받았다. (무산운우巫山雲雨)

宿禽投遠樹　　자려는 새는 먼 곳의 나무로 찾아간다.
歸人晚騎驢　　늦게 나귀타고 돌아가려는 사람은
更怯前山雨.　　다시 앞산에 내리는 비를 겁낸다.

夕照轉江沙　　저녁햇빛은 강변 사장沙場을 돌아가며 비추고
秋聲生野樹　　가을 소리가 들에 있는 나무에서 들린다.
牧童叱犢歸　　송아지를 꾸짖으며 가는 목동은
衣濕前山雨.　　앞산의 비에 옷이 젖는다.

라 한 작품들은 당나라 시인들의 작품에 어찌 양보하겠는가.

　만주晚州 홍석기洪錫箕는 시를 짓는 재주가 민첩하고 빨라 짧은 시간에 긴 글을 짓는다는 칭찬이 있었다. 일찍 김승평金昇平의 집을 방문했더니 상공相公이 예쁜 계집종을 시켜 술잔을 드리게 했다. 홍석기洪錫箕가 잔을 잡고 그 계집종을 바라보자 상공相公이 말하기를 "무엇을 그렇게 보고 있느냐"하자 석기가 "이 아이의 붉게 물들인 손가락이 매우 이름답기 때문이라"고 했다. 상공相公이 염지染指를 제목으로 하여 부르는 운에 따라 시를 짓게 하고 단자丹字를 운으로 부르니 석기錫箕가 바로 대해 말하기를,

　　鳳穴仙花血色丹　봉혈鳳穴[112]에 아름다운 꽃이 핏빛처럼 붉은데

라 하니, 상공相公이 연달아 넉 자를 부르자 석기가 부르는 운에 따라 바로 대해 말하기를,

　　佳人染得指尖端　가인佳人이 얻어 손가락 끝에 물을 들였다.

---

112) 시문에는 능한 재주 있는 분들이 많이 모이는 곳. 위의 가도賈島는 당나라 때 유명한 시인.

擎盤却似徘桃摸	소반을 들면 복숭아 모양이 머뭇거리는 듯하고
捻笛還疑淚竹班	피리를 불자 눈물이 대에 아롱진 듯 의심스럽다.
拂鏡火星流夜月	거울을 흔드니 달밤에 화성이 흐르는 것 같고
畵眉紅雨過春山	눈썹을 그리자 붉은 비가 봄 산을 지나가는 듯하다.
懶凭欄曲支香頰	게을러 굽은 난간에 의지해 뺨에 향을 바르자
錯認臙脂點玉顔.	연지를 낯에 바르는 것으로 착각했다오

라 하여, 바로 운을 부르면 지어놓은 듯 외우니 승평昇平이 크게
칭찬하며 그 여종을 데리고 가게 했다. 혹은 말하기를 둘째 연은
明명나라 시인의 시 같다고 했는데 어찌 암합暗合이 아니겠는가.

수암守庵 홍주세洪柱世의 다른 호는 정허당靜虛堂이다. 글을 지
으면 말과 이치가 통달하는 것을 주로 하기 때문에 계곡谿谷 장유
張維와 택당澤堂 이식李植이 모두 큰 솜씨가 된다고 일컬었다. 그의
영죽詠竹 시詩의 한 절구絶句에 말하기를,

澤畔有孤竹	못 둑에 외로운 대가 있어
霜梢秀衆林	서리 맞은 가지가 뭇 숲에서 빼어났다.
斜陽雖萬變	사양에 비록 여러 번 변하나
終不改淸陰.	끝내 맑은 그늘을 고치지 않았다.

라 했는데, 그때 청나라 사신이 와서 우리나라에 사양斜陽이라는
자가 있는가 하며 물었으나 없다고 했다. 청나라 사신이 척화斥和
를 주장하는 중심인물이 누구냐 하자 그가 바로 김상헌金尙憲이라
했다. 대개 글자의 음音이 비슷하기 때문에 잘못 전해지게 된 것이
다. 청음淸陰은 바로 김상헌金尙憲의 별호別號이기 때문에 그 시에
언급한 것인데 시의 붙인 뜻에 풍자성이 있었기 때문에 일시에 회
자되었다.

오탄梧灘 심유沈攸는 용산龍山의 경치가 좋은 강루江樓에서 시와 술로써 세월을 보냈다. 그의 남계곡南溪曲에서,

南溪春水欲乘船　　남계南溪의 봄물에 배를 타고자 하니
越女明粧載管絃　　아름다운 여인은 화장을 하고 악기를 실었다.
笑喚垂紅橋畔客　　웃으며 수홍교垂紅橋 옆의 나그네를 부르니
隔花遙擲買魚錢.　　꽃 너머에서 생선 살 돈을 던진다.

라 했는데, 깨끗한 운이 당시唐詩에 접근했다.
　문곡文谷 김수항金壽恒이 웅주雄州 객관에서 지은 시에 말하기를,

天氣常寒地不毛　　날씨가 항상 추워 땅에 초목이 없으며
海洋曾被鞾奴臊　　바다에는 일찍 말갈의 누린내가 난다.
戎裝妓隊能騎馬　　오랑캐 장식을 한 기생 무리들은 말을 잘 타고
皮服人家盡養獒　　가죽 옷 입은 집에 모두 개를 기른다.
官酒苦酸蒭麥汻　　관가의 술은 변수汻水의 보리로 해 매우 쓰고
旅燈愁碧爇鯨膏　　여관의 파란 등불은 고래 기름을 태운 것이오
陰山大雪埋行路　　음산陰山의 많은 눈이 가는 길을 묻었으며
時聽城頭虎夜嘷.　　때때로 밤에 성 머리에서 범우는 소리 들린다.

라 했는데, 매우 아름답다.
　이현석李玄錫 판서判書가 순청巡廳에 번을 돌면서 지은 시에 말하기를,

羸驂短僕弊鞍籠　　여윈 말 작은 종과 헤진 안장을 하고
呵道雖前馬後空　　앞에서는 인도하나 말 뒤에는 없다.
破革障泥猶有綠　　떨어진 신발이 흙은 막았으나 오히려 초록빛이 있고
舊綿團領已渝紅　　낡은 솜 옷깃은 이미 붉은 빛으로 변했다.

低頭竊笑諸司吏　　여러 관리들은 머리 숙이고 웃었고
拍手爭嘲一市童　　시내 아이들은 박수치며 조롱한다.
歸臥巡廳無事睡　　순청에 돌아와 누워 일이 없어 졸고 있으니
護軍微祿亦云豊.　　호군의 적은 녹도 또한 많다고 하겠다.

라 했는데, 비록 희롱으로 지은 시가 배체排體이기는 하나 또한 웃
게 한다.

　　이서우李瑞雨 참판參判의 도망悼亡 시詩에 말하기를,

玉貌依稀看忽無　　옥 같은 얼굴이 희미하게 보이다가 갑자기 없어져
覺來燈影十分孤　　잠을 깨자 등불 밑이 더욱 외롭다.
早知秋雨驚人夢　　가을비가 꿈에서도 놀라게 함을 일찍 알았기에
不向窓前種碧梧.　　창 앞을 향해 벽오동을 심지 않겠다.

라 했는데, 이 시가 비록 아름다우나 동회東淮 신익성申翊聖의 도
망悼亡 시詩에,

殘燈明滅伴羈魂　　깜박거리는 등불이 떠다니는 넋과 짝을 하고
遠遠鷄聲起別村　　닭 우는 소리 멀리 이웃마을에서 들린다.
試拓東窓看夜色　　동쪽 창을 열고 밤빛을 살펴보니
曉山如夢月留痕.　　새벽 산은 꿈같고 달은 머문 흔적이 있다.

라 했는데, 슬퍼하는 표정이 완연히 눈앞에 있는 듯하다.

　　서포西浦 김만중金萬重이 을사년乙巳年에 남해로 유배가면서 그
의 사위 이이명李頤命(양숙養叔 자字)의 시에 차운하여 말하기를,

聖君天覆嚴程遠　　임금의 은혜 하늘같으나 유배 길은 멀어

慈母年高別語難	어머니의 연세 높아 이별하는 말 드리기 어렵다.
空有微誠懸北極	가는 정성이 북극에 매달린다 해도 공연함이며
不堪斜日迫西山	비낀 해가 급하게 서산으로 지는 것은 어쩔 수 없다.
書傳驛使歲將盡	편지를 역사驛使에 전했으나 이 해도 다하려 하고
春動邊城風更寒	변방 성에 봄이 움직이니 바람이 다시 차다.
氷雪崢嶸江海闊	넓은 강해에 얼음과 눈은 높게 쌓였는데
杖藜矯首片雲還,	지팡이 짚고 머리 드니 한 조각구름만 돌아온다.

라 했는데, 말이 극히 처절했으나 결국 살아 돌아오지 못했으니 슬프다.

홍수주洪受疇 구언九言(자字)이 경원군수慶源郡守로 부임하면서 출발할 즈음에 어떤 사람의 송별 시에 차운하여 지은 시에 말하기를.

樽酒城隅送客行	통술로 성 모퉁이에서 가는 손을 보내는데
菊花楓葉滿中庭	국화와 단풍잎이 뜰 가운데 가득하다.
關河西北山常白	관하 서북쪽 산은 항상 눈이 쌓였고
天地東南海自靑	천지의 동남쪽 바다가 스스로 푸르다.
敢怨六年臨道路	육년 동안 길에 있었다고 감히 원망하며
不堪千里遠朝廷	조정朝廷에서 천리나 멀다고 견디지 못하랴
丈夫輕別出門去	장부가 이별을 가볍게 여겨 문을 나서 가니
匣裏秋蓮影拂星.	갑 속에 추연秋蓮의 그림자가 별처럼 흔든다.

라 했는데, 성조가 맑고 말이 장壯하다.

우해于海 홍만종洪萬宗이 젊었을 때 관서關西에 가서 성천成川에 놀러 갔더니 그곳 원이 주연을 베풀어 한 기생을 선택하여 운을 부르고 시를 짓게 하니 우해于海가 바로 응해 말하기를,

大堤西畔草萋萋	대제 서쪽 가에 풀이 우거졌으며

春盡江頭日欲低	봄이 다한 강 머리에 해가 지고자 한다.
風送落花添酒算	바람이 낙화를 보내 술값을 올리고
雲拖過雨促詩題	구름이 지나가는 비를 끌어 시 짓는 것을 재촉한다.
纖腰獻舞何多楚	춤추는 가는 허리가 어찌 초楚나라만 많으며
寶瑟挑心自擇齊	비파로 마음을 돋우는데 스스로 제齊를 선택했다.
豪興已闌扶醉返	호탕한 흥이 이미 늦어 취해 부축 받고 돌아가는데
滿街猶唱白銅鞮.	거리에 가득하게 백동제白銅鞮를 부른다.

라 했는데, 대개 거문고 타는 어린 기생의 얼굴이 아름답고 재주도 뛰어났기 때문이다.

이서우李瑞雨가 서장관書狀官으로 중국에 사신으로 가면서 안주安州에 도착했는데 그곳에서 아름다운 기생을 깊게 감추었다. 상사上使가 찾게 독촉하여 서장관에게 천침薦枕하게 명령했다. 이서우李瑞雨가 그 기생과 헤어지면서 지은 시가 있는데 말하기를,

薩水風光勝大堤	살수薩水 풍광이 대제大堤보다 아름다우며
東阿文彩暎關西	동아東阿의 문채가 관서關西를 비친다.
紅粧滿座何多楚	홍장紅粧이 자리에 가득한데 어찌 초楚만 많으며
玉貌傾城自擇齊	옥같은 고운 얼굴은 스스로 제齊를 택했다.
淸夢欲隨香爐盡	맑은 꿈은 향로를 좇아 다하고자 하며
別懷仍和淚痕題	헤어지는 마음과 눈물이 시를 짓게 한다.
垂楊不絆蘭橈住	수양은 난초가 흔들리지 않게 매지 못했는데
腸斷高樓日色低	애타게도 높은 누에 해는 지고자 한다.

라 했는데, 홍만종洪萬宗의 시는 풍류와 운치가 모두 맑으며 이서우李瑞雨 시는 격조格調가 위약하다. 또 하다초何多楚와 자택제自擇齊는 말의 뜻은 비록 같으나 홍만종洪萬宗은 초요楚腰와 제실齊瑟

의 용사用事가 극히 정교하나 이서우李瑞雨의 시에 홍장옥모紅粧玉
貌는 제초齊楚에 얻을 것이 없고 조어造語도 맛이 없다.

유도삼柳道三은 책을 많이 읽었고 시를 짓는 재주가 있었다. 그
의 고란사皐蘭寺 시詩에 말하기를,

逍遙百濟舊山河	백제百濟의 옛 산하를 거닐다가
擧目其如慷慨何	눈을 들어보니 슬픈 감정을 어찌하랴.
霸業長空孤鳥沒	패업霸業은 넓은 하늘에 외로운 새처럼 사라지고
繁華廢寺一僧過	번화했던 폐사에 한 스님이 지나간다.
層巖花落春無跡	낙화암에 봄은 흔적도 없으며
古渡龍亡水自波	옛 나루에 용은 없고 물만 스스로 출렁인다.
最是隔江明月夜	가장 강 건너 밝은 달밤에
不堪風送後庭歌.	바람이 보내는 후정가後庭歌는 듣기에 견딜 수 없다.

라 했는데, 가락과 운이 맑고 고와 쉽게 얻을 수 있는 시가 아니다.

이백길李伯吉(자字) 사명師命이 호남湖南에 안찰按察로 갔다가
돌아올 즈음 기생의 부채에 시를 써 말하기를,

榴花初發日如年	석류꽃 처음 피자 해도 길어지며
蟬翼羅衫擁髻偏	매미 날개 같은 비단 적삼이 상투를 치우지게 안았다
懽意已隨衣漸薄	즐거운 마음은 옷을 따라 점점 엷어지고
好緣那得扇長圓	좋은 인연이 어찌 부채처럼 길고 둥근 것을 얻으랴.
秋來篋笥渾無賴	가을이 와도 상자에는 믿을 것이 전혀 없고
別後腰肢任可憐	이별 후에 허리와 사지는 가련하게 되었다.
留與他人饒樂事	다른 사람에 남겨 줄 즐거운 일이 많으니
且將新曲到新絃.	신곡을 가지고 새 악기를 타게 하리라.

라 했는데, 그의 재능을 볼 수 있겠다.

　　농암農巖 김창협金昌協이 청풍淸風으로부터 돌아오면서 절구 한
수를 지었는데 말하기를,

　　烟雨霏霏滿北津　안개비가 부실 부실 북진에 가득하며
　　江城無限柳條春　강성에 무한한 버들가지는 봄이었다.
　　孤舟此日何遲遲　고주孤舟가 오늘은 어찌 더딜까
　　半爲屛山半故人.　반은 병산, 반은 친구 때문이라오

라 했는데, 고인故人은 수암遂庵 권상하權尙夏를 가리킨 것이다. 또
도담島潭 시詩 한 연에 말하기를,

　　煙光夕暎空靑石　저녁 연기는 청석靑石을 크게 비치고
　　雨意春籠小白山.　봄에 내리는 비는 소백산을 덮었다.

라 했는데, 말이 극히 맑고 놀랄만하다.
　　윤렴尹濂 제천군堤川郡의 원이 금강산 스님을 만나 그의 시축詩
軸에 있는 운을 따라 차운次韻하여 지은 시에 말하기를,

　　明月葉山夜　밝은 달이 엽산葉山을 비치는 밤에
　　適來何處僧　마침 스님은 어디에서 왔나뇨.
　　歸程指蓮島　돌아갈 길은 연도를 가리키며
　　笻外玉層層.　지팡이 밖에 바위가 층층이라오

라 했는데, 김익렴金盆廉 종성수鍾城守가 놀라며 탄식해 말하기를
적래승適來僧 한 구句는 바로 뛰어난 가락(절조絶調)인데 누가 능히
다시 차운次韻을 하겠는가 하고 드디어 붓을 던졌다고 한다.
　　무인년戊寅年에 우리나라에서 청淸나라에 곡식을 청해 그들로부

터 수만 석을 얻어 여러 도道에 두루 나누어 주어 굶주린 백성을 구했다. 해주의 선비 김만거金萬擧의 시가 있는데 들어보면,

聞道燕京粟	들으니 연경燕京의 곡식을
東輪數萬石	우리나라에 수 만석을 실어왔다고 한다.
莫貸海西民	해서 백성들에 빌려 주지 마오
首陽薇蕨綠	수양산首陽山 고사리가 푸르다오.

라 했는데, 말이 매우 격분하고 있다.

근간에 어떤 선비가 배를 타고 가면서 운을 정해 매미를 시제로 하여 아직 짓지 못했는데 같은 배를 타고 가는 스님이 옆에서 그 선비가 시를 짓기 위해 고심하는 것을 보고 시제와 운을 물어 바로 먼저 지어 입으로 불러 말하기를,

脫殼塵埃幻爾形	먼지 묻은 껍질 벗고 형상을 바꾸려하나
欲窮天造正冥冥	본디 형상을 다하기는 어둠어둠 할 것이오.
弱翎烏帽霜紗薄	약한 깃의 검은 모자에 흰 털은 엷고
淸韻銅壺玉淚零	동호의 맑은 소리 눈물이 떨어지는 소리요.
待急雨後高閣靜	비가 빨리 개기를 기다린 뒤에 고각은 고요하고
趂斜陽噪暮山靑	사양이 다다르자 새들은 지저귀고 저문 산은 푸르다.
蛛絲鳥觜俱奇禍	거미줄과 새 부리가 모두 화가 되리니
胡乃飛騰不暫停.	바로 멀리 날아 잠시도 쉬지 마오

라 하니, 그 선비가 힘이 빠져 겨우 한 수를 지었다. 그 한 연에 말하기를,

南畝勸耘秦野綠	남쪽 밭을 갈게 권하자 진야秦野가 녹색이며

夕陽歸別楚山靑　석양에 헤어져 돌아가니 초산楚山이 푸르다.

라 하니, 그 스님이 말하기를 "조대措大는 충분히 재사才士는 되겠다"하고 지팡이를 날리며 가버렸다.

스님 처묵處默은 주위에서 부르는 운에 바로 응해 두려내杜礪內를 제목으로 하여 지은 시에 말하기를,

前身自是大夫平　전신은 이로부터 대부大夫 평平으로서
魚腹忠魂變化成　어복魚腹에서 충혼으로 변해 이루어졌다.
衰俗亦知尊敬意　쇠속에서도 존경의 뜻을 알고 있으면서
只稱其姓不稱名.　단지 그 성만 말하고 이름은 말하지 않았다.

라 했는데, 우리나라 방언에 두려내杜礪內를 굴屈이라 하기 때문에 말한 것이다.

서당의 한 학생이 강을 듣지 않고 시를 지어 벌을 면해 주기를 청하자 선생이 두견杜鵑을 제목으로 하고 운을 부르며 짓게 하니 바로 대해 말하기를,

前身曾是出蚓魚　전신은 일찍 지렁이에서 나왔는데,
啼向江南誤屬猪　강남을 향해 울다가 돼지에 잘못 속했다 한다.
邵子當年聞不樂　소자邵子[113] 당년에도 듣고 좋아하지 않았는데
天津橋上住蹇驢.　천진교 위에 절며가는 나귀를 멈추게 했다.[114]

라 했는데, 위의 시와 어울려 운韻이 어려운데 잘 맞추었다.

---

113) 송宋나라 때 상수학자象數學者인 소옹邵雍이 아닌가 한다. 위의 평平은
　　춘추시대 초楚나라 굴원屈原의 자字이다.
114) 이 시는 고사에 얽힌 말이 있어 이해가 쉽지 않다.

승려 묘정妙靜은 이상한 스님이었다. 나이 구십 세가 넘었으나 모습은 쇠하지 않았고 머리가 이마를 가리었으며 겨울과 여름을 구분하지 않고 엷은 장삼을 입었다. 그리고 한 달이 지날 때까지 밥을 먹지 않아도 굶주린 기색이 없었다. 경사經史를 넓게 통했으며 풍수지리까지 신기하게 알았으나 사람들에게 알려주지 않았다. 지은 시가 있는데 말하기를,

靑鸞驚叫鶴飛遠	푸른 난새가 놀라 울자 학은 멀리 날아가고
月出扶桑大樹間	달은 동쪽 큰 나무 사이에서 떴다.
午夜淸光移白晝	밤중에 맑은 빛은 한낮을 옮겨 놓은 듯
碧桃花外露三山.	푸른 복숭아꽃 밖에 삼산三山115)이 보인다.

라 했는데, 성완成琬이 이 시를 자신이 지은 것이라 하고 호곡壺谷 남효원南孝溫에게 보였더니 호곡壺谷이 두세 번 읽고 말하기를 "이 시는 네가 감히 지을 수 없고 세상에서 매우 놀랄만한 시"라고 했다.

양곡陽谷 소세양蘇世讓이 젊었을 때 마음이 굳센 것으로 자부하며 매양 말하기를 "여색女色에 빠지는 자는 남자가 아니다"라고 했다. 송도松都에 황진이黃眞伊라는 창녀倡女가 재주와 얼굴이 세상에서 뛰어났다는 말을 듣고 친구들과 약속해 말하기를 "내가 그 계집과 한 달 동안 같이 있다가 헤어질 때가 되면 조금도 미련 없이 헤어질 것이며, 만약 이 약속을 하루라도 어기게 되면 자네들은 나를 사람으로 여기지 말라"하고 송도松都에 가서 황진이黃眞伊를 보게 되자 과연 미인이었다. 그곳에서 한 달을 머물고 다음날 떠나기로 하고 황진이와 같이 남루에 올라 잔치를 벌려 술을 마시게 되었

---

115) 삼신산三神山과 같은 말이라 한다.

는데 황진이는 이별에 조금도 슬픈 표정이 없고 단지 말하기를 "공과 헤어지면서 어찌 시가 한 수도 없을 수 있겠느냐" 하고 바로 한수의 율시를 썼는데 말하기를,

月下庭梧盡	달빛 아래 뜰에 오동잎은 다 떨어지고
霜中夜菊香	서리 내린 가운데 밤에 국화가 향기롭다.
樓高天一尺	누가 높아 하늘과는 한 자이며,
人醉酒千觴	사람은 천 잔 술에 취했다.
流水和琴冷	흐르는 물과 거문고 소리는 쌀쌀하고
梅花入筵香	매화는 자리에까지 들어와 향기롭다.
明朝相別後	내일 아침 서로 이별한 후에
情意碧波長.	정은 푸른 물결과 같이 길 것이오

라 했다. 양곡陽谷이 읊기를 다하고 탄식하며 말하기를 "내가 사람이 아니겠구나"하고 다시 더 머물렀다.

부안扶安의 기생 계생桂生은 얼굴이 아름답고 시에 능해 한때의 이름 있는 인사들 가운데 시를 주지 않은 사람이 없었으니 그의 사람됨을 알 만하다. 그의 시에 말하기를,

水村來訪小柴門	수촌에 와서 작은 사립문을 찾으니
荷落寒塘菊老盆	연잎은 찬 못에 떨어지고 국화는 분에서 늙었다.
鴉帶夕陽啼古木	갈까마귀는 석양을 띠고 고목에서 울고
雁含秋意渡江雲	기러기는 가을 생각을 머금고 구름 낀 강을 건넌다.
休言落花時多變	꽃이 떨어질 때 많이 변한다고 말하지 마오
只願人間事不聞	다만 인간세계의 일만 듣지 않기를 원한다네.
莫向罇前辭一醉	술두루미 앞을 향해 한 번 취하는 것을 사양 마오.
信陵豪氣草中墳.	신릉군信陵君116)의 호기도 풀 가운데 묻혔다네

라 했으니, 그의 재주를 볼 수 있을 듯하다.

얼현蘖玄은 바로 안동安東 권씨權氏 집의 여종이었다. 얼굴이 아름답고 시에 능해 스스로 호를 취죽翠竹이라 했다. 그의 추사秋思 시詩에,

洞天如水月蒼蒼   동천은 물 같고 달은 맑게 개었다.

라 한 시를 선발한 자들이 기녀妓女 취선翠仙의 작품으로 잘못 소속시켰으며, 또 방석전고거訪石田故居 시詩에 말하기를,

十年曾伴石田遊   십 년 전에 석전石田과 같이 놀면서
楊子江頭醉幾留   양자강 머리에서 취해 몇 번이나 머물었던가.
今日獨尋人去後   오늘 그가 세상을 떠난 후 홀로 찾으니
白蘋紅蓼滿汀秋,   백빈과 홍료가 가을 물가에 가득하다.

라 한 시도 또한 무명씨無名氏의 작품으로 잘못 소속시켜 세상에 취죽翠竹의 이름이 전하지 않은 것이 가석可惜하다.

신두병申斗柄이 이르기를 강릉江陵 월정사月精寺 뒷산의 작은 암자에 있는 도영道穎이라는 중은 나이 백 살이 가까운데 모습은 매우 젊어 보이며 두 눈은 빛이 나며 밤에도 볼 수 있다. 곡식을 물리치고 밥을 먹지 않으며 사람 만나는 것을 좋아하지 않고 암자庵子 밑으로 내려가지 않으며 귀한 손이 오면 만나기는 하나 더불어 말을 하지 않고 오직 신두병申斗柄만을 좋아하여 같이 산수가 좋은 곳을 찾아 놀러 다녔다. 스스로 말하기를 오백 리 내에 있는 인가人

---

116) 중국 춘추전국시대 위魏나라 소왕昭王의 아들. 신릉信陵은 그의 봉작의 이름. 식객食客이 삼천이나 되었다고 한다.

家의 대소사를 알 수 있다고 하므로 두병斗柄이 자신의 집 안부를
물었더니 영영潁이 서울을 행해 한동안 바라보더니 집안에 있었던 일
을 말하는데 뒤에 두병斗柄이 집에 돌아와서 살펴보니 모두 도영의
말과 같았다. 두병斗柄에게 답한 시가 있는데 말하기를,

天地籠中日月忙　천지의 농속에 해와 달은 바쁜데
古今人物盡亡羊　옛날이나 지금 사람들은 모두 어찌할 줄 모른다.
西方必有金仙子　서방西方에 반드시 김선자金仙子[117]가 있을 것이니
使爾乘槎入帝鄕.　자네를 뗏목에 태워 제향帝鄕[118]에 가게 하리라.

라 했는데, 글자 모양이 죽순 같았고 필법이 기이하며 옛스러웠다.
수 십 년 후에 세상을 떠났다고 이른다.

　　임경任璟의 『현호쇄담玄湖瑣談』에 말하기를 송宋나라 사람들의
시는 이理에 막혔고, 명明나라 사람들의 시는 기氣에 구속되어 비
록 청탁淸濁과 허실虛實의 나눔은 있으나 고루한 것에 잘못이 있다
고(균지유실均之有失) 했다. 평하는 자들이 말하기를 당唐의 개원開
元과 천보天寶[119] 사이의 시는 온화한 군자가 단정한 태도로 묘당
廟堂에 서 있는 자세이고, 송宋나라 시는 시골 선비(부유腐儒)가 발
과 주먹으로 위협하는 것이며, 명明나라 시는 소년 협객俠客이 궁
중에서 말을 달리는 것이라 했는데, 또한 좋은 비유라고 이르겠다.
　　제봉霽峰 고경명高敬命이 젊었을 때 얼굴이 아름다웠고 재주가

---

117) 김선金仙은 신선을, 불교에서는 부처를 의미한다고 하는데, 여기서는 불
　　佛을 의미한다고 한다.
118) 천상세계에 있는 천상 황제의 고향이라 한다.
119) 개원開元과 천보天寶는 당唐 현종玄宗의 연호로써 이 시기를 성당盛唐
　　때라 한다.

매우 뛰어났다. 일찍 해서海西의 기생을 좋아했는데, 그 기생은 그 지방의 감사도 이뻐했다. 제봉霽峰이 헤어질 때 율시 한 수를 그 기생의 치마폭에 써 주었다. 그 시에 말하기를,

立馬江頭別故遲	강 머리에 말을 세워 이별을 고의로 더디게 하며
生憎楊柳最長枝	나면서부터 버들의 가장 긴 가지를 미워했다.
佳人緣薄含新態	가인은 인연이 엷어 새로운 태도를 머금었는데
蕩子情深問後期	방탕한 자는 정이 깊어 뒷기약을 묻는다.
桃李落來寒食節	복숭아와 오얏꽃이 떨어지는 한식절이며
鷓鴣飛去夕陽時	자고가 날아가는 석양 때라오.
芳草南浦春波闊	남포의 꽃다운 풀에 봄 파도가 넓고
欲採蘋花有所思.	마름꽃을 꺾으려는 것은 생각한 바가 있다오.

라 했다. 그 기생이 제봉霽峰과 헤어진 후 감사 앞에서 술잔을 따르다가 갑자기 부는 바람에 치마폭이 날게 되자 방백方伯이 그 시를 보고 "누가 쓴 것인가"하고 묻자 기생이 사실대로 알리자 방백方伯이 탄식해 말하기를 "진실로 기재奇才"라 했다. 뒤에 방백方伯이 제봉霽峰의 아버지 대간공大諫公을 만나자 그에게 일러 말하기를 "영자令子의 재주와 얼굴은 비록 아름다우나 행실은 약간 단속할 것이 있다"고 하니 그의 아버지가 웃으며 말하기를 "내 아들이 얼굴은 제 어미를 닮고 행실은 아비와 같다"고 하자 방백方伯이 빙그레 웃었다.

율곡선생栗谷先生이 일찍 하의荷衣 홍적洪廸의 집에 갔더니 김효원金孝元, 허봉許篈 형제가 자리에 있었다. 하의荷衣가 절구 한 수를 보이는데 그 시에 말하기를,

苔深窮巷客來稀　이끼 깊은 후미진 마을에 찾아오는 손도 드물어
啼鳥聲中午枕依　새우는 소리 속에 낮잠을 잤다오
茶罷小窓無箇事　차를 마시자 작은 창에 일이 없는데
落花高下不齊飛.　꽃은 어지럽게 떨어지며 고르지 않다오

라 했다. 율곡이 보고 웃으며 말하기를 "시의 생각은 다 좋으나 낙
구의 뜻이 자못 불평이 있는 듯한 것은 무슨 까닭인가," 하의荷衣와
허봉許篈이 놀라며 "어떻게 알았느냐'하고 묻자 율곡이 말하기를
"들쑥날쑥해 고르지 않다는 것은 가슴이 평탄하면 반드시 이러한
말들이 없을 것이다" 하니 하의荷衣가 웃으며 사례해 말하기를,
"젊은 무리들이 공을 탄핵하고자 의론하면서 글을 짓다가 다 짓기
전에 우연히 이 시를 짓게 되었는데, 공의 밝게 보는 것이 이에 이
르렀으니 말하지 않을 수 없다" 했다. 시가 사람의 성격과 감정을
느끼고 표현함이 이와 같은 것이다.

　홍주세洪柱世는 글을 지을 때 좋게 하고자 힘쓰지 않으며 시도
한가하고 멀어(한원閑遠) 도위陶韋[120]가 남긴 운치가 있다. 월과月
課에서 소상반죽瀟湘班竹에 대해 지은 시에 말하기를,

蒼梧愁色白雲間　흰구름 사이의 창오산蒼梧山은 근심스러운 기색인데
帝子南奔幾日還　임금 딸들이 남쪽으로 달려갔는데 몇일 만에 돌아오
　　　　　　　　겠는가
遺恨不隨湘水去　남은 한은 상수를 따라가지 아니하고
淚痕猶着竹枝班　눈물 흔적이 오히려 댓가지에 부딪치어 아롱지게 했다.
千秋勁節凌霜雪　긴 세월 굳센 절개는 서리와 눈을 업신여겼고

---

120) 도잠陶潛은 진晋나라 문인이며, 위韋는 위응물韋應物로써 당唐 현종玄宗
　　때 이름 높은 시인이다. 그의 시는 도잠 시의 영향을 많이 받았기 때문
　　에 이들을 도위陶韋라 하기도 한다.

半夜寒聲響珮環　밤중에 차가운 소리는 옥구슬 소리라오
啼罷鷓鴣人不見　자고가 우는 소리 그치자 사람도 보이지 않고
數峯江上露烟鬟.　강상에 솟은 산봉우리는 안개로 쪽머리가 되었다.

라 하여, 말이 극히 맑고 높아 호주湖州 채유후蔡裕後가 뽑아 상등
上等을 주고 칭찬함을 그치지 않았다.

　허격許格 처사處士의 호는 창해蒼海였다. 젊었을 때 동악東岳 이
안눌李安訥에게 시를 배웠다. 병자호란 이후에는 스스로 대명일민
大明逸民이라 하고 서울에 가지 않았다. 그의 춘첩어春帖語에,

栗里陶潛宅　율리栗里[121]에는 도잠陶潛의 집이 있고
荊州王粲樓　형주荊州에는 왕찬王粲의 누가 있다.
眼前無長物　눈 앞에는 장물長物[122]이 없고
江漢一孤舟.　강한에 하나의 외로운 배만 있다.

라 했다. 또 송백헌送柏軒 이경석李景奭의 부연赴燕 시詩에 말하기를,

天下有山吾已遁　천하에 산이 있다면 내가 이미 숨었을 것이고
城中無帝子誰朝.　성중城中에 임금이 없는데 자네는 누구에 조회하랴.

라 하여, 절개가 시의 격격과 아울러 높았다. 세상을 떠날 때 모든
시고詩稿를 불살라 버리고 했다. 그의 시 한 절구에 말하기를,

---

121) 율리栗里는 도잠陶潛의 고향이며, 형주荊州는 역시 왕찬王粲의 고향, 왕
　　 찬王粲은 문인으로서 삼국시대三國時代 위魏의 조조曹操를 도와 높은 관
　　 직을 역임함.
122) 매우 길어 쓸 곳이 없는 것.

簇簇千峰削玉層　많은 산봉우리는 옥을 깎은 층층이며
悠悠一水繞村澄　느린 한 가닥 물은 마을을 돌아 맑다.
臨流故斫桃花樹　냇가에 가서 일부러 복숭아나무 베는 것은[123]
恐引漁郎入武陵.　어부를 인도해 무릉武陵에 올까 겁나기 때문이오[124]

라 하여, 자신의 뜻을 보였다.

서계西溪 박세당朴世堂은 동교東郊에 물러나 살면서 사사書史를
탐독했다. 그의 영두어詠蠹魚 시詩에 말하기를,

蠹魚身向卷中生　좀은 자신이 책 속에 들어가서 살면서
食字年多眼乍明　다년간 글자를 먹었으니 눈도 잠깐 밝았겠다.
畢竟物微誰見許　결국 미물微物을 누가 보았다고 허락하랴.
秪應長負毀經名.　응당 경전을 훼손한 이름을 길게 가지리라.

라 했다. 대개 이 시는 자신의 현실을 반영한 것으로 볼 수 있겠는
데, 그의 만년이 시와 서로 같았으니 어찌 먼저 알았을까.

수촌水村 임방任埅의 공북루拱北樓 시詩에 이르기를,

垂楊拂地亂鶯啼　수양이 땅을 쓸자 꾀꼬리는 요란하게 울며

---

123) 중국 진晉나라 때 어떤 어부漁夫가 무릉武陵의 어느 계곡에서 고기를 잡
고 있는데, 복숭아꽃이 시냇물에 떠내려 오는 것을 보고 위에 사람이 사
는구나 생각하고 들어갔더니 그곳에 많은 사람들이 살면서 어부에게 이
곳 사람들은 진秦나라 때 피란 와서 외부 세계와 교통하지 못하고 살아
왔다고 하며 그 어부를 극히 환대했다. 어부는 그곳에서 환대를 받고
자기 사는 곳을 돌아오면서 뒤에 다시 찾기 위해 길 가에 있는 나무들
에 표시를 해 두었는데 뒤에 갔더니 표시해 둔 것이 보이지 않아 다시
가지 못했다고 한다. 이러한 도원설화桃源說話를 반영한 것이다.
124) 이 시의 전결轉結 양구兩句는 무릉도원설화武陵桃源說話의 내용을 반영
한 것이다.

夢罷高樓歸思迷	고루에서 잠을 깨니 가고 싶은 생각을 흐리게 한다.
細雨飛花村遠近	마을 원근에는 가는 비에 꽃이 날고
暖烟芳草水東西	물 동서쪽은 따뜻한 연기와 꽃다운 풀이라오
春如棄我無情去	봄은 무정하게 나를 버리고 가는 듯하며
詩爲逢君得意題	시는 그대를 만나 잘 짓게 되었다.
霽後憑欄獨回首	갠 후 난간에 의지해 홀로 머리 돌리니
亭亭落日下江堤.	정정亭亭[125]한 해는 강 언덕으로 진다.

라 했는데, 문장이 맑고 고왔다. (조사청완藻思淸婉) 또 한 절구에 이르기를,

一抹炊烟生	한 가지 불 땐 연기가 오르니
孤村在山下	외로운 마을이 산 밑에 있다.
柴門老樹枝	사립문의 늙은 나뭇가지에
來係行人馬.	지나가는 사람들이 말을 매었다.

라 하여, 외로운 마을의 저문 경치가 완전히 눈에 있는 것처럼 묘사했다.

창계滄溪 임영林泳은 문사文詞가 풍부했는데 만년에 경전經傳에 침잠하여 시가 산문보다 못한 듯했다. 그의 야좌夜坐 시詩 한 연에 말하기를,

虛簷月動江山色	처마 끝에 달은 강산의 빛을 움직이고
靜夜書開宇宙心.	고요한 밤 책은 우주의 마음을 열었다.

라 했는데, 농암農巖 김창협金昌協이 극히 칭찬했다. 혹은 말하기를

---

125) 높게 솟고 굳센 모양.

우주심宇宙心 석 자는 박이 떨어졌으나 속에 씨가 없기 때문에 약간의 하자가 있는 것을 면하지 못할 것이라 했다. 농암農巖 김창협金昌協이 임영林泳 부학副學의 만시輓時에 말하기를,

故宅梅殘觀易處 　옛 살던 집 주역周易을 보던 곳에 매화만 남았고
春江水煖浴沂時 　봄 강물이 따듯해 기수沂水[126]에 목욕할 때라오
天涯目極靑靑草 　천애의 넓게 보이는 곳에 풀은 푸르고 짙었으며
啼送丹旌有子規. 　울며 붉은 기를 보내는데 자규가 있다.

라 했다.

삼연三淵 김창흡金昌翕의 시는 매우 맑고 굳세며 풍부했다. 일찍 증금강승贈金剛僧에게 준 한 절구에 말하기를,

象外淸遊病未能 　형상 밖의 청유를 병으로 오래 하지 못했는데
夢中皆骨玉層層 　꿈속에 개골산은 층층마다 옥이었다.
秋來萬二千峰月 　가을이 오면 만 이천 봉의 달은
應照高僧禮佛燈. 　분명히 고승이 예불하는데 등처럼 비추리라.

라 했다. 또 유관서遊關西 오율五律에 설악유서객雪岳幽棲客이라 한 시[127]는 사람들의 입에 많이 회자되었으며, 서암恕庵 신정하申靖夏는 그 시를 평해 말하기를 기련起聯은 범凡하고 함련頷聯은 선仙하며 경련頸聯은 호豪하고 결어結語는 귀鬼하다 하며, 한편의 시 가운데 사품四品이 있다고 했다.

---

126) 중국 산동성山東省에 있는 강 이름인데, 공자孔子 학문의 근원지로 지칭되기도 한다.
127) 김창흡金昌翕이 상당기간 동안 설악산에 있었기 때문에 설악서객雪嶽棲客이라 한 것이 아닌가 한다.

내 선인先人의 시에 놀랄만한 시가 많은데,

小雨花生樹   적은 비에 나무에 꽃이 피더니
東風驚入簾.   동풍에 놀라 주렴으로 들어온다.

天在峽中鷄子大   하늘이 골짜기에 있으면 계란만큼 크고
地從關外犬牙分. 관문 밖의 땅은 개의 어금니처럼 나누었다.[128]

라 한 것과 영태극詠太極에 말하기를,

一極由來是一誠   일극이 오게 된 것은 하나의 정성이며
一誠斯立道由行   하나의 정성이 서게 된 것은 도道가 행하기 때문이다.
欲敎畵出眞難盡   그림으로 그려보고자 해도 참으로 그리기 어려우며
正使名言亦未名   바로 말로써 이름하려 해도 이름 하지 못했다.
明月滿江寧有跡   밝은 달빛이 강에 가득하나 어찌 흔적이 있으며
落花隨水本無情   떨어진 꽃은 물 따라 흘러가도 본디 정이 없다오.
東君忽送霏霏雨   봄이 갑자기 가는 비를 보내
處處春山草自生. 곳곳의 춘산에 풀이 스스로 돋는다.

라 했는데, 평자들이 말하기를 "말과 뜻이 잘 어울렸다"라고 했다.

　시詩는 아는 것이 짓는 것보다 어렵다고 하는데, 옛날부터 시에 능한 자라 할지라도 모두 시를 선발하는 것이 더욱 어렵다고 했다. 내가 선배에게 석간石磵 조운흘趙云仡이 선집選集한 『삼한시귀감 三韓詩龜鑑』은 빠지고 간략한 바가 많고, 몽와夢窩 유희령柳希齡의

---

128) 고대 중국에서 제후들에게 국토를 나누어 줄 때 개어금니처럼 좁고 길게 나누어 준 것을 말한 것인데, 이것은 각 제후들의 비밀을 서로 쉽게 알고자 한 것이라 한다.

『대동시림大東詩林』은 말이 너무 많다는(고피固詖) 것을 면하지 못할 것이다. 사가四佳 서거정徐居正의 『동문선東文選』은 바로 하나의 유취類聚이며 선법選法이 아니다. 양곡陽谷 소세양蘇世讓의 『속동문선續東文選』은 취하고 버리는 것이 공정하지 못해 자못 좋아하고 미워하는 것이 원인이 되었고, 점필재佔畢齋 김종직金宗直의 『청구풍아靑丘風雅』는 단지 정간精簡한 것만 취하고 발월發越한 것은 빠졌다. 서경西坰 유근柳根의 『속청구풍아續靑丘風雅』는 작품 선택(여탈與奪)이 분명하지 않아 요령을 얻지 못했다. 오직 허균許筠의 『국조시산國朝詩刪』만은 택당澤堂 이식李植과 제공諸公들이 모두 잘했다고 칭찬을 했는데, 이 『시산詩刪』이 세상에 많이 유행하는 것은 이러한 칭찬 때문이다. 그러나 그 가운데 이른바 귀작鬼作이라고 일컫은 한 두 수와 가야산선녀伽倻山仙女 시詩와 이현욱李顯郁 시詩는 모두 옛 사람이 지은 것이다. 내가 그 작품들이 나온 곳을 밝혀 그 망령스러움을 깨고자 한다.

　가야산선녀伽倻山仙女 시詩와 차운춘어次林椿韻의 시는 바로 국초國初 여지승람輿地勝覽에 실려 있다. 그 시를 들어보면,

金碧樓明壓水天	금벽루 밝음이 물과 하늘을 눌렀는데
昔年誰構此峰前	옛날 누가 이 산봉우리 앞에 지었을까.
一竿漁父雨聲外	어부는 낚싯대를 잡고 빗소리 밖에 있고
千里行人山影邊	행인은 천리 길을 산 그림자 주변에서 간다.
入欄雲生巫峽曉	난간에 들어온 구름은 무협의 새벽에 생겼고
逐波花出武陵烟	파도에 쫓긴 꽃은 무릉의 안개에서 나왔다.
沙鷗夜聽陽關曲	사장의 갈매기는 밤에 양관곡陽關曲[129]을 듣고 있

129) 양관곡陽關曲은 초당初唐 때 왕유王維의 송원이사안서送元二使安西의 결구에 서출양관무고인西出陽關無故人이라 한 구에서 나온 말로서 송별送

　　　　　　　　　　　으나
那識深愁送別筵　　송별하는 자리의 깊은 근심을 어찌 알았겠는가.

　이현욱李顯郁의 시는 왕양명王陽明이 개원사開元寺에서 지은 것
으로 그의 문집에 실려 있다. 희噫라 허균許筠이 거짓으로 이름과
성을 만들어 뒷사람들의 눈을 속이고자 한 것은 무슨 까닭이었을
까. 또 주천현酒泉縣 칠언율시七言律詩는 바로 기재企齋 신광한申光
漢의 시로서 문집에 실려 있는데 기복재奇服齋의 칠언절구七言絶句
가운데 실려 있다. 그리고 제승축題僧軸 시詩에서,

疎雲江口草萋萋　　성긴 구름 낀 강 어구에 풀은 짙었으며
夜逐香烟渡水西　　밤에 향연을 쫓아 수서水西를 건넜다.
醉後高歌答明月　　취한 후에 높은 노래로 밝은 달에 답하니
江花落盡子規啼.　강변에 꽃은 다 떨어지고 자규가 운다.

라 한 시는 권석주權石洲의 시라 했으나 『석주집石洲集』에는 실려
있지 않다. 『국조시산國朝詩刪』의 구본舊本을 자세히 살펴보니 이
영李嶸의 시이다.
　예부터 시를 선발하는 것은 박식하고 생각이 넓지 않으면 정밀
하게 알기 어려운 것이다. 근세에 호곡壺谷 남용익南龍翼이 우리나
라 「시산詩刪」과 시화詩話 및 근래의 여러 시에서 선발하여 하나의
책으로 편집해 이름을 「기아箕雅」라 하고 자신이 그 서문을 쓰면
서 역대의 선배들이 편찬한 것에 잘못된 것을 논했는데, 대개 자신
이 편찬한 것을 가장 정밀한 것으로 여겼다. 그런데 내가 보기에는
취하고 버리는 것을 좋아하고 미워하는 것과 친하고 성긴 것에 편

───────────────

　別할 때 인용한 것이다.

중되어 썩은 내음과 향기가 뒤섞여 있는 것을 면하지 못했으며, 이름과 성을 잘못 기록한 것도 또한 많다. 그 가운데 규수閨秀 이옥봉李玉峯 춘일유회春日有懷의 칠언율시七言律詩는 바로 난설헌蘭雪軒 허씨許氏의 시로써 그의 문집에 실려 있다. 그 시에 말하기를,

章臺迢遞斷腸人	궁전이 높고 까마득해 사람들의 창자를 끊었고
雙鯉傳書漢水濱	한수漢水 변에서 쌍 잉어가 글을 전했다.
黃鳥曉啼愁裡雨	꾀꼬리는 비 내리는 새벽 근심 속에 울고
綠楊靑裊望中春	푸른 버들 늘어져 망중의 봄이라오.
瑤階寂歷生春草	고요하고 쓸쓸한 뜰에 봄풀이 돋아나고
寶瑟凄凉閑素塵	처량한 비파 소리가 흰 티끌을 한가롭게 한다.
誰念木蘭舟上客	누가 작은 배를 탄 손을 생각하랴
白蘋花滿廣陵津.	광릉 나루에 백빈 꽃이 가득하다.

라 했다. 또 김만영金萬英의 서고西芟 시詩는 바로 옥호자玉壺子 정성경鄭星卿이 아이었을 때 지은 것으로 그의 문집에 실려 있다. 그 시에 말하기를,

色似靑天初霽後	색깔은 처음 갠 뒤의 푸른 하늘같고
形如太極未分別	모양은 태극太極이 나누어지기 전이라오.
劈破丹心香露滴	쪼개자 붉은 속에는 향기 있는 이슬이 맺혀
相如從此懶尋泉.	이로부터 상여相如130)가 샘을 찾는데 개을러졌다.

라 했는데, 또 권협權鞈의 은산殷山 시詩에,

首陽亦周土	수양산首陽山도 또한 주나라 땅인데

130) 전한前漢 때 문장가 사마상여司馬相如가 아닌가 한다.

薇蕨累淸風   고사리가 맑은 바람에 누累가 되었다.131)
若解殷山在   만약 은나라 산이 있는 것을 알았다면
應先箕子東.   분명히 기자箕子 먼저 동으로 왔을 것이다.

라 했는데, 이 시는 석주의 다섯 형제의 『연주록聯珠錄』에 실려 있
지 않다. 호곡壺谷이 어디에서 보고 선입한 것일까.

신방申昉의 『둔암시화屯庵詩話』에 말하기를 명明 나라 역대의
시를 선집選集한 기록에 우리나라의 시가 많이 선발이 되었으나 조
선조朝鮮朝의 대가로 지적되는 읍취헌挹翠軒과 소재穌齋가 모두 기
록에 들어가지 못했고, 난설헌蘭雪軒 허씨許氏의 시가 가장 많은데
이것은 모두 명明나라 사신 주지번朱之蕃이 우리나라에 왔을 때 허
균許筠이 기록한 바를 준 것이기 때문이다.

그때 허균은 주지번朱之蕃으로부터 인정을 받고 있을 때였다. 주
지번朱之蕃이 허균에게 우리나라 시를 구해 보고 싶다고 했을 때
이것은 하나의 기회였으나 허균이 기록하여 준 것은 자신과 서로
사이가 합치된 자의 시와 비단처럼 화려하고 분내 나는 시들이었
고, 준걸스럽고 호방한 작품들은 중국에 전달되지 않았으니 매우
개탄스럽다고 했다.

중국 사대부들이 우리나라 한문학의 수준에 대해 과소평가하고
있었다. 그 하나의 예로 삼십삼인三十三人의 소동파체蘇東坡體132)

---

131) 당시 우리나라 산천은 주周나라의 지배를 받지 않았다는 것을 말한 것
   이다.
132) 고려 때 문인들 사이에 소동파 문체가 크게 유행했는데 과거에 합격하
   기 전에는 문체에 관심을 가지지 못했다가 합격하게 되면 소동파 문체
   에 몰두하기 때문에 삼십삼인의 동파가 나왔다고 한 것인데, 이때 삼십
   삼인은 한번 과거에 합격한 인원을 말한 것이다.

로 보고자 했으니 진실로 원통한 일이다. 전목재錢牧齋의 『황화집
皇華集』 발문跋文에 이르기를 중국에서 우리나라에 보내는 사신을
문장이 어느 정도 낮은 인사를 선발하여 우리나라 수준에 맞게 하
고자 한 것은 먼 지역을 회유하려 한 것이라 하니 더욱 가소可笑로
운 일이다.

전후로 우리나라에 온 중국 사신들이 시문에 능한 인사가 많지
않았다. 어찌 사람마다 문장에 능할 수가 있겠는가. 그러나 우리나
라에서 그들을 맞이하는 빈사擯使들은 반드시 한 때의 뛰어난 인사
들이었는데, 어찌 중국 사신들로 하여금 수준을 낮추어 억지로 그
들을 영접하는 우리나라 빈사擯使들과 수창酬唱하게 했는가. 양쪽
인사들의 주고 받은 시들을 오늘날 모두 볼 수 있는데 그 가운데는
뛰어난 자들이 적지 않게 있음을 볼 수 있다.

이여송李如松 제독提督이 돌아갈 때 우리나라 조정의 공경公卿
들에게 송별시를 요구해 지은 시가 매우 많았다. 차천로車天輅가 백
운배율百韻排律을 지어 여러 공경들의 시를 누르고자 했는데 최후
에 간이簡易 최립崔岦의 칠언율시七言律詩 한 편이 있었다. 차천로
車天輅가 와서 읽어보고 자신도 모르게 얼굴빛이 변해 스스로 자신
의 시를 취해 찢어버리고 내지 않았다. 간이簡易의 시에 말하기를,

推穀端須蓋世雄	추천을 분명히 뛰어난 영웅으로 한 것은
鯨鯢出海帝憂東	고래가 바다에 나타나 임금께서 근심했기 때문이오.
將軍黑矟元無敵	장군의 검은 창은 원래 상대가 없었고
長子雕弓最有風	장자의 활 솜씨는 가장 전통이 있었다.
威起夏州遼自重	위엄이 하주夏州[133]에서 일어나자 요통이 신중하고
捷飛平壤漢仍空	평양에서 이겼다고 하니 한양이 잇따라 비었다.

---

133) 중국의 지명이 아닌가 생각되나 정확히 알아보지 못했다.

輕裘緩帶翻閒暇　가벼운 갖옷에 느슨하게 띠를 매고 한가하게 되었으며
已入邦人繪素中.　이미 나라 사람들의 그림 속으로 들어갔다오.

라 하여, 침착하고 웅혼해 마땅히 오산五山의 사치스럽고 떠벌이는
것을 승복시킬 수 있으며, 또 오산五山이 승복을 잘하는 정성도 높
게 여길 만하다.

동명東溟 정두경鄭斗卿의 시는 헛된 경치를 잘 묘사하고 실제 경
치를 그리는데 능하지 못했다. 그의 문집 가운데 고악부古樂府와
종군從軍 출새出塞하는 작품들이 많이 차지라고 있는데, 이러한 작
품들은 한가하고 깊숙하며 맑아 경치를 묘사하고 사물의 형상을
그리는 것이 적다. 시에서 귀한 것은 성정性情을 잘 묘사하여 사물
事物이 일고 모이는 것을(홍회興會) 바로 기탁하여 스스로 즐거움
을 펼치는 것이다.

옛날 사람들이 악부樂府를 시의 제목으로 하는 것은 진실로 그
러한 내용의 일이 있었기 때문에 흥이 일어난 것이며, 뒤에 작자는
모두 모방한(의擬) 것이다. 호아胡兒와 백마白馬는 항상 있는 일이
아니다. 해는 동남 모퉁이에서 뜨고(일출동남우日出東南隅) 푸르고
푸른 강변의 풀이라(청청하반초靑靑河畔草) 한 것은 자수字數에 한
정이 있는 것이지만 그것을 어찌 억지로 모방을 하고자 하는가.

옛날 작품에 진실이 있는 것은 그 옛것이 뜻에 있고(의경意境)
제목에 있는 것이 아니기 때문이다. 지금 사람들의 가정에서 일상
으로 사용하는 말을 쓴다 할지라도 비근卑近한 것으로 떨어진 것이
아니면 사용할 수 있는 것은 바로 그 연고緣故를 보았기 때문이며,
그렇지 않으면 중동重瞳134)이 활보를 한다고 해서 어찌 모두 순舜

---

134) 한쪽 눈에 동자가 두 개인 것을 말한 것인데, 중국 역대에서 순임금과

임금과 우禹임금의 공을 이루겠는가. 겨우 여덟 살에 능히 읍손揖遜을 한다하는 것은 또한 문인의 병이다.

옛날 사람들은 시요詩妖의 눈이 있다고 했는데, 그것은 뾰족하고 날카로움이 지나치고 섬세하고 교묘함이 너무 심해 더불어 대도大道를 할 수 없음을 이름이다. 대개 그것은 시에서 적敵이 된다. 그러나 그의 조예造詣가 지극히 깊어서 속내까지 들어간 것인데, 비유하면 구멍을 뚫는 뱀이 귀혈鬼穴에 들어가서 사귀蛇鬼의 본디 형상을 보았다면 그것은 외면에서 모방한 것과 비교할 것이 아니다.

지금 보면 이러한 눈을 가진 자는 있지 않다. 바로 앉았으나 체격이 너무 크고 정도正道에서 속된 것을 초월하고자 하나 이미 깊은 조예와 공교함이 없으므로 사경邪逕에서 얻지 못하고 다만 그대로 두고 꾸미고자 할 따름인데 이것은 얕은 것으로 근래에 공통된 근심이다. 그러므로 동방에는 시요詩妖가 없을 뿐만 아니라 그것은 바로 동방에는 이단異端이 없다는 말과 서로 비슷하다. 그 폐단은 오로지 깊게 구하려 하지 않고 단지 현재 성취한 자취를 잘 받들 줄만 알고 다시 이면의 전지田地에까지 깊게 들어가고자 하지 않았기 때문이다.

성완成琬 진사進士는 동명東溟 정두경鄭斗卿에게 시를 배웠는데 그의 시는 큰(추麤)것만 얻었다. 만년에 재주가 떨어지자 스스로 말하기를 자신은 어려운 운韻에 압押을 잘한다고 했다. 일찍 서기書記로서 사신使臣을 따라 일본에 갔는데 왜인들이 험운險韻으로 어렵게 했다. 어느 날 왜인들이 창瘡 자字를 운韻으로 하고 매우 빨리 짓게 하자 바로 불러 말하기를,

---

항우項羽를 중동重瞳이라고 한다.

憂曲遼山答　　곡을 마치자 먼 산이 답을 하고
銘詩老石瘡.　　늙은 돌에 시를 새기니 부스러진다.

라 하니, 많은 왜인들이 놀랐다. 뒤에 또 만자蠻子를 부르자 유하柳
下 홍세테洪世泰의 시에,

　靑天繞百蠻.　　푸른 하늘이 많은 오랑캐를 둘러싸다.

라 한 구句가 있다고 하니, 많은 왜인들이 성을 내며 말하기를, “어
찌 오랑캐 되놈으로 대하고자 하느냐”하며 칼을 뽑아 찌르고자 하
거늘 성완成琬이 계속 지어 말하기를,

　黃鳥絶綿蠻　　꾀꼬리는 작은 새가 우는 소리를 끊었다.

라 하니, 일본日本에는 꾀꼬리가 없다. 왜인들이 칼을 던지고 늘어
서서 절을 하며 말하기를 신재神才라 했다.
　차량징車亮徵이 책 보는 것을 즐기고 별을 보고 점을 하는데 정
통했다. 그의 시에는 좋은 뜻을 가진 말이 많았으나 늙었을 때까지
아무것도 하지 못해 슬픈 일이다. 그의 영회詠懷 시詩에 말하기를,

　自許經綸爲世笑　　경륜이 있다고 허락했다가 웃음을 사게 되었고
　枉披心腹被人欺.　　마음을 잘못 보여 속임을 당했다.

라 했으며, 향거鄕居 시詩에 말하기를,

　石溪夜雨秋魚上　　시내에 밤비가 내리자 가을 고기가 오르고

庭樹西風杜鵑歸. 뜰에 있는 나무에 서풍이 불자 뻐꾹새도 돌아간다.

라 했으며, 유신륵사遊神勒寺 시詩에 말하기를,

階上亂飛銀杏葉　뜰 위에 은행잎이 어지럽게 날고
門前獨立懶翁碑. 문 앞에 나옹懶翁[135]의 비는 홀로 섰다.

라 했는데, 이러한 시들은 근일 홍지紅紙 가운데 있지 않은 바이다.

　부인이 시에 능한 것은 진실로 그 재주가 천부적인 것이었는데 대부분 자신에 누가 되었으니 중국 『임하사선林下詞選』을 살펴볼 만하다. 우리나라에서는 허난설헌許蘭雪軒이 또한 시로써 비방을 듣게 되었다. 근간에 본 청淸나라 사람 우동尤侗의 문집 가운데 이른바 『장주악부長州樂府』의 권말卷末에 외국인을 썼는데 난설헌蘭雪軒을 여도사女道士라 했고, 또 허경번許景樊이라 일컬었다. 여도사女道士라고 말한 것은 난설헌蘭雪軒이 지은 옥루상량문玉樓上樑文에 상청上淸 보허步許의 말들로 여관女冠이 된 것으로 인정했고, 경번景樊의 호는 경솔한 자들이 욕으로 한 말인데 드디어 중국에 유입되어 하나의 기이하고 원통함이 되었다.

　우리나라에서 부녀로서 시에 능한 자는 난설헌蘭雪軒과 옥봉玉峰 외에 없으며, 기재奇才로서 들어나게 일컫는 자는 김성달金盛達의 첩妾 이씨李氏였다. 그는 무가武家의 딸로서 시에 아름다운 말이 많다. 그의 과금곡별업過金谷別業 시에 말하기를,

清霄月色滿空庭　맑은 밤 달빛은 빈 뜰에 가득하며

---

135) 고려 말 유명한 스님.

臥聽高梧露滴聲　누워 오동나무에 이슬 떨어지는 소리 듣는다.
臺榭依依人事變　집들은 그대로 있으나 인사는 변했는데
白雲流水古今情.　흰 구름과 유수는 고금의 정이라오.

라 했고, 영수詠愁 시詩에 말하기를,

愁與愁相接　근심과 근심이 서로 접하게 되었으나
襟懷苦未開　가슴에 품은 감정은 지독하게 열리지 않는다.
黯黯無時盡　아득함이 다할 때가 없어
不知何處來.　어느 곳에서 왔는지 알지 못하겠다.

라 했으며, 석조夕照에 말하기를,

漁人款乃帶潮歸　어부가 노래하며 조수와 함께 돌아오니
山影倒江掩夕扇　산 그림자 강에 넘어져 있고 저녁 문짝은 닫혔다.
知是來時逢海雨　올 때 바다에서 비를 만난 것을 알 수 있는 것은
船頭斜掛綠蓑衣.　뱃머리에 푸른 도롱이가 걸려 있기 때문이오

라 했으며, 강촌江村에 말하기를,

江深晚潮色　깊은 강에 늦은 조수는 빛이 있고
村遠午鷄聲.　먼 촌에서 한낮에 닭 우는 소리 들린다.

라 했는데, 모두 청초하여 선발에 제외할 수 없을 것이다.
　청심루淸心樓는 고려 목은牧隱 이색李穡과 포은圃隱 정몽주鄭夢
周와 조선조 때는 읍취헌挹翠軒 박은朴誾 등 여러 인사들이 올라
시를 지었다. 벽에 걸려 있는 목은牧隱의 시에,

捍水功高馬巖石　물을 호위한 높은 공은 마암석馬巖石이고
浮天勢大龍門山.　하늘을 뜨게 한 큰 힘은 용문산龍門山이오.

라 한 구句는 기세의 웅장하고 곧음이 누樓와 높음을 다툴만하고
다른 사람들의 시는 모두 좀스러워 볼 만한 것이 못되며, 기둥 밖
에 우암尤庵 송시열宋時烈이 삼자三字로 쓴 액額은 그 형세가 산악
같아 이 시와 서로 다툴만하다.

『자각관규紫閣管窺』에 말하기를 대개 시를 어찌 쉽게 말할 수
있겠는가. 당唐나라 개원開元과 천보天寶에서 송宋과 명明나라에
이르기까지 세상 운수가 점점 아래로 떨어졌는데, 우리나라와 중국
과의 문화(풍기風氣)가 세대를 달리할 만큼 차이가 있다. 시를 배우
고자 하는 사람들에서 비록 당시唐詩를 배우고자 하는 사람들이 체
재體裁가 약하고 음운이 짧아 진사도陳師道와 황정견黃庭堅[136]의
문안에도 들어가지 못했는데 하물며 이백李白과 두보杜甫의 집 울
타리를 바라볼 수 있겠는가. 비록 고죽孤竹 최경창崔慶昌과 옥봉玉
峰 백광훈白光勳, 손곡蓀谷 이달李達의 무리들이 이름은 당시唐詩에
가깝다고 하는데 절구絶句에는 간혹 뛰어난 작품이 있으나 장률長
律에는 비슷한 수준의 작품으로 보기에는 모자란다. 이것은 재주에
따른 것이 아니고 세상을 따라 문화 수준의 차이와 지역이 다르기
때문에 그런 것이다.

계곡谿谷 장유張維와 택당澤堂 이식李植 이후에 규성奎星[137]의
움직임이 점점 어두워져 명종明宗과 선조宣祖 때처럼 융성함을 다
시 볼 수 없었다. 그런데 호곡壺谷 남용익南龍翼의 『기아箕雅』의

136) 진사도陳師道와 황정견黃庭堅은 송宋나라 때 유명한 시인.
137) 별 이름으로서 문운文運의 성쇠를 맡은 별이라 한다.

선집에서 또 백년이 지났으니 어찌 문인과 걸구傑句로 후세에 전할 만한 것이 없겠는가. 이에 불녕不佞이 참람하고 망령됨을 생각하지 않고 들은 것을 그대로 기록했는데, 작품을 선발할 즈음에 예부터 어렵다고 한 것은 고루하고 좁고 막힌 것이 두렵다는 것이다.

설정雪汀 이흘李忔이 봉은사奉恩寺에서 사람을 기다리면서 지은 시에 말하기를,

晴沙一棹濟川湄	맑은 사장에 돛으로 시냇가를 건너가
解纜東風泝上遲	동풍에 닻줄 풀고 천천히 거슬러 오른다.
孤島落花春去後	고도의 낙화는 봄이 지난 뒤였고
二陵芳草夕陽時	이릉의 꽃다운 풀은 석양 때라오.
仙槎往跡經年夢	뗏목배로 가는 자취 몇 년의 꿈이었으며
蕭寺香燈此夜期	소사蕭寺[138]의 향불은 오늘밤으로 기약했다.
怊悵別懷難忍處	슬프게도 이별하는 감정 참기 어려운 곳에
曉窓殘月子規枝.	새벽 창 달은 남았고, 자규는 가지에 있다.

라 했는데, 가락이 맑고 뜻이 주도周到해 당唐의 시인들의 운韻을 흡족하게 얻었다.

윤결은尹潔隱 교리校理는 사관史官 안명세安名世가 화를 입은 것을 원통하게 생각하며 구사안具思顔과 더불어 잠두蠶頭에서 만나 술을 마시며 명세名世가 무슨 죄로 죽었느냐 하고 인해 시를 지어 말하기를,

三月長安百草香	삼월에 서울은 많은 꽃으로 향기롭고
漢江流水正洋洋	한강에 흐르는 물은 충만하다.

---

138) 특수한 큰 절은 아닌 듯하고 일반 절을 말할 때에 쓰는 말이 아닌가 한다.

欲知聖代無窮意	이 시대 임금의 무한한 뜻을 알고자 하면
看取王孫舞袖長.	왕손의 춤추는 소매가 긴 것을 보라.

라 했는데, 사안思顏이 궁중에 가서 안명세安名世에 대해 아뢰었더니 문정후文定后가 화를 내어 저자에 가서 죽이게 했다. 희희라. 시로써 죄를 입은 자가 어느 시대인들 없지 않겠지만 윤교리尹校理와 권석주權石洲의 죽음이 너무 처참하다. 석주石洲의 형 도韜는 형刑을 받고 해남海南으로 유배 가게 되면서 지은 시가 있는데 말하기를,

臣罪如山死亦甘	신의 죄 산과 같아 죽어도 또한 달겠지만
聖恩寬貸謫江南	임금 은혜 너그럽게 용서해 강남으로 유배했다.
臨岐別有無窮恨	헤어지면서 따로 무궁의 한이 있는 것은
慈母時年八十三.	어머니 금년 연세가 팔십 삼세라오.

라 하니, 듣는 자들이 슬퍼했다.

송강松江 정철鄭澈이 용만龍灣에서 출발하여 경호京湖로 가면서 금사사金沙寺에 이르러 중봉重峯 조헌趙憲과 제봉霽峰 고경명高敬命이 싸우다가 전사했다는 소식을 듣고 통곡을 하며 밤에 한 수 시를 지었는데 말하기를,

十日金沙寺	십 일 동안 금사사에서
三秋故國心	삼추 동안 고국을 걱정하는 마음이었오
夜湖分爽氣	밤에 호수는 상쾌한 기운을 나누었고
歸雁有哀音	돌아가는 기러기 소리에 슬픔이 있다.
虜在頻看劍	오랑캐가 있어 자주 칼을 보고
人亡欲斷琴	사람이 죽었으니 거문고 줄을 끊고자 한다.
平生出師表	평생 읽었던 출사표出師表139)를

臨亂更長吟.　　　난리에 다다르자 다시 길게 읊는다.

라 했는데, 감정과 의리가 매우 슬프다.

김덕령金德齡 장군將軍은 단정하고 맑아 선비 같았다. 일찍 시가 있었는데 말하기를,

絃歌不是英雄事　풍악은 영웅의 일이 아니며
劍舞誰要玉帳遊　누가 칼춤을 주렴 속의 놀이에 필요하다 했는가
他日洗兵歸去後　다른 날 칼을 씻고 돌아간 뒤에
江湖釣魚更何求.　강호에서 낚시하며 다시 무엇을 구하랴.

라 했으니, 그의 뜻을 대략 짐작할 수 있을 듯한데 성공도 하기 전에 이름이 커져 결국 비명으로 죽었으니 남쪽 사람들이 지금도 슬퍼한다.

일송一松 심희수沈喜壽는 허균에 얽힌바 되어 삭직 당하고 도문都門을 나가다가 지은 절구에 말하기를,

黜官非是棄官歸　관직에서 내침은 벼슬 버리고 돌아가는 것이 아닌데
回首江山何處依　머리 돌리니 강산 어느 곳에 의지하랴.
欲買小舟無片價　작은 배를 사고자 하나 조금도 값이 없어
傾箱惟有舊朝衣.　상자를 기울여보니 오직 옛 조의朝衣만 있다오

라 했는데, 그가 조금도 원망하는 뜻이 없고 마음이 화평함과 오랫동안 만나지 못해도 청검淸儉해 한 시대의 유명한 정승이 되었다.

융경 연간隆慶年間140)에 제주정濟州亭에 쓴 시가 있는데 말하기를,

---

139) 촉한蜀漢 때 제갈량諸葛亮이 싸우러 나가면서 임금에게 올린 표문.

曾見先朝種李辰   일찍 먼저 임금이 오얏나무 심는 것을 보았는데
花開一十二回春   꽃이 열 두 번째 봄에 피었다.
詩題華表千年柱   시는 화표華表[141]의 천년 기둥에 쓰고
淚濕靑山一掬塵   눈물은 푸른 산 한 웅큼 흙을 적신다.
風岸曉鍾神勒寺   바람 부는 언덕에 신륵사 새벽 종소리 들리고
烟沙晩篴光陵津   연기 긴 사장에 광릉나루 저소리 늦게 들린다.
淸秋鼓枻驪江去   맑은 가을 상앗대 치며 여강으로 가니
樓上何人識洞賓.   누 위의 어떤 사람이 여동빈呂洞賓[142]을 알겠느냐?

라 했는데, 말을 좋아하는 자들이 진선眞仙이 지은 것이라 했다. 임진왜란壬辰倭亂 때 두 능陵이 변을 만났는데, 사람들이 청산일국진靑山一掬塵의 말이 증험한 것이라 했다.

옥봉玉峰 백광훈白光勳이 여덟 살이었을 때 어른들이 춘자春字를 지정하여 고시古詩 형식으로 시를 짓게 했더니 바로 응해 말하기를,

江花樹樹春   강변에 꽃이 피니 나무마다 봄이라오

라 하자, 어른들이 그 말의 출처出處를 따져 묻자 대해 말하기를 당시唐詩에 있다 하고 잇따라 전편을 외워 말하기를,

夕陽江邊篴   석양에 피리소리 강변에서 들리고
細雨渡江人   가랑비에 사람들이 강을 건넌다.

---

140) 명明나라 목종穆宗의 연호.
141) 백성들에게 위정자들의 잘못을 기록하기 위해 도로에 세워둔 나무.
142) 당唐나라 인물로서 황소난黃巢亂 때 자취를 감추었기 때문에 신선이 되어 갔다고 한다.

餘響杳無處	남은 울림은 어디인지 아득하며
江花樹樹春.	강변에 꽃이 피니 나무마다 봄이라오.

라 하니, 어른들이 그의 말을 믿었는데, 그가 스스로 말하기를 "사실은 묻는 말에 응해 대했다"라고 하자 자리에 있었던 사람들이 모두 크게 놀라며 말하기를 "비록 당시唐詩 가운데 둔다 해도 쉽게 구분하지 못할 것이라" 했다.

저헌樗軒 이석형李石亨이 호남湖南 방백方伯으로서 순찰하다가 익산益山에 이르러 육신六臣이 죽었다는 말을 듣고 시를 지어 말하기를,

霽時二女竹	갤 때는 이비二妃의 반죽班竹[143]이오.
秦日大夫松	진秦나라 때는 대부大夫의 소나무였다.[144]
縱是哀榮異	비록 슬픔과 영광은 다르다 할지라도
寧爲冷熱容	어찌 차고 더움을 용납하랴.

라 했는데, 대개 구차하게 벼슬에 집착하는 자신을 슬퍼한 것이다. 조사해 죄를 다스리고자 하려는 청이 있었으나 세조世祖가 하교下教해 말하기를 "이 시는 특히 문인이 사물에 기탁하여 지은 것인데 어찌 꼭 엄하게 죄를 주어야 하겠는가"라 하고 끝까지 묻지 않았다고 한다.

임희재任熙載는 간신奸臣 사홍士洪의 아들이며 점필재佔畢齋 김

---

143) 순舜임금이 남쪽으로 순행하다가 세상을 떠나자 아황娥皇과 여영女英의 두 비가 그곳을 찾아가서 곡을 했는데, 눈물 떨어진 곳에 반죽班竹이 났다는 고사를 인용한 것 같다.

144) 이 구句도 고사를 인용한 것으로 알아보지 못했으나 내용은 강한 절개를 반영한 것임

종직金宗直의 문인으로서 명사들이 화를 당하는 것을 보고 매우 슬
프게 여기며 병풍에 시를 써 말하기를,

祖舜宗堯自太平　　요순堯舜을 높게 여기면 스스로 태평할 텐데
秦皇何事苦蒼生　　진秦 시황始皇은 무슨 일로 창생蒼生을 괴롭했나뇨.
不知禍起蕭墻內　　화가 담장 안에서 일어나는 것을 알지 못하고
虛築防胡萬里城.　　오랑캐를 막기 위해 만리성을 헛되게 쌓았다.

라 했는데, 연산군燕山君이 임사홍任士洪의 집에 갔다가 병풍에 쓴
시를 보고 성낸 기색이 있으므로 사홍士洪이 말하기를 "이 자식 놈
이 성격과 행동이 불순하여 그냥 둘 수 없습니다"하고 드디어 죽이
게 했다. 대개 희재熙載가 그의 아버지에게 여러 번 하지 못하게
간했기 때문에 사홍士洪이 좋지 않게 여기다가 처벌하는데 찬성한
것이다.
　　충무공忠武公 이순신李舜臣의 해상海上 시詩에 말하기를,

水國秋光暮　　수국水國에 가을빛이 저물자
驚寒雁陣高　　추위에 놀란 기러기 떼가 높게 난다.
憂心轉輾夜　　근심스러운 마음으로 잠을 이루지 못하는 밤에
殘月滿弓刀.　　남은 달빛이 활과 칼에 가득하다.

라 했는데, 장중승張中丞의 휴양성睢陽城 중中에,

門開邊月近　　문을 열자 변방 달이 가깝고
戰苦陣雲深.　　싸움이 고되자 진운이 깊다.

라한 구가 이순신의 위의 작품과 의사가 일반一般이다. 제갈무후의

시호諡號와 충무공 훈업勳業이 마땅히 이러한 큰 이름을 같이 받아
야 할 것이다.

성화成化[145] 연간年間에 한 선비가 성은 한韓이며 영안永安 도산
사道山寺에서 공부하고 있었는데 남루한 옷을 입은 늙은이가 쌀을
얻으러 마을에 왔다가 그 서생을 보고 말하기를 "조대措大[146]가 열
심히 공부를 하고 있는데 지금 무슨 책을 읽고 있느냐 내가 평생
동안 얻어먹는 것으로 만족해야 하네" 하고 잇달아 절구 한 수를
썼는데 말하기를,

> 懶依紗窓春日遲 게으르게 사창에 의지하니 봄날이 더딘데
> 紅顔空老落花時 젊은 얼굴이 공연히 꽃이 질 때 늙는다.
> 世間萬事皆如此 세간의 모든 일이 다 이와 같으니
> 叩角狂歌誰得知. 태평소 불며 노래한들 누가 알아주랴.

라 했다. 아, 우리나라가 매우 작아 재주가 있다 해도 이 늙은이와
같은 자가 얼마나 있었는지 알지 못할 것이다.

추강秋江 남효온南孝溫이 기자묘箕子廟에서 오언절구五言絶句를
지었는데 말하기를,

> 武王不憎受 무왕武王[147]이 수受(주紂의 이름)를 미워하지 않았
> 는데
> 成湯豈怒周 성탕成湯[148]이 어찌 주周나라에 성을 내랴.

---

145) 명明나라 헌종憲宗, 신종神宗의 연호 사이(1465~1487)
146) 청빈한 선비를 지칭하여 이르는 말.
147) 주周 문왕文王의 아들로서 왕위를 계승하여 은殷나라를 격파하고 중앙
    의 군주가 되었음.
148) 은殷의 초기 군주로서 치적治績이 매우 높았다고 하며 탕湯 또는 성탕成

二家革命間　두 집이 혁명하는 사이였으며
聖人無怨尤　성인은 원망하거나 탓함이 없다오
國亡道不亡　국가가 망해도 道는 망하지 않아
爲周陳九疇　周를 위해 구주九疇[149]를 진술했다.
乃知道公器　도가 공기公器[150]임을 바로 알았기 때문에
傳受無親讎.　주고받는데 친하고 원수가 없다오

라 했는데, 이 몇 구가 능히 기자箕子의 슬퍼함을 지웠다고 이르겠다(能道破). 또 월계月溪[151]에서 지은 칠언절구七言絶句에 말하기를,

水北石山秋後樹　물 북쪽 석산에 가을이 지난 뒤의 나무와
水南茅店午時鷄　물 남쪽 띠집 가게 한낮에 닭이 운다.
蹇驢古棧斜風動　저는 나귀 타고 가는 낡은 다리는 비낀 바람에 흔들리고
細雨蕭蕭渡月溪　가랑비 소소히 내릴 즈음 월계를 건너간다.

라 했으며, 정부원征夫怨 시詩에 말하기를,

頭白轅門事業空　흰머리에 병영兵營에는 할 일이 없고
十年歸夢繞江東　십 년 동안 가고 싶은 꿈은 강동을 맴돈다오
早知塞外要功苦　일찍 변방에서 공을 이루기 어려움을 알았다면
寧學藏名萬衲中.　차라리 가난한 사람들 가운데 숨어 살았으면 한다.

湯이라하기도 한다.
149) 무왕武王이 은殷나라를 격파하고 기자箕子를 찾아가 국가의 통치 방법을 물었을 때 기자箕子가 홍범洪範 구주九疇를 전수했다고 함.(서경書經 권卷 육六 주서周書 홍범洪範)
150) 개인의 소유가 아니고 국가 또는 대중적인 것.
151) 물 이름인 듯함.

라 했으며, 서강한식西江寒食 시詩에 말하기를,

天陰籬外夕寒生	하늘이 컴컴한 울타리 밖은 저녁이 되자 추워지고
寒食東風野水明	동풍이 부는 한식에 들 물은 맑다.
無限滿船商客語	배에 가득한 상인들의 끝이 없는 말은
柳花時節故鄉情	버들 꽃 피는 시절에 고향의 정이라오.

라 했는데, 모두 당시唐詩의 운격韻格이 있다.

중봉重峯 조헌趙憲이 쌍계사 석문에서 지은 칠언절구에 말하기를,

寒溪飛下碧潭幽	찬 냇물은 깊숙한 푸른 못으로 떨어지고
石刻丹青在路頭	돌에 새긴 단청은 길머리에 있다.
緩步松陰尋古寺	천천히 소나무 아래로 걸어 옛 절을 찾으니
錦屏秋擁夕陽樓.	금병산 가을이 석양에 누를 안았다.

라 했다. 증인贈人 시詩에 말하기를,

孤城雨雪政濛濛	외로운 성에 비와 눈이 자욱하게 내리는데
匹馬聯鞭客路中	여행 중에 말을 계속 재촉하며 있다오
戀闕誠隨星拱北	대궐을 생각하는 정성은 별 따라 북쪽을 합장하며
思家心逐水歸東	집을 그리워하는 마음은 물을 쫓아 동으로 간다.
長鯨未奮滄溟水	긴 고래는 넓은 바다에서 떨치지 못하고
病鶴空懷碧峀風	병든 학은 부질없이 푸른 산골바람만 생각한다.
明主方虛宣室席	명주가 지금 선실宣室[152]에 자리를 비워 놓고 있으니

---

152) 대궐안에 있는 방 이름. 전한前漢 문제文帝가 가의賈誼를 장사長沙로 유
배를 결정하는 밤에 선실宣室로 불러 모르는 것을 많이 물었다는 것으
로 유명함.

莫嗟湖海伴漁翁.　바다에서 어옹漁翁과 짝하는 것 슬퍼마오.

라 했는데, 맑고 건장해 외울만하다.

백강白江 이경여李敬輿의 차만사次晩沙 칠언절구七言絶句에,

城市山林進退憂　도시와 시골로 진퇴에 근심이 되나니
十年强半負沙鷗　십 년의 반이 넘게 사구沙鷗를 등졌다.
東風昨夜金鑾夢　봄바람 부는 지난 밤 금란金鑾[153]을 꿈꾸었으니
猶到江南白鷺洲.　강남의 백로주에 이른 것 같다.

라 했고, 또 심양瀋陽에 있는 이백주李白洲 시詩에 말하기를,

東城南陌惜離群　성동 남쪽 저자 거리 무리들과 헤어지는 것이 아까
　　　　　　　　운데
況復如今萬里分　하물며 지금은 만 리로 나누어 졌다오.
家在未央宮外住　집은 미앙궁 밖에 있어
上林歸雁最先聞　상림으로 돌아가는 기러기 우는 소리 먼저 듣겠다.

라 했다. 병학病鶴의 오률五律에 말하기를,

庭空拳一足　뜰이 비었으니 한쪽 발이 근심스러우며
天遠入雙眸　하늘이 멀다 해도 두 눈에 들어온다.
對月怜敧影　달을 대하자 그림자가 가련하고
臨風叫素秋　바람이 다다르니 본디 가을 소리로 운다.
雲霞華表想　구름과 안개에 화표華表를 생각하고
霜露玉階愁　이슬과 서리가 내리자 계단이 근심스럽다.
自是吹笙伴　이로부터 저를 짝해 불고자 하며

153) 금방울, 또 딸을 말하기도 함.

侯山夢幾遊	후산은 꿈속에서 몇 번이나 놀았던가.

라 했다. 또 두릉杜陵의 추흥秋興 율시律詩에 차운次韻하여 말하기를,

岷峨勢盡楚江頭	민아산岷峨山 형세가 초강 머리에서 다하고
井絡風烟白帝秋	안개가 뿌옇게 얽히면 백제성白帝城은 가을이라오
月峽波濤終古險	월협月峽의 파도는 예부터 위험했고154)
陽坮雲雨至今愁	양대陽坮의 운우雲雨는 지금도 근심스럽다.
臥龍壁壘空沙磧	와룡臥龍의 진터에 쌓인 모래도 없고155)
躍馬興亡間海鳩	말을 달리던 홍망은 바다 비둘기에 묻고자 한다.
只是小陵名不泯	소릉小陵의 이름이 없어지지 않게 된 것을
暮年詞賦數夔州.	모년에 자주 기주夔州에서 시를 지었기 때문이오156)

라 했는데, 음운이 놀랄만하게 뛰어났다.

윤돈尹暾의 호는 상포霜浦며 월정月汀 윤근수尹根壽의 아들이다. 이십 팔세에 세상을 떠났으며, 시는 격조가 맑고 놀라워 한 점도 세속의 기운이 없다. 지금 그의 한두 수 아름다운 시를 들어 보고자 한다. 그 하나에 말하기를,

疎雨滴梧桐	성긴 비가 오동잎에 떨어지고
秋聲亂蟋蟀	가을소리는 귀뚜라미를 어지럽게 한다.
山窓客夢回	창 밑에 자던 나그네가 잠을 깨어
朗詠蓬壺月	둥근 달을 소리 내어 읊는다.

---

154) 월협은 그곳의 지명이 아닌가 한다.
155) 와룡臥龍은 제갈량諸葛亮의 별칭인데 그곳이 그의 진터였다.
156) 두보杜甫가 노년老年에 기주夔州에 있다가 세상을 떠났다.

라 했으며, 또 하나에 말하기를,

山外杜鵑聲　　산에는 두견새가 울고
東風三月暮　　봄바람에 삼월도 저물었다.
中宵客夢醒　　밤중에 잠을 깨니
月滿梨花樹.　　달빛이 배나무 꽃에 가득하다.

라 했으며, 또,

碧水三千里　　푸른 물은 삼천리를 흐르고
靑雲九萬程　　청운靑雲은 구만리 길이오
瑤坮明月夜　　요대瑤坮의 밝은 달밤에
笙鶴夢中聲.　　저소리 같은 학의 울음이 꿈속에 들린다.

라 했으며, 그의 억우憶友 시詩에 말하기를,

三山仙子昔相逢　　삼산三山의 선자仙子와 옛날 서로 만났을 때
鶴背冷然萬里風　　학 등에 차가운 바람 멀리서 불었다.
一別千年消息斷　　한번 이별하자 길이 소식이 끊어졌는데
海天回首彩雲空.　　하늘과 바다로 머리를 돌리니 채운도 없어졌다.

라 했으며, 의두추흥擬杜秋興 칠률七律에 말하기를,

碧樹經霜成錦林　　푸른 나무는 서리가 지나자 비단 숲을 이루었고
楚天秋氣曉森森　　초나라 하늘의 가을 기운은 새벽에 삼삼하다
孤城昨過千峰雨　　천봉에 내리던 비가 고성을 잠깐 지나가고
片帆長留萬壑陰　　작은 배는 골짜기의 그늘에 오래 머문다.
黃菊花前憂國淚　　국화 앞에 우국의 눈물을 흘리고

玄猿聲裡憶鄉心　검은 원숭이 우는 소리에 고향을 생각한다.
寒衣未授常爲客　겨울옷 입지 못하고 항상 나그네 되었으니
應有佳人詠槀砧.　응당 집사람은 다듬이하며 중얼거리겠지.

라 했고, 또 하나에 말하기를,

淸秋河漢望中斜　맑은 가을 은하수는 보름즈음에 비꼈고
歲晚滄江隔翠華　해가 늦은 푸른 강은 임금의 깃발에 막혔다.
四海兵塵雙短鬢　세상에는 난리로 양쪽 살쩍머리가 짧아졌고
百年身世一桴槎　한평생 신세가 떼배와 같다오.
殘宵夢隨朝天珮　지난 밤 꿈에 중국 가는 사신을 따라 가게 되었으며
絶塞愁聽向月笳　먼 변방에서 근심에 싸여 달을 향해 피리소리 듣는다.
欲把幽懷寫靑竹　깊숙하게 품은 생각을 청죽靑竹157)으로 쓰고자 하나
不堪哀淚暎昏花　슬픈 눈물이 어지러운 꽃에 비치는 것 견딜 수 없다.

라 했다. 일송一松의 용만龍灣 시詩에 말하기를,

桃花春水漾晴波　복숭아꽃이 뜬 봄물에 맑은 물결이 일고
上有梨園弟子家　위에는 이원梨園 제자의 집이 있다.
玄髮侍郎今杜牧　검은 머리 시랑侍郎은 지금의 두목杜牧158)인데
芙蓉帳暖月初斜　부용장은 따뜻하고 달은 처음 비꼈다.

라 했다. 증승贈僧 시詩에 말하기를,

孤臣白髮鏡中絲　고신의 백발이 거울 속에 실처럼 비쳐

---

157) 대가 다 마르지도 않은 것으로 만든 붓.
158) 만당晚唐의 시인. 자字는 목지牧之, 두보杜甫와 비슷한 점이 많아 소두小
杜라 하기도 한다. 풍모가 아름다웠고 성격이 낭만적이었다고 한다.

羞向山僧話亂離	스님 향해 난리를 말하기 부끄럽다오
明日遼陽王事急	내일 요양遼陽에 나라 일이 급하니
滿船楓葉渡江時.	강을 건널 때 단풍잎이 배에 가득하겠다.

라 했다. 또 증송설대사유정贈松雪大師惟政 시詩에 말하기를,

三生夙抱煙霞想	삼생三生[159]에 고요한 산수를 가지고자 생각했는데
五載新沾雨露榮	오 년 동안 새로운 우로雨露[160]의 영광에 젖었다.
南土軍民應有望	남쪽의 군인과 백성들은 응당 바라고 있을 것이며
東林猿鶴若爲情	동림의 원숭이와 학은 정이 있는 체한다.
忘身危急存亡日	몸을 잊을 만큼 존망이 위급한 날이었고
絶意飛騰戰伐名	용감하게 싸웠다는 명예에는 생각을 끊었다.
不剪霜髭緣鬌玉	윗수염 깎지 않은 것은 살쩍머리 때문이며
已將聲績徹皇明.	이미 장수로서 명성과 공적이 중국까지 통했다.

라 했다.

해원군海原君 건健은 호가 규창葵窓이며 선저宣祖의 왕손王孫이다. 시의 가락이 맑고 깨끗하며 글씨와 그림도 묘해 세상에서 삼절三絶이라 일컬었다. 열다섯 살에 가화家禍로 제주도로 유배되었는데 그 후에는 시에 전념했다. 시가 있는데 말하기를,

故國夢千里	고국은 꿈에서도 천리
海山天一涯	바다와 산으로 하늘 한쪽 가에 있다.
滿庭春夜月	뜰에 가득한 봄날 달밤에
風動碧桃花.	바람에 벽도화가 흔들린다.

---

159) 과거, 현재, 미래 또는 전세, 금세, 내세의 인과因果를 말함
160) 우로雨露는 군왕君王의 은혜를 말함

라 했다. 야사野寺에서 지은 칠언절구絶句에 말하기를,

孤庵面面竹爲籬   암자는 사방으로 대나무를 울타리로 했고
白日靑山哭子規   대낮 푸른 산에 자규가 운다.
滿壑晴雲人跡少   골짜기에 맑은 구름이 가득한데 인적은 드물고
落花如雨老僧悲.   비처럼 꽃이 지자 노승은 슬퍼한다.

라 했으며, 차중형운次仲兄韻에 말하기를,

春光謝盡花猶在   봄빛은 다되었으나 꽃은 오히려 남았으며
殘夢初驚月已西   남은 꿈에 달은 이미 서쪽에 있어 놀랐다.
別淚帶愁元自落   근심을 가진 별루別淚는 스스로 떨어지고
子規休傍客窓啼   자규는 나그네가 자는 창 옆에 울지 않으면 한다.

라 했다. 또 칠언률시七言律詩에 말하기를,

耽羅城裏一茅廬   탐라 성 안의 띠 집에
誰識王孫七載居   왕손이 칠 년 동안 살 것을 누가 알았으랴.
黃鳥玄禽春暖後   꾀꼬리와 제비는 따뜻한 봄날 뒤에 오고
綠楊紅杏日長初   푸른 버들 붉은 살구는 해가 처음 길 때였다.
家鄕杳杳千山外   고향은 아득해 많은 산 밖에 있고
道路茫茫萬里餘   도로는 넓고 멀어 만 리가 넘는다.
莫遣男兒愁遠謫   남아를 근심하는 먼 곳으로 유배시키지 마오
百年憂樂本來虛   한 평생 근심과 즐거움은 본래 허무한 것이네

라 했으며, 춘규원春閨怨에 말하기를,

深院無人春盡遲   깊숙한 집에 사람은 없고 봄은 더디며

東風欲老海棠枝	동풍에 해당화 가지는 늙고자 한다.
枕邊恨結雙行淚	베개 가에 한이 맺혀 눈물이 흐르고
鏡裏愁纏八字眉	거울에 근심으로 팔자 눈썹이 얽히었다.
繡闥早開邀紫燕	궁중 문을 일찍 열어 붉은 제비를 맞이했고
珠簾忙捲聽黃鸝	주렴을 빨리 걷어 꾀꼬리 소리 들었다.
把琴莫奏江南曲	거문고 타면서 강남곡은 타지 마오
曲到江南更可悲.	곡이 강남에 이르면 다시 슬프게 하리라.

라 했으며, 강남송객江南送客에 말하기를,

放達何人似謫仙	호방함이 누가 적선謫仙[161]과 같으랴.
風流文彩炯秋天	풍류의 문채는 가을 하늘처럼 빛난다.
離情和雨連江樹	떠나는 정은 비와 함께 강변 나무와 연했고
別夢隨雲落暮烟	헤어지면서 꿈은 구름을 따라 저문 연기에 떨어진다.
千古浮生如過鳥	긴 세월 부생浮生[162]은 지나가는 새와 같고
一年殘影又寒蟬	일년의 남은 영상은 찬 매미라오.
知君此去應相憶	자네 지금 가면 응당 서로 생각할텐데
回首靑山月幾圓.	청산으로 머리 돌리는데 달은 몇 번이나 둥글게 될까.

라 했다.

김선원金仙源 상국相國의 금강錦江 칠언절구七言絶句에 말하기를,

江南江北草淒淒	강남 북쪽에 풀은 짙었는데
滿目春光客意迷	눈에 가득한 봄빛이 길손의 뜻을 혼미하게 한다.
愁上木蘭尋古跡	근심에 젖어 작은 배를 타고 고적을 찾으니

---

161) 당唐나라 때 시인 이백李白을 이태백李太白 또는 이적선李謫仙이라 하기
    도 함.
162) 덧없는 인생을 말함.

青山無語鳥空啼.　청산은 말이 없고 새만 부질없이 운다.

라 했으며, 안국사安國寺 시詩에 말하기를,

當空白月大如盤　공중에 밝은 달이 쟁반처럼 크며
風露凄凄客夢寒　바람과 이슬이 쌀쌀해 나그네의 꿈에도 차겠다.
花影滿庭山寂寂　꽃 그림자 뜰에 가득하고 산은 고요한데
一聲笙鶴下瑤壇.　학이 저소리 처럼 울며 요단으로 내려온다.

라 했으며, 신춘서회新春書懷에 말하기를,

春風吹入曲欄東　춘풍이 굽은 난간 동쪽으로 불어오며
徙倚高樓恨不窮　높은 누로 옮겨 의지하니 한이 많다오.
一抹雲山孤鳥外　하나의 구름 낀 산은 고조孤鳥 밖에 있고
萬家烟火夕陽中　많은 집들에서 나는 연기는 석양 중이라오.
光陰鼎鼎將催老　세월은 빨라 늙음을 재촉하고자 하며
歸計遙遙又墮空　돌아가려 한 계획은 까마득해 또 허사가 되었다.
忽憶去年今日事　갑자기 지난해 오늘 일을 생각하니
百官朝罷建章宮　백관이 건장궁에서 조회를 마쳤다.

라 했으며, 또 말하기를,

滿地梨花不開門　배꽃이 땅에 가득하나 문을 열지 않았으며
紛紛蜂蝶過牆來　벌과 나비는 바쁘게 담장을 넘어온다.
空庭睡起對芳草　자다가 일어나 빈 뜰에 꽃다운 풀을 보니
何處簫聲吹落梅　어느 곳에서 피리를 불어 매화를 떨어지게 하나뇨.
鬢色定從春後改　살쩍머리 빛은 바로 봄 뒤를 좇아 달라지고
韶光偏向客中催　봄빛은 여행 중의 나그네를 향해 재촉한다.

美人千里斷消息　멀리 있는 미인은 소식이 끊어졌고
日暮碧雲愁未裁　날이 저물자 짙은 구름으로 근심을 헤아리지 못하겠다.

라 했으며, 이진 오언梨津 五言에 말하기를,

天寒戍樓空　　하늘이 차가우니 수루戍樓[163]도 비었고
日落海門闊　　해가 지자 해문이 넓어졌다.
離鴻怨孤征　　떠나는 기러기는 외롭게 가는 것을 원망하고
獨鶴傷遠別　　혼자 있는 학은 먼 이별을 슬퍼한다.
誰家酒新熟　　누구 집에 술이 새로 익었으며
何處梅初發　　어느 곳에 매화가 처음 피었을까.
欲掛杖頭錢　　지팡이 머리에 달려 있는 돈으로
大醉江南月　　강남 달빛 아래 크게 취하고자 한다.

라 했다.

송수북김광현 성천재送水北金光鉉 成川宰 시詩에 말하기를,

繁華非復舊關西　번화함은 옛 관서關西를 회복한 것이 아니며
亂後樓坮物色悽　전후의 누대 모양은 처참하다.
客子掩門仍月落　손이 문을 닫으니 잇달아 달도 지고
城頭吹角暮鴉啼　성두의 대평소 소리에 날이 저물자 갈까귀도 운다.

라 했다.

권극중權克仲은 호남湖南 사람으로 호는 창하靑霞이며, 시의 격식이 맑고 뛰어났다. 그의 등루登樓 시詩 칠률七律에 말하기를,

---

163) 적군의 동정을 살피려고 성 위에 만든 누각.

長川水落見沙洲	장천에 물이 떨어지자 모래가 보이며
倦客登臨百尺樓	게으른 손이 높은 누에 올랐다.
安得酒來消悄悄	어찌 술을 가지고 와서 근심을 풀지 아니하며
聊因詩就遣悠悠	시 짓는 것으로 나아가 여유가 있게 보낸다.
孤雲獨出當斜日	고운은 홀로 산골에서 비낀 해를 맞이하고
小雨殘虹作晚秋	이슬비에 남은 무지개는 늦가을이 되게 했다.
一陣西風驅雁下	한 때의 서쪽 바람이 기러기를 몰고 내려
渚邊枯柳葉凱凱.	물가 마른버들 잎을 개개하게 한다.

라 했으며, 궁사宮詞 칠절七絶에 말하기를,

春聲霽色動樓坮	봄 소리와 갠 빛이 누대를 움직이며
上苑瓊林錦繡堆	상원의 아름다운 숲은 비단처럼 쌓였다.
當午內官催色杖	한낮에 내관이 지팡이 찾는 것을 재촉하더니
賞花仙馭不時來.	꽃을 감상하고자 갑자기 임금님이 오신다.

라 했으며, 또 말하기를,

合殿回廊白日遲	합전合殿[164]의 회랑에 한낮이 더딘데
東風時動萬年枝	동풍이 때때로 오래된 나무가지를 움직인다.
深深簾幕無人見	깊숙한 염막에 사람은 보이지 않고
帳額同心結自垂.	마음 모아 만든 장막이 스스로 드리웠다.

라 했으며, 또 강촌江村에 대해 지은 시에 말하기를,

江村極目盛繁華	강촌에 매우 번화한 것을 다보니
酒牓船旗春日斜	술집 게시판과 배 깃발에 봄 햇빛이 비꼈다.

---

164) 한 곳에 모여있는 궁전.

堤上女郎相繼唱　제방 위의 여랑들은 서로 이어 노래 하여
竹枝歌罷浪淘沙.　죽지가竹枝歌가 끝나면 물결이 모래를 씻다.

라 했으며, 산행시山行詩에 말하기를,

翳葉鳴蟬秋日斜　잎에 가리어 우는 매미에 가을 햇빛이 빗겼고
行行谷口訪人家　곡구로 가면서 인가를 찾고자 했다.
人家應在不深處　인가가 응당 깊지 않은 곳에 있을 듯하니
山麓風搖喬麥花.　산기슭 메밀꽃이 바람에 흔들린다.

라 했다.

　시화詩話에 말하기를 매성유梅聖兪[165]는 날마다 하는 과업으로 시를 한 수씩 짓는 것을 추위와 더위에도 바꾸지 않았다. 그러므로 시로써 이름이 천하에 가득했다. 소동파蘇東坡도 어떤 사람에게 답한 글에 역시 말하기를 들으니 하루에 시 한 수씩 짓는다고 하니 매우 좋은 일이다. 이 일은 비록 재주가 있는 자라 할지라도 익숙하게 하지 않으면 말하기 어렵다. 하물며 재주가 옛 사람에 미치지 못하면 말할 것이 있겠는가 했다. 우리나라에 눌재訥齋 박상朴祥이 옥당玉堂에 입직하며 누워서 매양 시 한 수씩 짓고 이소경離騷經을 한번 외우고 난 뒤에 취침했다고 하니 선배들이 시에 공을 드린 것이 이와 같았다.

　농암農巖 김창협金昌協이 우리나라에 읍취헌挹翠軒 박은朴誾, 눌재訥齋 박상朴祥 소재穌齋 노수신盧守愼 삼가三家만을 취할 따름이라 했다.

---

165) 매성유梅聖兪는 자字이며 이름은 요신堯臣이다. 송宋나라 때 인물로서 구양수歐陽脩와 사귀었다고 하며 문인으로 많이 알려졌다고 한다.

동계東溪 조귀명趙龜命은 말하기를 읍취헌挹翠軒 박은朴誾의 시는 호탕하고 뛰어나 준마가 잘 달릴 때 맬 수 없을 정도이나 호흡을 너무 지나치게 재촉하고 걸음을 너무 빠르게 하여 결코 멀리갈 수 없는 기상인데, 용재容齋 이행李荇의 시를 같이 보면 스스로 구분이 될 것이다. 후생배가 마땅히 책상 위에 두고 보게 되면 천하에 고재高才가 있다는 것을 알 따름이고 법할 것으로 생각할 것은 없을 것이라 했다.

중봉重峯 조헌趙憲이 을축년乙丑年 여름에 도끼를 가지고 대궐 앞에서 글을 올리고 엎드려 명령을 기다리고 있는데 아는 사람 가운데 오는 사람이 있으면 문 앞에서 거절하고 드리지 못하게 했으나, 홀로 심일송沈一松은 날마다 와서 살펴보며 시로써 위로해 말하기를,

狂言滿紙皆忠膽　종이에 가득한 말은 모두 대단한 충언이었고
鼎鑊前頭戴聖明　솥가마 앞에서도 임금님을 받들었다오

라 했다. 중봉重峯이 길주吉州로 유배 가게 되자 남창南窓 김현성金玄成이 모구毛裘와 노자 및 시를 주었는데 그 시에 말하기를,

一領羊裘寄遠行　한 벌 양구羊裘166)를 멀리 가는데 부치며
臨風只自淚沾纓　헤어지려하자 스스로 눈물이 갓끈을 적신다.
湘潭莫續懷沙恨　상담湘潭 못에서 회사懷沙167)의 한을 잇지 마오
重保餘生慰聖明.　남은 생애 잘 보전하여 임금님께 위로하오

---

166) 양털로 만든 갖옷.
167) 중국 춘추시대에 초楚나라 굴원屈原이 지은 작품. 그는 나라 일이 어렵자 물에 투신하여 자살했다고 한다.

라 하여. 급한 때 있는 선비들을 아끼니 세속에서 두 분의 현숙함
을 보겠다.

　화포花浦 홍익한洪翼漢 학사學士가 구속되어 심양瀋陽에 있으면
서 삼월三月 삼일三日에 지은 시가 있는데 말하기를,

陽坡細草折新胎	양지 쪽 언덕에 가는 풀은 새 움이 트고
孤鳥樊籠意轉哀	외로운 새는 장에 잡혀 생각이 슬프다오
荊俗踏靑心外事	초나라 풍속에 답청踏靑168)은 생각 밖의 일이며
錦城浮白夢中來	금성의 부백浮白169)은 꿈속에도 온다.
風飜夜石陰山動	바람에 야석夜石170)이 뒤치자 음산陰山이 움직이고
雪入春凘月窟開	마른 봄에 눈이 내리면 월굴月窟171)이 열린다.
飢渴僅能聊縷命	굶주리고 목말라 겨우 연명을 바라고 있으니
百年今日淚盈腮.	한 평생 오늘의 눈물이 뺨을 적신다.172)

라 하니, 선비들이 전해 외우며 슬퍼하지 않는 사람이 없었다.
　오달제吳達濟 학사學士는 심양瀋陽으로 가면서 대동강변大同江
邊에 이르자 모부인母夫人에게 올린 시에,

風塵南北各浮萍	난리에 남북으로 각자 부평초처럼 떠있어
誰謂相分有此行	서로 나누어지되 이렇게 가게 됨을 누가 이르리오
別日兩兒同拜母	이별하는 날 두 아들이 같이 뵈옵게 되었으나
來時一子獨趨庭	올 때는 한 아들만 홀로 뜰에서 뵈올 것이오

---

168) 삼월 삼짇날 교외에 나가 산책하는 중국의 풍속.
169) 술을 마시다가 남기는 자에게 벌로써 마시게 하는 술잔.
170) 밤에 빛이 있는 돌.
171) 달 가운데 있다는 굴.
172) 이 시의 함련頷聯과 경련頸聯은 고사故事에 얽힌 일이 있기 때문인지 이
　　해에 어려움이 있다.

絶裾已負三遷敎　　절거絶裾[173]로 이미 삼천三遷[174]의 가르침을 등졌고
泣線空悲寸草情　　읍선泣線[175]으로 공연히 짧은 정을 슬프게 했다오
關塞道脩西景短　　관동의 변방 길은 멀고 서경西景[176]은 짧아
此生何路更歸寧.　　이 몸이 어느 길로 다시 돌아가 문안드리랴.

라 했으며, 또 말하기를,

孤臣義正心無怍　　고신은 의롭고 정직해 마음에 부끄러움이 없으며
聖主恩深死亦輕　　성주의 은혜 깊었으니 죽음도 또한 가볍다오
最是此生無限痛　　가장 이 생명이 무한히 아픈 것은
北堂虛負倚門情　　어머니의 기다리는 정을 등지는 것이오

라 했으며, 기형寄兄 시詩에 말하기를,

南漢當年就死身　　남한산성에서 나올 때 죽어야 할 몸이
楚囚猶作未歸臣　　초수楚囚[177]로서 돌아가지 못하는 사람이 되었다오
西來幾洒思兄淚　　서쪽으로 오며 몇 번 형을 생각하고 눈물 흘렸으며
東望遙憐憶弟人　　동쪽을 바라보며 멀리 아우를 생각하는 사람을 어여삐 여긴다.
魂逐塞鴻悲隻影　　혼은 변방 기러기에 쫓긴 외로운 그림자를 슬퍼하며

---

173) 잡아도 뿌리쳐 옷뒤자락을 끊었다는 말인데, 진晉나라 때 온교가 나가고자 하니 그의 어머니가 굳이 말리므로 절거絶裾를 하고 나갔다는 고사故事를 말함.
174) 맹자 어머니가 맹자가 어렸을 때 좋은 환경을 찾아 이사를 세 번이나 했다는 고사故事.
175) 알아보지 못했는데, 혹 오자誤字가 없는지.
176) 어느 곳을 말한 것인지 알아보지 못했다.
177) 초楚나라 사람이 다른 나라에 잡혀가서도 초楚나라 갓을 쓰고 있다는 것을 말함. 절개를 지키는 사람.

夢驚池草惜殘春	잠을 깨자 못의 풀에 봄이 남았음을 아낀다.
想當彩服趨庭日	빛난 옷으로 뜰을 달려가는 날을 생각하며
忍作何辭慰老親.	차마 무슨 말을 하여 어머니를 위로 하랴.

라 했다. 기처寄妻 시詩에 말하기를,

琴瑟恩情重	부부 사이의 은정이 무거웠는데
相逢未二朞	서로 만남이 두 해가 되지 못했다오.
今成萬里別	지금 만리로 이별하게 되었으니
虛負百年期	백 년의 기약을 헛되이 등지게 되었소.
地闊書難寄	땅이 넓어 글을 부치기 어렵고
山長夢亦遲	산은 길어 꿈도 또한 더디겠다.
吾生未可卜	내 삶을 예측할 수 없으니
須護腹中兒	모름지기 뱃속의 아이를 잘 보호하오.

라 했는데, 시의 내용이 슬퍼 차마 읽을 수 없다. 죽을 때 홍학사洪
學士는 오십 이세, 오학사吳學士는 서른 두 살이었다.
　학곡鶴谷 홍서봉洪瑞鳳의 한녀寒女 시詩에 말하기를,

寒女鳴機瀉淚頻	가난한 여인이 베를 짜며 자주 눈물 흘려
撲天風雪夜來新	하늘을 치는 풍설이 밤에 새로 내린다.
明朝截與催租吏	내일 아침 조세 독촉하는 관리 끊어줄 텐데
一吏纔歸一吏嗔.	한 관리 겨우 가면 또 한 관리 꾸짖는다.

라 했는데, 매우 가난해 슬프고 고된 형상을 볼 수 있다.
　내 증조부 일봉공一峰公의 시률詩律은 맑고 아름다워 식암息庵
김석주金錫冑가 탄복한 바였다. 소년이었을 때 낙목시落木詩 오언

절구五言絶句에,

落木蕭蕭下	나뭇잎이 소소히 떨어지며
秋江一夜寒	가을 강이 하룻밤에 춥다오.
孤舟風露滿	외로운 배에 이슬이 가득해
移棹入前灘.	돛을 옮겨 앞 여울로 들어간다.

라 했다. 태극정太極亭 칠언절구七言絶句에 말하기를,

寒塘水落石稜出	찬 못에 물이 줄어드니 바위가 나타나고
霜着巖楓一半紅	서리가 내리자 바위에 있는 단풍나무 잎은 반쯤 붉다.
談罷小亭僧獨去	정자에서 이야기가 끊어지자 스님만 홀로 가고
亂山秋色夕陽中	석양에 가을빛이 산을 어지럽힌다.

라 했으며, 중흥동中興洞 시詩에 말하기를,

上方秋色欲黃昏	북쪽은 가을빛으로 황혼이 되려하니
獨把瑤琴步石門	홀로 거문고 가지고 석문을 거닐었다.
流水繞山雲滿壑	흐르는 물은 산을 둘렀고 구름은 골짜기에 가득해
不知何處武陵源.	어느 곳이 무릉원인지 알지 못하겠다오

라 했다. 강촌江村 오률五律에 말하기를,

八月蘋風起	팔월 마름에 바람이 불어
蕭蕭蘆荻多	소소히 갈대가 많다.
秋聲向暮緊	가을 소리가 어둠을 향해 급하고
孤篴隔江過	외로운 피리소리는 강에 막혀 지나간다.
拖白雲歸洞	흰 구름을 끌고 골짜기로 돌아가며

翻金月湧波　　금빛을 뒤집고 달이 물결에서 솟았다.
何處客更唱　　어느 곳에서 손이 다시 노래를 부르는가.
竹枝歌送人.　　죽지가竹枝歌로 사람을 보내고자 한다.

라 했으며, 송인송도送人松都 칠률七律에 말하기를,

東風送客洛陽西　　동풍에 낙양 서쪽으로 손을 보내며
把酒城隅惜解携　　술잔 잡고 성 모퉁이에서 손 놓기를 아까워한다.
細草暗催春意動　　가는 풀은 몰래 봄뜻을 움직이게 재촉하고
暮雲便傍別筵低　　저문 구름도 이별하는 자리에 옆으로 낮춘다.
日斜鵠嶺孤登遠　　곡령鵠嶺에 해가 비낄 즈음 홀로 멀리 올랐으며
氷泮臨江獨渡迷　　얼음 녹는 강물 홀로 건너기는 주저가 된다.
君去莫尋亡國跡　　그대 가면 망국의 자취는 찾지 마오.
古堆殘月不勝悽.　　옛 누대의 남은 달빛에 슬픔을 견딜 수 없다오

라 했으며, 송삼척재送三陟宰 시詩에 말하기를,

形勝東關第一州　　경치가 동관에서 제일의 고을이며
竹西終古號仙丘　　죽서루竹西樓는 예부터 선구仙丘로 불렀다오
百年有分丹沙境　　평생에 단사丹沙178)의 지경과 인연이 있어
五馬催行赤葉秋　　오마五馬179)로 단풍이 든 가을 길을 재촉해 간다.
雲外玉峰當檻出　　구름 밖에 아름다운 봉은 난간 옆에 솟았고
海門銀波撲天流　　바다의 은빛 물결은 하늘을 치며 흐른다.
應知謝朓驚人句　　응당 사조謝朓180)의 경인구驚人句를 알겠지만

---

178) 선구仙丘와 같은 의미인 단구丹丘와 비슷한 의미가 아닌가 한다.
179) 수레를 네 마리의 말이 끌게 되나 수령守令이 임지로 갈 때 오마五馬를
끌게 하는지, 임지가 고향 또는 연고가 있는 지역에 임명되어 갈 때 오
마五馬를 끌게 하는지, 김종직金宗直도 고향인 선산부사善山府使로 갈
때 오마五馬라는 말을 했다.

十二欄高獨倚樓. 열 두 난간 높은 누에 홀로 의지했다.

라 했다.

　종증조從曾祖 졸수재拙修齋 공公은 경학 연구에 주력하고 사장에는 관심이 없었으나 때로는 삼연三淵 김창흡金昌翕 서파西坡 오도일吳道一과 더불어 시를 주고받고 한 인물이었다. 그의 간화看花 시詩에 말하기를,

洛陽無限賞花人 낙양에 한없이 꽃을 좋아하는 사람들이
漫說年年花柳新 해매다 꽃과 버들이 새롭다고 자랑한다.
誰識天機均物物 하늘의 조화가 물물마다 고르게하는 것을 누가 알랴
各隨時節弄精神. 각자 시절을 따라 정신을 희롱한다오.

라 했다. 산사山寺 시詩에 말하기를,

小雨初晴淑氣新 적은 비가 처음 개자 맑은 기운이 새로우며
巖花如錦草如茵 바위에 핀 꽃은 비단 같고 풀은 지초 같다.
花間細路穿雲去 꽃 사이 가는 길이 구름을 뚫고 가며
溪上和風吹角巾. 시내의 시원한 바람이 각건角巾[181]에 분다.

라 했으며, 송인유산送人遊山 시詩에 말하기를,

仙袂翩翩道氣凉 신선의 옷소매 흔들리어 도기道氣가 서늘하고
秋山歸路入迷茫 가을 산에서 귀로에 혼미한 곳으로 들어갔다.
小溪孤塔依然在 작은 시내와 외로운 탑은 그대로 있고

---

180) 진晉나라 때 문인. 오언시五言詩에 능했다고 하며 글씨도 잘 썼다고 한다.
181) 모가 난 수건으로 은자隱者가 쓰는 것이라 함.

明月蒼松古意長. 밝은 달 푸른 소나무에 옛 뜻이 길었다.

라 했다. 오언률시五言律詩에 말하기를,

惜別春風晚	늦은 봄바람과 이별하기 아까우며
樽前黃鳥啼	술통 앞에 꾀꼬리가 운다.
把疴雙鬢改	병이 있어 양쪽 살쩍머리가 바뀌었고
話舊十年迷	십 년의 옛 이야기는 혼미하기도 하다.
衰境詩偏苦	노쇠한 지경에 시 짓는 것도 매우 괴롭고
離裾醉更携	취해 옷을 벗었다가 다시 입었다.
天涯芳草路	하늘가의 꽃다운 풀이 있는 길에
極目海雲西.	눈을 크게 뜨고 서쪽 바다 구름을 본다.

라 했으며, 송연사送燕使 시詩에 말하기를,

星槎西去隔秋還	배를 타고 서쪽으로 가면 가을이 지나 오겠는데
萬里山河倚劍看	먼길에 있는 산과 강을 칼에 의지하여 보겠다.
地接黃雲秦後堞	땅과 접한 황운은 진나라 뒤에는 성첩과 연했고
天留明月漢時關	하늘에 머무른 명월은 한나라 때의 관문이었다.
崢嶸碣石吟邊出	높은 갈석碣石182)이 시를 읊는 주변에서 나오고
莽盪神州眼底寬	광활한 신주神州183)를 눈 밑에 두고 여유있게 보았다.
男兒壯觀方快意	남아가 장한 것 보는 것은 통쾌한 일이니
休言王事此行艱.	국가의 일로 가는 것을 어렵다고 하지 마오.

라 했는데, 깊게 염락濂洛184)의 의치意致를 얻었다.

---

182) 돌을 깎아 크게 만든 비석를 말하는 것이 아닌가 한다.
183) 옛날 중국 사람들이 자신들이 살고 있는 전지역을 신주神州라 했음.
184) 송宋나라 때 주돈이周敦頤와 정호程顥 형제의 학파를 말함.

　　해고위海高尉의 『현주잡기玄州雜記』에 말하기를 백씨伯氏가 안
절按節로 관동關東 지방을 순행巡行하면서 강릉江陵에 이르러 그곳
에서 본 젊은 기생 후비연後飛燕이 얼굴도 아름답고 재주가 있었
다. 그 기생에게 절구 한 수를 주었는데 그 시에 말하기를,

　　澄江一色淨如練　맑은 강이 한빛으로 비단처럼 깨끗해
　　客子登艦興不淺　나그네가 배에 오르니 흥이 얕지 않다.
　　終古江陵佳麗地　예부터 강릉은 아름다운 곳이었는데
　　佳人又出後飛燕.　가인으로 또 후비연後飛燕이 나왔다.

라 했는데, 택당澤堂 이식李植이 이 시의 운을 따라 말하기를,

　　江陵兒女顏如練　강릉의 아녀가 낯이 비단 같아
　　荳蔲梢頭春意淺　두구荳蔲185) 가지 머리에 봄뜻이 얕다.
　　只恐他日使華歸　다른 날 안찰按察이 돌아가게 되면
　　東飛白鷺西飛燕.　동쪽은 백로, 서쪽은 제비가 날까 두렵다.

라 했다.
　　남유상南有常 수찬修撰은 호가 태화太華였고 호곡壺谷 남용익南
龍翼의 증손이다. 시재詩才가 뛰어났는데 아깝게도 일찍 죽었다. 그
의 채련곡採蓮曲에 말하기를,

　　皎皎水中月　밝고 밝은 물 가운데 달은
　　水動無定色　물이 움직이면 정한 빛이 없다.
　　郎心有如此　낭군의 마음도 이와 같아

---

185) 콩 종류를 말하기도 하고 약초 이름이라고도 한다.

愁殺鴛鴦浴　원앙새가 목욕하는 것을 몹시 근심한다오.

라 했고, 또 말하기를.

牽舟下長浦　배를 저어 장포로 내려가다가
結伴上橫塘　짝을 맺어 횡당 위로 오른다.
農家知有客　농가에 손이 있음을 알 수 있는 것은
白馬繫垂楊　흰말이 버드나무에 매였다.

라 했다. 수명루水明樓의 칠언절구七言絶句에 말하기를,

靑山相對水明樓　푸른 산은 수명루와 서로 마주했고
雁鶩雙飛芳草洲　기러기가 방초 섬에서 쌍으로 날고 있다.
兩岸桃花無數發　양쪽 언덕에 복숭아꽃이 많이 피었으며
淸樽移上木蘭舟.　맑은 술통을 작은 배에 옮겨 놓았다.

라 했으며, 운수암雲水庵의 오언률시五言律詩에 말하기를,

地淸還有月　땅이 맑아 돌아보니 달이 있고
山僻復無塵　산이 깊숙해 다시는 먼지가 없다.
麋鹿知僧面　고라니와 사슴이 스님을 알아보며
蛛絲上佛身　거미가 부처 몸에 올라 줄을 친다.
落花空裡雨　꽃이 빈 곳에 비처럼 떨어지고
流水世間春　흐르는 물은 세간의 봄이라오.
一轉金剛偈　금강게金剛偈[186]를 한 번 외우니
緣渠欲問眞.　그것으로 인연해 진眞을 묻고자 한다.

---

186) 불교 경전經典의 하나, 반야심경般若心經의 다른 이름.

라 했으며, 송이천보지홍천送李天輔之洪川 시詩에 말하기를,

送子折楊柳	버들가지 꺾어 주며 자네를 보내니
春風吹遠遊	봄바람은 멀리 가는 여행을 위해 분다.
離心漢陽樹	한양 나무에는 마음이 떠났고
歸興渼陰舟	미음渼陰에 있는 배로 흥이 돌아간다.
兩纜投江店	두 닻줄은 강변 상점에 던져두고
烟花到君樓	아지랑이 속에 그대의 다락에 이르렀다.
蓬萊自此出	봉래산을 이로부터 가고자 했는데
尙可問丹丘	오히려 단구丹丘를 묻는 것이 좋을 듯하다.

라 했으며, 낙빈서원洛濱書院의 칠언절구七言絶句에 말하기를,

蒼苔寂寂有殘碑	푸른 이끼 쓸쓸하고 비만 남아 있어
此地雲烟萬古悲	이곳의 변화는 만고의 슬픔이오
山鳥自來林下語	산새도 스스로 와서 숲속에서 말하며
東風花落六臣祠.	봄바람에 육신사의 꽃이 떨어진다오

라 했으며, 송인送人 시詩에 말하기를,

春風送子賦東遊	동풍에 자네를 보내며 동유東遊 시詩를 짓고자 하니
楊柳離離漢水流	버들은 늘어졌고 한강 물은 흐른다.
好取釣竿留待我	낚시대를 잘 보관해 나를 기다리고 머무르게
金屛山下盡芳洲.	금병산 밑이 모두 방주芳洲라오.

라 했다. 기인寄人 시詩에 말하기를,

| 柴門客去不收碁 | 사립문으로 손은 가고 바둑돌은 거두지 않았으며 |

山雨冷冷睡未知	산에 내리는 비가 쌀쌀해 잠을 잣는지 모르겠다.
一陣松風吹白帢	한때의 소나무 바람이 흰 사모에 불자
乘凉起讀劍南詩.	서늘해 일어나 검남시劍南詩[187]를 읽는다.

라 했으며, 의염곡擬艶曲에 말하기를,

妾有紅羅七寶扇	첩은 붉은 비단과 칠보 부채가 있어
逢郞笑語索題詩	낭군을 만나자 웃으며 시 제목 찾는다고 말한다.
春風暗入珠簾動	봄바람이 몰래 들어와 주렴을 흔들어
凌亂楊花撲硯池	버들 꽃을 어지럽게 하여 벼루 물을 친다.

라 했고, 주유舟遊 칠률七律에,

秋色江聲滿遠天	가을빛과 강물 소리 먼 하늘까지 가득하며
中欹蕭〇不停船	(낙자가 있어 그대로 둔다.)
洲空白鷺娟娟下	빈섬에 백로가 간들거리며 내려
岸轉靑林冉冉前	언덕으로 옮겨 푸른 숲 앞에 늘어져 있다.
野照明減猶雨墮	들에 깜박거리는 빛은 비가 내리는 것 같고
渚陰重疊有雲懸	사장에 짙은 그늘은 구름과 연결된 듯하다.
藏身城市眞聊爾	도시에 몸을 숨기는 것을 참으로 바랐던 것인가
濯足滄浪更浩然	서늘한 물에 발을 씻으니 마음이 다시 넓어진다.

라 했으며, 종암회우鍾巖會友에서 지은 오언률시五言律詩에 말하기를,

石逕行彌靜	돌길을 가다가 그치니 고요하고

---

187) 송宋나라 육유陸遊가 촉蜀나라에 머물면서 그곳 풍토를 소재로 하여 지은 시를 검남劍南 시詩라 했다.

山亭到更遲	산정에 이르자 다시 쉬었다.
百年浮世意	한평생이 덧없음을 의식하며
十里故人期	십리 밖의 친구와 기약했다.
流水彈碁聽	흐르는 물은 바둑 두는 소리처럼 들리며
高霞拂袂知	높은 안개가 소매를 떨침을 알겠다.188)
荷花正搖亂	연꽃이 바로 어지럽게 흔들릴 즈음
留客賦新詩	머문 손은 새 시를 짓는다.

라 했는데, 새로 지은 시가 작품마다 현실 세계를 벗어날 생각이 있으니 그가 혼탁한 세상에서 오래 살지 못한 것이 마땅하지 않은가 한다.

문관文官 신유한申維翰은 영남의 향인鄕人이다. 호는 청천青泉인데 문장文章으로 이름이 크게 알려졌다. 지금 그의 시에서 가장 아름다운 것을 선발해 보고자 한다.

먼저 그의 송인送人 시詩 칠률七律을 들어보면,

相逢詞客五雲裘	오운구五雲裘189)를 입은 사객과 서로 만나
明月開樽漢水流	밝은 달밤 한강 변에서 술을 마셨다.
最愛旗亭雙玉女	기정旗亭190)의 쌍옥녀雙玉女를 가장 좋아하는 것은
爲誰齊古唱楊州.	누구를 위해 예과 같이 양주곡楊州曲을 부르랴.

라 했으며, 오언률시五言律詩에 말하기를,

---

188) 이 시의 경련頸聯의 말은 이해가 쉽지 않다.
189) 무늬가 다양한 갓옷이 아닌가 한다.
190) 술집 또는 요리집을 말함. 옛날 중국에서 기를 세워 술집을 표시했기 때문에 하는 말이다.

官城數杯酒	관청에서 몇 잔 술 마시니
芳草映欄干	꽃다운 풀이 난간을 비친다.
行色將歸晚	행색이 돌아가기에는 늦었고
離心欲難○	(○에는 낙자가 되었다.)
雁天江樹廻	하늘의 기러기는 강변 숲을 돌고
鷄曉驛梅寒	닭이 우는 새벽 즈음 역에 있는 매화는 차다.
去去皆春事	가고 가도 모두 봄 일이니
樓垧夢裏看.	누대樓垧에서 꿈속에 보련다.

라 했다. 도락강渡洛江 시詩에 말하기를,

歲暮商山路	해가 저물 즈음 상산商山[191] 길에서
羈愁一夢涼	나그네는 근심으로 꿈도 서늘하다.
泊船鷗背雨	배를 대자 갈매기 등에 비가 오고
彈琴雁邊霜	거문고를 타니 기러기 주변에 서리가 내린다.
極浦行人少	넓은 포구에 다니는 사람은 적고
孤城樹色長	외로운 성에 나무 빛은 길다.
逢君歌舊曲	그대를 만나 옛 곡을 노래하니
白雪滿江鄕.	흰 눈이 강과 산에 가득하다.

라 했으며, 송인送人 칠률시七律詩에 말하기를,

黃鳥翩翩官柳深	짙은 버드나무에 꾀꼬리가 오락가락하며
送君花落鳳城陰	봉황성 그늘에 꽃이 지는데 그대를 보낸다.
新愁向客催春酌	새 근심은 손을 향해 술잔을 재촉하고
別調驚人罷月琴	별조別調가 사람을 놀라게 해 거문고를 그치게 한다.
入洛孤燈天外夢	낙양洛陽에 가면 고등孤燈은 하늘 밖의 꿈이요,

---

191) 상주尙州의 옛 이름.

渡江脩竹兩邊心	강을 건너자 긴 대나무가 양쪽 가운데 있다.
秋來雁浦情多少	가을이 오면 포구의 기러기에 정도 다를 수 있으니
珍重相思繫好音.	신중하게 서로 생각하여 좋은 소리를 잡으면 하오

라 했다. 또 증인贈人 시詩에 말하기를,

秋風倦客獨徘徊	추풍에 게으른 나그네가 홀로 배회하며
極目東南氣色來	동남쪽으로 가을 기색이 오는 것을 본다.
八月寒砧當落葉	나뭇잎 떨어지는 팔월에 다듬이 소리 서늘하고
三更畵角滿登臺	삼경에 대臺에 오르니 대평소 소리 가득하다.
滄江積雨蛟龍怒	서늘한 강에 비가 많이 오자 교룡이 화를 내고
古木繁霜鳥雀哀	고목의 많은 서리에 새들은 슬퍼한다.
明發與君歌伏櫪	내일 새벽 그대와 더불어 복력伏櫪192)을 노래하면서
恐令搥碎眼前盃.	눈앞의 술잔을 던져 깨뜨릴까 두렵다.

라 했으며, 신발과천晨發果川 시詩에 말하기를,

荒城殘角響天風	거친 성에 대평소 소리는 바람으로 하늘까지 울리고
明發駸駸馬首東	새벽에 말머리 동쪽으로 하여 빨리 달린다.
深巷鷄鳴孤月黑	깊은 골짜기에 닭은 울고 달은 컴컴하며
遠村人語一燈紅	먼 마을에 사람 소리와 등불 빛이 붉다.
身隨驛使梅花色	역사驛使를 따라 가는 몸은 매화 빛이며
夢入淮山桂樹叢	꿈에 회산淮山의 계수나무 떨기로 들어간다.
今夜瓊樓寒幾許	오늘밤 다락에는 얼마나 추울까.
黯面回首五雲中.	낯을 가리고 오색구름 가운데로 머리 돌리다.

라 했으며, 촉석루矗石樓 시詩에서 말하기를,

---

192) 말을 마구간에 쉬게 함.

晋陽城外水東流　진양성晋陽城 밖에 물은 동쪽으로 흐르며
叢竹芳蘭綠映洲　대숲과 아름다운 난초의 푸른빛이 섬을 비친다.
天地報君三壯士　천지에 임금 은혜 갚은 삼장사三壯士며
江山留客一高樓　강산의 제일 높은 누에 손은 머물렀다.
歌屛日照潛蛟舞　가병歌屛에 해가 비치면 숨었던 용도 춤을 추고
劍幕霜侵宿鷺愁　싸우는 장막에 서리가 내리자 자던 백로가 근심한다.
南望斗邊無戰氣　남쪽에서 북두성 주변을 살펴보니 싸울 기운이 없어
將壇笳鼓半春遊.　장단에 피리와 북으로 봄에 반은 논다네.

라 했는데, 이 시는 일세에 많이 회자膾炙되었다. 화산花山 칠언절
구七言絶句에 말하기를,

鷄林舊譜千年在　계림의 옛 악보는 천년 동안 남아 있어
女樂餘姿百種宜　여악으로 백여 종이 남은 자태는 마땅하다오.
戎粧拂劒黃昌舞　융장戎粧하고 칼을 휘두르는 것은 황창193)의 춤이요
畫舫撑篙雪鬢詞.　선실에서 상앗대로 버티는 것은 설빈사雪鬢詞라오

라 했다. 또 말하기를,

花山都護古名州　화산 도호는 예부터 이름 있는 고을로서
○畫亭坮錦掛秋　그림 같은 정대에 가을이면 비단을 걸어 놓은 듯하다.
妓隊傳呼催擁髻　기생은 때를 지어 최옹계催擁髻를 전해 부르고
使車來自映湖樓.　사군使君은 영호루映湖樓로부터 왔다오

라 했다. 또 오언절구五言絶句에 말하기를,

---

193) 신라 때 화랑花郎으로 싸움에 나가 전사한 인물. 밑에 설빈사鬢雪詞는
　　노래 이름인듯한데 알아보지 못했다.

朱軒覆綠池	붉은 추녀 끝은 푸른 못을 덮었고
日照幽蘭靜	해가 깊숙한 곳에 있는 난초를 비추며 고요하다.
中有鼓琴人	가운데 거문고 타는 사람이 있어
歌巾坐花影.	머리에 수건을 두루고 꽃 그림자에 앉았다.

라 했는데, 각체가 모두 기일奇逸하고 맑고 굳세다. 제술관製述官으로 일본日本에 가서 지은 일동죽지사日東竹枝詞 삼십여 수가 있다.

봉래蓬萊 양사언楊士彦194)의 시에 말하기를,

美人如玉隔三山	옥 같은 미인이 삼산三山195)에 가리었으니
十載江湖鬢雪班	십 년 동안 강호江湖에서 살쩍머리 눈처럼 아롱졌다.
願寄衷情明月夜	충정을 달 밝은 밤에 부치기를 원하는 것은
和風吹入玉蘭干.	화풍이 불어 옥난간에 들어오게 한다오.

라 했는데, 양봉래楊蓬萊는 일찍 천안天顔196)을 한번 보려고 했으나 이루지 못하자 바로 능행陵幸하는 날에 많은 사람들 가운데 섞여 곤룡포와 면류관을 우러러보고 이 시를 지었다고 이른다. 그는 한 시대의 기이하고 걸출한 재능이 있었던 인물이었으나 떨어져 때를 만나지 못했으니 가석한 일이다.

천한 사람으로서 시에 능해 이름이 있는 자들은 작품이 원숙하고 민첩하며 우러러 볼만하다고 하나 약간 지름길을 이해했을 뿐 당시唐詩의 운치韻致에 접근한 자로는 전혀 볼 수 없다.

---

194) 봉래蓬萊는 사기士奇 형 사언士彦의 호인데, 이러한 경우는 해동시화海東詩話에서도 볼 수 있다. 이들 형제 중에서 형이 더 유명했다. 봉래로 호가 있을 경우는 본문 기록이 틀린 것으로 생각돼서 역자는 호를 따랐다.
195) 삼산三山은 삼신산三神山을 말함.
196) 임금이 용모를 말한 것으로 용안龍顔이라 하기도 한다.

　　근간 양근楊根에 성이 정鄭 씨氏인 자는 바로 선비 집의 종이었
다. 스스로 호를 초부樵夫라 했으며 시가 극히 맑고 주목할 만하다.
그는 일찍 흉년을 만나 장문狀文으로써 그 고을 원에게 식량을 빌
려주기를 청했더니 원이 말하기를 "너는 천한 종으로 어찌 양식 빌
려주기를 청하며, 이 글은 누가 지었는가" 정鄭이 말하기를 "이것
은 소인이 직접 쓴 것이라"하자 원이 말하기를 "네가 글을 안다고
하니 내가 운을 불러 시험해 보고자 한다. 네가 만약 시를 지으면
양식을 줄 것이고 짓지 못하면 태형을 면치 못하리라"하고 즉시 완
사명월하浣紗明月下를 제목으로 하고 운을 불러 짓게 했더니 바로
율시律詩 한 수를 지었는데 말하기를,

白石磷磷月照沙	흰 돌은 번쩍이고 달은 사장을 비추며
夜天如水水如紗	밤하늘은 물 같고 물은 실과 같다.
輕霑雪藕纔分明	눈에 가볍게 젖은 연이 겨우 분명하며
亂疊霞紋未作花	첩첩이 쌓인 안개 무늬로 아직 꽃이 피지 않았다.
不是蛟盤珠結淚	교룡이 서리어 구슬같은 눈물을 맺게 할 뿐만 아니라
只應蟬翼露凝華	매미가 날개로 이슬을 빛나게 응기고자 한다.
招招且待東隣伴	동쪽 이웃을 불러 친할 때까지 짝해
織罷春機垂楊家.	수양버들집 베 짜는 것 파할 때를 기다릴 것이오

라 하니 원이 보고 놀라며 이상히 여겨 양식하게 쌀을 넉넉히 주었
다. 이 시가 당시에 회자되었으나 탁한 진흙에 연꽃이 피었고 썩은
풀밭에서 반딧불이라 할만하다. 그의 동호東湖의 절구絶句에,

東湖春水碧於藍	동호의 봄 물이 남색보다 푸르며
白鷺分明見兩三	백로가 분명히 두세 마리 보인다.
柔櫓一聲飛去盡	연한 노 소리에 모두 날아 가버리고

夕陽山色滿空潭.   석양에 산 빛은 빈 못에 가득하다.

라 했다.197)

어떤 사람이 남쪽에서 종을 데리고 와서 풀과 나무를 해오게 시켰는데 그 종이 매일 산에는 가지만 나무는 한 묶음에 지나지 않았다. 주인이 그 종을 꾸짖어 말하기를 "먹는 밥을 하기 위해서 나무를 해오게 했는데 네가 게을러 해오지 않으니 뒤에는 반드시 많이 해오라" 하며 질책했으나, 다음날 해오는 것도 전날과 같았다.

어느 날 주인이 그 종의 뒤를 모르게 추적하여 하는 일을 보니 종이 나무는 하지 않고 산언덕에 앉아 꾀꼬리가 날아오르는 것을 보고 생각하는 바가 있는 듯했다. 주인이 이상하게 여겨 물어 말하기를, "너는 나무는 하지 않고 날으는 새만 보고 있는 것은 무슨 까닭인가"하니 종이 말하기를 "양기陽氣가 땅으로부터 오르는데 새도 양기를 따라 날마다 점점 높아지니 하늘의 조화를(천기天氣) 스스로 얻고 있다. 이것도 또한 궁격窮格의 하나일 뿐입니다"하므로 주인이 말하기를 "네가 이미 궁리窮理를 말하니 글을 알겠구나. 내가 너를 시험해 보고자 하는데 네가 시를 짓겠느냐"하고 잇달아 천자天字를 운으로 부르니 그 종이 바로 대답해 말하기를,

躍來魚率性　　뛰어오르는 고기는 솔성率性을 하고
飛去鳶能天.　　날아가는 솔개는 능천能天을 한다.198)

---

197) 이 시의 전구轉句의 비거飛去는 무엇이 날아갔는지 알 수 없으므로 승구承句의 백마白馬를 로로白鷺로 역자가 바꾸었다. 그리고 이 절구는 끝에 세자細字로 기록되었음.

198) 이 시의 내용은 경전經典에 나오는 말로서 솔성率性은 『중용中庸』 첫머리에 있는 말이며, 솔率은 『시경詩經』에 있는 말로 따른다는 뜻이라 하며, 능천能天도 『시경詩經』에 있는 말인데 순야循也라 했다.

라 했다. 대개 이것은 글만 많이 읽었을 뿐만 아니라 연비鳶飛 어약
魚躍과 비은費隱의 깊은 이치를 알고 있는 것이다. 주인이 크게 놀
라며 말하기를 "너는 다른 사람의 일을 해주고 있는 것이 옳지 않
다. 너의 집에 돌아가서 네가 좋아하는 바를 쫓아 하라"하고 바로
놓아 주었는데, 결국 그 종은 어떻게 되었는지 알 수 없지만 그가
과연 서고청徐孤靑과 같은 사람이 되었는지 알 수 없다.

근세에는 부인으로서 시에 능한 자가 매우 드물었다. 대개 여성
들이 시를 짓는 것에 대해 꺼릴 뿐만 아니라 집에만 있으면서 나가
지 않았기 때문일 것이다. 이러한 사회적인 풍조에서도 가장 우수
했던 자는 월곡月谷 오원吳瑗의 모부인이었는데 그는 바로 농암農
巖 김창협金昌協의 딸로서 오랫동안 교육을 받아 가구佳句가 있다.
그가 신원사仙源祠를 지나면서 지은 시의 낙구落句에 말하기를,

精忠染盡祠前樹　정충精忠은 사당 앞의 나무를 모두 물 드려
秋後霜楓葉葉丹.　가을 뒤 서리 내린 단풍나무 잎마다 붉다.

라 했다.

양천陽川에 어떤 부인이 있었는데 그의 시에 말하기를,

秋晚輕雲生海薄　늦가을에 가벼운 구름은 바다에서 엷게 생기고
夜深寒月山上遲.　밤이 깊자 찬 달이 산 위에 늦게 뜬다.

라 했다. 그의 생애가 맑아 괴로움을 스스로 가리지 못했다.

근간에 시골 어떤 여인의 춘일春日 시詩에 말하기를,

懶罷春眠刺繡遲　봄 조름에 게을러 자수가 늦었으며

碧桃花落聽黃鸝	복숭아꽃이 떨어지자 꾀꼬리 소리 들린다.
紅絲未結心先結	붉은 실 맺지 못하고 마음을 먼저 맺었으니
誰識針停不語時.	누가 바느질 멈추고 말하지 않은 때를 알아주랴.

라 했는데, 봄에 대한 생각이 어둡고 홍안紅顏이 늙은 듯하다.

　정평定平 기생 취연翠蓮은 시재詩才가 있다고 했는데, 회곡晦谷 윤양주尹陽朱가 북관北關에 안찰갔을 때 그를 불렀는데, 그때 장마가 계속되어 돌아가지 못해 수심이 얼굴에 가득했다. 윤공尹公이 그에게 시를 짓게 했더니 취연이 바로 절구 한 수를 지었다. 그시에 말하기를,

十日長霖姑未晴	시일 긴 장마가 아직 개지 않아
愁鄉暗暗夢中驚	고향 근심이 깊어 꿈에서도 놀랐다.
中山在眼如千里	중산이 눈에 있으나 천 리 같아
悄倚危欄默數程	근심으로 난간에 의지해 묵묵히 길을 헤어본다.

라 했는데, 중산中山은 바로 정평定平의 별호라 한다. 윤공尹公이 기이하게 여겨 취연翠蓮을 집에 돌아가게 했다. 취연翠蓮의 아우도 글씨를 잘 썼으며 이름을 소정蘇精이라 했는데 대개 소동파蘇東坡의 서법書法을 좋아했기 때문이라 한다.

　백하白下 윤정尹淳이 서교西郊에 물러나 있으면서 어떤 시골 여인이 시를 잘 짓는다는 말을 듣고 말을 보내 오게 했는데, 그 여인의 시 오언절구五言絶句의 결구結句에 말하기를,

| 折楊鞭白馬 | 버들을 꺾어 백마를 채찍하니 |
| 鶯失一枝春. | 꾀꼬리는 한 가지의 봄을 잃었다. |

라 했으며, 그 여인이 가고자 하면서 다시 한 절구를 지었는데 그
시에 말하기를,

溪路暮烟起　　　시내 길에 저녁연기 오르고
斜陽白鷺前　　　사양에 백로가 앞에 있다.[199]
君○看漸遠　　　그대를 보는 것이 점점 멀어져
歸不忍加鞭.　　돌아가면서 차마 채찍을 더할 수 없다.

라 했는데, 이 여인의 재주는 뛰어난 자이다.

어떤 유생儒生이 갈산葛山 정사店舍에 자면서 새벽에 일어나 장
차 출발하고자 할 즈음 상인 삼사 명이 콩을 싣고 가다가 내려놓고
앉아 쉬고 있으면서 한 사람이 주머니 속에 있는 종이에 쓴 절구絶
句 한 수를 같이 가는 사람에게 내어 보이는데 그 절구에 말하기를,

店樹溪雲曉色凄　　점포 나무와 시내 안개로 새벽빛이 차며
行人秣馬第三鷄　　가는 사람들이 셋째 닭이 울자 말을 먹인다.[200]
阿郞販豆京師去　　낭군은 콩을 팔러 서울로 가고
小婦舂歸月在西.　소부는 절구질하고 돌아오니 달이 서쪽에 있다.

라 했는데, 옆에 앉았던 사람이 그 종이를 빼앗아 그 밑에 써 말하
기를,

---

199) ○ 한 곳의 글자는 보이지 않아 알 수 없다. 위의 서고청徐孤靑은 인조·
　　효종 연간 대전大田 근처에 생존했던 인물로서 신분은 종이었으나 학문
　　이 깊어 주인으로부터 방면이 되었다고 하며, 제자에 지역 명사들이 적
　　지 않았다고 한다.
200) 옛날 시계가 없을 때 새벽닭 우는 횟수로 시간을 짐작했다.

夫壻遠出	남편이 멀리 나가
少婦獨宿	소부가 혼자 잔다.
落月在西	지는 달은 서쪽에 있고
四隣俱寂	사방이웃은 모두 고요하니
則得無惡少年 可笑之事乎	악한 소년들의 가히 웃을 일은 없을까.

라 하여, 서로 보며 웃었다. 그 유생儒生이 창틈을 통해 보고 크게 놀라며 일어났다. 아, 이러한 인재가 세상에 숨어 살면서 다른 사람의 일을 해주고 있으나 알지 못하니 아깝구나.

서파西坡 오도일吳道一이 관동關東 지방을 안찰하다가 낙산사洛山寺에 이르러 밤에 앉아 시를 짓고 있었다. 운韻으로 천자千字가 있는데 갑자기 스스로 말하기를 경련頸聯의 천자千字를 어떻게 하면 좋은 압자押字로 하겠는가 하니 누 밑에서 소리가 나는데 말하기를 누가 방백方伯이 시를 잘 짓는다고 이르는가 가히 웃겠구나 하므로 서파西坡가 매우 괴이하게 여겨 시험으로 그 말을 반복하자 누 밑에서 하는 말도 전과 같았다.

이에 관리를 시켜 횃불을 들고 찾게 했더니 소금장수가 돌을 베고 자고 있다고 했다. 바로 불러 자리 앞에 앉게 하고 말하기를 "네가 어찌 감히 나를 비웃느냐" 염상鹽商이 말하기를 "사가使家께서 천자千字로써 걱정을 하기 때문에 하고 싶은 말은 했을 뿐입니다"고, 하므로 서파西坡가 말하기를 "네가 능히 좋은 압押을 하게 되면 마땅히 상을 줄 것이요 그렇지 않으면 곤장을 면치 못하리라" 하니 염상이 바로 구句를 연달아 불러 말하기를,

浮天大海東南北	하늘이 뜬 넓은 바다의 동 남북에
插地奇峰萬二千.	땅에 꽂은 기봉은 만이천이오

라 하니, 서파西坡가 크게 놀라 손을 잡고 말하기를 "자네는 과연 기재이며 성명은 무엇인가" 염상이 "천한 사람의 성명을 세상에 전하려 아니 하는데 어찌 억지로 묻고자 할까"하고 말하지 않았다가 단지 성이 오吳라고만 말했다.

몽와夢窩 김창집金昌集이 강도江都에 머물면서 그곳 문루門樓를 중수하고 낙성연落成宴을 하고 있는데 삼연三淵도 또한 그 자리에 있었다. 장차 시를 짓고자 하니 갑자기 누 아래에서 말소리가 시끄러웠다. 물으니 어떤 선비가 올라가서 참석하고자 한다 했다. 몽와夢窩가 허락해 자리에 앉게 했더니 의관이 매우 떨어져 형상이 걸객乞客같았다.

삼연三淵이 무엇하는 사람이냐 하고 물었더니 그 사람이 말하기를 "마니산摩尼山과 바다를 보기 위해 왔다가 이곳에 좋은 잔치가 있다는 말을 듣고 당돌하게 올라왔습니다"라고 했다. 삼연三淵이 말하기를 "자네가 이미 유산遊山을 했다니 반드시 시를 지을 수 있을 것이다. 가구佳句를 짓겠는가"하고 있다가 운자韻字를 보이고 술잔을 주자 그 사람이 말하기를 "가서 할 일이 바쁘기 때문에 먼저 졸구拙句를 드리겠습니다."하고 율시律詩 한 수를 지었는데 그 시에 말하기를,

一帶長江擁石門	한 띠의 긴 강이 석문을 안았고
天敎形勝護東藩	하늘이 좋은 곳으로 동번東藩201)을 보호하게 했다.
追思丙子年間事	병자년 사이에 있었던 일을 따라 생각해 보니
幾斷王孫塞外魂	왕손王孫이 몇이나 죽어 변방의 혼이 되었던가.
今日諸公休進酒	금일 제공들은 술 마시는 것을 그만 하시오

---

201) 옛날 중국 사람들이 중국을 중심으로 우리나라를 동번東藩이라 하기도 했다.

當時大將好傾樽　　당시 대장도 술잔 기울이는 것을 좋아 했다오
書生手裏明三尺　　서생의 손속에 분명히 삼척의 칼이 있으니
欲向陰山洗舊怨.　　음산陰山을 향해 옛 원통함을 씻고자 하오

라 하고, 쓰기를 다하자 바로 갔다. 몽와夢窩가 말하기를 "이 시는 우리들에게 주의하게 한 것이다"하고 잔치를 거두게 했다.

삼연三淵 김창흡金昌翕은 기사년己巳年 화가 있은 후부터 명산을 두루 유람하면서 흔적을 남기지 않고 장사하는 사람처럼 다니면서 장차 설악산으로 가고자 했는데, 길에서 갑자기 소나기를 만나 잠깐 쉬고자 바위 밑에(석굴하石窟下) 갔더니 먼저 한 늙은이가 앉아 있고 또 한 스님은 자고 있었다.

삼연三淵이 갑자기 시흥이 일어나 계속 가늘게 읊고 있으니 옆에 앉은 늙은이가 말하기를 "조대措大가 매우 아름다운 시구詩句가 있어 기쁨이 눈썹까지 흔들린다."하므로 삼연三淵이 말하기를 "늙은이가 만약 시를 이해한다면 내가 마땅히 말을 하리라" 하니 늙은이가 차례로 말을 하게 하므로 삼연三淵이 말하기를,

仙山一面知無分　　선산仙山의 한 면도 분수가 없음을 알지만
秋雨蕭蕭故作魔.　　가을 비가 소소히 내려 일부러 방해를 한다.

라 하며, 어찌 아름답지 아니하냐 하니 늙은이가 구법句法은 자못 좋으나 지자知字가 온당하지 못하다(불온不穩) 하므로 삼연三淵이 말하기를 "이 지자知字는 이 구句에서 안자眼字인데 어찌 다른 좋은 자가 있겠는가."[202]하니 늙은이가 말하기를 "어찌 다른 글자가

---

202) 한시의 형식에서 오언절구五言絶句에는 셋째 자, 칠언절구七言絶句에는 다섯째 자字를 안자眼字라 한다. 음운상音韻上으로 중요한 위치이기 때

없겠는가. 조대措大가 생각하지 못했기 때문이다" 삼연三淵이 한동
안 길게 생각해 본 뒤에 "무슨 글자로 고쳐야 하겠는가?" 하니 늙
은이가 말하기를 "진실로 비자非字를 하면 편안하리라" 했다.

  대개 이 구句에서 지자知字는 뜻이 얕고 말이 이 구에서 끝나지
만(어료語了) 비자非字는 운韻이 멀고 여유가 있으며(유원攸遠) 뜻
도 또한 모이고 쌓였다고 하자(혼축渾畜) 삼연三淵이 크게 놀라며
말하기를 "자네가 이미 시를 알고 있으니 반드시 지은 시에 가구佳
句가 있을 것이다. 외워 알려줄 수 없겠느냐" 늙은이가 말하기를
"비가 이미 개였으니 가야 할 길이 바쁜데 어찌 시를 한다 하겠느
냐. 저 중이 시를 잘하니 같이 말해 보라"하고 옷을 뿌리치며 가버
렸다.

  삼연三淵이 자는 중을 불러 깨워 말하기를 "들으니 네가 시에 능
하다고 하니 전에 지었던 것을 외워 볼 수 없겠느냐" 중이 천천히
일어나 느리게 말하기를 "구름과 물결처럼 떠돌아다니는 사람이 어
찌 전할 만한 시가 있겠는가?" 삼연三淵이 말하기를 "그렇다면 바로
한 수 지어 보겠는가?"하니 중이 말하기를 "조대措大가 꼭 짓기를
강요한다면 진실로 한 수를 지어보리라"하고 바로 써 말하기를,

老僧枕鉢中	노승이 바리떼를 베고 자는데
夢踏金剛路	꿈에 금강산 가는 길을 밟았다.
蕭蕭落葉聲	소소히 나뭇잎 떨어지는 소리에
驚起秋山暮.	놀라 깨니 산에 가을이 저물었다.

라 하고, 읊기를 다하자 바로 가버렸다. 삼연三淵이 읊기를 계속하

  문에 그곳에 놓이는 자를 안자眼字라 하지 않았는가 한다.

다가 홀로 넋을 잃은 듯 앉아 있었으니 시골 늙은이와 산에 있는 중이라 할지라도 어찌 가히 천하다고 업신여길 수 있겠는가.

삼연三淵이 일찍 한강漢江 상류에서 배를 타고 여호驪湖까지 내려왔는데 그때 이서우李瑞雨 참판參判이 영릉寧陵 향관享官으로 갔다가 제사를 마치고 돌아오면서 삼연三淵이 타고 있는 배를 같이 타게 되었다. 이서우李瑞雨가 술을 마신 뒤에 운韻을 정해 시를 짓고자 하므로 삼연三淵이 가까이 가서 운자韻字를 보고자 했다.

이서우李瑞雨가 보니 평범하게 입은 옷에 떨어진 삿갓을 쓰고 있는데 형색이 매우 곤궁해 보이므로 시골에 천한 사람으로 여기고 시험해 물어 말하기를 "네가 운자韻字를 보고자 하는데 혹시 글자를 알고 있느냐. 그렇다면 시를 지을 수 있겠는가"하니 삼연三淵이 말하기를 "천한 사람이(천자賤子) 겨우 우리말을 알고 있으나 글자를 쓰지 못하기 때문에 주변의 경물에서 생각하여 말을 하면 존관尊官께서 하는 말에 따라 구句를 이룰 수 있겠는가", 하므로 이서우李瑞雨가 웃으며 말하기를 "그 의취意趣를 말하면 내가 마땅히 너를 위해 시 형식을 바꾸어 쓰리라"하자 삼연三淵이 이에 말하기를 "저 사공이 배를 저어 이곳을 이호梨湖로 여기고 산 빛은 사방으로 낮은데 하며 이것을 첫 구로 하면 어떻겠는가." 이서우李瑞雨가 기구起句로 하여 말하기를,

擊楫梨湖山四底   노를 저어 이호梨湖에 가자 사방 산이 낮은데

라 하니, 삼연三淵이 말하기를 즙자楫字가 맑지 못하니 마땅히 견자汰字로 고쳐야 할 것이라 하고, 또 여주는 들이 넓고 봄풀이 바야흐로 돋고 있다. 이것을 둘째 구句로 하면 어떨까 하자 이李 참판參

判이,

　　驪州遠勢草萋萋　　여주의 먼 형세에 풀이 깊었다.

라 하니, 삼연三淵이 말하기를 "여려驪의 다른 이름은 바로 황려黃驪
이므로 마땅히 고쳐야 옳을 것이라" 했다. 그리고 파사구성婆娑舊
城은 청심루淸心樓의 북쪽에 있고 신륵사神勒寺 종소리는 백탑白塔
서쪽에 있으니 이것을 경련頸聯이라 이르면 좋을 것이라 했다. 또
말하기를 마암馬巖의 옛 이름은 적석積石이고 두 능에 봄이 되면
소쩍새가 운다고 했는데 이것을 함련頷聯으로 이를 것이라 했다.
이李 참판參判이 또 쓰기를,

　　積石波沈龍馬跡　　적석積石이 파도에 잠기니 용마의 흔적이요
　　二陵春入子規啼　　두 능에 봄이 되면 자규가 운다.

라 하고, 갑자기 이李 참판參判의 표정이 달라지며 일어나 말하기를
"자네가 삼연三淵 김진사金進士가 아닌가 어찌 사람을 이와 같이 속
이는가. 일찍이 유명하다는 말을 많이 들었는데 지금까지 얼굴을
몇 번 보았는데 잘못 알고 지나가면서 두세 번이나 읊게 했다"고
하며 사과하니 삼연三淵도 역시 자신의 종적을 감추기 어려움을 알
고 생각했던 것을 낮추어 드디어 낙구落句로 말했는데 들어보면,

　　翠翁牧老今安在　　읍취挹翠와 목은牧隱은 지금 어디 있느냐
　　如此風光不共携　　이와 같은 풍광을 함께 이끌지 못할 것이다.

라 하니 이李 참판參判이 화운和韻을 할 생각은 하지 않고 좋은 시

에 대한 이야기를 하다가 헤어졌다.

　김천택金天澤의『북헌잡록北軒雜錄』에 말하기를 내가 일찍 읍취헌挹翠軒 박은朴誾의 시와 안평대군安平大君의 글씨가 비슷하다고 말했는데, 안평대군의 글씨는 규모를 송설체松雪體에 두었으나 실질적으로 쓰는 필획筆劃은 이왕二王(왕희지王羲之 부자가 아닌지)에 가깝고, 읍취헌挹翠軒의 시는 비록 진황陳黃(진사도陳師道 황정견黃庭堅)을 법했다 하나 그 신정神精과 흥상興象은 당나라 시인과 같은데 이것은 모두 타고난 재주가 뛰어났기 때문이라 했다.

　읍취헌挹翠軒의 시에,

風從落葉蕭蕭過　바람은 떨어지는 나뭇잎을 따라 소소히 지나가고
酒許山妻淺淺斟.　술을 따르는 산처山妻는 천천히 머뭇거린다.

라 한 것과,

春陰欲雨鳥相語　봄 하늘 짙은 구름에 비가 오려 하자 새들은 지저귀고
老樹無情風自哀.　늙은 나무는 무정한데 바람은 스스로 슬퍼한다.

라 한 것과,

怒瀑自成空外響　성난 폭포는 스스로 멀리까지 울게하고
愁雲欲結日邊陰.　금심스러운 구름은 해 주변을 어둡게 맺고자 한다.

라 한 것과,

夜深纖月初生影　밤이 깊어지자 가는 달은 처음으로 그림자가 생기고

山靜寒松自作聲.　산이 고요하니 차가운 소나무는 스스로 소리를 낸다.

라 한 것과,

一年秋興南山色　일 년의 가을 흥은 남산의 빛에 있고
獨夜悲懷月缺懸.　홀로 있는 밤 슬픔을 조각 달에 걸렸다.

라 한 것과,

故人自致靑雲上　친구는 스스로 청운에 오름을 이루었고
老我孤吟黃菊邊.　늙은 나는 외롭게 국화 옆에서 읊조린다.

라 한 것과,

雨後海山皆秀色　비 내린 뒤에 바다와 산 빛은 모두 빼어났고
春還禽鳥自和聲.　봄이 돌아오자 새들은 스스로 화목하고자 운다.

라 한 것과,

風帆胞與潮俱上　바람을 실은 돛과 조수가 함께 밀려와
漁戶渾臨岸欲傾　어촌의 집들에 다다르자 언덕이 기울고자 한다.

라 한 말들은 비장悲壯하고 노련하며 건강하고 맑고 새롭고 놀랄
정도로서 이규보李奎報의 문집 가운데 이 같은 말을 하나라도 얻을
수 있겠는가.
　용재容齋 이행李荇의 시가 격력格力은 읍취헌挹翠軒에 미치지 못

하나 둥글고 온후하며 맑고 생각이 노련함은 읍취헌挹翠軒과 상대
가 될 만하다. 그의 오언고시五言古詩에 자주 아름다운 것이 있어
동악東岳 이안눌李安訥이 미칠 바가 아니다.

　소재蘇齋 노수신盧守愼의 시가 선조宣祖 초에 가장 뛰어났는데,
그의 시는 침울하고 노련하며 굳세고 넓고 크며 비장悲壯해 깊게
두보杜甫의 격력格力을 얻어 뒷사람들이 능히 미치지 못했다. 대개
그는 근심과 걱정을 하면서 얻은 것이 많았다. 내가 이르기를 이
늙은이가 십구 년 동안 바다 가운데 있으면서 단지 한 것은 숙흥야
매잠해夙興夜寐箴解였으나 말의 뜻을 많이 수용하지 못했고, 뒷날
기운과 절의가 반이 넘게 소멸되어 홀로 두시杜詩를 배워 얻은 것
이 이와 같이 좋을 뿐이다.

　세상에서 호음湖陰 정사룡鄭士龍, 소재蘇齋 노수신盧守愼, 지천芝
川 황정욱黃廷彧을 삼가三家라 일컫고 있다. 그러나 삼가三家의 시
는 실지로 같지 않다. 호음湖陰의 시는 짜임새와 세련됨이 서곤체
西崑體203)와 같으나 작품의 풍격風格이 소재蘇齋와 같지 못하고,
지천芝川은 힘이 있고 굳세며 기이하고 높아 황진黃陳204)에서 나왔
으나 넓고 호방함은 소재蘇齋에 미치지 못하므로 소재蘇齋가 가장
우수했다.

　간이簡易 최립崔岦은 문장205)으로 세상에 널리 알려졌는데, 세상
사람들이 이르기를 시는 그의 본래 면목이 아니라고 이르는데, 요
약하면 역시 소재蘇齋와 치천芝川의 유라 하겠으나, 그의 시가 풍

---

203) 당唐나라 시인 이상은李商隱의 시체詩體를 말함. 특징은 고사古事를 많
　　이 인용하고 수사修辭에 치중함.
204) 송宋나라 시인 황정견黃庭堅과 진사도陳師道를 말함.
205) 일반적으로 줄글인 산문을 지칭함.

격風格의 호방함과 가지고 있는 바탕이 깊고 심후한 면은 소재蘇齋
에 미치지 못하지만 날카롭게 그리는(참화鑱畵) 것에서 힘이 있고
굳센면에서는 지나칠 것이다. 그의 시의 기발한 곳에서 나오는 성
률의 금옥 같은 소리는 금석金石에서 나오는 듯해 뒤에 사람들이
미칠 바가 아니다. 석주石洲 권필權韠이 일찍 간이簡易에게 물어 말
하기를 "산문에서는 진실로 오장吾丈이겠지만 시에서는 마땅히 누
구를 추천하겠습니까" 했다. 대개 석주石洲의 생각으로는 반드시
자신을 허락하지 않겠는가 했으나 간이簡易가 눈을 감고 한동안 있
다가 말하기를 "내가 죽은 뒤에 어떤 사람이 문단에서 으뜸이 될지
모르겠다"고 했다. 석주石洲가 크게 낙심하면서 부끄러워하는 표정
이 있었다고 한다.

　동명東溟 정두경鄭斗卿이 늦게 나왔으나 한위漢魏의 고시古詩와
악부樂府가 있음을 알았고, 가행歌行과 장편長篇이 법할만하다는
것과, 이백李白과 두보杜甫의 율시律詩와 절구絶句 및 근체시近體詩
에 따르고자 걸음을 재촉했다. 그리고 성당시盛唐詩를 따르고자 했
고 만당晩唐과 소동파蘇東坡 황정견黃庭堅과 같은 작가들은 즐거워
하지 않았다고 하니 그 계획은 위대하다고 하겠다. 그러나 그의 재
주와 기력氣力이 실질적으로 읍취헌挹翠軒에 미치지 못했고, 또 일
찍이 세심細心하게 글을 읽으며 깊게 시도詩道를 연구해 부족한 것
을 보충하고 채우며 변화하지 못하고 단지 일시의 의지와 힘으로
전대 작가들을 따라가서 영향을 받고자 했으므로 그의 시가 비록
맑고 새롭고 호준하나 악착스럽고 강한 추진력이 없다. 그렇기 때
문에 정밀한 말과 묘한 생각이 옛사람의 종횡 분방하고 오묘한 지
경을 엿보지 못하고, 또 시가詩家의 변화를 다하지 못했기 때문에
이동악李東岳과 권석주權石洲 위로 추월하지 못했다.

그의 시가 당시 유명하던 작가들에 비해 높았던 것은 그가 평생
에 사마천司馬遷의『사기史記』를 읽는 것을 좋아했고, 또 고악부古
樂府와 같이 짓는 것을 기뻐해 시를 짓게 되면 매양 그 말들을 사
용하게 되자 세상 사람들은 갑자기 보게 되어 놀라 귀와 눈을 움직
이게 되는데, 그것은 사실로 옛 사람이 이른바 둔한 도적이며 호백
구狐白裘를 몰래 훔치는 솜씨는 아니다.

　　양경우梁慶遇『제호시화霽湖詩話』에 이르기를 호음湖陰이 평생
동안 익숙하게 많이 본 것은 이상은집李商隱集이었기 때문에 그의
시 구법句法이 혹 서곤西崑에 가까우나 원래 그의 시의 근본은 소
동파蘇東坡와 황정견黃庭堅이었다. 허정묘許丁卯[206]와 더불어 시의
격조格調는 서로 거리가 멀었으나 권면勸勉할 만한데, 송계松溪 권
응인權應仁이 허정묘許丁卯를 뛰어넘어 찾아보게(초심超尋) 한 것
은 무슨 까닭이었을까. 근간에 송계집松溪集을 보았는데 구법句法
이 둥글고 익숙해 부잣집에서 비단과 양식을 아끼지 않는 것과 같
았으니 역시 문장文章의 솜씨라 했다.

　　손곡蓀谷 이달李達은 고죽孤竹 최경창崔慶昌이 북평사北評事로
갈 때 송별시에 말하기를,

都尉分軍夜斫營　　도위都尉가 군사를 나누어 밤에 적진을 격파하니
漢家金鼓動邊城　　한나라의 북 소리가 변성을 움직였다.
朝來更聽降胡說　　아침이 되자 다시 오랑캐가 항복했다는 말을 듣고
西下陰山有伏兵.　　서쪽에서 음산으로 내려가니 복병이 있다.

라 했다. 내가 보니 우곡于鵠 시詩에,

---

206) 아래 자고子鵠와 아울러 어떤 인물인지 알아보지 못했다.

渡水逢胡說　　물을 건너자 오랑캐를 만났다는 말을 들었고
沙陰有伏兵　　사음沙陰에 복병이 있었다.

라 했다.

권송계權松溪의 해촌海村 시詩에,

鳩飛誤入簾　　비둘기가 날아 주렴으로 잘못 들어갔다.

라 했는데, 구句는 내가 본 하월호河月湖[207]의 환취각環翠閣 시詩
에 말하기를,

沙禽占水閑相逐　　사장의 새가 물을 점치며 한가롭게 서로 쫓다가
誤入疎簾靜却回.　　성긴 주렴에 잘못 들어 고요하니 돌아갔다.

라 했다.

옛날 유원부劉原父가 농담으로 구양공歐陽公에게 일러 말하기를
"공은 한퇴지韓退之의 글에서 공개적으로 취한 것이 있고 모르게
취한 것도 있다"고 했다. 대개 송계松溪는 두 구句를 한 구句로 만
들어 단지 그 뜻만을 모르게 취했다고(절취竊取) 말할 수 있겠고,
이달李達은 고구古句를 완전히 사용하고 간단하게 몇 자를 더했으
니 이것은 공취公取도 절취竊取도 아니고 바로 발총發塚하는 솜씨
라 했다.

　남창南窓 김현성金玄成은 글씨로써 세상에 유명했지만 시도 또
한 빛났다. 그의 신월新月 시詩에 말하기를,

----

207) 누구인지 알아보지 못했다.

光斜恰然冪三葉　빛은 세 개의 냉이 잎처럼 비스듬히 비치고
輪缺纔容桂一枝.　바퀴가 이지러져 계수나무 한 가지만 용납했다.

라 했는데, 사람들은 교묘함을 말했다.

윤정尹淳은 문과 장원하고 벼슬은 전랑銓郞이었다. 당시 동서東西를 표방하며 이름을 다투고자 하는 자가 터무니없는 것을 하자로 하여 비방을 했으나 공은 변명하려 하지 않고 시를 지어 말하기를,

弊屨堯天下　해진 신발은 요임금님 때도 신었고
清風有許由　청풍은 허유許由에만 있었는가.
分中無棄物　나누는 가운데 버릴 물건이 없는데
挈牽自家牛.　자기 집 소만 몰고 간다.

라 하니 흠집을 내고자 하던 자가 부끄럽게 여기며 승복했다고 한다.

구당久堂 박장원朴長遠이 열한 살 때 삼각산에 놀러가서 지은 시가 있는데,

溪路却憑樵客問　시냇길을 나무꾼에 의지해 묻고
藥名時與寺僧評　약 이름은 때때로 절의 스님과 평을 했다.
三更睡起禪窓下　삼경에 절 방 창 밑에서 잠을 깨니
松桂花陰繞鶴聲.　계수나무꽃 그늘이 학 우는 소리를 들렸다.

라 했는데, 우복愚伏 정경세鄭經世가 그를 보고 이마를 어루만지며 이 아이가 계로溪路 약명藥名을 지은 아이인가 했다.

이의현李宜顯 상공相公이 『도협총설陶峽叢說』에 말하기를 정축년丁丑年에 청淸나라와 강화한 후 청나라 태종太宗(로한虜汗)이 우리나라에 자신의 송덕비頌德碑를 세우게 했는데, 백헌白軒 이경석

李景奭이 글을 지었고 죽남竹南 오준吳浚은 글을 쓰고 여이징呂爾
徵 참판參判이 전자篆字를 이마에 새겨 삼전도三田渡에 세웠다. 용
주龍洲 조경趙絅이 시를 지어 말하기를,

世人重文章	세상 사람들이 문장을 중히 여겨
生兒必祝太學士.	아들을 낳으면 반드시 태학사太學士 되기를 빈다.
世人重書法	세상 사람들이 글씨를 중히 여겨
敎兒必操蘭亭紙	아들을 가르치면 꼭 난정지蘭亭紙[208]를 잡게 한다.
出入蓬閣演絲綸	궁중을 드나들며 임금 말씀을 정리하여
揮洒螭頭刻貞珉	교룡머리처럼 휘둘러 뿌려 옥돌에 새겼다.
一日聲洒動四方	갑자기 명성이 사방을 높게 움직일 만큼 유명했으며
衆人視若天上郞	뭇사람들은 천상랑天上郞처럼 바라보았다.
誰能人事喜反覆	인사가 뒤집히는 것을 누군들 기뻐하랴.
文章書法還爲役	문장과 글씨가 도리어 부담이 되었다.
君不見三田七尺碑	그대는 삼전도三田渡 칠척비七尺碑를 보지 못했는가
波瀾浩蕩蠆尾奇	물결치며 넓고 큰 것이 벌 꼬리처럼 기이하다.
後有篆額幷三人	뒤에 쓴 전자篆字와 아울러 세 사람은
姓名藉藉於胡兒	성명이 오랑캐 아이들까지 자자했다.
陋矣淮西韓退之高詞	더럽구나 회서비문淮西碑文 한유韓愈의 뛰어난 글도
但使中原知其所	단지 중국에서만 그 장소를 알고 있으니
譏嘲可謂不有餘力.	꾸짖고 비웃는데 남은 힘이 있지 않다고 하겠다.

라 했다.[209]

---

208) 글씨를 잘 썼다는 왕희지王羲之의 제일 유명한 작품을 난정서蘭亭序라
한다. 여기에서 말한 난정지蘭亭紙는 왕희지王羲之와 상관시켜 만든 말
이며 특별한 종이의 이름은 아닌 것이다.

209) 이 시도 대본에는 연달아 써놓은 것을 역자가 임의대로 각 구句로 나누
어 번역했다.

고어古語에 말하기를 시는 능히 사람을 궁하게 만든다고 했는데, 대개 바람과 달을 희롱하며 쇠뭉치로 치고 수염을 태우기까지 하는 것은 통달한 자의 일이 아니기 때문이다. 그러나 재상宰相의 구기口氣가 가난한 선비와는 전혀 다르다. 임당林塘 정유길鄭惟吉은 자신이 태평할 때 재상이었으나 당시 국가에서 북쪽 오랑캐와 싸우다가 희생된 장소에 가서 제사를 지내며 지은 시에,

聖朝枯骨亦沾恩　　조정에서 마른 뼈도 또한 임금 은혜 입게 하여
香火年年降塞門　　향불을 해마다 변방으로 내려 보낸다.
祭罷上壇雷雨定　　제사를 파하자 단상에 천둥소리와 비가 그치고
白雲如海滿前村　　바다같은 흰구름이 앞마을에 가득하다.

라 했는데, 지을 때는 매우 구슬픈 느낌이었으나 말은 극히 부려富麗하다.

호곡壺谷 남용익南龍翼이 아이였을 때 시재가 출중했다. 어른들이 잠蠶 자字를 제목으로 하고 부르는 운에 따라 바로 짓게 하니 응해 말하기를,

稚引黑脣迎綠葉　　어린 것이 검은 입술로 푸른 잎을 맞이했는데
老抛黃腹上靑梯　　늙어 누른 배를 끌고 푸른 사다리에 올랐다.
失脚眞形因化蝶　　본 형상을 잃고 인해 나비가 되었으니
却疑莊叟夢魂迷.　　장수莊叟가 꿈에서 혼미했다는 것이 의심스럽다.

라 하자, 장로長老가 가상하게 여기며 잇달아 말하기를 "이 아이가 일찍 청요淸要 직에 오를 것이고 늙으면 대관大官을 할 것이나 미구未句에는 결국 부귀를 보전하지 못할 것이라" 했는데, 공公은 이

십 일세에 급제하여 일찍 청요淸要 직을 역임했으며, 나이 많아 간
악한 무리들의 참소로 유배되었으니 장로長老의 말을 처음부터 끝
까지 모두 징험했다.

　백호白湖 임제林悌가 젊었을 때 평사評事로서 북쪽에 부임하게
되었다. 그는 풍류가 있고 호방해 그를 생각하는 사람들이 많았다.
그가 병이 위독했을 때 그의 친구가 경성鏡城으로 부임하게 되어 그
의 집으로 가서 이별하며 말하기를 "내가 꼭 자네의 시를 얻어 그곳
에 가면 아름다운 기녀를 시켜 노래를 하게 하고자 했는데 지금 자
네가 병이 매우 심하니 어떻게 하면 좋겠는가" 하자 백호白湖가 바
로 일어나 붙들게 하고 절구絶句 한 수를 지었다. 그 시에 말하기를,

元帥坮前海接天　원수元帥의 대坮 앞에 바다는 하늘에 닿았는데
曾將書劍醉戎氈　일찍 서검書劍을 가지고 수자리 방석에서 취했다.
陰山八月恒飛雪　음산陰山에는 팔월에도 항시 눈이 내려
時逐長風落舞筵.　때때로 바람에 날려 춤추는 자리에 떨어진다오

라 했는데, 오래되지 않아 세상을 떠났다. 죽음에 다다른 자의 시가
장하고 무거우며 호방하고 뛰어난 것이 이와 같으니 평일의 기상
을 짐작할 수 있다.210)

　『월사집月沙集』에 말하기를 정사년丁巳年 겨울에 인목대비仁穆
大妃를 폐출하려는 논의가 임박했는데 내가 생각하기를 폐비가 발

---

210) 이 『동인시화東人詩話』에서 내용의 출처는 말하지 않았으나 백호白湖의
　　문병 간 사람을 그의 친구라 했고 성명을 말하지 않았다. 그러나 다른
　　기록에는 백사白沙 이항복李恒福이라 했다. 그리고 위의 시 결구結句에
　　장수莊叟는 장자莊子로서 그의 꿈에 자신이 여러 형상으로 바뀌어 혼미
　　했다는 것을 의미한 것이다.

의되면 백사白沙가 반드시 반대할 것이고 그렇게 되면 유배를 면하
지 못할 것이므로 생이별을 하고자 말을 타고 독촌禿村으로 찾아뵈
러 갔다. 공이 말하기를 "폐비 의론이 발의되면 의리상으로 가만히
있을 수 없는데 자네와 더불어 비록 죽지는 않는다 할지라도 이로
부터 헤어져 어느 곳에 떨어질지 알 수 없으니 다시 보기를 어찌
기약할 수 있겠는가"하고 인해 눈물을 머금고 헤어지게 되었다.211)
내가 율시 한 수를 불러 드렸는데 말하기를,

白髮重相對	흰 머리에 다시 서로 대하니
餘生各聖恩	남은 인생은 각자 임금님의 은혜라오.
吾儕惟有死	우리 무리들은 오직 죽음만 있을 뿐
世事欲無言	세상일에는 말을 하지 않고자 한다.
水闊蛟龍蟄	물이 넓으면 교룡蛟龍이 움츠리고
冬暄雁鶩喧	겨울이 따뜻하면 기러기와 집오리가 지저귄다.
斜陽數行淚	사양에 몇 줄 눈물을 흘리며
立馬穆陵村.	목릉穆陵 마을에 말을 세운다.

라 했다. 백사白沙가 5일 후에 과연 반대하는 의견을 말하고 북청
北靑으로 유배되었다. 당시 오봉五峰 이호민李好閔이 산단로山壇路
에서 지은 송별送別 시詩가 있는데 말하기를,

山壇把酒祭江蘺   산단山壇에서 술잔 잡고 강리江蘺에 제사하니

---

211) 위의 『동인시화東人詩話』와 『월사집月沙集』을 같이 들어놓았기 때문에
모두 연관이 있는 것으로 이해하기 쉬우나 동인시화東人詩話는 백사白沙
이항복李恒福이 백호白湖 임제林悌에게 문병問病간 것이고, 여기는 월사
月沙 이정귀李廷龜가 백사白沙 이항복李恒福에게 문병問病간 것이기 때
문에 백호白湖 임제林悌의 시와 상관이 없다.

라 하니, 백사白沙가 화답和答해 말하기를,

只恐令威去不歸   다만 영위令威212)처럼 가면 돌아오지 못할까 겁난다.

라 했다. 그런데 살아있는 사람을 보내면서 어찌 제祭라고 말했으며, 가는 자도 또한 불귀不歸라 말했을까 모두 시참詩讖이기 때문인가. 백사白沙가 배소에 도착하여 부친 시에 말하기를,

中宵默坐算歸程   밤중에 묵묵히 앉아 돌아갈 길 계산하는데
缺月窺人入戶明   조각달이 엿보다가 들어와 밝게 비친다.
忽有孤鴻天際去   갑자기 기러기가 하늘로 지나가는데
來時應自漢陽城.   올 때는 분명히 한양으로부터 왔을 것이다.

라 했는데, 말이 매우 슬프다. 한 달이 되지 못해 세상을 떠났으니 어찌 스스로 세상을 떠나기 전에 먼저 알았던 것이 아니었을까.
　『홍허백집洪虛白集』에 말하기를 소동파蘇東坡가 팽성彭城에 있을 때 왕정국王定國이 장차 남도南都로 돌아가게 되었다. 자유子由213)가 송막宋幕에 있었으므로 동파東坡가 취해 절구 한 수를 지어 부쳐 보냈는데, 그 시에 말하기를,

---

212) 글자 그대로 명령과 위엄으로 해석이 가능하지만 인물로는 정영위丁令威로 그는 한漢나라 때 인물로 성은 정丁이다. 선도仙道를 공부하고 있다가 학鶴을 타고 요동遼東으로 갔다고 한다. 이런 해석과 달리 인물로 보았을 때는 정영위丁令威처럼 가면 돌아오지 못할까 두려워 한다오. 두 해석이 서로 다른 내용으로 바뀌는데 내용과 분위기를 보아 후자가 타당하지 않을까 한다.
213) 소동파蘇東坡의 동생 소철蘇轍의 자字.

王郎西去路漫漫　왕랑王郎이 서쪽으로 가는데 길이 멀고멀어.
野店無人霜月寒　길가에 있는 상점에 사람은 없고 서리와 달빛이 차다.
淚濕粉牒書不得　눈물 젖은 분첩에 글씨를 쓸 수 없어
憑君送與卯君看.　그대에게 부치니 아우가 보게 전해주오.

라 했다. 우리나라 소재穌齋 노수진盧守愼이 진도珍島에 유배되어
있으면서 찾아온 그의 아우와 이별하며 지는 시에 말하기를,

長枕欹危夢未闌　긴 베개가 위태로워 꿈도 꾸지 못했으며
杏花微雨渭城寒　살구꽃 가는 비에 위성渭城214)이 차겠다.
明朝弱柳千條綠　내일 아침 약한 버들 천 가지가 푸르겠고
人在樓頭路漫漫.　사람은 누두樓頭에 있는데 길은 멀다오

라 했는데, 양편이 각자의 처지와 운어韻語까지 너무 같다고 했다.
퇴계退溪 이황李滉의 시에 말하기를,

花發岩岸春寂寂　바위 언덕에 꽃은 피었으나 봄은 고요하고
鳥鳴澗樹水潺潺　시내 나무에서 새들은 울고 물은 잔잔히 흐른다.
偶從山後携童卯　우연히 뒷산을 좇아 아이들을 데리고
閑到山前問考槃.　한가하게 앞산에 이르러 숨어 살 곳을 묻는다.

라 했는데, 욕기浴沂215)의 기상氣像이 있다.

---

214) 중국의 지명. 당唐의 시인 왕유王維가 지은 송원이사안서宋元二使安西
　　시의 첫머리에 나오는 말로써 유명하기 때문인지 우리나라 문인들도 송
　　별送別 시詩에 자주 이 시에 있는 말들이 인용되는 것을 볼 수 있다.
215) 기수沂水에서 세상일을 잊고 목욕한다는 뜻인데, 『논어論語』에서 공자
　　孔子께서 제자들에게 하고 싶은 것을 물었더니 증자曾子가 세상일을 잊
　　고 기수沂水에 가서 목욕하고 싶다고 하여 공자孔子의 칭찬을 받았다.

이정李程 평창平昌의 부인 심씨沈氏는 광세光世 응교應敎의 딸이
다. 열 살에 『사략史略』, 『소학小學』, 『시전詩傳』 등을 배웠고 시사
詩思도 뛰어났다. 응교 공이 혼조昏朝 때 고성으로 유배가 되었는
데 심씨沈氏가 시를 부쳐 말하기를,

玉砌霜風起   섬돌에 서리 바람이 불고
紗窓月影寒   사창에 달그림자가 차다.
忽聞歸雁響   갑자기 기러기 돌아가며 우는 소리 듣고
千里憶南關.   천 리의 남관을 생각한다오.

라 했다.

『남창잡고南窓雜稿』 서序에 말하기를 우리나라 풍속을 예부터
미루어 보면 문인들의 저작이 판본으로 나온 것이 극히 드물었다.
근자에 와서 점차 고문을 짓는다고 일컫는 자들의 문집이 다투어
나와 많이 유행한다고 이를 만하다. 그러나 천천히 살펴보면 반드
시 다 문장가는 아니다.

대개 그의 가정이 대대로 융성하고 자손들이 계속 번성하면 비
록 절양황규折楊皇葵 216)로서 혼합된 소리로 이어졌으나 능히 목판
으로 출판하고, 궁한 처지로 가난한 사람은 뛰어난 재능을 품고 있
어 수씨隋氏와 화씨和氏217)의 아름다운 구실을 가지고 있으면서도
능력을 발휘하지 못하고 세상을 떠나게 되며 얼마 되지 않아 흔적
도 없이 사라진다. 이로써 효표孝標218)의 흥추초지감興秋草之感과

---

216) 어떤 의미인지 알아보지 못했다.
217) 수씨隋氏와 화씨和氏는 좋은 구슬을 가지고 있었으나 세상 사람들이 알
    아주지 못하고 다른 것을 찾는다는 것을 말함.
218) 만당晩唐 초기의 장효표章孝標라 추측해 본다. 그는 벼슬도 높았고 시로

자준字駿의 부부지기覆瓿之譏[219]가 비록 세상 사정과 상관이 있겠
지만 이치도 역시 마땅하다 하겠다.

- 끝 -

써 유명했다. 그는 칠언률시七言律詩로 송신라김가기送新羅金可紀라는
시가 있다. 밑에 자준子駿은 어떤 인물인지 알아보지 못했다.
219) 항아리를 덮는다는 뜻인데, 그것밖에는 할 수 없다면 무능해 필요 없다
는 말이다.

동인필법東人筆法1)

　신라 원성왕元聖王 때 김생金生이라는 자가 있었는데 부모가 한
미했기 때문에 세계世系를 알 수 없다. 어렸을 때부터 글씨를 잘
썼고 나이 많아서도 쉬지 않아 예서隸書, 행서行書, 초서草書에 모
두 입신入神할 정도였다. 송宋나라 숭녕崇寧(휘종徽宗 연호年號
1102~1106) 사이에 고려의 학사學士 권관權灌이 사신으로 송宋나
라에 갈 때 김생金生의 행서行書와 초서草書 한 권씩 가지고 가서
한림대조翰林待詔의 양구楊球와 이혁李革에게 보였더니 두 사람이
웃으며 말하기를 "천하에 왕희지王羲之를 제외하고 이와 같이 묘한
글씨가 있겠는가"하므로 권관權灌이 여러 번 설명을 했으나 끝까지
믿지 않았다고 한다. 원元나라 조맹부趙孟頫 학사學士가 김생金生
이 쓴 창림사昌林寺 비碑의 발문跋文에 말하기를 "글자의 획이 깊
게 전형典型이 있어 당唐나라 이름 있는 사람이 쓴다 해도 이에 지
나지 못할 것이라" 했다.

　곽예郭預 밀직사密直司가 원元나라에 사신으로 가다가 도중에
세상을 떠났는데, 글씨가 여위면서 힘이 있어(수경瘦勁) 일가一家의
체를 이루었다. 그리고 신색申穡은 대자大字를 잘 썼다고 한다. 우
리 조정의 세종대왕이 설암雪菴이 쓴 글씨를 보수하게 명령했다.

---

1) 동인시화東人詩話의 후미에 동인필법東人筆法과 동인화격東人畵格을 제목
　으로 하여 우리나라 역대의 명필名筆과 화가畵家들에 대해 간단히 언급한
　것이었는데, 여기서는 글씨가 문인들과 더욱 가깝다고 생각되어 동인필
　법東人筆法만을 번역했다.

안평대군安平大君의 서법은 정묘精妙한 수준에 이르렀다. 중국
사신이 우리나라에 와서 안평대군의 글씨를 보고 칭찬하며 말하기
를 "이 글씨는 동방東方의 송설松雪이라"했다. 양녕대군讓寧大君이
쓴 숭례문崇禮門 액자 삼자三字를 예예倪 마馬 두 사신이 보고 비해
당匪懈堂 필적을 칭찬하여 한 때의 유명한 사람이 되었고, 또 시詩
와 산문散文을 연결해 한 축軸으로 했다.

월사月沙 이정귀李廷龜가 한석봉韓石峯의 묘지문墓誌文에 말하
기를 그가 태어나자 별을 보고 점치는 사람이 "옥토玉兎가 동쪽에
태어났으니 낙양洛陽의 종이 값을 오르게 할 것이다"하면서 "이 아
이가 반드시 글씨를 잘 써 세상에 유명할 것이라"했다. 또 한석봉
의 꿈에 왕희지王羲之가 자신이 쓴 글씨를 두 번이나 주는 것을 받
았는데, 이로부터 글을 쓰고자 붓이 종이에 닿으면 신神이 도와주
는 것과 같았다고 한다 했다. 중국에 여러 번 들어갔는데 왕엄주王
弇州가 물에 흠뻑 젖은 붓으로 노예결석怒猊決石 갈려분천渴驪奔泉
의 여덟 자를 써주며 칭찬을 했다고 하는데 이 말은 굳세고 힘이
있다는 말이다. 또 중국 사신 난우蘭嵎 주지번朱之蕃은 말하기를
"한석봉韓石峯의 글씨는 마땅히 왕우군王右軍과 안상산顔常山과 서
로 우렬을 다툴 것이라" 했다. 우암尤庵 송시열宋時烈이 죽음족조
竹陰族祖의 비문碑文에 말하기를 공公이 젊었을 때 초시初試에 장
원하고 회시會試에 또 으뜸이 되었기 때문에 宣祖께서 시권詩卷을
보시고 어필御筆에 이금泥金을 하여 한 구句에 관주貫珠를 하며 여
러 고관考官들에 말하기를 부부賦는 소동파蘇東坡와 짝할 만하고 글
씨는 오흥吳興과 같다고 했다.

낭선군朗善君은 선조宣祖의 왕손王孫이다. 글씨 쓰는 것을 즐거
워하되 옛것을 좋아하여 우리나라 유명했던 인사들이 직접 쓴 것

을 모아 책을 만들었는데 그 책 가운데 삼십 이인은 모두 글씨로써 후대까지 유명했으며, 김생金生이 쓴 불경佛經은 지금까지 천년이 되었는데 글씨를 모아 놓은 것 가운데(필원筆苑) 제일이다.

고려 이군해李君侅 시중侍中은 태갑太甲 삼편三篇을 직접 써 임금에게 간諫하고자 한 것이다. 본조本朝에서는 안평대군安平大君, 안침安琛, 이개李塏, 김현성金玄成이 한 시대에 뛰어난 글씨가 되었다. 또 성청송成聽松, 황고산黃孤山, 양봉래楊蓬萊, 한석봉韓石峰, 백옥봉白玉峯 무리들이 모두 명필名筆이었다. 왕엄주王弇州가 백옥봉白玉峯의 글씨를 보고 칭찬해 말하기를, 금과 은으로 만든 갈구리와 새끼 같다고 칭찬했다. 아계鵝溪 이산해李山海는 여덟 살 때 글씨를 잘 써 신동이라 일컬었다. 남창南窓은 임금의 명령으로(봉교奉敎) 숭인전崇仁殿 비문碑文을 썼다.

조동계趙東谿가 백하白下 윤정尹淳의 서첩書帖에 말하기를 우리나라 글씨에서 명필名筆로 삼대가三大家를 추천하면서 안평대군安平大君은 정신이 뛰어났고, 한석봉韓石峰은 기력이 웅대하면서도 세련되었으며, 백하白下는 법법法을 따르면서 변태도 있다. 시詩에서는 박읍취헌朴挹翠軒 노소재盧穌齋, 김삼연金三淵이 있으며, 산문散文에는 최간이崔簡易, 장계곡張谿谷, 김농암金農巖이 있다. 그리고 그림에도 또한 세 사람이 있었다. 세 가지 재주가 솥발같이 이루었으니 이것도 동방東方의 목삼木三의 수와 같다고 했다.

끝.

찾아보기

차용주(車溶柱)

경남 창원 출생
문학박사(고려대)
계명대학교 국문학과 교수와 서원대학교 국문학과 교수 및
청주사범대학 학장과 서원대학교 총장 역임

저서

『몽유록계구조의 분석적연구』, 『옥루몽연구』, 『고소설논고』, 『한국한문소설사』,
『한국한문학사』, 『한국한문학작가연구』, 『허균연구』, 『한국한문학작가연구 2』,
『한국한문학작가연구 3』, 『한국위항문학작가연구』, 『개정증보 한국한문소설사』,
『한국한문학의 이해』, 『농암김창협연구』, 『개고 한국한문학사』,
『한국한문학작가연구 1』, 『속한국한문학작가 연구 1』

역주

『창선감의록』, 『역주 시화총림』, 『역주 시화류선』, 『역주 소화시평·시평보유』
『역주 한국한시선』, 『역주 청구풍아·국조시산』, 『譯註 詩話抄成·海東詩話』

초역

『한국고전문학전집 9』: 소호당집, 양원유고, 해학유서, 명미당집, 심재집

편저

『연암연구』, 『한국한문선』

譯註 屯菴詩話·蟾泉漫筆·別本東人詩話

2020년 9월 3일 초판 인쇄
2020년 9월 10일 초판 발행

저 자	차용주	
발 행 인	한정희	
발 행 처	경인문화사	
편 집 부	김지선 유지혜 박지현 한주연	
마 케 팅	전병관 하재일 유인순	
출 판 신 고	제406-1973-000003호	
주 소	파주시 회동길 445-1 경인빌딩 B동 4층	
대 표 전 화	031-955-9300 팩 스 031-955-9310	
홈 페 이 지	http://www.kyunginp.co.kr	
이 메 일	kyungin@kyunginp.co.kr	

ISBN 978-89-499-4903-1 93910
값 31,000원